U0943967

盛朝迅 

产业迈向中高端的路径与对策

中国社会科学出版社

图书在版编目（CIP）数据

制造立国：产业迈向中高端的路径与对策/盛朝迅著．—北京：中国社会科学出版社，2019.6

ISBN 978－7－5203－4571－2

Ⅰ．①制…　Ⅱ．①盛…　Ⅲ．①中国经济—产业发展—经济发展—研究　Ⅳ．①F124

中国版本图书馆CIP数据核字(2019)第115311号

出 版 人　赵剑英
责任编辑　王　曦
责任校对　季　静
责任印制　戴　宽

出　　版　中国社会科学出版社
社　　址　北京鼓楼西大街甲158号
邮　　编　100720
网　　址　http：//www.csspw.cn
发 行 部　010－84083685
门 市 部　010－84029450
经　　销　新华书店及其他书店

印刷装订　北京君升印刷有限公司
版　　次　2019年6月第1版
印　　次　2019年6月第1次印刷

开　　本　710×1000　1/16
印　　张　25.25
插　　页　2
字　　数　391千字
定　　价　118.00元

凡购买中国社会科学出版社图书，如有质量问题请与本社营销中心联系调换
电话：010－84083683

序　一

制造业发展是一个古老而又常新的话题。特别是自2008年的国际金融危机以来，主要发达国家高度重视制造业发展，开启了全球范围内制造业发展的新一轮竞争。我国通过改革开放快速推进制造业发展，走出了一条符合中国国情、具有中国特色的产业发展和结构升级之路，迅速成长为世界第一制造大国，并引发全球产业竞争格局和分工体系的深刻变化。2018年，我国国内生产总值站上90万亿元新台阶，是1978年的250倍，全球排名提升了9个位次，稳居世界第二，人均GDP也接近一万美元大关，综合实力稳步提升。产业结构发生翻天覆地的变化，三次产业结构从1978年的27.7∶47.7∶24.6调整至7.2∶40.7∶52.1，服务业占比超过“半壁江山”，制造业和服务业融合程度不断加深。在全世界230多个国家和地区都能见到“中国制造”的身影，中国制造业增加值占全球的比重高达28.6%，超过排名第二的美国和第三的日本的总和。在联合国工业大类目录中，中国是唯一拥有所有工业门类制造能力的国家，在500多种工业品种有220多种产量位居全球第一，生产了全球超过50%的钢铁、水泥、电解铝、平板玻璃，60%的家电，70%的化纤，接近30%的汽车，超过35%的工程机械，40%的船舶，智能手机、液晶电视、平板电脑等产品占全球比重也超过30%。货物贸易总量首次超过30万亿元，占全球的比重超过11.5%，居全球第一。同时，通过积极参与全球价值链国际分工，深度融入经济全球化，我国产业体系的开放性和全球产业链的关联不断增强，既快速地推进了自身的经济增长和工业化进程，又对全球产业链的构建做出了巨大贡献。

我国在制造业增加值、主要产品产量、货物进出口总额等数量方面，实现了对美欧日的赶超，但关键核心技术缺失、产品附加值较低、制造业增加值水平偏低、新兴产业占比较小、资源环境承载压力大等问题突出，总体处于中低端水平，与高质量发展要求差距较大。从产业链看，我国制造业主要处于以加工组装和贴牌生产的低端环节，产出效率不高，甚至很多高技术产业也主要以加工贸易方式参与全球产业链分工，自身的研发设计投入不足，营销渠道和品牌建设较为滞后。从价值链看，我国制造业增加值率为26%，低于发达国家35%左右的平均水平，人均制造业增加值3000美元左右，为发达国家的1/3，总体附加值水平较低。从创新链看，我国总体以跟随应用型创新和消费模式创新为主，原始创新和重大技术突破不够，关键技术领域卡脖子矛盾突出，产学研协同创新机制也有待优化。

为此，必须要加快产业转型升级，推动产业迈向中高端。党的十八届五中全会明确把“双中高”（即经济中高速增长和产业向中高端迈进）作为促进我国经济提质增效升级的总体要求。党的十九大报告提出，促进我国产业迈向全球价值链中高端，要坚持供给侧结构性改革“一条主线”，面向国内国外“两个市场”，加快推动质量、效率和动力“三大变革”，着力构建实体经济、科技创新、现代金融、人力资源“四个协同”的产业体系，提高全要素生产率，加快产业迈向中高端步伐，不断增强我国产业的竞争力和整体实力。

本书围绕这一主题，从创新驱动发展、供给侧结构性改革、提升全球产业链水平和推动产业政策转型等方面分析我国产业迈向中高端的路径、进展和现实问题，概念界定清晰、数据资料翔实、研究扎实深入、发展思路明确、政策建议切实可行，对推动产业迈向中高端的路径、进展和政策开展了较为系统的分析。同时，本书重点对发达国家在创新驱动、发展新经济、培育新动能等方面的经验开展专题研究，分析其大国崛起和产业发展取得成功的原因，揭示对我国产业发展的经验启示。既具有重要的理论意义，也具有重要的现实意义。

当然，罗马不是一日建成的。本书涉及的内容非常繁杂丰富，推动产业迈向中高端的任务也异常庞大而又艰巨。现有的研究才刚刚起步，希望作者继续就这一问题开展更为深入的研究，也欢迎更多有识之士共同研究探讨这一有意义的话题，更好助力制造立国和产业迈向中高端的伟大征程。

黄汉权

2019 年 2 月 2 日

序　二

制造业是国民经济的主体，是立国之本、兴国之器、强国之基。在新形势下，如何体现“制造立国”，盛朝迅博士经过多年的研究，在本书中给出了许多针对性的答案，具有较强的理论和现实指导意义。结合对盛朝迅博士研究成果的学习，我理解，新形势下，“制造立国”需要我们贯彻新发展理念，大力实施创新驱动战略，处理好制造业与服务业、传统产业与新兴产业、竞争政策与产业政策、东部发展与中西部发展、自主创新与开放合作、自身发展与带动全球制造发展的关系，切实增强制造业竞争力、创新能力和产业安全，走一条制造业迈向中高端的高质量发展的新路。这里就制造立国提四点建议：

一是坚持问题导向，突出抓好国家“卡脖子”“牛鼻子”项目。随着我国产业向全球价值链中高端攀升，核心技术、关键技术受制于人的问题不断凸显，成为制约国家产业转型升级的瓶颈和短板。2018 年发生的“中兴事件”使我们再一次清醒地认识到，高新技术领域的激烈争夺将长期存在，发达国家对我国向产业中高端攀升的阻击不会放弃，核心技术是买不来的，也是市场换不来的。

我们应坚持问题导向、目标导向，突出抓好“卡脖子”“牛鼻子”项目，整合全球创新资源，遵循技术创新规律，充分调动和保护科技人员的积极性，强化知识产权创造、保护、运用，加强技术研发、市场应用、体制机制、政策法规的协同创新，从少数、局部环节出发，早日突破一批核心技术关键技术，开发和转化新制造技术，加强市民的科学教育、科普工作以及创新的宣传力度，激发大众创新、草根创新的活力，调动全民创新的积极性，为中国制造强国建设提供强有力的技术支撑。

二是主动适应新一轮工业革命趋势，促进制造业“七化”转型。国际金融危机爆发以来，全球技术和产业创新日趋活跃，新技术、新产业、新业态、新模式层出不穷，新一轮工业革命处于加快孕育中。新一轮工业革命呈现出“一主多翼”的技术特点，“一主”是指数字化、网络化、智能化制造，“多翼”是能源技术、材料技术、生物技术等的创新发展。新一轮工业革命将使生产方式呈现出数字化、网络化、智能化、个性化、本地化、绿色化等趋势，产业组织方式出现网络化、平台化、扁平化的趋势。

近年来，我们日益感到新一轮工业革命加快到来，形势逼人，不进则退。要适应制造业“数字化、网络化、智能化、绿色化、服务化、平台化、集群化”七个方面趋势，借助于信息网络和大数据、云计算、3D 打印、智能机器人、人工智能、能源互联网等技术，推进数字化在制造业领域的应用，发展工业互联网，促进生产系统智能化，坚持绿色发展，使整个产品生命周期对环境影响和资源消耗大大减少，积极发展服务型制造，通过研发、营销和信息等平台实现消费需求与生产供给对接；抓住 5G 发展机会，加强信息基础设施建设；在培育发展新兴产业的同时，高度重视传统产业转型提升；加强东中西部联动，在中西部培育出多个世界级先进制造业集群，整体提升中国制造业的竞争力、控制力、领导力、协调力和避险能力。

三是保持耐心和定力，避免急于求成。当前，我国正处于产业结构调整的关键时期，要素成本居高不下、资源环境约束显著增强、产能过剩依然比较突出、创新能力不足、国际产业竞争日趋激烈等问题叠加凸显，使得我国传统的高投入、高能耗、高污染、低附加值的产业发展模式难以为继。

我们应认识到产业转型升级的艰巨性、长期性。一方面，技术研发能力提升和关键核心技术突破是一个复杂、具有风险和长时间积累的过程，培养高水平制造业人才仍面临很多短板，构建安全、弹性和有韧性的供应链系统也需要假以时日。另一方面，过去受传统中庸文化和经济发展水平所处阶段等制约，消费者对产品质量并不十分挑剔，生产者对管理水平和生产效率要求也不高。在一些领域，我们总感到和成熟的发达国家产品相比，在基础工艺、基础部件、基础原材料上差口气。这些年随着大批挑剔消费者群体的形成和精益求精管理理念的推广，产品质量、品牌和效率得到重视，但产品质量和管理水平的显著提高是需要一个过程的。同时，一些媒体对中国技术创新水平的过度渲染、对互联网企业的过度包装，以及虚拟经济和房地产发展中出现的问题，引发一些社会群体的投机心理和浮躁情绪，使得不少国人盲目自信、固步自封，满足于数字上的名列前茅，忽视经济质量的差距和无形资产、软实力的差距。应保持冷静和耐心，避免急于求成、避免片面追求高大上，有所为有所不为，着眼长远，苦练内功，在基础研究、基础能力上下功夫，引导和弘扬专业专注精神，持之以恒地推动中国制造创新能力和质量效率的提升。

四是发挥各方面积极性，营造良好产业生态系统。一个国家、一个地区产业间的竞争，最终是产业生态系统之间的竞争。良好的产业生态系统是各类市场主体各得其所、和谐共赢的伙伴关系，它使得生产组织更加高效、市场反应更加灵活快捷、要素流动更加通畅。

应加快理顺政府、市场、社会等产业治理主体关系，调整完善产业政策，善于利用市场机制的调节功能，进一步引导企业根据市场需求推进创新产品的产业化和市场化，研究开发、中介服务、风险投资和企业以市场为纽带形成良性互动关系，把创新思想转化为商业构想，推动产业增长。坚持“平等准入、公平待遇”原则，消除或明或暗的所有制歧视，进一步清理和修订限制非公有制经济市场准入的政策规定，对各种所有制企业实行同等的市场准入条件。改变以往依靠规模经济取胜的观念，吸引高科技、高附加值、创新型的中小企业参与到产业发展中来。在调动国有企业、外资企业积极性的同时，激发不同所有制企业、不同规模企业的创新活力，更加重视促进民营企业、中小企业发展。

加快政府职能转变，支持行业协会、社会中介更好发挥作用。适应信息社会背景下制造业发展的新变化，改革政府管理方式，在服务理念、服务模式、服务手段上更加简洁高效。积极争取国家支持，在要素、财税、行政管理体制等方面进行深入改革试点，切实打破部门条块地区分割，完善信息服务，降低制造成本、商务成本和生活成本，着力营造公平、开放、有序、法治、稳定的良好产业环境。

王忠宏

2019 年 4 月

前　言

经过改革开放40年的努力，我国已成为世界第一制造大国，在制造业增加值、主要产品产量、货物进出口总值等方面，实现了对主要发达国家的赶超，但数量大不代表质量优，门类全不代表竞争力强，品种多不代表附加值高，我国产业发展总体仍处于全球价值链中低端水平，大而不强、大而不优的问题突出。如何推动产业迈向中高端、实现高质量发展，是我们站在新的历史起点上必须解答的重要课题。

理论界和学术界就此问题开展了丰富的探讨，本书即是其中的一点尝试和努力。2008年诺贝尔经济学奖获得者保罗·克鲁格曼（Paul R. Krugman）曾经说过，“生产率不是一切，但近乎一切”。我们也认为，推动产业迈向中高端，必须牢牢抓住创新驱动发展这个“牛鼻子”，激发全社会创新创业热情，加快提升全要素生产率。因此，本书把创新驱动发展作为推动产业迈向中高端的最主要的路径，聚焦创新驱动发展、重大技术选择、产业新增长点培育、创新网络构建和“创新创业升级版”打造等主题，研究探讨了创新驱动产业升级的影响因素、阶段特征、实际效果和政策措施建议，梳理了培育创新动力的主要问题和制约因素并提出我国创新动力培育的战略思路和对策建议，分析了重大技术选择的原则方法并选出影响我国发展的十二项重大技术清单，构建了影响产业新增长点的“六因素”模型并对未来新增长点发展的演变趋势进行了分析探讨，研究了国外构建国家创新网络的主要做法，提出了我国制造业创新网络和创新中心建设的具体路径和政策建议，探讨了“创新创业升级版”的趋势特征、瓶颈问题、升级方向和政策措施。

供给侧结构性改革是产业迈向中高端的必由之路，也是制造业高质量发展必须坚持的主线。这是由我国经济运行的主要矛盾所决定的！一方面，传统产业产能过剩；另一方面，大量中高端需求得不到满足，我国居民境外消费和集成电路等关键零部件进口额年年攀高，双双突破万亿元大关，产生两个“一万亿元”现象，结构性矛盾非常突出。为此，我们重点对改革开放以来供给侧和需求侧改革的关系演进进行分析，分析了供给侧结构性改革的由来、特征，提出下一步重点改革举措建议。同时，针对供给侧结构性改革“三去一降一补”等重点任务，对去产能、降成本、补短板、促创新等理论和现实问题进行了研究探讨。

以开放促改革促发展是我国过去 40 年产业发展取得成功的重要法宝，也是我国产业迈向中高端必须坚持的重要策略。特别是在全球化的条件下，如何把握我国比较优势的动态变化和全球价值链、供应链演进的新趋势新特征，加快推动我国产业沿着全球价值链（GVC）链条不断攀升，并积极构建以我为主的国家价值链（NVC），塑造一批有影响力的优势产业集群。本书对这一重大问题开展专题研究，分析了我国比较优势的动态变化及对产业结构升级的影响和应对策略，分析了以我为主产业体系构建的时代内涵与基础条件，提出加快构建以我为主产业体系的战略思路和实现路径，并对现代化产业体系的新趋势新特征进行分析，探讨了全球化背景下制造业与科技创新、现代金融、人力资源等协同发展的机制和升级路径，提出促进制造业产业链升级的政策框架建议。

他山之石可以攻玉。本书还重点研究了主要发达国家推动制造业发展的国际经验。通过汲取美国、德国、日本、韩国等发达国家在创新驱动、发展新经济、培育新动能等方面的主要经验做法，分析其大国崛起和产业发展取得成功的原因，努力找寻创新的“密钥”和通往新增长之路的“梯子”。

顺应新时期产业政策转型的新形势新要求，我们对产业政策转型问题进行了专门研究。认为新时期产业政策应从选择性、倾斜性向功能性、普惠性转变，并对不同类型国家产业政策实施做法、战略性新兴产业政策转型等做专题研究，提出新时期产业政策转型的核心要义、主要目标、实施工具和主要手段、治理机制等转型的具体要求和重点任务。

本书内容是笔者在国家发展和改革委员会宏观经济研究院这个大家

庭不断学习、思考和研究的结果，是笔者参与或主持国家发改委重大规划和重大文件前期研究工作、宏观院重大课题的研究成果，得益于发改委、宏观院、产业所领导和同事们的指导、启发和真知灼见，对他们的指导和帮助表示衷心的感谢!

盛朝迅

2019年2月1日于国宏大厦

目　　录

第一篇　创新驱动篇

第二篇 供给侧结构性改革篇

第三篇　开放合作篇

第五篇　产业政策篇

第一篇
创新驱动篇

在新一轮科技革命和产业变革大势中，科技创新作为提高社会生产力、提升国际竞争力、增强综合国力、保障国家安全的战略支撑，必须摆在国家发展全局的核心位置。

——习近平:《在〈努力在新一轮科技革命和产业变革中占领制高点〉上的批示》，2014 年 6 月 23 日

第一章　创新驱动产业升级：影响因素、现实特征与政策建议*

创新驱动产业升级是由工业化发展阶段的要求、创新要素投入情况、创新成果、市场需求、创新生态等五个方面因素共同推动的。为适应我国由中高收入国家向高收入国家转变时期产业升级的要求，应该加大创新要素投入，促进创新成果涌现，重视市场需求培育，营造良好创新生态，全面提升我国产业创新驱动发展水平。

当前，我国正处于由中高收入国家向高收入国家转变的关键时期。这一时期既是我国经济增长阶段转换期，也是我国产业升级的关键期。要真正实现创新驱动，不仅表现在经济增长速度和增长阶段的调整，更多表现为经济增长方式、动力机制、产业结构等内涵和质量的升级。需要在经济、社会、体制、科技等方面都做好“闯关”的思想和准备。对此，本书结合笔者对创新驱动发展影响因素的理解，提出推动我国产业创新驱动发展的几点建议。

一　创新驱动产业升级的主要因素

产业发展驱动力由要素驱动向创新驱动转变是由多种因素共同作用的结果。综合理论研究和国际经验分析，笔者认为创新驱动主要由以下

* 本章是国家发改委重大课题“重大技术经济政策研究”、国家社科基金项目“大型零售商主导产业链的理论与公共政策研究”（12CJY068）和中央基本业务费课题“创新驱动产业升级的国际经验与思路研究”成果。

五个方面的因素共同推动。

一是工业化发展阶段的要求。波特（Porter，1980s）最早提出创新驱动概念，并把经济发展阶段划分为要素驱动、投资驱动、创新驱动和财富驱动四个阶段。其中，产业升级的驱动力由投资驱动向创新驱动转变始于工业化中期，并向工业化后期延续，在工业化实现阶段的后期正式进入创新驱动阶段。因此，创新驱动是工业化由中后期向后工业化时期转变的必然要求。

二是创新要素投入情况。要素禀赋理论最早由赫克歇尔和俄林（Heckscher and Ohlin，1919，1933）提出，在他们看来，土地、劳动、资本等要素禀赋的差异是国际贸易的基础。如今，要素禀赋的内容得到大大拓展，如 Mark Knell（2007）将要素禀赋分为以下四类：一是技术要素，主要体现在研发投入、专利数量等指标；二是能力要素，反映在教育水平、有效的市场经济和金融体系以及政府治理的有效性等方面；三是成本要素，主要反映在劳动力价格上；四是需求要素，主要反映在经济增长速度等方面。在经济学家们看来，大量的研发投入、创新基础设施、平台等创新要素投入是形成创新驱动的基础。

三是创新成果。一大批有影响力的创新成果不断涌现是衡量创新驱动效果的重要标志。虽然熊彼特（Schumpeter，1912）提出包括产品创新、生产方式创新、开辟新的市场、新的供应来源、组织创新等方面的改进都属于创新，但从现实来看，专利申请授权数、发表论文数等科技创新成果数量和质量仍是衡量创新最直接的指标。

四是市场需求。自施穆克勒（Schmookler，1972）的“需求引致创新”理论提出以来，市场需求因素在创新驱动中的作用日益受到重视，莫威里和罗森堡（Movery and Rosenberg，1979）进一步提出“技术创新与需求互动”等理论，学者们大都认为科技只有与市场结合才能转变为现实的生产力，促进产业的发展。主要发达国家也把鼓励科技成果转化，以及包括示范应用、军事采购、政府采购、支持出口等在内的市场支持措施作为促进创新发展的重要举措。

五是创新生态。以苹果的成功为标志，创新的范式开始新一轮进化升级，即由封闭式创新和开放式创新向共生性创新升级，市场竞争逐渐步入企业创新生态系统之间的竞争，这就要求政府更加重视营造良好的创新生态和体制机制环境。发达国家也积极迈向新一轮创新政策，构建更有利于创新成果涌现的创新生态系统，如美国 2005 年全面启动“科技政策学”的研究，明确为新的创新政策提供方法工具支撑。

综上所述，创新驱动是由工业化发展阶段的要求、创新要素投入情况、创新成果、市场需求和创新生态等五个方面因素共同推动的。虽然这些因素不能涵盖影响创新驱动的全部因素，但是最重要的因素，可以称之为创新驱动产业升级的五个支柱（图 1－1）。

图 1－1　创新驱动产业升级的影响因素

二　从影响因素看我国创新驱动产业升级的现状与阶段特征

（一）从工业化发展阶段看，当前我国正处于工业化中后期向后工业化时期过渡的关键期，产业发展驱动力逐渐由要素驱动向创新驱动转变

从美国、德国、日本、韩国等已经进入创新驱动阶段国家的工业化

历程看，创新驱动与工业化进程息息相关，产业升级的驱动力由要素驱动向创新驱动转变始于工业化中期（人均 GDP 6000—7000 美元），向工业化后期（人均 GDP 10000 美元左右）延续，并在工业化实现阶段的后期（人均 GDP 超过 17000 美元）正式进入创新驱动阶段。当前，我国人均 GDP 已经突破 6800 美元，正处于工业化中后期向后工业化时期过渡的关键期，随着人均 GDP 上升，制造业比重在达到一个峰值后将会下降，工业化率、投资率和经济增速也在达到峰值后回落，创新驱动因素在产业升级中的作用日益显现，产业结构、产业主体、技术能力等都将呈现重大变化（表 1－1）。

表 1－1　　典型工业化国家工业化率的峰值水平

国别		工业化率		
		峰值水平（%）	年份	当时人均 GDP（国际元）
领先国家	美国	39	1952	10414
	英国	48	1957	8003
早期追赶国	德国	53	1960	7693
	法国	48	1960	7449
后期追赶国	日本	46	1970	9662
	韩国	43	1991	9404
均值		46		8771
中国		48	2011	7371

资料来源：国务院发展研究中心“工业化与经济增长”数据库。人均 GDP 采用基于购买力平价口径核算的人均 GDP，单位为 1990 年 G－K 国际元。

（二）从创新要素看，我国创新基础设施与发达国家差距不大，但研发投入与先行国家仍有一定差距，研发人员比重低于发达国家 20 世纪 90 年代水平

近年来，我国不断加大投入，科技和创新基础设施规模持续增长，覆盖领域不断拓展，技术水平明显提升，为重大科技领域攻关和创新驱

动发展提供了重要支撑，特别是超级计算机、信息、综合极端条件实验装置等一批重大科技基础设施达到或接近国际先进水平。从 R&D 投入强度看，2013 年我国全社会科技研发投入达到 11906 亿元，占当年 GDP 的比重达到 2.09%，高于新兴经济体，但无论从总量看还是从占比看与先行国家仍有一定差距。2011 年，美国研发投入占全球的 29.6%，欧洲占 24.6%，二者合计超过 50%，我国仅相当于美国的一半。从研发投入占 GDP 的比重看，我国目前 R&D 占 GDP 的比重与美国 20 世纪 80 年代水平大致相当，与目前日韩等国的 3%、美国的 2.7%、以色列的 4% 等相比仍有一定差距。

从研发人员密度看，我国研发人员比重约为 1300 人/百万人，低于多数发达国家 20 世纪 90 年代中期水平，仅为目前主要发达国家研发人员比重的 1/4—1/3，可见我国与发达国家差距巨大，见表 1－2。

表 1－2　　目前我国与主要发达国家研发人员比重比较

国家	研发人员比重（人/百万人）	中国/其他国家
中国	1300	—
美国	4000—5000	1/4—1/3
德国	3700	约 1/3
日本	5000	约 1/4
韩国	11000—13000	1/10—1/9

资料来源：世界银行世界发展指标（WDI）数据库，经作者整理而得。

（三）从创新成果看，我国科技产出总量国际领先，专利申请数跃居全球第一，论文发表数量全球第二，已进入领先国家行列，但成果质量不高的问题较为突出

1960 年以来，大多数国家的专利申请数量保持在相对稳定水平。只有日本、美国、韩国和中国分别从 60 年代、80 年代、90 年代初和 90 年代中后期开始，保持了专利申请量的高速增长。根据世界知识产权组织（WIPO）数据，自 2011 年开始我国国内专利申请数跃居全球第一。2013 年，我国 PCT 专利申请量 21516 件，已超过德国位居世界第三，

国际专利申请量与发达国家差距也明显缩小，总体已进入专利总量领先国家行列（图1－2）。中兴公司两度成为申请全球专利最多的企业，2013年仅次于日本索尼公司位居全球第二，华为公司位居全球第三。

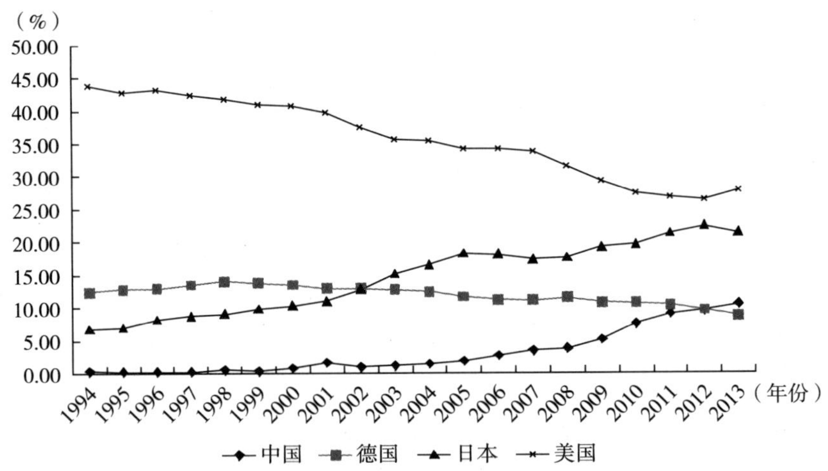

图1－2　中国国际专利申请数量的全球份额变化

资料来源：世界知识产权组织（WIPO）数据库。

从反映科学研究成果的论文发表数量看，我国论文发表数量自2000年以来迅速增长，2008年达到7.4万篇，跃居第二位，远高于其他国家。与美国相比，我国在科学论文数量上的差距已明显缩小。目前在材料科学、化学两个领域，我国学者所发表的论文数量已经超过美国，跃居世界第一位；而在另外20个领域，美国所发表的论文数量仍然具有优势，但差距已明显缩小。其中，在物理、化学等自然科学领域，我国论文数量增长相对较慢，仍难以取得重大理论突破。此外，从考察论文质量的论文被引用指标看，2011年我国仅排在全球第七位，与论文数量的排位还有较大差距（表1－3）。

主要的不足是发明专利占全部专利比重偏低，有效专利数量偏少，在事关未来研发走向的先进材料、集成电路、生物科技、节能环保等关键领域研究成果数量不多，质量不高（表1－4）。

表 1－3　　美国和中国在 22 个学科领域所发表的论文数之比

学科＼年度	2003—2007 年	2004—2008 年	2005—2009 年	2006—2010 年	2007—2011 年	2008—2012 年	2009—2013 年
材料科学	0. 83	0. 76	0. 70	0. 66	0. 62	0. 58	0. 54
地质	3. 99	3. 44	3. 10	2. 77	2. 52	2. 26	2. 03
动植物学	6. 04	5. 22	4. 51	3. 94	3. 49	3. 05	2. 73
分子生物与遗传学	12. 61	9. 97	8. 01	6. 49	5. 36	4. 24	3. 56
工程	2. 73	2. 34	1. 98	1. 70	1. 49	1. 28	1. 14
化学	1. 29	1. 13	1. 03	0. 95	0. 88	0. 82	0. 77
环境/生态学	5. 47	4. 77	4. 06	3. 53	3. 04	2. 72	2. 40
计算机科学	2. 83	2. 55	2. 34	2. 27	2. 13	1. 81	1. 58
交叉学科	2. 37	2. 30	2. 21	2. 04	1. 65	1. 76	2. 06
经济学和商学	16. 83	14. 43	12. 57	10. 75	9. 61	8. 17	7. 31
精神病学/心理学	42. 10	38. 01	33. 76	28. 93	25. 15	21. 89	19. 59
空间科学	9. 19	7. 97	7. 05	6. 20	5. 58	5. 09	4. 81
临床医学	14. 54	12. 29	10. 19	8. 48	7. 03	5. 73	4. 84
免疫学	16. 71	12. 88	10. 34	8. 31	7. 16	6. 14	5. 43
农学	5. 92	4. 41	3. 60	2. 80	2. 29	1. 93	1. 66
社会科学	32. 57	28. 31	24. 31	20. 26	17. 36	15. 00	13. 27
神经科学与行为	17. 72	13. 86	11. 39	9. 34	7. 84	6. 66	5. 97
生物学与生物化学	7. 07	5. 96	5. 03	4. 33	3. 80	3. 26	2. 89
数学	2. 43	2. 15	1. 93	1. 71	1. 57	1. 46	1. 32
微生物学	8. 98	7. 18	5. 68	4. 65	3. 83	3. 14	2. 78
物理学	1. 90	1. 65	1. 46	1. 33	1. 23	1. 16	1. 10
药理学和毒理学	4. 70	4. 00	3. 44	2. 99	2. 65	2. 31	2. 06
合计	4. 19	3. 66	3. 24	2. 92	2. 64	2. 38	2. 16

资料来源：根据 ESI 数据库计算。

表 1－4　　中国与全球 PCT 专利申请最多的领域比较（2012 年）

中国			世界		
排序	技术领域	占比（%）	排序	技术领域	占比（%）
1	电动机械，仪器，能源	7.53	1	数字通信	31.38
2	数字通信	7.09	2	计算机技术	8.04
3	计算机技术	6.99	3	电动机械，仪器，能源	6.85
4	医疗技术	6.38	4	电信	6.83
5	制药	4.40	5	视听技术	3.87
6	运输	4.16	6	半导体技术	3.64
7	测量科学与技术	4.10	7	制药	2.68
8	半导体技术	3.87	8	医疗技术	2.55
9	视听技术	3.58	9	光学	2.43
10	有机精细化学	3.15	10	测量科学与技术	2.21
11	发动机，泵，涡轮机	3.13	11	土木工程	2.16
12	土木工程	2.99	12	家具，游戏	2.00
13	生物技术	2.99	13	有机精细化学	1.94
14	光学	2.87	14	运输	1.76
15	电信	2.81	15	生物技术	1.73
16	基础材料化学	2.80	16	发动机，泵，涡轮机	1.72
17	机械元件	2.69	17	机械元件	1.57
18	其他专用机械	2.62	18	化工	1.51
19	化工	2.38	19	机床	1.42
20	处理技术	2.26	20	材料，冶金	1.37

资料来源：世界知识产权组织（WIPO）数据库经整理。

（四）从市场需求和成果转化来看，我国知识产权收入支出比和成果转化率偏低，与发达国家差距较大

有市场需求的创新成果才能真正转化为现实的生产力，从而促进产业的发展。但市场需求本身并不像创新投入和产出那样易于定量测度，据此，我们用知识产权收入支出比和成果转化率来近似反映创新驱动的市场需求状况。从知识产权收入支出比看，虽然近年来我国知识产权收入大幅增长，但由于与知识产权支出的增幅基本相当，导致许可收入支出比基本没有变化，目前仍小于1，明显落后于发达国家，其中，美国知识产权收入支出比一度高达10，目前为3左右，日本、英国和德国也大致在2—3。从科技成果转化率来看，尽管不同研究机构发布的数据差异较大，大致在10%—25%，但与发达国家45%—80%的转化水平相比仍有很大的提升空间。需要围绕激励企业创新来完善金融、税收、价格、财政、知识产权管理等政策，增强企业创新的内生动力。

（五）从创新生态和体制机制环境看，当前我国相关体制机制和环境对创新驱动的束缚和约束还比较多

美国创新史表明，大众创新是创新驱动产业升级的沃土。美国创新的主角是由无数怀有远大抱负的大众化的创新推进者组成，他们包括卡车司机、肖像画家、修鞋匠、海员、磨坊主、业余无线电爱好者、小职员等，这才是创造美国卓越背后的主要力量。然而我国目前缺乏激励大众创新和草根创新的体制机制、政策环境以及包容失败、平等宽容的社会氛围。主要体现在：应试型教育方式和僵化的教育体制很难培养出适应大众创新需要的人才；科技资源配置过度行政化，过于分散，企业拥有的创新资源有限，难以成为技术创新主体；产学研结合不紧密，科技与经济结合度低，风险投资机制不健全，研发成果转化利用率低；科技成果评价和保护制度不健全，科技研发中急功近利现象比较普遍；部分地方重视虚拟经济和房地产，不重视创新和实业，带来创新活力与竞争力下降等。为此，必须要加强体制机制创新，培育创新的根基。

三　当前我国创新驱动产业升级的实证分析

为了更为全面地反映创新对产业升级的推动作用，考察相关变量之间的定量关系，根据前文的创新驱动五大因素分析，我们尝试构建一个较为全面分析我国创新驱动产业升级的影响因素模型，并应用我国科技创新和产业升级的主要指标数据进行实证分析。

（一）模型设定与数据选取

根据前文的分析框架，我们构建一个较为全面分析我国创新驱动产

业升级的影响因素模型，主要包括工业化发展阶段、创新要素投入、创新成果、市场需求、创新生态和体制机制等五个方面。各解释变量的选取主要来自相关理论和实证研究的成熟成果，也来自对中国转型背景下特定的技术、产业和经济等多重因素的现实考察。模型的基本形式如下：

$$\ln pro = C + \alpha_1 \ln gdpp + \alpha_2 \ln rd + \alpha_3 \ln per + \alpha_4 \ln pat + \alpha_5 \ln mark + \alpha_6 \ln cons + \alpha_7 ref + \varepsilon$$

其中，$\ln pro$ 是被解释变量，用来反映产业转型升级的基本情况，包括生产技术水平和创新能力等总体情况，使用制造业全员劳动生产率来衡量；其余为解释变量，包括五个方面的因素。一是工业化发展水平，以人均 GDP（$\ln gdpp$）来反映。二是创新要素投入，以研发投入占 GDP 的比重（$\ln rd$）和科技活动人员数（$\ln per$）来反映。三是创新成果情况，以发明专利授权量（$\ln pat$）来反映。四是市场需求和成果转化情况，以技术市场成交额（$\ln mark$）和社会消费品零售总额（$\ln cons$）来反映。五是创新生态和体制机制环境，以虚拟变量体制改革（ref）来反映，由于体制改革的效果通常会经过一段时间才能体现出来，因此在实际变量定义中采取滞后一期的方式体现，ε 表示随机扰动项。具体研究变量定义及计算方法如表 1－5 所示。

表 1－5　变量选取与定义

变量类别	符号	变量名称	变量单位	变量定义
被解释变量	*pro*	全员劳动生产率	元/人	工业增加值/全部从业人数
解释变量	*gdpp*	人均 GDP	元/人	国内生产总值/人数
	rd	研发投入占 GDP 比重	%	R&D 投入/国内生产总值
	per	科技活动人员数	万人，年	基础研究人员、试验发展人员和应用研究人员全时当量之和
	pat	发明专利授权量	项	发明专利授权量
	mark	技术市场成交额	万元	技术市场成交额
	cons	社会消费品零售总额	亿元	社会消费品零售总额

续表

变量类别	符号	变量名称	变量单位	变量定义
虚拟变量	*ref*	体制改革		若当年有重大科技体制改革，则滞后一年取 1，否则取 0

资料来源：历年《中国统计年鉴》《中经网统计数据库》和《中国经济与社会发展统计数据库》，研究对象为中国 1990—2013 年创新驱动与产业升级之间的关系，构造时间序列进行计量分析。

（二）计量结果与结论

采用最小二乘法对模型进行拟合，回归结果如下：

$$\ln pro = 3.63 + 1.99\ln gdpp + 0.39\ln rd + 0.03\ln per + 0.29\ln pat - 0.02\ln mark - 1.24\ln cons + 0.03ref$$

t = 2.38　　3.23　　1.17　　0.15　　4.05　　-1.24　　-2.04　　0.59

F 统计量为 514.35（p = 0.0000），表明模型通过显著性检验，方程的多元线性关系成立。调整后的 R^2 值为 0.9936，模型整体拟合优度很高，模型解释力强。进一步通过模型设定 Ramsey 检验判断模型是否遗漏了重要的解释变量，Ramsey 检验 F 统计量为 3.31（$p > f = 0.0543$），接受 H_0，即模型没有遗漏重要的解释变量，模型设定是合理的。通过怀特异方差检验，发现卡方统计量为 24.00（$p > chi2 = 0.4038$），接受 H_0，表明模型回归残差不存在异方差性，原拟合方程不需要修正。经检验，模型设定合理，不存在异方差性，因而模型拟合比较完善。

从回归结果来看，实证分析的结论较好地吻合了理论分析的观点，工业化发展阶段的演进、创新要素投入的增加、创新成果的涌现和体制机制创新等方面的改善都会提升我国制造业全员劳动生产率，从而带来产业转型升级的绩效改善，但市场需求增加和成果转化数量的扩大并未能相应提升制造业产业转型升级的效果。从具体数值看，人均 GDP 提升对产业转型升级的提升作用效果最大，甚至高于其他具有正向促进作用因素的影响因子之和，表明工业化发展阶段是创新驱动产业升级的决定性因素，这既为发达国家创新驱动的历程所证明，也是我国产业转型升级的实践的生动写照，应把握好我国工业化由中后期向后工业化时期过渡的关键机遇，把创新驱动的驱动力转化为现实的生产力，不断推进产业结构升级。此外，研发投入占 GDP 的比重和发明专利数的增长对于产业创新驱动发展水平的提升作用也比较显著，影响因子分别为 0.39 和 0.29，表明创新要素投入和成果增加两方面因素对于产业升级具有显著的促进作用，强有力的研发投入和大量的发明专利等成果不断涌现仍是创新驱动的重要标志。但从反映市场需求和成果转化指标的社会消费品零售总额和技术市场成交额指标来看，模型拟合结果与研究假设正好相反，市场需求的扩张不但没有促进产业升级的效果，反而呈负向相关关系，这一方面是可能限于数据可得性，在指标选取上不如成果转化率等指标理想，另一方面可能是我国国内市场需求增长的产业升级促进效应主要被国外产品或外资企业俘获，而对国内产业技术升级的促进作用并不明显，需要进一步研究探求。从创新生态和体制机制环境看，当前我国相关体制机制环境对创新驱动的约束还比较多，1985 年、1992 年和 2012 年我国分别出台了三个对科技创新有较大意义的体制机制改革方案，分别为 1985 年《关于科学技术体制、改革的决定》、1992 年邓小平“南方谈话”之后的科技体制改革和 2012 年《关于深化科技体制改革加快创新体系建设的意见》等，都激发了社会和科技的巨大活力，但由于 1985 年不在本章研究时间区段，2012 年科技体制改革效果尚未完全显现，导致变量对于提升产业升级效果的作用还不显著，仅为 0.03，还需要加快体制机制改革，营造良好创新生态，释放巨大的创新潜力。

四 促进创新驱动产业升级的若干政策建议

产业发展进入创新驱动阶段后，政府政策的着力点也应发生相应变化，最关键的是从既是“裁判员”又是“运动员”的位置上退回来，专心做好“裁判员”“监管者”“制度设计者”和“环境营造者”，加快实现由政府主导下的“倾斜型产业政策”向市场机制主导下的“竞争型产业政策”转变，把精力放到创新驱动因素培育上，而非直接参与市场主体竞争。

（一）适应工业化发展阶段变化的要求，大力促进产业结构升级

进入创新驱动发展的转变期后，我国产业发展面临的情景和各种因素的作用机制将发生重大变化，产业技术升级面临前后夹击的局面。在中高端技术领域，由于研发能力和人力资本条件制约，难以与发达国家抗衡，在低端技术领域，由于低成本优势减弱，又面临要素成本更低的新兴经济体追赶竞争。这就要求我国产业升级战略和方向必须从追随型向领先型转变，促使产业结构从以加工装配工业为重心的高加工度化阶段向技术集约化阶段转变。要充分利用2008年国际金融危机形成的倒逼机制，加快产业结构调整，提高产业整体素质。产业主要调整方向包括：改造提升传统制造业，培育发展战略性新兴产业，加快发展现代农业和现代服务业，加强新能源和可再生能源、综合运输体系、城乡公共基础设施建设，构建现代产业发展体系。

（二）加大创新要素投入，努力提高我国创新要素投入整体水平

创新要素培育包括创新资金的投入和创新人才的培育，其中人力资源的培育是关键。要通过改革教育方式、加大教育培训等提高人力资源的质量，培育一大批高素质的复合型人才，形成强大的人力资源优势，为我国产业向创新驱动发展提供支撑。同时，抓紧建立市场导向的创新激励机制，突出创新人才的市场价值，积极推进国企薪酬改革，对创新人才实施现金奖励以及期权、技术入股、股权等多种形式的激励，实现以人为本最大限度激发创新要素的活力和创造力。在资金投入和创新基础设施建设方面，要继续加大对重点领域的投入，努力形成以企业为主体的R&D投入格局，加强国家信息基础设施、数据资源、大科学工程、重大公共技术平台等创新基础设施建设，鼓励开展更广泛的研究开发和创新应用。

（三）夯实创新基础，促进一大批创新成果涌现

一是促进发明专利、技术、标准、论文等创新成果不断涌现。通过自主创新或引进吸收再创新等多种方式，结合自身或联盟资源优势进行大规模技术创新，获取尽可能多的基本专利、技术和标准等创新成果，

进而实现对整个产业链的主导与控制，促进产业和经济发展形态由低层次到高层次的过渡。二是以重点领域为突破口，将今后一个时期政策支持的重点放在增强重点领域核心技术竞争力提升上，紧紧抓住新一轮科技革命和产业变革的重要机遇，推动信息、生物、新材料、新能源、先进制造等领域的技术融合和产业融合，把支持辐射面广、带动性强的电子信息、高端装备、新能源等制造业作为主攻方向，积极支持关键领域和行业创新，以创新驱动占领产业发展制高点。

（四）培育营销与市场优势，促进更多创新成果市场化应用

促进创新成果转化应用是一个系统工程，要充分发挥我国市场容量不断扩大的优势，鼓励更多以市场需求为导向的创新。一是通过示范应用、军事采购、政府采购等多种措施，加大对处于市场培育期创新成果的市场化支持。二是发展风险投资、信息服务、技术交易、人才服务、并购融资等创新服务业，以支持中小企业创新活动。发挥产业联盟和协同创新促进科技成果产业化的作用，形成创新产业链、协同链和价值链。三是着力培育创新型行业领先企业，要通过市场竞争促进一批具有创新能力的企业快速成长，形成重大技术研发、技术集成和推进产业化的优势。

（五）完善创新的体制机制和生态环境，激发企业创新活力

创新驱动产业升级是未来一个时期我国牵一发而动全身的事情，但由于部分体制机制方面的原因，导致创新成果缺乏有效保护，“创新速度赶不上剽窃速度”，知识产权保护立法执法相对滞后，全社会崇尚创新的氛围有待进一步培育。为此，必须将创新驱动提升到事关改革全局的高度，加快完善创新的体制机制和环境，破除制约创新的体制机制障碍，并采取切实措施营造有利于创新的外部环境。改进政府服务创新的方式，在政策制定过程中要多方征求企业意见，加强国家科研课题和重点项目与企业的对接。改变目前国家支持创新政策和资源项目分散的状况，以改革的决心和勇气整合各部门政策资源。加快创新驱动产业升级的顶层设计，协调理顺经济管理部门和科技支撑部门的关系，加快推进科技、产业、教育、人才等多部门多领域协同改革，支持和引导创新资

源与要素向最需要创新也最能激发创新活力的行业和企业集聚，不断增强企业创新动力、创新活力和创新实力，构建公平竞争的市场环境。

参考文献

［1］［美］熊彼特：《经济发展理论：对利润、资本信贷、利息和经济周期的考察》，商务印书馆 1990 年版。

［2］安同良等：《中国制造企业 R&D 行为模式观测与实证》，《经济研究》2006 年第 2 期。

［3］陈佳贵、黄群慧：《工业现代化的标志、衡量指标及对中国工业的初步评价》，《中国社会科学》2013 年第 3 期。

［4］付 宏、毛蕴诗、宋来胜：《创新对产业结构高级化影响的实证研究——基于 2000—2011 年的省际面板数据》，《中国工业经济》2013 年第 9 期。

［5］国家发改委经济所：《以创新推进产业结构优化升级研究》，《经济研究参考》（增刊 2012 年第 43 期）。

［6］柯立平：《增强创新驱动发展新动力系列谈（之一至之五）》，《科技日报》2012 年 12 月 25 日至 29 日。

［7］王昌林等：《创新驱动发展的思路与对策研究》，国家发改委内部研究报告 2013 年。

［8］王忠宏：《全球技术创新现状、趋势及对中国的影响》，国务院发展研究中心内部研究报告，2013 年。

［9］吴丰华、刘瑞明：《产业升级与自主创新能力构建——基于中国省际面板数据的实证研究》，《中国工业经济》2013 年第 5 期。

［10］Jacob Schmookler，*Patents*，*Invention and Economic Change*：*Data and Selected Essays*. Harvard University Press，1972：208.

［11］Mowery D.，Rosenberg N.，The Influence of Market Demand upon Innovation：A Crucial Review of Some Recent Empirical Studies. *Research Policy*，1979（8）：102 – 153.

第二章　产业新增长点：影响因素分析与“十三五”方向前瞻

本章构造了包括市场需求变化、技术进步及应用、竞争优势转换、产业链升级、资源环境约束和体制机制变革等在内的产业新增长点影响因素分析“六因素模型”，并对这些因素的变化及其对“十三五”产业新增长点可能催生方向的影响进行了分析。研究发现，产业新增长点的培育壮大是供给与需求结合多方面因素共同作用的结果，其影响因素的变化与发展方向本身越来越呈现互为促进的特征，我国应加强产业新增长点影响因素分析和科学研判，强化体制机制创新，营造有利于产业新增长点培育的因素和发展环境。

一　产业新增长点分析的“六因素模型”

影响产业新增长点形成和变迁的因素很多。一般认为，产业新增长点的形成是市场需求和技术进步共同作用的结果。近年来，随着人们对资源能源约束、健康、环境等重大问题的关注日益提升，有学者提出“供给—需求—重大问题应用”三维分析框架（王岳平，2014；姜江等，2015）①。本书依据这一框架，将其进一步拓展为包含技术进步及应用、市场需求变化、竞争优势转换、产业链升级、资源环境约束和体

① 王岳平等：《关于加快培育经济新增长点的建议》，国家发改委宏观院内部研究报告，2014 年；姜江等：《“十三五”时期培育产业新增长点的对策研究》，国家发改委宏观院重点课题研究报告，2015 年。

制机制变革等因素的“六因素模型”（图2－1），从这六个方面的因素变化分析未来产业新增长点可能出现的领域，并判断其未来发展潜力。其中，技术进步、竞争优势转换和体制机制变革侧重于供给层面，市场需求变化侧重需求层面，资源环境约束和产业链升级则是供给与需求结合、重大问题应用的具体体现。

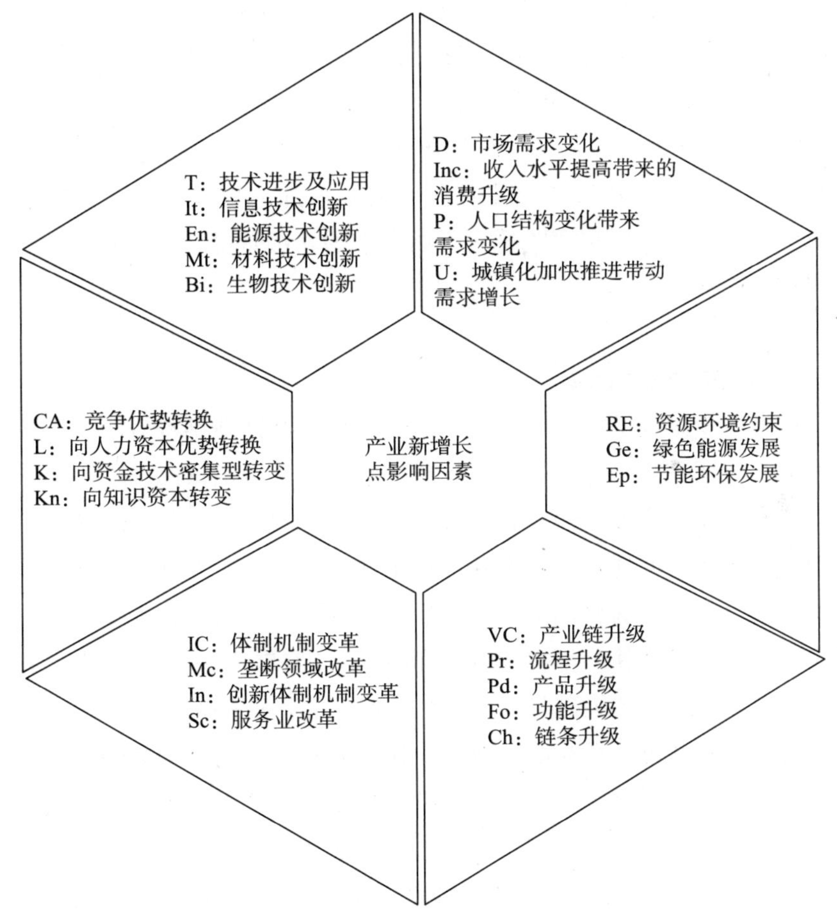

图2－1　产业新增长点分析“六因素模型”

（一）市场需求因素

需求拉动经济增长是经典经济学理论的重要支柱。从需求角度看，产业新增长点的影响因素有很多，包括收入水平提高、消费结构升级和消费倾向变化等都会影响产业新增长点的发展①。从发达国家经验看，当人均收入达到6000—8000美元（现价）时，消费结构会发生显著变化，居民对高质量、高品质的产品和服务的需求会显著增加，而普通物质需求将会减少，将会催生文化娱乐、医疗健康、教育培训等服务类消费的快速增长以及个性化、高品质、多样化产品需求的增长。以美国为例，20世纪30年代，美国居民消费总支出的1/3以上用于食品消费，目前这一比例下降为14.65%，服装消费则从10%左右下降到5.27%，家用设备从15%左右下降到9.88%；医疗保健支出则从不到10%上升为20.68%，交通消费从9.3%上升到19.1%；娱乐消费从3%上升到8.1%②，人们对高质量的产品需求也大幅增加。由此可见，无论从一般规律，还是发达国家实践看，市场需求因素都是推动产业新增长点发展的重要因素。

（二）技术进步因素

技术进步是经济增长、产业新增长点涌现和产业结构升级的重要推动力量。梳理三次工业革命的历史进程，我们都不难发现“科学革命—技术革命—产业革命”的历史逻辑和产业发展脉络，说明技术进步是推动产业发展特别是催生新产业的重要引擎③。历史上由于新技术出现而催生新产业的事例也数不胜数，例如，电的发明将人类引入电气时代，汽车的发明使汽车产业成为世界经济发展中最为重要的产业之一，基因工程技术的突破带动了现代生物医药产业的快速发展，光伏和风电技术发展促进了新能源产业的快速发展等。当前，全球新一轮科技革命和产业变革正在孕育兴起，一批新技术、新产品和新的商业模式不断涌现，对经济社会发展产生广泛深刻影响。根据麦肯锡公司《到2025年将改变人类生产生活和全球经济的颠覆性技术》报告预计，到2025年移动互联网、先进机器人、无人驾驶汽车、下一代基因组学、

---

① Kuznets Simon, Economics Growth of Nations: Total Output and Production Structure, *Harvard University Press*, 1972.

② 李森：《浅析美国消费需求结构的变化》，《东方企业文化》2011年第23期。数据对比年份为2007年比20世纪30年代。

③ ［美］约瑟夫·熊彼特：《经济发展理论》，商务印书馆1990年版。

能源存储、3D 打印、新材料和可再生能源等 12 项颠覆性技术的产业化和发展有望对全球经济产生 14 万亿—33 万亿美元的影响，成为影响全球经济的重要新增长点①。

（三）竞争优势转换因素

动态比较优势理论认为，发展中国家可以充分依靠和发挥比较优势建立自身的竞争优势（克鲁格曼，1982）②。换言之，竞争优势是可以培育的（波特，1991）③。而竞争优势的培育过程往往也是产业新增长点发现和培育过程，比如大力培育知识资本竞争优势有望催生大数据、软件、教育培训等产业新增长点（宋紫峰等，2014）④，大力培育技术竞争优势有望催生研发服务、知识产权服务、专利交易等产业新增长点（王忠宏等，2015）⑤，积极培育资金密集优势有望催生新型金融、天使投资、创业投资等产业新增长点。

（四）产业链升级因素

根据格里芬教授（Gereffi，1994）⑥、汉弗莱和施密特（Humphrey，J. and Schmit，H.，2000）等人的研究，产业链升级一般包括流程升级、产品升级、功能升级和部门间升级等主要内容⑦。在全球化条件下，产业链升级已经成为产业结构升级的重要方向，在此过程中，通过重组生产系统或引进高级技术，发展研发设计、营销等新的环节都将有助于带动相关领域产业新增长点发展，特别是研发设计、品牌服务、仓储物流、营销等生产性服务业发展，既有利于推动产业转型升级，也会

---

① McKinsey Global Institute，Disruptive Technologies：Advances that will transform life，business，and the global economy，2013.

② ［美］保罗·克鲁格曼、毛瑞斯·奥博斯法尔德：《国际经济学》，中国人民大学出版社 2002 年版。

③ ［美］迈克尔·波特：《竞争优势》，华夏出版社 2005 年版。

④ 宋紫峰：《知识资本的研究进展及启示》，国务院发展研究中心研究报告，2014 年。

⑤ 王忠宏、来有为：《新经济增长点在孕育兴起》，《人民日报》2015 年 3 月 25 日。

⑥ Gray Gereffi，Out Sourcing and Changing Patterns of International Competition in the Apparel Commodity Chain. *Duke University Working Paper*，1994.

⑦ Humphrey，J. and Schmit，H.，Governnance and Upgrading：Linking Industrial Cluster and Global Value Chain. *IDS Working Paper*，2000.

催生产业新增长点发展。

（五）资源环境因素

自然资源禀赋是经济发展的基础因素，与产业结构的形成、升级和新增长点的培育都有着密切的联系，同时，自然资源禀赋又是人力因素难以改变的因素，因而对产业结构的形成和升级起着很大的制约作用。比如随着我国资源环境约束的趋紧，一些高资源消耗、高污染排放、高生态环境代价的行业发展面临瓶颈。但反过来看，这种制约和约束又是经济增长的重要诱因，将会催生能源利用向高效、绿色、安全的方向转型，节能环保和新能源产业将会快速发展，循环经济将会进一步发展，绿色低碳循环的产业体系将会加快建立完善。此外，绿色、节能技术加速扩散和应用，将推动绿色制造和绿色服务业兴起，带来绿色增长的新机遇。

（六）体制机制因素

诺斯提出制度安排的概念，认为包括家庭、企业、货币、市场交易、合同制、期货市场等制度安排的变革能有效激发经济主体的活力，引导宏观经济发展方向和产业结构调整，释放产业新增长点①。国内学者研究也认为，通过体制机制变革，放开搞活能够催生产业新增长点发展（姜长云，2013；刘培林，2014；刘世锦，2015 等）。与此同时，制度是把“双刃剑”，当制度不合理或体制机制不健全的时候，则会制约产业新增长发展（王岳平，2015）。如刘世锦（2015）认为，加快推进基础和垄断性领域改革，放开石油、天然气、电力、铁路和电信等行业的准入限制和门槛，允许民营资本以独资或者混合所有制形式进入，形成行业内竞争的新局面将有助于这些领域产业新增长点发展②。姜长云（2013）认为加大服务业相关领域体制机制改革，推进医疗、健康、教育、金融等向民间资本开放，鼓励多种形式的混合经营，有助于催生服

① ［美］道格拉斯·C. 诺思：《制度、制度变迁与经济绩效》，格致出版社 2008 年版。
② 刘世锦：《经济转型期的三个经济增长点》，《21 世纪经济报道》2015 年 3 月 6 日。

务业新增长点的发展①。刘世锦、刘培林（2014）等认为，全面改革和绿色治理推动绿色增长，特别是自然资源及其产品价格改革、环境保护税费改革，节能节地节水、环境、技术、安全等市场准入标准体系的建立，以及碳排放权、排污权、水权等交易制度的建立完善，将会催生巨大的节能环保产业市场②。

二　“十三五”产业新增长点影响因素变化及其影响

（一）市场需求变化影响产业新增长点

当前，我国正处于需求结构剧烈变动的新时期，居民收入水平提高、消费结构升级、人口结构变化和城镇化快速发展等将会显著改变原有的需求结构从而推动相关产业新增长点的兴起和发展。

一是服务类消费占比明显上升将带动文化娱乐、医疗健康、教育培训等领域产业新增长点的发展。近年来，我国消费结构持续升级，消费结构逐渐从生存型向发展享受型升级，消费者对产品的质量、工艺、性能变得“挑剔”，个性化需求、体验性需求、精神文化消费和品牌产品需求日益增加，客观上促进了文化、娱乐、教育等相关服务消费需求的扩大，文化旅游、教育培训、养老健康、休闲娱乐、电子商务、信息服务等领域将产生大量新的产业增长点。

二是老年人口和婴幼儿这两类人群特定消费需求增加，将会催生出与之相关的产业新增长点的发展。根据国家统计局数据，1995—2014年20年间，我国65岁以上老年人口数目快速增加，从1995年的7510万人增加到2014年的1.38亿人，老年抚养比也从9.2%提高到13.7%。预计到2020年，这一趋势仍将延续，届时65岁以上老年人将达到1.84亿人，比重从目前的10.1%上升到13.15%，老年抚养比从

---

① 姜长云：《服务业体制机制改革路线图研究》，宏观院内部研究报告，2013年。

② 刘世锦、刘培林：《中国碳排放展望：绿色治理孕育高质量增长点》，《北方经济》2014年第7期。

目前的13.7%上升到17.96%[①]，蕴含着巨大的养老服务和医疗健康服务需求，老年医疗保健、老年护理服务、老年休闲、老年旅游、老年教育以及老年用品开发等行业发展有望成为新的消费热点和产业新增长点。“全面二孩”等政策的调整有望在5年内新增1200万以上新生儿[②]，将会带动母婴医药、奶粉等初生婴儿用品以及儿童服饰、家具、童车、玩具等市场需求增长，推动与儿童成长相关的动漫、婴幼儿教育等相关产业快速发展。从中长期看，二孩放开还有望扭转适龄购房人口在较长时间范围内下降的趋势，带动房地产等相关行业发展。

三是推动产品升级的机遇，人们对个性化、高品质、多样化产品需求增加，将有助于促进相关领域产业新增长点发展。比如人们对于食品安全、绿色健康的要求提高，将会给绿色食品产业发展带来新机遇。消费朝着智能、绿色、健康、安全方向发展，将会给智能化可穿戴设备、新型诊断仪器设备、健康管理等行业发展带来契机。随着互联网的迅速普及和人们消费习惯的改变，我国互联网新业态快速发展，电子商务、互联网金融、远程医疗、在线教育、网络租车等互联网新应用也加快涌现，正展现出广阔前景和巨大潜力。

（二）技术进步及应用影响产业新增长点

技术进步及其应用对产业新增长点的影响，可以从技术领域的角度进行分析。对我国而言，当前信息技术发展正进入新一波创新浪潮，云计算、物联网、移动互联网、大数据、3D打印等新一代信息技术加快发展，并向经济社会各领域广泛渗透。新能源技术取得重大突破，生物技术也进入产业化阶段。这些领域的技术发展将有助于突破技术经济瓶颈约束，催生相关领域产业新增长点的发展。

一是信息技术进入新一波创新浪潮，新一代信息技术领域新增长点层出不穷。比如，我国移动互联网迅速普及，网民数突破6.5亿人，占人口总数近半，催生了移动社交、移动广告、移动支付、移动电子商

---

① 李晖、陈锡康等：《基于人口投入产出模型的中国人口结构预测及分析》，《管理评论》2013年第2期。

② 根据国家卫计委副主任王培安提供的数据估算，数据来源：《新法实施之日就是二胎放开之时》，《经济参考报》2015年11月2日。

务、手机游戏等一大批新兴业务和服务模式。2015 年上半年移动数据及互联网业务实现收入 1513 亿元，同比增长 39.3%。我国智能手机用户突破 9 亿人，带动智能手机、平板电脑及相关产业链发展。我国电子商务发展迅猛，2014 年网络零售规模达 2.8 万亿元，居全球首位。互联网正在从消费向生产、由下游到上游快速渗透，产业互联网快速兴起等。

二是新能源技术取得重大突破，技术的经济性不断提升，太阳能、风电等产业发展迅速。20 世纪 90 年代以来，太阳能电池转化效率大幅提高，目前已达到 17%，在实验室高达 44%，成本却从 1990 年的每瓦 8 美元降到 2012 年 80 美分以下。风电的成本已接近煤炭和天然气发电成本。预计到 2020 年，太阳能的平准化电力成本将继续下降 30%—35%，风电将下降 10%—15%，新能源占能源消费的比重将大幅提高。据国际能源署统计，2013 年，全球风电累计并网装机容量达到 3.18 亿千瓦，太阳能发电累计装机容量达到 1.37 亿千瓦，新能源占全球能源消费的比重已达到 14% 左右。我国风电和太阳能发电总装机容量也快速增长，到 2014 年分别达到 9637 万千瓦和 2805 万千瓦，占我国发电总装机容量比重分别为 7.1% 和 2.1%①。

三是生物技术进入产业化阶段，正在引发农业生产、工业制造、医疗健康等领域新增长点加快涌现。比较有代表性的是基因测序技术的快速发展，带动华大基因为代表的基因测序产业快速发展。此外，我国生物技术的快速发展还引发生物医药、生物能源等产业快速发展。根据工信部数据，2014 年我国生物药品制造业实现主营业务收入 2750 亿元，同比增长 13.95%，占我国当年医药产业主营业务收入比重超过 11%，而 2011 年我国生物药品主营业务收入仅为 1782 亿元，2011—2014 年年均增长超过 18%。另据国家能源局数据，我国生物质发电产业从 2000 年初开始起步，截至 2014 年年底我国生物质发电装机容量已达到 950 万千瓦，年发电量约 430 亿千瓦时。

四是新材料技术和先进制造技术取得重大突破，推动相关产业新增长点发展。从新材料技术看，纳米材料、碳纤维、石墨烯和仿生材料等

---

① IEA：《2015 世界能源展望》，2015 年 11 月 10 日。

新材料技术快速发展，2011 年 IBM 已经制造了基于石墨烯的集成电路，高端医用仿生材料也取得重大突破，我国公司研制出世界第一个生物级 3D 打印硬脑膜产品，成功实现产品替代，使国外同类产品在我国售价下降 2/3，推动产业较快发展，市场前景也十分广阔。从先进制造技术看，随着先进机器人技术的日益成熟，我国工业机器人产业近年来呈快速发展态势，根据国际机器人协会（IFR）统计，2004—2013 年 10 年间，我国工业机器人市场销售量年均复合增长率高达 29.8%，并于 2013 年超过日本成为全球最大的工业机器人市场①。但从机器人的普及率和使用密集看，我国与日本、德国、美国、韩国等先发国家差距还非常大，未来发展空间较大（图 2－2）。

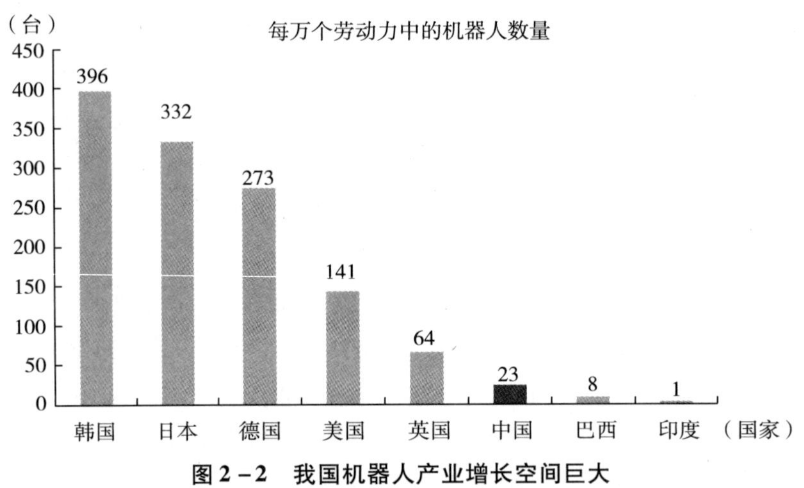

图 2－2 我国机器人产业增长空间巨大

（三）竞争优势转换影响产业新增长点

改革开放以来，我国依靠劳动力成本优势和丰富资源优势，大力促进加工贸易型和劳动密集型产品出口，取得了举世瞩目的成就，也带动了电子信息、纺织服装、机械制造等一大批行业的发展。随着劳动力成

① International Federation of Robotics. Executive Summary on World Robotics 2014. 2015－02－10，http：//www. worldrobotics. org. /uploads/tx_ zeifr/Executive_ Summary_ WR_ 2014_ 01. pdf.

本比较优势的削弱，我国产业发展将向更多依靠知识资本、人力资本和资金技术密集型转变，劳动密集型、资源密集型行业将不再是未来产业的发展方向①，而人力资本投入则会明显增加，技能型人才需求量上升，机器替代人工进程加快，品牌、专利、研发、设计、科技、信息网络、软件、数据库等知识资本在经济增长中将发挥更大作用，这些方面都蕴含着产业新增长点。

一是大力培育知识资本竞争优势有望催生大数据、软件、教育培训等产业新增长点发展。大力培育知识资本竞争优势，实现竞争优势转换，我国制造业将向信息技术深度应用、制造业和服务业融合、个性化定制方向发展，人力资本投入会明显增加，技能型人才需求量上升，将会催生大数据、软件和教育培训等产业新增长点发展。

二是大力培育技术竞争优势有望催生研发服务、知识产权服务、专利交易等产业新增长点发展。加快培育技术竞争优势，我国技术研发投入将显著增加，带动科技研发服务业及其相关的知识产权服务、专利交易、成果转化等行业发展。根据国家知识产权局数据，截至2013年年底我国通过审批的专利代理机构超过1000家，具有专利代理人资格从业人员1.8万人，分别比2005年增长接近100%和3倍多。另外，各种“互联网+”知识产权服务新业态也快速发展，比如猪八戒网通过互联网提供知识产权服务和创意服务，利用“众包”的方式转化商业价值，目前已发展成为我国最大的众包服务平台，注册用户超过1300万户，估值超过百亿元。

三是积极培育资金密集优势有望催生新型金融、天使投资、创业投资等产业新增长点发展。目前，我国互联网金融潜在投资客户3.6亿人，通过互联网融资的小微企业超过3000万家，整个互联网金融的资产余额达15万亿元。国家鼓励天使投资和创业投资发展，并对投向种

---

① 根据国家统计局数据，15—24岁新加入劳动力队伍人口从目前的1.66亿人下降至2020年的1.26亿人，下降24%。从“80后”“90后”“00后”等年龄分层结构更能看出这一趋势，根据国家统计局抽样调查数据，目前我国“80后”1.6亿人，“90后”1.57亿人，“00后”1.24亿人，“90后”比“80后”、“00后”比“90后”分别少1.9%和21%。劳动力数量的减少再加上劳动力成本的快速上升，将会导致我国产业发展的劳动力比较优势快速下降。

子期、初创期等创新活动的天使投资给予税收优惠，也会助推相关产业快速发展。

（四）产业链升级影响产业新增长点

对我国而言，产业链升级在流程升级、产品升级、功能升级和部门间升级这四个方面的创新与发展也是产业结构升级和培育产业新增长点的关键。

一是业务流程升级催生产业新增长点。主要指通过重组生产系统或引进高级技术催生产业新增长点，如机器人、“互联网 +”等，通过流程再造和业务模式升级打造适合我国国情的“智能生产模式”，将会催生智慧工厂、大规模个性化定制、互联网金融、慕课、网上研发平台等新兴业态和产业新增长点发展。

二是产品升级催生产业新增长点。以钟表行业为例，随着可穿戴设备的兴起和时钟的电子化发展，传统钟表行业正在向智能钟表转型，必将催生一批智能化钟表新产品和移动电子设备的时钟化新产品，在带动产业转型升级的同时也成为产业新增长点。

三是功能升级催生产业新增长点。目前我国在全球分工仍处于加工制造等中低端环节，而研发、设计、品牌、供应链管理和营销等附加价值高的环节缺失或发展不足。未来我国产业结构转型升级应以功能升级为主，主攻研发、设计、营销、品牌培育、供应链管理等制约产业结构转型升级的产业链、价值链的关键环节，推动制造业向研发设计、融资租赁、工程服务等产业链高端环节延伸发展，大力发展面向制造业的工业设计、第三方物流、节能环保、互联网金融、管理咨询等生产性服务业，有利于在带动产业功能升级的同时推动相关领域产业新增长点发展。

四是推动链条升级催生产业新增长点。推动我国产业链条升级，把我国轻工纺织、轨道交通、工程机械等行业领域的竞争优势复制到其他行业领域，推动整个产业链升级，有可能催生相关产业新增长点。比如，加大关键技术和产品的研发与应用推广，促进信息化和工业化深度融合，把新一代信息技术广泛应用于制造业生产经营全过程，有望推动制造数字化、网络化、智能化发展，催生智能制造等产业新增长点[①]。

（五）资源环境约束影响产业新增长点

我国长期以来依赖的低成本、高消耗的粗放发展模式造成了资源和能源的大量消耗、环境的严重污染和效率低下，资源环境约束日益成为人们关注的焦点，也成为经济社会发展的硬约束。为应对资源环境瓶颈约束，大力发展节能环保和新能源等产业、转换发展模式，将会推动节能环保和新能源产业成为“十三五”时期我国产业发展的新增长点。

从节能环保催生的需求看，我国已经成为全球第一大煤炭生产国和第二大石油消费国，推动资源能源节约发展、保护生态环境、发展循环经济等所涉及的节能环保装备、产品和服务业将迎来快速发展机遇。“十二五”以来，随着我国对生态环保要求的不断强化，我国节能环保产业以年均15%—20%增速增长，2014年节能环保产业规模约3.8万亿元[②]。今后一个时期，随着我国生态治理和节能环保投入的不断加大，我国节能环保产业有望继续保持较高增速，预计到2020年产业规模可达8万亿—9万亿元，将成为重要的产业新增长点。

从新能源产业发展看，能源低碳化发展将会促进核电、天然气等清洁能源和风能、太阳能、生物质能等可再生能源产业发展，催生产业新增长点。根据国家可再生能源中心数据，“十三五”时期我国新能源产业年均增长有望超过20%，到2020年风能、太阳能等新能源产业产值规模有望达到3.6万亿元左右，成为带动经济绿色转型的重要新增长点[③]。

（六）体制机制变革影响产业新增长点

从体制机制变革看，受体制机制因素影响，我国新兴产业领域、基础和垄断性领域以及服务业三大领域部分产业新增长点的发展受到束缚，但在“十三五”时期，这些领域的体制变革步伐将会加快，有望

---

① 苏波：《着力培育新的工业增长点》，《求是》2015年第6期。

② 王昌林：《支撑7%的产业发展新动力》，《光明日报》2015年8月7日。

③ 国家可再生能源中心：《2014中国可再生能源产业发展报告》，中国经济出版社2014年版。

催生新的产业增长点。

一是深化新兴产业领域体制机制变革释放产业新增长点。Kuznets（1973）认为创新政策的完善能够推动技术进步，并促进相关产业新增长点发展①。当前，我国产业新增长点正在加快孕育，但这些新兴领域受市场环境不完善、商业模式创新不足、融资难、融资贵等因素制约，短期还难以形成像房地产、汽车等传统引擎的拉动力。如创新药物和医疗器械审批周期长、定价和采购机制不合理、各类许可繁杂重复等一系列问题；"三网融合"及互联网和新媒体服务多头管理、行业壁垒严重等一系列问题；风电、光伏、新能源汽车发展面临的场址规划、并网发电、充电基础设施建设等问题；航空管制与通用航空产业发展的问题；电子商务发展过程中行政管理、诚信体系、政策措施等方面的问题等。如果能破除上述体制机制制约，有望催生相关领域产业新增长点快速发展。

二是加快推进基础和垄断性领域改革催生产业新增长点。比如放开石油、天然气、电力、铁路和电信等行业的准入限制和门槛，允许民营资本进入，形成行业内竞争的新局面将有助于产业新增长点的发展。国家积极完善国有资本有进有退、合理流动机制，大力推进国有企业重组和调整，推动国有资本向重点行业、关键领域和优势企业集中，鼓励企业通过跨国并购、参股、上市、重组联合等方式"走出去"，将会培育一批具有国际竞争力的世界一流企业，推动相关领域产业新增长点的发展和核心竞争力的提升。

三是加大服务业等相关领域的体制机制改革力度催生产业新增长点。加大破除制约服务业产业新增长点发展的体制机制障碍，鼓励多种形式的混合经营，加快医疗、健康、教育、金融等领域对民间资本开放，有利于金融、医疗、教育等服务业领域产业新增长点的形成。同时，国家积极深化社会领域和事业单位改革，引导公共服务有效利用市场机制，鼓励社会资本参与公共服务体系建设，不断提高公共服务的水平和质量，在公共服务领域也会催生一批产业新增长点。

---

① Kuznets, S., Modern Economic Growth: Findings and Reflections. *American Economic Review*, 1973, 63 (2): 247-258.

三　基于“六因素模型”的“十三五”产业新增长点方向前瞻

基于“六因素模型”，我们把这六个方面的因素综合起来考虑和分析，对产业新增长点可能出现方向的判断将更为准确，对其成因的理解也将更为深刻。如图2－3所示，我们综合了需求结构升级、重大技术

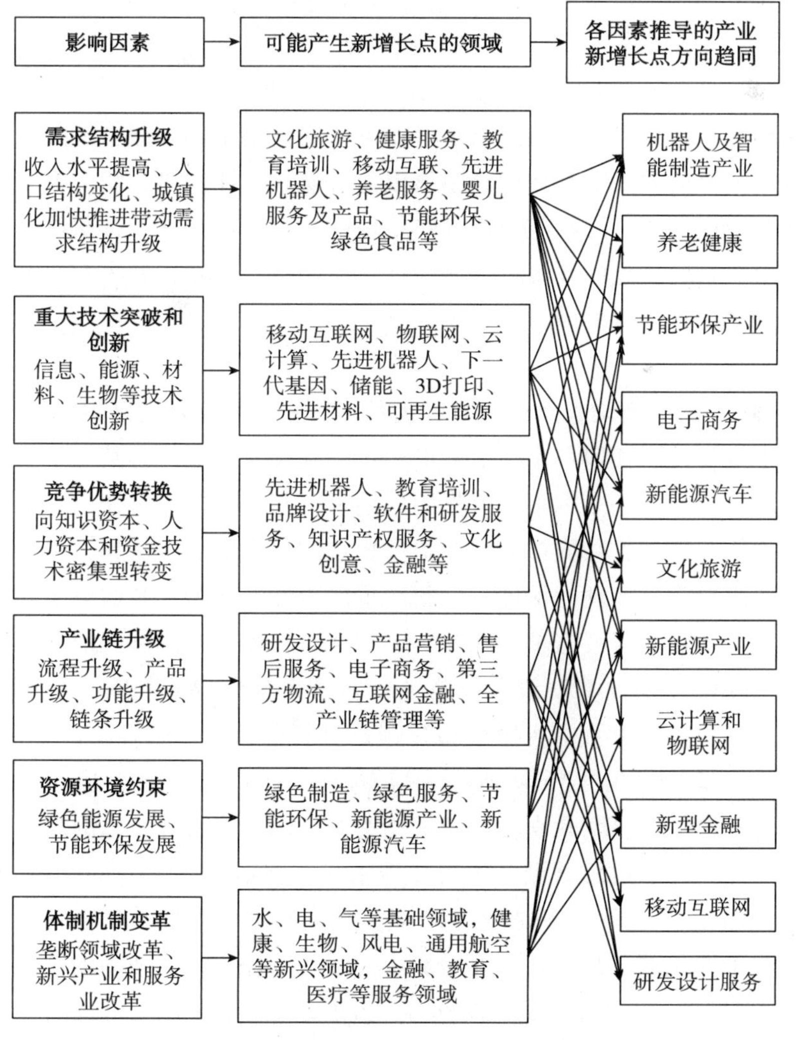

图2－3　综合“六因素模型”的产业新增长点可能方向判断

突破和创新、竞争优势转换、产业链升级、资源环境约束和体制机制变革等六方面因素可以推导出的产业新增长点包括机器人及智能制造产业、养老健康产业、节能环保产业、电子商务、新能源汽车、文化旅游、新能源、云计算和物联网等产业，基本涵盖了“十三五”产业新增长点发展的可能方向，相较于之前单一因素分析得出的产业新增长点方向判断结果也更为科学、全面。

四 结论和建议

综上可见，产业新增长点培育“六因素模型”是分析“十三五”时期产业新增长点的影响因素和可能方向的重要工具，通过多因素模型分析的结果比独立的推理演算结论更为可靠。与此同时，我们也发现产业新增长点的影响因素与发展方向呈现互为促进等特征。按照这一思路培育产业新增长点的政策重点应是强化体制机制创新，着力营造有利于产业新增长点培育的因素和发展环境。

（一）产业新增长点的培育壮大是多因素共同作用的结果

不难发现，任何一个产业新增长点的发展并不仅仅是某一单一因素影响的结果，而是多因素综合作用的结果，甚至正向促进作用和反向阻碍作用相互抵消，共同影响产业新增长点的发生发展。例如，技术进步及创新是新产品出现的保证，但新产品能否爆发式增长则取决于其在多大程度上满足消费者需求。因此，评判某一新增长点的发展前景不能仅从某一因素（如技术创新水平差异）角度去预测、去判断，必须综合多因素（供给因素和需求因素相结合）进行分析，否则容易产生误判。比如，三星公司在推出 Galaxy S6 与 Galaxy S6 Edge 两款手机时根据产品性能和性价比等因素预测其销量比为 4∶1，并按照这一比例规划了产能，然而实际上这两款设备的市场需求相当接近，导致 Galaxy S6 手机滞销，而 Galaxy S6 Edge 的供货不足。显而易见，消费者对更具创新性和更为个性化的产品需求正在增加。对于我国而言，产业新增长点培育“六因素模型”只是提供了解析产业新增长点发生、发展机理的一个视角，不能过分强调单一因素对于产业新增长点培育的作用，也不能机械地根据影响因素的差异将产业新增长点强行分门别类，必须以更加全局、更加综合的视角看待产业新增长点的培育问题，积极引导多种因素共同变化、综合作用，共同促进产业新增长点发展。

（二）产业新增长点的影响因素与发展方向互为促进

传统观点认为，产业新增长点的影响因素与可能的发展方向是单向线性关系，即产业新增长点的影响因素的变化会导致产业新增长点的产生。事实上，我们通过对产业新增长点的影响因素及其自身发展变化的特征和趋势的梳理不难发现，不仅影响因素的变化会催生产业新增长点，产业新增长点本身的发展壮大也会推动影响因素和发展条件的变化，从而反作用于产业新增长点本身的发展，甚至由于影响因素本身的变化存在诸多变数，导致产业新增长点发展壮大也存在不确定性，产业新增长点的影响因素与发展方向本身越来越呈现互促互动的特征。例如，人们对个性化商品、个性化服务和体验性需求的增长将会促进文化娱乐、个性化产品定制、信息消费等领域产业新增长点蓬勃兴起，而这些新型商品和服务的产生又会激发消费者对更为个性化、更加高品质、更加便捷高效的商品和服务的需求，从而产生商品、服务、产业新增长点和需求互促互进的效应。重大技术的突破和创新可能催生移动互联网、云计算、物联网、先进机器人、3D 打印、下一代基因组、新能源汽车等产业新增长点快速发展，这些新增长点的快速发展又会吸引更多的人才、资金和要素进入相关领域的技术攻关和研发，推动相关领域的进一步技术升级和创新发展，进而对产业新增长点发展形成新的推动力量。竞争优势转换会催生知识、技术、资本等密集度高的产业新增长点出现和发展，而知识、技术和资本密集型产业的发展则会强化一国或地区在这些方面的竞争优势。产业链升级因素会催生研发设计、营销、品牌、供应链管理等产业链中高端环节发展，而这些环节的发展则会进一步催生产业链向更高端环节和更高质量、更高附加值升级的需求。又如，体制机制变革将会在新兴产业、基础和垄断性领域以及金融、医疗、教育和公共服务等服务业领域催生产业新增长点，这些产业增长点的发展又会产生更多的新模式、新业态和新需求，会进一步倒逼体制机制变革，促进体制机制进一步深化变革，而体制机制的进一步深化变革则会释放更多的产业新增长点发展活力，形成互促互进的效果。

（三）应强化体制机制创新，营造有利于产业新增长点培育的因素和发展环境

目前，产业新增长点正呈现蓬勃发展的态势，如何引导上述六大影响因素朝着有利于促进产业新增长点发展壮大的方向变化和调整是产业新增长点能否持续健康发展的关键。这其中，政府要做的关键工作是营造良好的体制机制环境，促进产业新增长点持续涌现。这些环境既包括与每个新增长点发展都息息相关的知识产权、科技成果转化、市场准入、要素流动等综合性体制机制问题，也包括移动互联网、云计算、生物医药、风电、节能环保、养老健康、文化创意等具体行业领域发展中遇到的特殊体制机制问题。因此，必须要坚持全面深化改革和重点领域梯次突破相结合的思路，深化知识产权、科技成果转化、反垄断与促进公平市场竞争等领域体制机制改革，坚持供给创新与消费升级相结合、技术创新与商业模式创新相结合、国内市场与国际市场相结合、创新管理与依法行政相结合、政策支持与市场调节相结合，推动政府职能加快转变，进一步简政放权，降低市场准入门槛，引导民间资本和各类市场主体向产业新增长点领域拓展。同时，对于个别行业发展中遇到的特殊性问题，要积极采取合理的、差别化的激励政策，充分发挥政府投资、政策“四两拨千斤”的作用，因业施策，改善产业发展环境。

参考文献

［1］［美］保罗·克鲁格曼、毛瑞斯·奥博斯法尔德：《国际经济学》，中国人民大学出版社 2002 年版。

［2］［美］迈克尔·波特：《竞争优势》，华夏出版社 2005 年版。

［3］［美］约瑟夫·熊彼特：《经济发展理论》，商务印书馆 1990 年版。

［4］［美］道格拉斯·C. 诺思：《制度、制度变迁与经济绩效》，格致出版社 2008 年版。

［5］国家可再生能源中心：《中国可再生能源产业发展报告（2014）》，

中国经济出版社 2014 年版。

［6］姜江等：《“十三五”时期培育产业新增长点的对策研究》，宏观院重点课题报告，2015 年。

［7］姜长云：《服务业体制机制改革路线图研究》，宏观院内部研究报告，2013 年。

［8］李晖、陈锡康等：《基于人口投入产出模型的中国人口结构预测及分析》，《管理评论》2013 年第 2 期。

［9］刘世锦：《经济转型期的三个经济增长点》，《21 世纪经济报道》2015 年 3 月 6 日。

［10］宋紫峰：《知识资本的研究进展及启示》，国务院发展研究中心研究报告，2014 年。

［11］苏波：《着力培育新的工业增长点》，《求是》2015 年第 6 期。

［12］王岳平等：《关于加快培育经济新增长点的建议》，宏观院内部研究报告，2014 年。

［13］王忠宏、来有为：《新经济增长点在孕育兴起》，《人民日报》2015 年 3 月 25 日。

［14］Gray Gereffi，Out Sourcing and Changing Patterns of International Competition in the Apparel Commodity Chain. *Duke University Working Paper*, 1994.

［15］Humphrey，J. and Schmit，H. Governnance and Upgrading：Linking Industrial Cluster and Global Value Chain. *IDS Working Paper* 120，2000.

［16］International Federation of Robotics. Executive Summary on World Robotics 2014. 2015－02－10，http://www. worldrobotics. org. /uploads/tx_zeifr/Executive_Summary_ WR_2014_01. pdf.

［17］Kuznets Simon，*Economics Growth of Nations*：*Total Output and Production Structure*，Harvard University Press，1972.

［18］Kuznets，S.，Modern Economic Growth：Findings and Reflections. *American Economic Review*，1973，63（2）：247－258.

［19］McKinsey Global Institute，Disruptive Technologies：Advances that will Transform Life，Business，and the Global Economy，May 2013.

第三章　寻找新动力：战略思路与可行路径

当前支撑我国经济增长的要素投入、出口增长、资源能源消耗等传统动力正在弱化，新的创新动力亟待培育壮大，必须在稳定经济增长，防止经济出现较大波动的同时，按照“改革先行、企业主体、重点突破、人才为基”的原则，重点解决创新的主体、动力、重点领域和体制环境等问题，加快构筑经济持续稳定增长的新动力和新基础，使创新动力成为经济持续稳定增长的重要支撑。

一　动力转换时期的中国经济呼唤创新动力

当前，我国经济正处于新旧产业和发展动能转换接续关键期，经济发展进入新常态，传统的要素投入、出口增长、资源能源消耗等旧的增长动力开始萎缩，新的增长动力正在孕育之中，但短期内仍难以弥补传统动力弱化形成的缺口，迫切需要转换经济发展的动力结构，更多依靠创新动力推动我国经济持续稳定增长。

（一）传统动力明显弱化

当前，我国经济发展进入新常态，进入增速换挡、结构转型和动力转换的新阶段。这一阶段的突出矛盾表现为经济下行压力加大，资源能源、人口红利等传统动力持续萎缩，保持经济持续稳定增长的难度越来越大。

一是资源与能源供应的瓶颈加剧。过去 30 多年来，我国经济的高速增长是以大量的资源与能源消耗为代价的。目前，我国国内的资源拥有量和能源生产能力无法满足我国经济高速增长提出的需求，继续增加资源能源供给，一方面将引发更多环境问题；另一方面也面临国际资源与能源市场供应空间的限制，我国经济持续增长面临的资源能源供应瓶颈将越来越突出。

二是人口红利逐步丧失。我国拥有世界第一的庞大人口规模，长时间以来年轻人口占据人口结构的主体，为我国的高速增长提供了巨大的廉价劳动力增量，使我国享有世界上最大的“人口红利”，有力地促进了经济增长。现在，这种“红利”明显萎缩（见图 3－1），劳动力已经由无限供给转向有限供给，所谓的“刘易斯拐点”开始出现，劳动成本上升较快，对经济增长的支撑能力明显弱化。

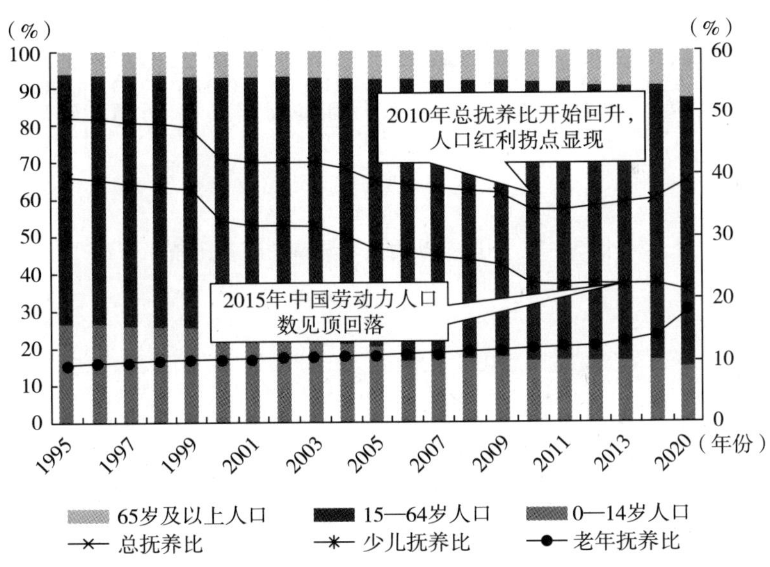

图 3－1　中国人口红利拐点出现

资料来源：根据国家统计局数据制作，其中，2020 年预测数来自李晖、陈锡康等《基于人口投入产出模型的中国人口结构预测及分析》，《管理评论》2013 年第 2 期。

三是资本回报率下降，继续保持大规模投资难度较大。一定的投资规模是发展中国家经济起飞的助推器，投资驱动也已成为我国经济高速增长的主要特点。2000 年以来，特别是国际金融危机以来，受投资率大幅攀升和政府投资规模持续扩大等因素影响，我国资本回报率呈现大幅下降趋势（见图3-3）。资本的边际收益率逐渐下降，导致投资不足等问题，带来经济下行压力加大。此外，经过30多年的经济建设，我国基础设施以及工业大规模投资高潮已经过去，继续保持大规模投资难度较大。

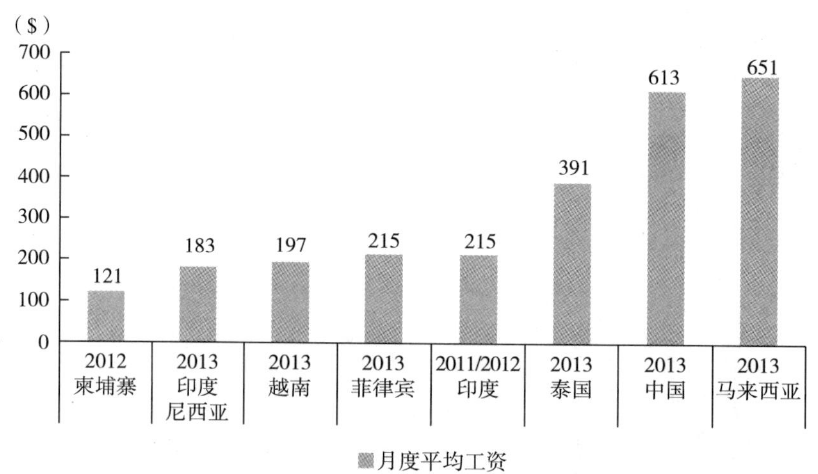

图3-2 中国劳动力成本与有关国家比较

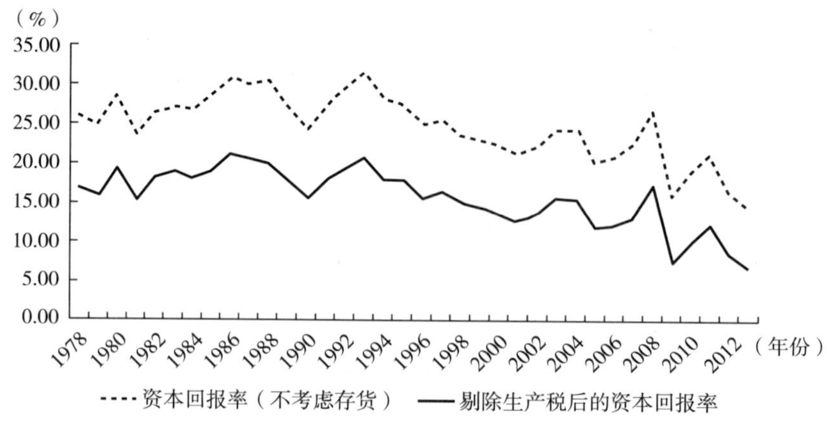

图3-3 中国历年资本回报率

资料来源：白重恩、张琼：《中国的资本回报率及其影响因素分析》，《世界经济》2014年第10期。

（二）创新动力亟待培育壮大

新的动力主要来自创新驱动，包括技术创新、劳动者素质提高、制度创新和商业模式创新等。其中，最主要的是技术进步，即以新技术的使用来代替劳动和资本要素的投入。近年来，我国研发（R&D）经费投入不断加大，规模已跃居全球第二位。2014 年，全国 R&D 经费已达到 13312 亿元，占 GDP 的比重提升至 2.09%，接近发达国家水平。国内专利申请量自 2011 年起持续居全球第一位，PCT 国际专利申请量也于 2013 年超过德国位居世界第三位。2014 年，全国高技术制造业增加值比上年增长 12.3%，占规模以上工业增加值的比重提升至 10.6%。科技和创新基础设施也逐步完善，技术和产业发展水平明显提升，创新驱动发展能力正稳步增强。从国际比较看，根据《欧盟创新排行榜（2014）》报告，2014 年我国创新能力增长 5.8%，综合得分达到 0.275，超过印度、俄罗斯、巴西和南非，居新兴市场国家前列。但整体上与发达国家还存在很大差距，如美国和韩国得分均为 0.74，日本为 0.71，欧盟为 0.63。从具体指标看，差距主要表现在市场和法律环境、创意转化为产品、开放程度等方面。

虽然我国创新能力正稳步增强，但总体上看，经济发展仍然主要依靠劳动力和资本投入等要素驱动，创新对经济增长的贡献率不高，真正的技术进步在经济增长中起到的作用较小，且难以弥补传统动力弱化形成的缺口。以经济学界一般通用的全要素生产率（TFP）的增长来衡量技术进步在经济增长中所起到的作用，我国过去 30 年 TFP 的增长很少超过 2%，对经济增长的贡献度平均不到 20%，特别是近年来全要素生产率对经济增长贡献呈下降趋势。如中国社会科学院数量经济与技术经济研究所测算认为，1978—2009 年全要素生产率对经济增长的贡献率为 18.30%。其中，1978—1981 年为 32.32%，1982—1986 年为 38.47%，1987—1990 年为 -41.29%，1991—1999 年为 48.27%，2000—2009 年为 13.11%。宏观院投资所测算表明，1978—1999 年技术进步贡献总体呈上升趋势，但进入 2000 年以后受技术引进边际效应下降、改革进入攻坚阶段等因素影响，我国全要素生产率对经济增长的贡献下降。其中，1990—1999 年技术进步贡献较高，平均每年拉动经济增长 3.3 个百分点，2000—2012 年技术进步贡献率下降，平均每年拉动经济增长 1.5 个百分点（见图 3 -4）。而西方发达国家的 TFP 对经济增长的贡献率一般在 80% 以上①，TFP 对我国经济增长贡献率提升空间还很大。

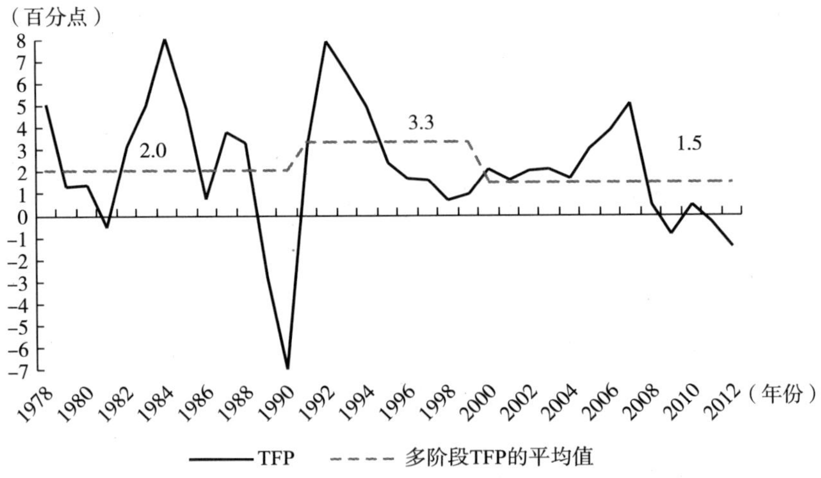

图 3 -4 TFP 对我国经济增长的贡献率（1978—2012 年）

二 “十三五”时期培育创新动力面临的问题和制约因素

为什么创新动力还没有成为经济持续稳定增长的核心动力？究其原因，主要与我国国情、经济发展阶段紧密相关，特别是长期以来制约我国经济发展方式转变的一些深层次体制机制因素依然存在，制约了创新动力的培育壮大。

（一）体制机制不完善

当前，业界流传的比较多的一句话是“不创新是等死，创新是找

① Xu Tian, Xiaohua Yu, The Enigmas of TFP in China: A Meta - analysis. *China Economic Review*, 2012 (23): 396 -414.

死”，主要反映的是制约创新的体制机制因素较多，创新的激励机制仍不健全。主要表现在如下。一是鼓励创新的制度设计和氛围有待增强。在目前主要考核地方GDP、主要考核国有企业“保值增值”的机制下，地方政府和一些国有企业对创新重视不够，舍不得投入。此外，市场竞争秩序不完善，知识产权保护的法律意识依然淡薄，依靠创新很难获得应有收益。一些基础性行业垄断现象突出，挤占了上下游中小创新型企业的利润，扼杀了创新活力。

二是主要生产要素价格扭曲，形成生产要素价格对创新的倒逼机制还需要时日。长期以来，我国能源、资源、土地和劳动力等生产要素价格偏低，不仅造成资源利用效率低下、环境压力增大、人地关系紧张等问题，给落后产能留了生存空间，导致产业结构、投资结构畸形发展，而且也阻碍了新技术的研发与产业化，抑制企业对先进技术的需求，减弱对企业技术创新的激励。特别是，服务劳动、研发、创新等无形要素价值被低估，也抑制了相关领域服务和研发人员追求创新的动力。

三是创新管理缺乏统筹协调，创新政策难以形成合力。目前我国尚未形成有利于推进创新发展的决策和组织机制，创新链条分割，管理绩效不高，科技创新向产业创新的传导机制不畅，导致研发与应用脱节、科技与经济脱节，难以集中力量办大事。

（二）企业创新能力薄弱

企业是创新的主体，也是推进我国经济发展由要素驱动向创新驱动转变的先锋。但目前我国企业创新能力较弱，不适应增强创新动力的要求。据统计，2013年，我国规模以上制造业研发（R&D）经费内部支出占主营业务收入之比为0.88%，近70%的企业没有R&D活动。高技术制造业R&D经费支出为2030.8亿元，占主营收入的比重为1.75%，与发达国家5%以上的水平存在很大差距。有研发活动的企业多数进行模仿创新和引进消化吸收再创新，真正的原始创新不多，企业R&D经费支出中基础和应用研究仅占3%左右，远低于主要发达国家20%以上的平均水平。究其原因，有企业投入能力不足等因素，但主要原因是目前我国围绕企业配置创新资源的体制机制没有形成，社会资本支持创新的渠道不畅，企业很难获得政府和社会的研发经费支持。

（三）技术转移和转化效率低

技术转移和产业化是创新驱动的关键环节。但从我国看，目前技术转移和转化的效率均偏低。据调查，目前我国科技成果转化率不到10%，部分重点大学、科研院所科技成果产业化率不到5%，而发达国家高达40%—50%。主要原因是作为市场主体的企业没有成为科技研发和科技成果产业化的主体，而大量承担国家重大科技计划的高等院校和科研院所缺乏科技成果产业化的能力，加上目前以论文、专利等为导向的考核机制，高等院校、科研院所也缺乏技术转移、科技成果产业化的动力。此外，技术市场不完善，行业协会和联盟支撑作用不足，特别是对创新型中小企业服务不够，也制约了技术转移转化和创新动力的提高。

（四）人才和职业教育等支撑不足

我国创新驱动发展所需要的领军人才、复合人才和专业人才总量不足、质量偏低、结构不合理等问题日益突出，已经成为发展方式转变、产业提质增效和增强创新动力的瓶颈制约。现行基础教育仍未摆脱应试教育，不利于学生创造力的培养。高等教育质量亟待提高，职业教育不发达，学生适应社会和就业的创业能力不强，创新型、实用型、复合型人才紧缺。近年来高校毕业生大量增加，但就业困难有所加剧。与此同时，企业急需的技能型人才和复合型人才缺乏。现行的人才评价制度过于标准化和单一化，严重影响了人才作用发挥。

（五）政策法规不完善

创新驱动是一个从基础研究、应用研究、产品研发到产业化的过程，涉及方方面面，需要在财税、金融、政府采购等方面有一整套推动创新的制度政策安排。但目前我国科技政策与产业政策、投资政策、贸易政策、消费政策之间没有形成有机衔接，甚至存在相互矛盾和抵触的现象，导致创新政策无法落实。比如，在对自主创新产品初期市场的引导和培育方面，虽然国家出台了包括首台套采购等一系列的政府采购措施，但落实不够。在财税政策方面，虽然国家出台了企业研发投入所得税抵扣政策，但在许多地方落实不下去。在金融政策方面，目前我国天使投资、创业投资还不发达，有企业家直言“中国的创业投资是保险投资而非风险投资”，因为我国创业投资主要投向产业化中后期项目较为成熟的企业而非创业早中期企业，创新型中小企业特别是初创企业融资非常困难。

三　“十三五”时期培育创新动力的战略思路

“十三五”时期是我国实现创新驱动经济转型的战略机遇期，必须在稳定经济增长，防止经济出现较大波动的同时，重点解决创新的主体、动力、重点领域和体制环境等问题，加快构筑经济持续稳定增长的新动力和新基础。

为此，培育创新动力的战略思路是：以推动经济持续稳定增长、打造经济增长新动力为目标，从构建激发创新活力的机制环境入手，按照“改革先行、企业主体、重点突破、人才为基”的原则，做好创新驱动的顶层制度设计，努力构建增强创新动力的体制机制；坚持企业主体，大力推进市场导向的技术创新；坚持重点突破，着力推进新兴产业和重点地区率先实现创新驱动发展；强化领军人才、复合人才和专业人才培养，夯实增强创新动力的科技人才基础。积极发挥政府和行业协会作用，争取用 5 年左右的时间，在知识产权保护、垄断行业改革等方面取得明显突破，扶持一批创新能力强的骨干企业，争取构建有利于创新驱动的制度框架，到 2020 年创新驱动对经济增长的贡献率明显提高，创新动力成为经济持续稳定增长的骨干支撑，基本实现我国经济增长由要素驱动向创新驱动的转变。主要战略路径如下。

（一）坚持改革先行，努力构建增强创新动力的体制机制

要利用当前生产要素成本上升和资源环境约束强化的“倒逼”机制，保护和强化市场竞争，促使企业由过去依靠低成本、低价格竞争向依靠创新、差异化竞争转变。一是提高产业发展的安全标准、环境标准和节能环保标准，推进资源要素价格改革攻坚，加强要素市场化改革，建立完善反映稀缺程度和环境成本的资源和资源性产品价格形成机制。

二是大力推进电网、电信、药品流通等垄断性行业改革，建立开放、公平竞争的市场环境，改变“创新环节不挣钱、不创新也能挣大钱”的局面。完善市场准入和退出机制，简化行政审批、审核程序，提高审批、审核效率，更多通过产业技术标准、质量管理、环保保护等标准形成优胜劣汰的市场竞争环境。三是建立支持创新的金融体系。加快设立战略性新兴产业板块，实施新兴产业创投计划，对国有商业银行实行股份制改革，将政策性金融体系的功能从支持政府性投资转向搭建中小企业融资平台，设立产业发展基金、支持技术创新等市场失灵领域。

（二）坚持企业主体，大力推进市场导向的技术创新

要通过大幅增强企业创新能力，以“增量带动存量”改革，加快建设以市场为导向、企业为主体、产学研紧密结合的国家技术创新体系。一是真正建立以企业为主体的产业技术研发体制。以改革科研项目管理体制为突破口，推动科技创新由以技术供给导向型为主向以市场需求导向型为主转变。二是切实加强需求侧政策对自主创新的拉动作用。制定政府采购政策实施细则，明确政府采购自主品牌的比例，完善招投标机制和政府采购政策实施的跟踪、评价和监督机制。

（三）坚持重点突破，着力推进新兴产业和重点地区率先实现创新发展

我国人口众多，区域发展差异较大，特殊国情和经济发展的不平衡性，决定了创新发展道路的长期性和复杂性。实现创新驱动发展应该找准突破口，集中优势力量，鼓励先行先试，努力实现重点产业和区域的率先转型发展。在产业领域选择上，应以战略性新兴产业为主，大力推进生物、“互联网 +”、新能源等领域的体制机制改革，组织实施战略性新兴产业重大工程，统筹技术开发、产业化示范、标准制定、市场应用等创新环节，发展壮大一批新兴产业创新型领军企业。在区域发展重点上，要大力支持部分发达地区率先转型发展。支持有条件的地区在金融体系创新、绩效考核改革、放松市场管制、知识产权保护等方面大胆探索新的体制机制，加快形成创新驱动的经济结构和基础条件。

（四）坚持人才为基，夯实增强创新动力的科技和人才基础

要建立强大的科学技术研究基础，建立开放创新、具有国际竞争力的教育体系，建设一批具有世界领先水平的创新能力基础设施，大力促进科技、教育与经济发展相结合，为增强创新动力奠定坚实基础。要推进教育体制和人才评价使用体制改革，认真落实教育优先发展战略，借鉴发达国家专业人才队伍建设经验，以职业教育改革为突破口，加快发展职业教育和终身教育。要从战略高度重视领军人才、复合人才和专业人才的引进、培养、开发和使用，瞄准经济社会发展和增强创新动力的需求，牢固树立人才是第一资源的理念，结合研究、教育培训和移民等政策创新，努力形成集聚人才、提升人才、用好人才和有利于人才分层发展的体制机制和政策环境。

四　“十三五”时期加快培育创新动力的对策建议

（一）营造良好的创新发展环境

增强创新动力，关键在营造良好的创新发展环境。一是切实加强知识产权保护，实施更加严格的知识产权保护和执法制度，大幅度提高权利人胜诉率、判赔额，从根本上改变目前“侵权易、维权难”的状况，在全社会营造尊重知识产权的氛围和环境。二是实施技术转移行动计划，通过完善知识产权许可和管理、加强技术转移机构建设等政策法规和措施，推进财政资金支持的技术成果转移和产业化，大幅度提高科技成果转化率。三是鼓励企业、行业协会、产业联盟、高等院校和科研机构以产、学、研结合等形式，共建国家工程（技术）研究中心、国家工程实验室等产业技术开发体系。四是实施灵活高效、人尽其才的选人用人政策。按照创新的规律培养和吸引人才，推动科研成果收益分配、股权激励、产权处置等向优秀人才倾斜，建立充分体现智力劳动和服务劳动价值的分配导向，让科技人员的智力劳动得到合理回报，赋予科研人员更大的科研自主权、人财物支配权和技术路线决策权。

（二）切实增强企业创新动力

目前我国的科技计划和工程主要是围绕提升创新要素的能力来部署的。新时期新阶段，要围绕强化企业创新主体地位，大幅度提高企业创新能力。一是要结合目前结构性减税的税制改革方向，进一步加大研发费用加计扣除、研发仪器加速折旧等税收政策执行力度，逐步提高抵扣力度，探索对中小创新型企业研发投入的直接税收补贴，最终将研发税收补贴额度稳定在企业全部研发投入20%的水平。进一步提高企业教育培训费税前列支比例，将培训费占现行工资总额的2.5%提高到5%，调动企业提高业务培训的积极性。二要建立需求导向、企业牵头、企业采购高校和科研机构研发服务的关键领域产业技术攻关体系。提高企业对国家科技计划、应用导向的科技重大专项方案等决策参与度。强化国家支持研究开发项目全项目资金合理性审核，适度放宽承担单位预算调整权限，增加无形资产和人力资本投资预算额度。三是要突出重点，通过典型示范等方式支持企业创新能力建设，加快培育一批拥有自主知识产权和知名品牌、具有国际影响力的创新型领军企业。争取用5到10年的时间，使骨干企业真正具备生产一代、研发一代、储备几代的技术创新能力，在若干领域形成颠覆性技术能力。培育一批国际竞争力居世界前列的创新型企业和一大批富有创新活力的中小企业集群。

（三）推动重点领域和地区率先创新发展

围绕促进重大产业创新发展，提升重点产业核心竞争力，选择健康、新一代电子信息、节能环保、装备制造、新能源、新能源汽车等行业，制定创新驱动发展专项规划，明确创新驱动发展转型的路线图和时间表，着力解决制约产业创新发展的体制、关键核心技术等问题，制定切实的政策保障措施。通过5—10年的努力，上述领域创新动力明显增强，部分领域的创新能力达到国际先进水平。

在重点区域发展上，要按照中共中央办公厅、国务院办公厅《关于在部分区域系统推进全面创新改革试验的总体方案》的要求，重点推动京津冀、上海市、广东省、安徽省、四川省和武汉市、西安市、沈阳市等地区率先进行全面创新改革试验，率先探索适度宽松的新兴产业准入机制、以创新为纽带的金融资本与产业资本融合机制、开放式创新和人才引进等创新相关的制度创新。力争通过 5—10 年的努力，使北京、上海、广东、江苏等部分地区达到韩国等创新驱动型经济体的竞争能力和规模水平，形成新的增长动力，引领、示范和带动全国加快实现创新驱动发展。

（四）强化国家“产业公地”建设

“产业公地”是美国国家科技委员会在《先进制造业国家战略计划》报告中提出的三大战略任务之一。美国认为，产业公地的缺失和衰落是美国制造业具有很强研发和创新能力，却很难产业化、最终失去竞争力的原因。必须遵循产业规律，强化集基础设施、专业知识、工程制造能力等支撑多个行业发展的关键能力于一体的产业公地建设，支撑美国制造业的未来。当前，我国制造业基础和能力都较强，部分也是得益于东北等老工业基地在关键设备制造、工程建设、人才储备等方面的制造业基础和能力支撑。如今，这些地方经济下行压力较大，一些工厂经营困难或转产，有可能导致这些宝贵的制造能力丧失，建议在东北和其他制造业基础较好的地方建设一批国家“产业公地”，一方面为老工业基地城市产业转型升级提供方向；另一方面为国家实现创新驱动储备重要的生产制造能力，支撑创新动力增长。

（五）加快组织实施一批重大科技项目和工程

要注重发挥新技术、新业态对增强创新动力的带动作用，顺应全球科技革命和产业变革的新趋势，在整合国家重大科技专项、“863”计划、支撑计划、战略性新兴产业重大工程、知识创新工程等基础上，调整政府投资方式和重点，加大对前瞻性领域投入，抓紧实施一批对经济转型和产业升级带动作用突出的科技项目和重大工程。如组织实施通信和网络安全工程，加强 CPU、操作系统等信息安全关键技术研发和攻关，积极在党政军工系统以及能源、金融等涉及国计民生领域的信息系统和广播电视互联网等基础信息网络推广应用。开发安全可控云计算系统，重要信息系统安全态势感知与攻击防御体系。又如，组织实施种业安全工程，开展重要农作物分子育种基础理论研究，突破基因发掘、基因表达调控、安全转基因和规模化转基因操作技术，提升检测检疫、抗性鉴定、生产加工和生物安全管理水平，建立分工协作的国家级育种研发基地，积极培育一批“育繁推一体化”大型种子企业。同时，要围绕可持续发展难题、产业技术瓶颈、民生重大需求、国家核心安全等方面，瞄准新一轮科技革命和产业变革的主攻方向，在中央统一部署下加快研究论证智能制造、大数据应用、新型医疗惠民等重大创新工程。既要解决不掉队的问题，也要从国情和发展需求出发，明确主攻方向和突破口，引领转型升级，掌握若干战略必争领域的国际竞争主动权。

（六）注重已出台政策措施的落实

党的十八大以来，中央和国务院对培育创新动力非常关注，习近平总书记多次就增强创新动力，实施创新驱动发展战略做专题讲话，中央和国务院也陆续出台了包括《中共中央国务院关于深化体制机制改革加快实施创新驱动发展战略的若干意见》《国务院关于大力推进大众创业万众创新若干政策措施的意见》《关于在部分区域系统推进全面创新改革试验的总体方案》《国务院关于加快构建大众创业万众创新支撑平台的指导意见》等一系列文件和政策措施。这些政策措施非常好，也非常实，但“一分部署、九分落实”，关键在落实。要强化政策落实情况的评估，做好监督考核和推广应用工作，确保各类重大改革措施落到实处。

参考文献

［1］国家百千万人才工程澳大利亚培训团，执笔人：姜长云：《澳大利亚专业人才队伍建设的经验与启示》，《全球化》2015 年第 3 期。

［2］王昌林、姜江、盛朝迅等：《大国崛起与科技创新——美国、英国、德国、日本的经验和启示》，《全球化》2015 年第 9 期。

［3］江飞涛、武鹏等：《中国工业经济增长动力机制转换》，《中国工业经济》2014 年第 5 期。

［4］杨萍、岳国强：《我国投资率正在走低》，《调查研究建议》2014 年第 14 期。

［5］徐康宁：《中国经济持续增长的动力来源》，《金融纵横》

2013 年第 5 期。

［6］白重恩、张琼：《中国的资本回报率及其影响因素分析》，《世界经济》2014 年第 10 期。

［7］聂鹏：《中国经济持续增长研究》，博士学位论文，西南财经大学，2011 年。

第四章　重大技术选择：到底哪些技术事关我国未来发展

当前，全球新一轮科技革命和产业变革正在孕育兴起，一批新技术、新产品和新的商业模式不断涌现，重大技术作为提高社会生产力、提高国际竞争力、增强综合国力、保障国家安全的战略支撑，必须摆在国家发展全局的核心位置。但究竟选择发展哪些重大技术、用什么方法选择重大技术，还存在较大争议。为此，应密切跟踪、科学研判世界科技创新发展的趋势，紧密结合我国经济社会发展战略需求，考虑现实可行性，科学遴选我国未来一个时期的重大技术，瞄准主攻方向和突破口，着力攻克一批关键核心技术，不断提升自主创新能力，努力占据制高点。本章在梳理国内外重大技术选择方法和实践的基础上，研究提出我国重大技术选择的主要原则和方法，并据此选出移动互联网、物联网、云计算和大数据、智能电网、转基因育种、新一代核电技术、下一代基因组、先进储能技术、CPU 与操作系统、新能源汽车、3D 打印与先进机器人等事关我国未来发展的十二项重大技术。

一　重大技术的内涵和特征

（一）重大技术的概念和内涵

关于什么是“重大技术”，国内外有许多不同观点和表述。最具代表性的观点是美国白宫科学技术政策办公室发布的“国家关键技术”，认为重大技术是指对国家经济繁荣和国家安全至关重要的技术。其他代表性的观点还有麦肯锡公司提出的“到2025年将改变人们生活、生产方式和全球经济的颠覆性技术”、兰德公司提出的“到2020年可实现商业化的16项重大集成技术”等。虽然这些表述的形式和侧重点略有不同，但这些概念的实质指向是一致的，即都是以一定的战略目标为导向，能够对经济社会发展和人们生活有重大影响或至关重要的技术，可以统称为“重大技术”。据此，本书对重大技术的界定是：重大技术是指对经济社会发展和人民生活具有重大影响，能够保障国家安全、促进产业国际竞争力提升、破解经济社会发展瓶颈制约的重要技术。

（二）重大技术的特征

归纳而言，重大技术主要具有以下四个方面的特征。

重要性。主要体现为技术对实现国家目标至关重要。这些技术的突破、创新和应用，对保障国家安全、促进经济增长、提高国际竞争力和缓解资源环境瓶颈、改善人民生活，促进社会的全面可持续发展具有决定性作用。

规模性。主要指技术商业化能创造新的产业，产生巨大的经济规模。比如麦肯锡公司研究认为，到2025年12项可能对人类社会发展具有颠覆性影响的重大技术将有望创造14万亿—33万亿美元的经济规模。

带动性。主要指技术发展能促进或带动多项技术的进步和发展，技术应用领域广阔，是可以商业化的技术，能促进多种行业的发展，对经济社会发展具有突破性的带动作用。比如移动互联网技术的发展将可能影响到50亿人的生活方式，带动数以万计的企业投资、生产和研发，并催生线上线下融合（O2O）、互联网金融等许多新的产业。

动态性。主要是指重大技术具有一定的生命周期，其重要性、规模性和带动性都是相对特定历史时期而言的，比如蒸汽机、电力技术对于第一次、第二次工业革命而言是重大技术，而当前却不是。因此，美国、欧盟、日本等主要发达国家在开展重大技术选择时都强调重大技术的动态性，一般选取未来5—10年之内有重大影响的技术，并根据经济社会发展需求和科技发展态势定期进行调整。

二　国内外重大技术选择方法与实践

（一）国外主要选择方法与实践

自20世纪70年代以来，美国、欧盟、日本等发达国家相继组织实施了一系列重大技术发展计划，通过技术预测和一套选择准则或评价指标，选出对国民经济发展有重要影响的重大技术。在选择方法上，目前世界各国主要采取定性分析方法进行技术预见①或重大技术选择，大致可以分为三类：一是以日本、韩国为代表的技术预见，其主要方法是大规模德尔菲调查，通常先确定比较长的备选技术清单，再通过两轮大规模的德尔菲调查确定重点发展技术，旨在确定未来科技发展方向；二是以美国、欧盟为代表的重大技术选择，主要方法是建立分析框架或选取指标，再通过大范围的专家会议或专家访谈，根据遴选指标对重大技术进行排序，选取未来重点发展的重大技术；三是部分专业技术领域的技术路线图研究，其主要方法是专利分析、技术路线图和技术预测。还有少数研究综合文献调查与分析、情景分析法等方法。这些经验和方法对我国当前重大技术选择具有重要的借鉴意义。根据课题研究和我国重大技术选择的实际需要，这里重点介绍以美国为代表的重大技术选择方法与经验。

1. 美国的关键技术选择

美国较早重视重大技术选择问题，在1976年就成立了“国会未来研究所”，对科技、经济和社会发展等方面的问题进行预测。美国总统办公厅科技政策办公室于1990年成立了“国家关键技术委员会”，定期发布“国家关键技术报告”。联邦政府其他部门也积极开展技术预测，如国防部发布《国防关键技术》，商务部提出《新兴技术》，美国

---

① 在一些国家的报告中，技术预见和重大（关键）技术选择未被加以区别，实际上，技术预见和重大技术选择是有区别的。技术预见的主要目的是把握未来技术发展方向，研究的时间跨度较长（如日本的30年技术预见），重视技术突破和萌芽技术的研究。国家重大技术选择是在把握未来科技发展趋势的基础上，根据本国的能力和实力，有选择地确定优先发展领域和研究重点，时间跨度一般在10年左右。

竞争力委员会发布《获得新优势：美国未来优先发展的关键技术》等。虽然美国采用关键技术这一概念，但就技术选择结果看与重大技术选择大致相近。

美国国家关键技术的选择准则包括国家需求、重要性和关键性，以及市场规模和多样性三个方面，每个方面又包括若干细则（见表4－1）。

表4－1　　美国国家关键技术的选择准则

选择准则	具体细则	说明
Ⅰ. 国家需求	A. 工业竞争能力	能够通过新产品投放市场和对现有产品进行成本、质量和性能方面的改进来提高美国在世界市场上的竞争能力的技术
	B. 国防	由于改进国防武器装备的性能、成本、可靠性或生产能力，可对美国国防产生重大影响的技术
	C. 能源保证	能够减少对外国能源的依赖性，降低能源成本或提高能源效率的技术
	D. 生命质量	对于无论国内还是世界范围内的卫生、人类福利和环境作出重大贡献的能力
Ⅱ. 重要性和关键性	A. 领导市场的机会	发挥和保持国家在对经济或国防具有头等重要性的技术领域的领导作用的能力
	B. 性能、质量、生产能力的改进	使各种现有产品和工艺发生革命性或渐近性改进，从而产生经济军事效益的能力
	C. 杠杆作用	政府的研究与发展投资刺激私人企业在商品化方面的投资的潜力，或此项技术的成功刺激其他技术、产品或市场成功的可能性
Ⅲ. 市场规模和多样性	A. 易损性	如果一种技术由别国而非美国独占，则可能使美国受到严重损害
	B. 推动与推广	此种技术构成许多其他技术的基地，或与国民经济的许多部门具有密切关系
	C. 扩大市场规模	通过扩大现有市场、创立新行业、产生资本或创造就业机会而对经济产生重大影响的能力

在这个选择准则之下，美国国家关键技术的研究方法大致过程如下。（1）审议关键技术的第一步是考察当前各官方和非官方部门已经进行的有关关键技术的研究工作。根据一些研究机构发布的简要报告，汇总成国家关键技术的综合清单。（2）委员会采用审慎的、循序渐进的方法，对照经审定的关键技术评价准则，对各项备选技术进行筛选，列出备选关键技术清单。（3）根据委员会确定的选择准则基本内容，对备选关键技术清单所列各项技术，逐一评估其对国家安全、国民经济和满足国家其他需求的重要性，从而评价其“关键性”。（4）最后对经过“关键性”大小评价的各项技术作目标时间的审议，即入选技术主要能在今后10—15年内用于商售产品、商售工艺或国防武器装备。

《美国国家关键技术报告》自1991年起每两年发布一次，其中，1995年发布的报告选取了能源、环境质量、信息与通信、生命系统、材料、制造和交通七大领域的关键技术。

2. 麦肯锡公司《2025年将改变人们生活、生产方式和全球经济的颠覆性技术》报告

2013年5月，美国知名咨询公司麦肯锡发布了题为《2025年将改变人们生活、生产方式和全球经济的颠覆性技术》的研究报告。报告重点分析了22项热点前沿技术，其主要选择依据和方法是技术进步速度、影响范围和经济效益，并依据这些技术到2025年将产生巨大的经济效益和潜在的应用前景将技术排序，最终遴选了12项最具产业化前景、很可能会大规模改变全球经济格局、影响社会各方面的颠覆性技术。包括移动互联网技术、自动化知识工作技术、物联网技术、云计算技术、先进机器人技术、自动与半自动汽车技术、新一代基因组技术、储能技术、3D打印技术、先进材料技术、先进油气勘探开采技术和可再生能源技术等。

3. 兰德公司《2020年全球技术革命》报告

受美国国家情报委员会（NIC）、美国国家能源部（DOE）和美国智能技术创新中心（ITIC）的委托和资助，美国知名智库兰德公司于2006年研究发布了题为《面向2020年的全球技术革命》的报告。报告指出，科学技术将继续呈融合发展的态势，并将对社会产生深远的影响。报告构建了“技术成熟度”“潜在市场规模”以及“影响范围”

的评价模型，对全球技术发展趋势进行了预见。报告认为在2006年至2020年，生物技术、纳米技术、材料技术和信息技术的集成发展将对全球经济社会产生重大的、革命性的影响，其中低成本太阳能利用、农村地区通信接入、无处不在的信息通信、转基因植物、快速生物检测、水的净化和消毒、靶向治疗药物、低成本绿色建筑、绿色制造、无线射频识别标识、无处不在的传感器、再生医学（人造器官）、改进的诊疗方法、可穿戴设备和量子密码等16个集成应用技术领域将最有可能实现产业化。

4. 韩国三星经济研究所《韩国应主导的六大未来技术》报告

2008年，韩国三星经济研究所完成了题为《韩国应主导的六大未来技术》的研究报告，遴选了对其他产业具有重大影响或者具有市场发展潜力，但目前韩国还不具有研发和市场国际竞争力的六大未来关键技术，并向韩国政府提出了如何优先扶持六大未来技术创新的具体政策建议①。其主要方法是波士顿矩阵法，三星在调研韩国支柱产业的上述演变过程以及美国、日本等各国的重点技术领域基础上，集中整理了半导体、网络与通信等15个未来技术群，并针对这15个技术群进行了评价（见表4－2），评价指标包括：（1）未来市场，即2020年该项技术的世界市场规模预测，满分10分，以下简称“市场”；（2）产业间影响，即该项技术对其他产业发展的影响程度，满分10分，以下简称“影响”；（3）企业实力，即与世界各国的企业相比较的、韩国企业现有的、与该项技术相关的研发和市场竞争力，满分10分，以下简称“实力”。

在针对上述15个技术群进行评价的基础上，利用波士顿矩阵进行分析，最终遴选了韩国政府应重点支持的六大未来技术。该矩阵把未来市场和企业实力作为坐标的纵轴和横轴，并分为4个象限，每项技术均可以根据其被评价的结果而确定其在象限中的位置，最终绘制出上述15个技术群的波士顿矩阵图。除了“生物农业”由于各项评价结果较低而被排除以外，其余14个技术群被划分为以下两类：第一类是韩国

---

① 任真：《波士顿矩阵在韩国技术选择中的应用及启示》，《图书情报工作》2009年第3期。

表 4－2　　三星对未来技术群的评价

<table>
<tr><th colspan="3">各项技术</th><th colspan="3">评价结果</th></tr>
<tr><th colspan="2">15 个技术群</th><th>具体技术</th><th>市场</th><th>影响</th><th>实力</th></tr>
<tr><td rowspan="4">信息技术</td><td>半导体</td><td>下一代存储器、非存储器半导体、片上系统等技术</td><td>7</td><td>8</td><td>9</td></tr>
<tr><td>网络与通信</td><td>下一代网络、便携式互联网、第四代移动通信技术</td><td>8</td><td>7</td><td>7</td></tr>
<tr><td>显示器</td><td>有机 EL、3D 显示器等技术</td><td>6</td><td>8</td><td>10</td></tr>
<tr><td>智能基础设施</td><td>电力系统、智能交通系统等技术</td><td>7</td><td>7</td><td>5</td></tr>
<tr><td rowspan="2">生命</td><td>生物制药</td><td>生物治疗、基因组与蛋白体应用等技术</td><td>8</td><td>4</td><td>4</td></tr>
<tr><td>生物农业</td><td>农畜产品自由开发、动植物病虫害预防等技术</td><td>2</td><td>3</td><td>2</td></tr>
<tr><td rowspan="4">运输设施</td><td>汽车</td><td>智能型汽车、环保型汽车等技术</td><td>10</td><td>2</td><td>7</td></tr>
<tr><td>船舶与海洋</td><td>下一代船舶、海洋与港口建筑等技术</td><td>5</td><td>2</td><td>10</td></tr>
<tr><td>航空航天</td><td>下一代飞机、无人机、卫星运载火箭等技术</td><td>5</td><td>8</td><td>1</td></tr>
<tr><td>下一代列车</td><td>先进的轻轨列车、磁悬浮列车技术</td><td>4</td><td>1</td><td>8</td></tr>
<tr><td rowspan="2">能源环境</td><td>环境</td><td>降低大气污染、环境保护与修复技术、水质管理等技术</td><td>9</td><td>4</td><td>2</td></tr>
<tr><td>能源</td><td>氢能、核能、太阳能、风能等技术</td><td>9</td><td>4</td><td>3</td></tr>
<tr><td rowspan="3">其他</td><td>纳米材料</td><td>碳纳米材料、智能纳米材料、环保纳米材料等技术</td><td>3</td><td>9</td><td>3</td></tr>
<tr><td>服务机器人</td><td>家用机器人、军用机器人、医用机器人等技术</td><td>4</td><td>8</td><td>4</td></tr>
<tr><td>认知科学</td><td>脑科学、人工智能、脑病治疗等技术</td><td>1</td><td>10</td><td>2</td></tr>
</table>

资料来源：转引自任真《波士顿矩阵在韩国技术选择中的应用及启示》，《图书情报工作》2009 年第 3 期。

企业研发投入多、研发能力强、已经具有国际竞争力的技术，即“实力”得分在 6 分以上的半导体、网络与通信、显示器、汽车、船舶与海洋、下一代列车共 6 项技术，相当于企业的明星类业务和现金牛业务，是韩国目前的支柱产业和最有发展前途的行业；第二类包括“实力”得分小于或等于 5 分，而“市场”得分或者“影响”得分在 6 分以上的智能基础设施、生物制药、航空航天、环境、能源、纳米材料、服务机器人、认知科学等 8 项技术，相当于问题类业务和部分瘦狗类业务。三星将以上 8 项技术中的环境、能源合并为“清洁能源”，将航空航天、服务机器人合并为“无人化军事技术”，最后集中确定了韩国政府应重点支持的以下六大技术：智能基础设施、生物制药、清洁能源、无人化军事技术、纳米材料和认知科学。这六大技术对韩国的经济与社会而言具有重要影响，但是因其研发成本过高、风险过大，很难达到韩国企业所需的盈利水平，企业不愿成为这六大技术的选择主体。因此，只能采用政府选择和政府投资的方式来发展这些领域技术。

（二）我国重大技术选择方法与实践

在我国半个世纪以来的工业化进程中，国家重大技术的选择历来受到重视，并在经济发展中起了重大作用①。“一五”时期的 156 项重大建设项目，20 世纪 60 年代的“两弹一星”等都是国家抓重大技术的具体举措。80 年代以来，国家相继实施各类科技重大计划，也取得了很大成就。90 年代初，国家计委、国家科委、国家经贸委等部门联合组织了 600 余名专家进行了 2 年多的研究，提出了包括信息技术、先进制造技术、新材料、生物工程四大技术领域的 24 项国家重大技术，并在此基础上，于 1993 年联合发布了《90 年代我国经济发展的关键技术》。之后，国家计委、国家科委、国家经贸委等部门又在总结、分析我国重大技术计划实施效果基础上，根据我国 1995—2010 年国民经济和社会发展总目标以及世界科技发展的总趋势，研究提出了《未来十年中国经济发展关键技术》。我国 2006 年颁布的《国家中长期科学和技术发展规划纲要（2006—2020 年）》中也包括了重大技术选择的研究工作。我国科技中长期规划确定了 16 个科技重大专项，其选取的基本原则是：一是紧密结合经济社会发展的重大需求，培育能形成具有核心自主知识产权、对企业自主创新能力的提高具有重大推动作用的战略性产业；二是突出对产业竞争力整体提升具有全局性影响、带动性强的关键共性技术；三是解决制约经济社会发展的重大瓶颈问题；四是体现军民结合、寓军于民，对保障国家安全和增强综合国力具有重大战略意义；五是切合我国国情，国力能够承受。中国科学院于 2003 年将《中国未来 20 年技术预见研究》列为知识创新工程的重要方向项目，并于 2006 年和 2008 年出版了《中国未来 20 年技术预见》和《中国未来 20 年技术预

① 黄春兰、胡汉辉：《发达国家关键技术选择中政府作用及其对我国的启示》，《现代管理科学》2004 年第 11 期。

见》（续），分析了“信息、通信与电子技术”“能源技术”“材料科学与技术”“生物技术与药物技术”“先进制造技术”“资源与环境技术”“化学与化工技术”“空间科学与技术”8个领域的技术预见成果，对我国产业政策的制定、关键技术的选择以及重大科技决策的制定，具有重要的意义。北京市、上海市等一些地方政府也相继开展了重大技术选择的技术预见活动。

（三）国内外重大技术选择方法比较及对我国重大技术选择的启示

1. 我国重大技术选择面临的背景与发达国家不尽相同

我国作为一个发展中国家，在世界新技术迅猛发展的背景下，经济结构正在进行战略性调整，加快产业和技术升级势在必行。与此同时，发达国家开展重大技术选择往往是开展前瞻性技术研究，以期把握未来科技发展趋势，并通过创设议题，抢占国际竞争制高点。在技术选择上的侧重点也有所不同，比如发达国家选择的重大技术往往是对全球发展有重大影响的前瞻性技术，或者能够很快产业化、抢占国际竞争制高点的重大技术，而我国选择的重大技术往往是追赶型技术，是发达国家比较成熟但我国仍有待攻克的重大技术。

2. 我国重大技术选择在组织实施上与发达国家仍有一定差距

为保证关键技术选择的权威性和影响力，主要发达国家建立由高层专家组成的关键技术选择委员会，负责重大技术选择的组织实施。例如，美国国家关键技术委员会由13人组成，其中9名由白宫科学和技术政策办公室主任指定，包括3名政府官员、3名私人企业的技术专家和3名大学和研究所的专家，另外4人是国防部、能源部、商务部和国家航空航天局首脑指定的代表。日本则在科学技术的决策、预测和选择中采用产学官结合的方式。德国则完全仿照日本的方式，建立了由国家机关、高等学校和企业界组成的“技术预测委员会”进行广泛的技术预测，然后通过软科学研究机构与管理部门合作选择国家关键技术。我国尚未建立国家层面的重大技术选择机构，重大技术选择只是一些部门、研究机构和地方政府零散的行为，缺乏可持续性，也尚未形成广泛的共识和比较长期的目标。

3. 我国重大技术选择的方法亟待完善

各国政府对国家重大技术的研究都十分重视，在重大技术选择方法上一般重视选择方法的科学性，采用多种方法科学选择重大技术。一般来说，以德尔菲调查为主，综合专家咨询法和需求调查法、情景分析法、相关树法等多种方法共同选择重大技术，以避免单一技术预见方法的局限性，提高技术预见的准确率。近年来在方法上的创新日渐增多，例如日本第八次技术预见就抛弃了单纯的德尔菲方法，增加了引文分析、社会经济需求调查分析、情景分析等方法的应用。德国的“Future 计划”，也改变传统技术预见方法，在德尔菲调查的基础上，综合运用了情景分析、重点课题群研究和延伸课题研究等方法。

与发达国家日渐完善的重大技术选择方法体系、专家网络和成熟的组织实施程序相比，我国重大技术选择方法仍比较单一。一般由政府机构邀请部分行业专家（一般不超过 100 位）通过专家咨询法研究得出，较少采用大规模技术预见调查，尚未形成开展大规模技术预见调查的方法体系。中国科学院开展的《未来 20 年技术预见》调查，采用了大规模德尔菲法，但其有效问卷数也不超过 1000 份①，并且其回函专家中 84% 以上来自高校和研究机构，和发达国家约一半来自政府和企业的专家构成差异较大。

4. 我国重大技术选择目标较为多元化

近年来，国外重大技术选择的目标越来越清晰，即更加突出国家战略需求导向，从国家战略发展重点的角度选择重大技术，避免以往单纯从技术预见或技术演进的角度预测重大技术，重大技术选择的重点也更为突出。比如美国的关键技术选择首要目标是确保美国的繁荣和国家安全，因此其技术选择重点是能够确保美国在全球继续领先地位的军工、国防、信息、清洁能源等领域。日本实施的第九次技术预测主要围绕解决日本面临的科技、可持续发展、健康、人们生活等四大问题和挑战为基础展开研究的，其技术选择侧重绿色、低碳、生命、健康等领域。而我国重大技术选择往往被寄予厚望，一项技术需要满足多重目标，如国

---

① 以“先进制造技术”“资源与环境技术”“化学与化工技术”“空间科学与技术”4 个领域为例，两轮德尔菲调查有效回收问卷数分别为 807 和 683 份。

产 CPU 重大专项，既要突破关键技术，保障国家安全，又要打败 Intel 和微软，实现产业化，最后导致发展思路不清晰，技术突破的难度加大。

因此，我国重大技术选择应借鉴发达国家经验，在重大技术选择组织实施上高度重视重大技术选择，建议成立由高层专家组成的关键技术选择委员会；在重大技术选择目标上要重视以需求为导向，目标明确、重点突出；在重大技术选取原则上要重视技术与经济的结合，促进重大技术选择与决策紧密结合；在重大技术选择方法上要重视选择方法的科学性，采用多种方法科学选择重大技术；在重大技术选择过程上要强调多部门协作，发挥多方优势。

三 我国重大技术选择原则与方法

（一）选取原则

尽管目前关于重大技术选择的认识已经较为一致，但究竟发展哪些技术仍争议较大，不同的部门、地区和专家都从自己的角度提出各自的看法。因此，需要站在国家战略发展的角度提出国家层面的重大技术选择方法和原则。综合分析，我国重大技术选择应遵循以下四条原则。

1. 符合世界重大技术发展的方向和趋势

当前，全球新一轮科技革命和产业变革风起云涌，一些领域酝酿革命性突破，正在并将继续对经济社会发展产生广泛深刻影响。比如，信息技术进入新的创新浪潮，并向经济社会各领域广泛渗透。云计算、物联网、移动互联网、大数据、3D 打印等新一代信息技术不断涌现，推动信息产业发展升级换代。移动互联网技术迅速普及，新能源技术取得重大突破，生物技术也进入产业化阶段。我国选取的重大技术应首先满足符合新一轮科技革命和产业变革方向的要求，找准突破口，抢占制高点。与此同时，世界主要国家纷纷制定战略和行动计划，如美国相继出台了《美国创新战略——保证我们的经济增长和繁荣》（2011 年 2 月）、《国家先进制造战略计划》（2012 年 2 月）、《国家生物经济蓝图》（2012 年 4 月）等一系列重大战略和规划促进新技术发展，我国选择的重大技术也应是主要国家的战略重点，能够在未来国际技术经济竞争中拥有一席之地。

2. 对解决我国经济社会发展的重大瓶颈问题有重要作用

国家安全、能源、环境、健康和可持续发展是我国经济社会发展的紧迫需求和重要战略目标。近年来，随着国际安全局势的深刻调整和经济全球化的不断推进，包括经济安全、军事安全、科技安全、信息安全等在内的国家安全日益受到各界的密切关注。我国劳动力、土地等资源要素成本不断提升，要素供给条件正在发生明显变化，传统的要素价格优势逐渐消失，要素成本的上升要求我国必须发展新能源、智能机器人等先进技术，推进制造业向价值链中高端转移，缓解资源、能源供应瓶颈约束。与此同时，近年来我国雾霾问题频现，水土污染严重，环境质量状况不容乐观，迫切需要通过相关技术研发，解决人民群众“喝干净的水、呼吸新鲜空气”的重大关切。

3. 有巨大的经济价值或市场空间

主要指重大技术突破能够带来巨大的产业规模和市场空间，一般以产值或销售额作为评价指标。比如，目前我国生物产业产值接近 3 万亿元，随着生物技术的快速突破，2020 年产值规模有望达到 8 万亿元以上。集成电路作为信息技术产业的“粮食”和“心脏”，近年来在市场拉动和政策支持下，取得快速发展，2013 年全行业销售收入 2508 亿元，同比增长 16.2%，预计随着市场格局的加快调整，长期主导产业发展的“WINTEL 体系”正在被打破，全球个人计算机业务日渐式微，移动智能终端爆发式增长，成为拉动集成电路产业发展的新动力，我国有望抓住新一轮机遇，到 2020 年使集成电路产业销售规模超过 8700 亿元①。

4. 具备实现技术发展的可能性和可行性

我国重大技术选择还应考察我国实现该项技术的研发、产业基础和经济承受能力，分析备选技术的研发基础、技术的通用性、技术成熟度，技术突破所需的资金规模测算，技术突破相对传统技术带来的成本

---

① 作者根据国务院《国家集成电路产业发展推进纲要》（2014）目标增速测算，《纲要》提出 2015 年目标为 3500 亿元，2015—2020 年年均增速超过 20%。

节约，技术投入的成本收益分析等，把战略需求与现实能力结合起来，选择技术和经济可行性较高的重大技术。

表 4-3　　有关机构对部分重大技术市场规模的预测

重大技术	预测机构	预测规模（中国）	数据来源
国产 CPU	工业和信息化部	到 2020 年超过 8700 亿元	《国家集成电路产业发展推进纲要》（2014）
移动互联网	艾瑞咨询	到 2017 年接近 6000 亿元	《2014 年中国移动互联网行业年度研究报告》
物联网	中国 RFID 产业联盟	2013 年 4896 亿元，按照 20% 的增长率，预计 2020 年为 1.5 万亿元至 2 万亿元	《中国物联网 RFID2013 年度报告》
云计算	工信部电信研究院	2013 年我国公共云服务市场为 47.6 亿元，预计到 2020 年为 500 亿元	《云计算白皮书（2014 年）》
	前瞻产业研究院	到 2020 年我国云计算产业链规模可达 7500 亿至 1 万亿元人民币	《2013—2017 年中国云计算产业发展前景与投资战略规划分析报告》
智能电网	透明度市场研究公司	到 2020 年智慧型电表基础建设、配电自动化、软件和硬件等市场规模达 1000 亿—2000 亿元	《2013—2019 智能电网市场——全球产业分析、规模、份额、增长、走向和预测》
海工装备	工信部	到 2020 年目标 4000 亿元以上	《海洋工程装备中长期发展规划（2011—2020 年）》
大飞机	中研普华	700 亿元	按 C919 已有订单推算（2013 年底已有 400 架）
高效太阳能电池	工信部电子科学技术情报研究所	2013 年 38.4 兆瓦，2020 年 100000 兆瓦，产值 10000 亿元	《LED 行业研究报告（2014）》
储能技术	中科院工程热物理所	到 2020 年国内储能产业的市场规模至少可达 6000 亿元	中科院工程热物理研究所预测

续表

重大技术	预测机构	预测规模（中国）	数据来源
页岩气	国家能源局	到2015年，国内页岩气产量将达65亿立方米，2020年力争实现600亿—1000亿立方米，预计市场规模达千亿元	《页岩气发展规划（2011—2015年）》

资料来源：作者根据有关资料整理。

（二）选择方法与程序

根据上述选取原则和标准，我国重大技术选择方法可以称为“重要性—可行性”两步法，第一步是由经济学家、政府和企业管理者根据世界科技发展趋势、国家战略目标、我国该技术与世界先进水平的差距提出重大技术发展需求，第二步由科技专家判断该技术的技术与经济可行性。具体操作程序如下。一是开展国内外技术发展趋势研究，主要全面分析国内外技术发展趋势、我国与先进国家差距，以及我国的机遇、发展重点等主要问题。二是围绕我国未来经济社会发展的趋势和存在的问题，开展我国重大技术发展需求调研，重点围绕国家安全、经济发展、缓解经济社会发展的瓶颈约束等几个方面进行分析，同时，结合国内外技术发展趋势和我国现有重大技术发展专项、纲要、规划等①，提出我国有可能发展的重大技术备选清单（见附表1）。三是研究对比提出重大技术名单。通过专家访谈、座谈会、问卷调查等多种方式结合（见附表2），根据选取原则和标准，定性与定量分析相结合，在充分讨论和专家打分的基础上，从50项备选技术中遴选出12项对我国经济转

① 我国高度重视科学技术发展和重大技术在国民经济中的作用，至今已制定8个科技发展规划，最近一次是《国家中长期科学和技术发展规划纲要（2006—2020年）》，提出了我国应重点发展的11个技术领域62项优先主题和24项前沿技术。国务院《“十二五”国家自主创新能力规划》（国发〔2013〕4号）也提出了新一代无线移动通信、先进计算、油气及矿产资源勘探与采收、节能与新能源汽车、高档数控机床与基础制造、大型清洁火电与核电等重大技术创新工程等。这些工作为课题研究提供了较好的基础，为此我们根据现有国家重大科技发展规划、相关领域产业发展规划和权威研究报告，从重要性、技术可行性和经济可行性（到2020年可实现产业化）等方面初步遴选出50项重大技术备选清单。

型发展有重大带动作用的重大技术。

四 事关我国未来发展的重大技术选择

综合分析，事关我国未来发展的 12 项重大技术分别是移动互联网、物联网、云计算和大数据、智能电网、转基因育种、新一代核电技术、下一代基因组、先进储能技术、CPU 与操作系统、新能源汽车、3D 打印、先进机器人，主要技术发展情况与入选理由如下。

（一）移动互联网

移动互联网是将移动通信与互联网这两个发展最快、创新最活跃的领域连接起来的互联网应用及服务，涉及移动芯片、移动智能终端操作系统、智能终端、移动互联网应用等环节。目前，以 PC 电脑、传统电脑软件为代表的传统信息技术产业已经进入成熟期，与此同时，便携式数据存储技术、轻量级能源、多点触控、移动互联网等新兴技术成为信息技术发展的新热点，已经成为整个 ICT 产业发展最重要的驱动力量。据 Gartner 数据，2013 年全球智能手机销售量达到 9. 68 亿台，同比增长 42. 3%，首次超过传统功能性手机。同时，随着 3G 网络、4G 网络等移动互联网技术的成熟，大众通过互联网获取信息的成本大幅降低，带来了移动互联网门户网站、移动理财、移动医疗、移动教育、移动社交网络等一系列移动互联网产业发展。据著名信息咨询机构 Informa 统计，2013 年全球移动互联网用户已经超过 26 亿户，首次超过 PC 互联网用户，正处于爆发式增长期。我国移动互联网技术和产业发展也极为迅速，部分终端设备制造商和移动软件开发技术水平已达到国际先进水平，到 2020 年有望成为数万亿元的产业。

（二）物联网

物联网产业包括感知识别、传输互联、数据处理和应用等环节，是对新一代信息技术高度集成和综合运用的产物。从本质上看，物联网是为人服务的网络，人们可以通过物联网了解、搜集物体信息并实时地实施互动，对于提高工作效率、改善生产生活方式都具有重要作用。物联网涉及产业门类众多，涵盖内容广，具有巨大的发展前景，推动物联网在智能工业、智能农业、智能交通、智能物流、智能家居、智慧医疗、市政公共服务、智能环保、智能安防等领域的应用，将能创造超过万亿元级的产业规模。根据《中国物联网 RFID2013 年度报告》数据，2013 年我国物联网产业规模为 4896 亿元，按照 20% 的增长率，预计到 2020 年将能创造 1.5 万亿元至 2 万亿元的产业规模。

（三）云计算与大数据

云计算是指通过网络获得硬件、平台、软件及服务等所需的资源的一种信息技术资源的交付和使用模式，是移动互联网、大数据等信息产业的支撑技术。金融危机之后，云计算技术突破和产业发展受到全球高度关注，被视为信息技术产业的未来发展方向和革命性变革之一，将会影响到数亿人的生活，是下一个万亿级产业。在我国，企业对于包括混合云以及 IT 服务代理等在内的各种云计算服务解决方案的需求也日渐强烈，个人用户也正在逐渐接纳各种各样的个人云服务，例如流媒体中的土豆，社交网络中的微信，云存储以及跨设备平台数据同步中的 QQ 空间等，到 2020 年我国云计算与大数据市场将呈现爆发式增长态势，将有望创造数千亿元级的市场规模①。

（四）智能电网

智能电网是以物理电网为基础，将现代先进传感测量技术、通信技术、信息技术和控制技术与物理电网高度集成而形成的新型电网。发展智能电网是促进电力需求和资源优化配置、确保电力供应安全性、可靠性和经济性、实现能源供应安全和可持续发展、分布式能源应用的必然选择，对于支撑我国战略性新兴产业健康发展、优化能源结构、确保能源战略安全、改善生态环境、创新城乡用能方式、培育新的增长点、促进经济持续健康发展等具有重要的现实意义②。根据透明度市场研究公

---

① Gartner：《2014 年中国十大战略技术趋势》，发改委高技术司编：《高技术服务业动态》2014 年第 6 期。

② 吴新雄：《破解难题 注重实效 积极推进分布式光伏发电健康发展——在分布式光伏发电现场（浙江嘉兴）交流会上的讲话》，2014 年 8 月 4 日。

司预测，到 2020 年我国智慧型电表基础建设、配电自动化、软件和硬件等智能电网产业市场规模可达 1000 亿—2000 亿元。

（五）转基因育种

转基因技术（Genetically Modified，GM）是指将基因片段转入特定生物中，并最终获取具有特定遗传性状个体的技术。在目前全球农产品需求量大幅增长，耕地面积受到诸多限制的大背景下，转基因与生物育种已经成为缓解粮食安全、减轻贫困和饥饿、改善生态环境和促进可持续发展的战略性、基础性核心技术。我国已开展转基因相关研究，目前已建立了 2 个国家植物基因研究中心，并在河南和吉林等地建立若干国家转基因棉花、玉米、大豆中试与产业化基地，培育出一大批动植物新品种，转基因抗虫棉花居全球领先地位。但是，目前转基因和生物育种技术正处于战略发展期，少数跨国种业集团凭借其在科技创新、资源积累、资本投入等方面的优势，逐步形成了全球种业的垄断局面，需要积极予以关注，攻克和储备一批核心技术，保障种业产业安全。

（六）新一代核电技术

新一代核电具有清洁、安全、高效等特点，是发展低碳经济、应对气候变化的一个理性选择。此外，新一代核电投资规模巨大，是带动经济增长的有效途径。主要发达国家都高度重视核电发展，美国在停滞近 30 年后重启核电大门，目前已有约 20 家公司申请建设核电站，总数达 26 台，并计划在亚洲、欧洲、大洋洲、南北美洲等近 40 个国家和地区的开发核电市场。法国计划在 2015 年到 2020 年间，建造 40 台新一代（EPR）核电机组，以代替目前的核电厂。俄罗斯计划到 2020 年建成 28 座大型核电机组，让核电占总发电量的比例由目前的 16% 提高到 23%。我国在充分汲取法国、日本、美国等发达国家技术的基础上，经历十余年完成自主品牌百万千瓦级三代压水堆核电技术研发，目前已形成 CAP1400 和基于 ACP1000、ACPR1000 + 技术融合基础上的“华龙一号”技术方案，部分指标在国际居于领先水平，通过进一步加快核电技术和装备研发制造，争取早日开工一批核电项目，加快培育自主品牌，创造条件推动核电技术装备走出国门，预计能带来超过 2000 亿元的市场规模。

（七）下一代基因组

下一代基因组与基因测序技术的突破使科学家可以系统地测试遗传变异如何能够带来特定性状和疾病，精确地定义生物体各种 DNA 的功能，能显著改善治疗，对人类健康具有深远影响。此外，下一代基因组技术的突破将加速新药发现、生物能源制造等，对医药、农业生产等产生巨大的经济价值并改变医疗健康产业格局。根据麦肯锡公司预测，到 2025 年将可能产生每年 7000 亿美元至 1.6 万亿美元的经济影响。我国在下一代基因组技术前沿技术领域与发达国家处于同等水平，并成功研发新一代基因测序仪，其成本低于进口设备的 1/3 以上，应用成本低于进口设备的 1/5 以上，将有望在医疗、检验检疫、疾病防控、高校和科研院所率先应用。

（八）先进储能技术

储能技术包括电池和存储能量以供日后使用的系统。自电力被发现以来，人类就一直在研究储存电能的方式，目前锂离子电池和燃料电池已经在纯电动汽车和混合动力汽车，以及数十亿便携式消费电子设备中使用，未来十年，先进的储能技术可以使电动汽车成本大幅下降，从而催生巨大的经济价值。根据中科院工程热物理所估计，到 2020 年国内储能产业的市场规模至少可达 6000 亿元。对于电网而言，先进电池储能系统可以帮助太阳能、风能和常规发电的整合，可以实现电力削峰填谷，节能减排，推迟或减少电力基础设施扩张，从而大幅降低成本。先进储能技术发展还能大幅提高偏远地区、无人海岛等地区人类活动的能力，对于我国战略发展具有重要意义。

（九）CPU 与操作系统

CPU 即中央处理器，是一台计算机的运算核心和控制核心，是信息时代至关重要的关键技术，也是当今世界各国竞争的核心。它不仅直接影响和制约着世界各国信息产业能否快速发展壮大，而且直接影响到国家、企业、个人的信息安全和经济利益，特别是对国家的政治、军事、国防和经济安全有着重要影响。从市场容量看，2013 年我国集成电路行业销售收入 2508 亿元，同比增长 16.2%，随着市场格局的加快调整和国内集成电路技术与产业的发展，我国集成电路产业到 2020 年销售规模有望超过 8700 亿元。目前，Intel、AMD 和中国台湾威盛（VIA）等公司拥有 CPU 的核心技术，我国在超级计算机方面居世界领先地位，核心 CPU 的单核能力与国外差距较大，国产 CPU（龙芯）综合性能仅为国外 CPU 的 1/10—1/5，虽然在核心技术上与国外有一定差距，但已具备加快发展的产业基础和市场容量优势。

（十）新能源汽车

新能源汽车是指采用新型动力系统，完全或主要依靠新型能源驱动的汽车，主要包括纯电动汽车（BEV）、插电式混合动力汽车（PHEV）、燃料电池汽车（FCEV）、氢发动机汽车及其他新能源汽车。当前，为应对日益突出的燃油供求矛盾和环境污染问题，世界主要汽车生产国纷纷将发展新能源汽车作为国家战略，加快推进相关技术研发和产业化，全球新能源汽车发展迎来重要历史机遇期。我国在新能源汽车领域与国外的技术差距相对较小，加快发展新能源汽车成为我国抢占新一轮汽车产业发展先机、应对日益严峻的能源和环境问题的必然选择。此外，我国新能源汽车市场空间广阔，根据国际能源署预测，我国新能源汽车市场规模有望突破 100 万辆，市场规模有望超过 6000 亿元。

（十一）3D 打印

3D 打印技术是制造业领域正在迅速发展的一项新兴技术，被称为“具有工业革命意义的制造技术”。3D 打印是“增材制造”的主要实现形式，主要通过特定的成型设备（俗称“3D 打印机”）将数字模型生成为实物，包括生物打印、消费者打印以及企业级打印三个类型。从全球看，目前 3D 打印等数字化制造的核心技术仍处在发展的初级阶段，产业还不成熟，但在产品设计、复杂和特殊产品生产、个性化服务等方面已显示其独特优势。3D 打印产业链涵盖 3D 打印材料、3D 打印机、3D 打印产品设计与制造、生物打印、专业 3D 打印服务等，从未来人类个性化、定制化、小批量的消费需求趋势看，市场空间广阔。2011

年全球 3D 打印产业产值约为 17.14 亿美元，未来将快速突破至 300 亿美元，将有可能引发生产方式和组织方式的深刻变革。我国在 3D 打印领域已有清华大学、西安交通大学、华中科技大学、北京航空航天大学和北京殷华、陕西恒通等一些技术研发和产业化实体，具备进一步加快发展的基础和条件。

（十二）先进机器人

近年来，随着人工智能、机器对机器通信、传感器等技术快速发展，先进机器人替代人类劳动的领域日益广泛，已经成为世界各国高端制造业竞争的主要方向。除了替代人从事一些程序性较强的制造业领域工作，如汽车、电子信息等领域加工装配工作外，先进机器人在医疗照护、家庭服务等领域的应用也越来越广泛。我国工业机器人尚处于起步阶段，近年来发展速度较快，2013 年销售量达到 2.3 万台，每万名员工使用机器人 16 台，但与欧美发达国家每万名员工 100—200 台的水平相比差距较大，按照到 2020 年我国机器人市场每万名员工使用机器人 100 台以上的目标测算，产值规模有望超过 1 万亿元。

除此之外，高效太阳能电池、对地观测卫星定量化应用技术、大气污染治理技术、水体污染控制与治理、大飞机、穿戴式计算机等重大战略性高技术和前沿技术也有很大发展潜力，需要予以积极关注。

五　结论与若干技术经济政策建议

（一）信息技术和能源技术是当前我国重大技术发展的重点

从重大技术选择结果看，在影响我国经济转型发展的 12 大重大技术中，信息和能源技术一共 7 个，占绝大多数份额，是当前我国重大技术发展的重点。其中，信息技术是支撑性技术，也是创新最为活跃、应用最为广泛的领域，代表了产业升级、消费升级的重要方向，近年来呈爆发式增长态势，有可能通过重大技术的突破，带动产业的快速发展，并抢占国际竞争的制高点。新能源技术发展是满足我国能源消费需求，保障能源安全，减少环境污染和确保经济持续稳定增长的重要支撑，在经济增长和节能减排的双重约束下其发展的紧迫性更为突出。

（二）生物技术对我国经济社会发展的支撑作用日益显现，智能制造、3D打印等发达国家“再工业化”的关键技术离产业化还有较大距离

当前，我国经济社会发展面临日趋严峻的环境、健康等重大问题，发展转基因、生物育种、下一代基因组等技术对于促进医药、健康产业发展，缓解粮食安全、健康、环境等我国经济社会发展紧迫问题至关重要。但是，生物领域的技术有可能是颠覆性的，比如转基因等技术正逐渐成为生物育种业的主流技术，随着基因组测序和功能基因研究的不断深入，生物育种将进入“全基因组选择育种”阶段，在其安全性尚未充分论证的前提下，有可能引发公众对于食品安全的担忧。此外，智能制造、3D打印等技术虽然社会关注度较高，但由于涉及转换成本非常高和3D打印材料技术的限制，应用领域还比较有限，替代大规模生产的难度还比较大。

（三）对于重大技术发展宜根据不同技术属性和国家战略要求分类推进

由于重大技术本身具有很强的异质性，很难用一套框架简单遴选或一套方案简单推进，对于重大技术发展宜根据不同技术属性和国家战略要求分类推进。比如对于国产CPU和操作系统、航空航天、高分辨对地观测系统、军工国防等事关国家安全，但无紧迫市场需求或市场需求较小，却又必须要攻克的重大技术，要充分发挥社会主义制度集中力量办大事的优势，积极探索实践市场经济条件下的新型举国体制，集合中央和地方、军队和地方、企业和科研机构等各方力量，组织跨地区、跨部门、跨学科的“大兵团”联合攻关，争取重大技术突破，填补国家战略空白。对于核心电子器件、移动互联网、高端装备制造、新材料等通过技术进步融入全球产业链，并逐步增强我国产业在全球产业链中地位的重大技术，需要努力突破一批产业发展的核心技术，培育一批具有自主知识产权的高技术产业群。对于3D打

印、无人驾驶汽车、先进机器人、穿戴式计算机等尚未进入产业化阶段，但能引发社会投资热情，并有可能引导未来产业发展方向的重大技术，需要加强基础研究和前沿跟踪，积极参与国际合作，不断完善有利于新兴领域技术爆发的财税和风险投资、创业投资、天使投资等金融支撑体系，激励企业增加研发投入，同时，发挥我国国内潜在市场应用需求庞大的优势，加大政府采购力度，促进商业模式创新，不断催生新的增长点。

（四）要以新的模式推进重大技术发展

一是组织实施一批重大技术发展工程。推进重大技术发展，不能纯技术导向，要围绕国民经济社会发展的需求，组织实施一批重大工程。通过大工程、大项目、战略性产品的实施带动重大技术的发展和突破。比如，围绕当前及今后一段时期我国经济社会发展的重大需求，建议从国家层面组织实施通信和网络安全、种业安全、太阳能低成本利用、智能电网、百万辆电动汽车、非常规油气开发、核心动力装备、先进机器人、移动互联网产业培育工程等一批重大工程。二是建立动态评估和调整机制。建议建立由第三方独立评估机制对重大技术发展进行评估的机制，将争议双方放到一个统一的平台，以各方都能接受的评估框架来进行全面客观评估，最终得出一个较为统一的结论。同时，根据全球技术发展和产业发展的新趋势与新动向，结合经济社会环境与需求的变化，定期对重大技术发展开展动态评估并发布报告，及时调整重大技术发展的重点。

参考文献

［1］国际技术经济研究所课题组：《国家关键技术战略》，《科学决策》2002 年第 3 期。

［2］国家计划委员会科技司编：《未来十年中国经济发展关键技术》，石油工业出版社 1997 年版。

［3］中国科学院编：《科技发展新态势与面向 2020 年的战略选择》，科学出版社 2013 年版。

［4］黄茂兴、李军军：《技术选择、产业结构升级与经济增长》，

《经济研究》2009 年第 7 期。

[5] 《技术预测与国家关键技术选择》研究组：《从预见到选择——技术预测的理论与实践》，北京出版社 2001 年版。

[6] 吕静：《面向 21 世纪的 21 项国家关键技术》，《中国科技论坛》2004 年第 9 期。

[7] 周永春、李思一（主编）：《国家关键技术选择——新一轮技术优势争夺战》，科学技术文献出版社 1995 年版。

[8] [美] 兰德公司：《2020 年全球技术革命》，2006 年。

[9] [美] 麦肯锡公司：《2025 年将改变人们生活、生产方式和全球经济的颠覆性技术》，2013 年 5 月。

附表 1　　我国重点发展的重大技术备选清单

编号	名称	所属领域	编号	名称	所属领域
1	CPU	信息	16	先进储能技术	能源
2	超大规模集成电路	信息	17	高效太阳能电池	能源
3	操作系统	信息	18	新一代核电技术	能源
4	云计算	信息	19	先进油气勘探技术	能源
5	移动互联网	信息	20	海上风电场建设技术	能源
6	物联网	信息	21	页岩气技术	能源
7	有机电激光显示技术	信息	22	下一代生物质能源	能源
8	大数据技术	信息	23	氢能技术	能源
9	智能感知技术	信息	24	碳纤维技术（T700 以上）	新材料
10	下一代基因组	生物	25	石墨烯技术	新材料
11	生物育种	生物	26	智能材料	新材料
12	干细胞技术	生物	27	纳米材料	新材料
13	脑科学技术	生物	28	超导材料技术	新材料
14	微生物制造	生物	29	高端钢铁材料	新材料
15	智能电网	能源	30	复合材料	新材料

续表

编号	名称	所属领域	编号	名称	所属领域
31	陶瓷材料	新材料	41	汽车发动机与变速箱	装备与先进制造
32	生物材料技术	新材料	42	高效内燃机技术	装备与先进制造
33	先进机器人	装备与先进制造	43	深海运载和探测技术	装备与先进制造
34	穿戴式计算机	装备与先进制造	44	航空发动机	航空航天
35	3D 打印	装备与先进制造	45	导航与位置信息网络平台技术	航空航天
36	高速列车	装备与先进制造	46	对地观测卫星定量化应用技术	航空航天
37	高端数控机床	装备与先进制造	47	可重复使用运载器	航空航天
38	绿色智能制造技术	装备与先进制造	48	稀有金属矿产勘探与采收	资源
39	无人驾驶汽车	装备与先进制造	49	水体污染控制与治理	资源环境
40	纯电动汽车	装备与先进制造	50	大气污染治理技术	资源环境

资料来源：1. 《“十二五”国家自主创新能力规划》（国发〔2013〕4 号）。

2. 《国家中长期科学和技术发展规划纲要（2006—2020 年）》。

3. 国家高技术研究发展计划（863 计划）。

4. 国家重点基础研究发展计划（973 计划）。

5. 《国家战略性新兴产业“十二五”发展规划》。

6. 《当前优先发展的高技术产业化重点领域指南（2011 年度）》。

7. 相关领域国家发展规划、指导意见或重点领域指南。

8. 中国科学院编：《科技发展新态势与面向 2020 年的战略选择》，科学出版社 2013 年版。

9. ［美］兰德公司：《2020 年全球技术革命》，2006 年。

10. 麦肯锡公司：《2025 年将改变人们生活、生产方式和全球经济的颠覆性技术》，2013 年 5 月。

附表 2 部分访谈与座谈专家名单

序号	姓名	供职单位与职务	日期	访谈主题	地点
1	贾瑞	中国新材料协会太阳能光伏分会秘书长	2014 年 2 月 20 日	高效太阳能电池技术	国家发改委产业所
2	任东明	发改委能源所研究员、国家可再生能源研究中心主任			
3	宋登元	英利集团			
4	孙会峰	赛迪顾问副总裁、中国云计算专业委员会常务副秘书长	2014 年 2 月 21 日	国产 CPU 与云计算技术	国家发改委产业所
5	龚海臻	华为公司战略与政策研究室主任			
6	莫华	中国国际工程咨询公司处长			
7	许倞	科学技术部重大专项办公室主任	2014 年 3 月 6 日	重大专项进展情况	科学技术部重大专项办公室
8	李国杰	中国科学院院士	2014 年 3 月 12 日	国产 CPU 与云计算技术	中科院计算所
9	孙凝晖	中国科学院计算技术研究所所长			
10	叶奇蓁	中国工程院院士	2014 年 3 月 17 日	核电技术	国家发改委产业所
11	周大地	发改委能源所原所长			
12	赵华	中广核集团总工程师			
13	赵成昆	中国核能行业协会副理事长			
14	邢继	中国核电工程有限公司副总			
15	董晓鲁	工信部科技司	2014 年 4 月 17 日	创新驱动与重大技术项目遴选建议	国家发改委第六会议室
16	沈竹林	发改委高技术司			
17	阮高峰	发改委高技术司创新能力处			
18	林智	公安部科技信息化局			
19	赵财胜	国土资源部科技司			
20	禹军	环保部科技司			
21	林强	交通运输部科技司			
22	付长亮	农业部科技教育司			
23	刘清	中科院发展规划局			
24	王京京	工程院三局			

续表

序号	姓名	供职单位与职务	日期	访谈主题	地点
25	翁端	清华大学材料系	2014 年 5 月 6 日	新材料技术	电话访谈
26	李婷	工信部电信研究院		移动互联网	
27	朱之鑫	国家发改委副主任	2014 年 6 月 6 日	听取重大技术课题汇报并提出建议	国家发改委南楼 306 会议室
28	李朴民	国家发改委秘书长			
29	施子海	国家发改委政研室主任			
30	程晓波	国家发改委政研室副巡视员			
31	白和金	宏观经济研究院原院长	2014 年 7 月 10 日	专家咨询	国家发改委产业所
32	韩文科	国家发改委能源所所长			

注：按访谈调研时间排序，部分专家咨询多次。

第五章　创新网络建设：缘起、路径与模式

构建国家创新网络是主要发达国家推进创新驱动发展的重要举措，也是我国落实创新驱动发展战略、抢占科技创新制高点和提高综合竞争力的重要保障。本章在分析创新网络内涵和特征的基础上，立足我国优势和基础，针对制约创新网络建设的瓶颈问题，提出加快构建创新网络的路径和模式建议，力争以新的机制推动创新网络建设，打通科技创新带动经济发展的“最后一公里”。

一　研究缘起与框架安排

当前，我国正处于产业转型升级和经济结构调整的关键时期，加快培育新技术、新产品、新业态、新模式的需求日益强烈，迫切需要加快实施创新驱动发展战略，统筹创新链、产业链、资金链和服务链，加快构建企业主导、多方参与、协同攻关、开放共享的新型创新组织形式，重塑创新体系，改善和提高技术创新供给质量和效率，为产业迈向中高端提供有力支撑。但是，与创新驱动发展迫切需求形成鲜明对比的是，我国虽然已经基本形成政府、企业、科研院所及高校、技术创新支撑服务体系等相互支撑的创新体系，但离建设科技创新强国的要求还有较大差距，突出表现为企业主体地位仍有待增强、创新人才队伍大而不强、创新服务支撑体系建设滞后、类似于德国弗朗霍夫协会等中间环节和共性技术研发转化平台等缺乏、关键共性技术供给不足、成果转化少，制约了产业转型升级的步伐。

对此，党中央、国务院高度重视。2015 年 3 月 13 日，中共中央、国务院印发《关于深化体制机制改革　加快实施创新驱动发展战略的若干意见》（中发〔2015〕8 号）明确指出要“优化国家实验室、重点实验室、工程实验室、工程（技术）研究中心布局，按功能定位分类整合，构建开放共享互动的创新网络”。之后，《深化科技体制改革实施方案》（中办发〔2015〕46 号）、《国家创新驱动发展战略纲要》（中发〔2016〕4 号）等进一步明确了完善企业主体的产业技术创新机制对于实现创新驱动发展的重要意义和作用。通过建设创新网络，探索产学研合作、知识产权共享、多主体投入、军民融合、科研成果更大程度惠及国民经济发展的创新发展新模式，已经成为社会各界的共识。但是，创新网络到底是什么？如何构建符合中国国情的创新网络？目前尚未达成共识。为此，本章在厘清创新网络概念和内涵的基础上，聚焦产业创新网络建设路径和模式，力求在借鉴国际经验的基础上，分析我国建设创新网络的基础、条件和存在问题，在综合比较研究的基础上提出我国建设创新网络的具体路径和模式。研究框架见图 5－1。

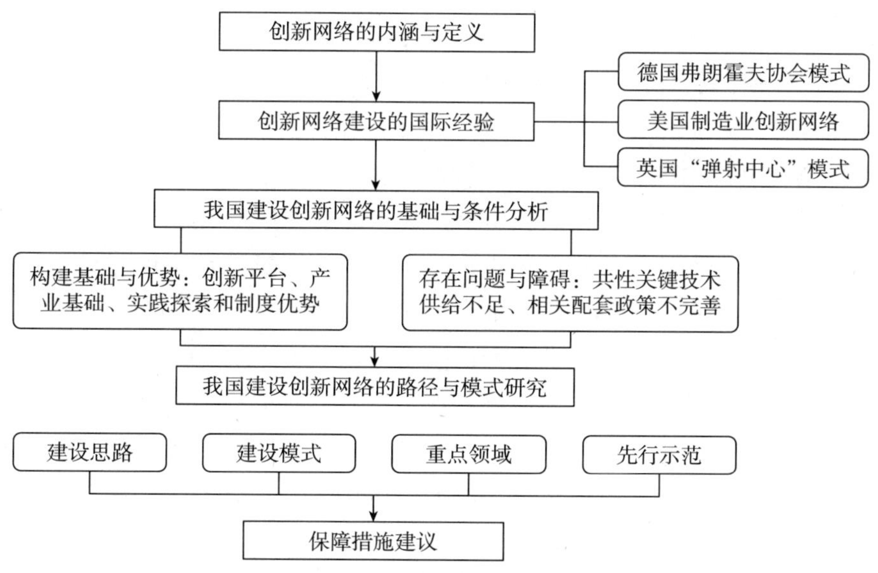

图 5－1　研究思路与框架

二 创新网络的内涵与主要特征

（一）内涵特征

创新网络的概念最早由经济学家弗里曼提出，他认为，创新网络是应对系统性创新的一种制度性安排（Freeman，1991），是各种创新参与者协作互动共同推进创新的过程[①]。以后经济学界不断发展和深化这一概念的内涵，形成了创新网络工具论[②]（Nonaka & Takeuchi，1995）、创新网络系统论[③]（Harris，2000；Dhanaraj & Parkhe，2006）等观点，以及产业创新网络、企业创新网络、技术创新网络和区域创新网络等不同理解，并分别从交易成本（Hamel，1991；杨小凯，2006）、产业集群（Geoffrey，2005）和知识创造（Rutten，2003；Chow & Chan，2005）等三个不同视角对创新网络的形成和作用进行经济学解释。

那么创新网络到底是什么？通过对国内外有关创新网络定义和认识的梳理归纳，结合我国实际，我们认为，创新网络是介于创新平台和创新体系中间的一个概念，主要是指通过新的机制建设一批"以企业为主导，科研院所、金融、科技中介等服务机构多方参与的市场化产业创新协同体"（即，产业创新中心），在此基础上，以产业创新中心为主要网络节点，构建贯通产业链、创新链、资金链和服务链的创新网络，是产业创新中心的集合体。其中，产业创新中心是指围绕产业发展对共性技术研发、科技成果转移转化、产业化示范、创新创业孵化和行业公共服务等的需求，采取开放共享的模式，以企业为主导，科研院所、金融、科技中介等服务机构多方参与的市场化产业创新协同体，是构建创新网络的具体载体，具有产业创新性、经济带动性、要素集聚性和成果共享性等特征。

---

① Freeman C.，Networks of Innovators：Synthesis of Research Issues，*Research Policy*，1991（5）.

② Nonaka 和 Takeuchi（1995）认为创新网络是组织获取规范化知识、正式文件、软件及缄默知识的工具。

③ Dhanaraj 和 Parkhe（2006）将创新网络定义为企业松散耦合的创新系统。

1. 产业创新性

通过在重点领域部署建设创新网络，有助于形成以创新网络为核心节点的创新生态网络和产业化推进机制，为产业发展提供前沿和共性关键技术支持，并推进业态和模式创新，推动新产品、新技术、新服务快速涌现，促进新兴产业培育和传统产业转型升级。这是创新网络区别于其他创新平台最主要的特征。

2. 经济带动性

围绕经济社会发展的重要需求，通过建设以促进成果产业化和转移转化为主要目标的创新网络，有助于顺畅科技成果转化链条，促进农业、制造业、服务业，以及医疗、交通、节能环保等经济社会发展领域的发展壮大和提质增效升级，对于经济和社会发展具有重要的促进作用。

3. 要素集聚性

创新网络能够聚集整合包括科研基础设施、大型科研仪器、科技工程数据、知识产权，以及人才、技术、信息、资本等在内的各类创新资源和要素，有助于形成汇聚创新资源的要素整合高地。

4. 成果共享性

开放共享是创新网络的重要特征，不仅在创新网络内部各成员单位之间建立高效的合作共享机制，也有促进成果转化或对社会开放的相应机制，有助于激发全社会创新资源活力，促进成果共享应用。

（二）产业创新中心与现有创新平台的区别联系

目前，我国已陆续建成了包括国家重点实验室、国家工程（技术）研究中心、国家工程实验室、国家认定企业技术中心、国家高新技术产业化基地、国家地方联合工程研究中心（工程实验室）等涵盖基础研究、技术开发与工程化、产业化等创新链各环节、多层次的创新平台。《中国制造 2025》又提出建设制造业创新中心，北京市政府提出建设产业创新中心。这些创新平台各有侧重，既有区别也有联系（见表 5 – 1）。与现有创新平台相比，特别是与制造业创新中心相比，产业创新中心的主要特色有：一是更加强调体制机制创新，探索企业主导、多元参与的产业创新新模式；二是更多体现现有资源的整合，制造业创新中心更多面向某一具体领域（如动力电池）开展产学研共性技术研发，而创新网络更多强调整合行业内现有产业创新资源；三是聚焦领域不同，产业创新中心不仅仅局限于制造业领域，也包括农业和医疗、教育等服务业领域；四是功能定位不同，不仅仅包括技术创新，也包括成果转化和产业化、投融资、产业孵化等。

表 5－1　　产业创新中心与现有主要创新平台功能定位比较

	产业创新中心	国家实验室	企业技术中心	制造业创新中心
服务对象	面向行业设立，服务于整个行业，各类行业都适用	面向基础研究和科技创新，各类行业都适用	是企业内部技术创新和科技投入的主体，国家予以认定，并给予相应的优惠政策	面向制造业
组建机制	骨干企业牵头、科研院所、高校等多元投资，独立法人、市场化运作	依托企业、科研院所或高校等设立的研究开发实体	企业内部设立	与产业创新中心类似
主要任务	研究产业细分行业、企业转型升级的关键问题及解决方案	开展战略性前瞻性技术研发，突破产业结构调整和重点产业发展中的关键技术装备制约	突破企业发展的急需技术	围绕制造业关键共性技术、产品的研究，建立产学研协同创新机制，促进科技成果商业化

资料来源：作者根据现有创新平台情况整理。

三　主要发达国家构建国家创新网络的经验

（一）国外主要模式介绍

主要发达国家高度重视创新网络和创新平台建设，特别是自 2008 年国际金融危机以来，为重塑制造业竞争优势，美国、英国等均提出建设国家创新网络，并采取务实举措构建国家创新网络，努力打通科技创新向生产环节转化的渠道，抢占新一轮全球科技竞争和产业变革制高点。比较有代表性的模式有三种：一是德国弗朗霍夫协会模式，二是美国制造业创新网络模式，三是英国“弹射中心”模式。

1. 德国弗朗霍夫协会

德国弗朗霍夫协会是欧洲最大的应用科学研究机构，其主要定位是聚焦于支撑产业发展的共性技术研发，在国家创新链条中处于连接基础研究和产品开发之间的关键环节，使政府和企业双方都愿意为其提供支持。在运作模式上主要采取“合同科研”的合作机制，由企业提出研发需求委托协会开展针对性研发并提供经费支持，政府只给予30%的机构性经费支持。这样做的好处在于，协会的科研既保持了公益和非营利性，又日益紧密结合市场和实际需求，建立起能针对技术发展和市场需求及时反应的灵活机制，成为其科研创新体制成功的关键。

2. 美国制造业创新网络

美国制造业创新网络（NNMI）是2012年奥巴马政府参考德国弗朗霍夫协会模式倡议设立。所不同的是，其目标是针对具体领域成立不同的应用型科研机构，支持先进制造技术的商业化转化。主要运作模式是由联邦政府牵头，集合企业、研究机构和大学、社区大学、州县等地方政府等力量，聚焦明晰的研究任务，通过为某一特定类型的产品或设计创建出适宜的创新生态系统，从而让该地区成为吸引各方参与的“磁石”，为相关产业的深入融合发展奠定基础（见图5－2）。其经费构成一般是联邦政府和工业界成员按1∶1比例投入。目前已建成的有增材制造、下一代动力电子制造、数字化制造与设计、轻量化材料制造、先进复合材料制造、集成光电子制造、柔性混合电子等7个，正在建的有智慧制造、新一代纤维及纺织品等，计划成立45个。

3. 英国“弹射中心”

英国“弹射中心”是英国政府2010年开始倡议建立的新型技术创新体系。“弹射中心”定位为国家级非营利性创新平台，采取市场化企业运作模式，聚焦英国具有领先优势和广阔市场的前景技术领域，为政府、企业、研究机构和大学间建立长期战略伙伴关系，构建高效的共性关键技术供给体系。由政府、企业、竞争性研发经费和社会基金联合投资，各占1/3，所得收入不进行利润分配，主要用于中心再投资。目前已建成的有高附加值制造业、细胞疗法、海上风能、卫星运用、互联数字、未来城市、交通系统等 7 个中心，正在建设的有能源系统和精确医学 2 个中心，计划以每年建设 1—2 个中心的速度，到 2030 年建成涵盖 30 个中心的技术创新网络。

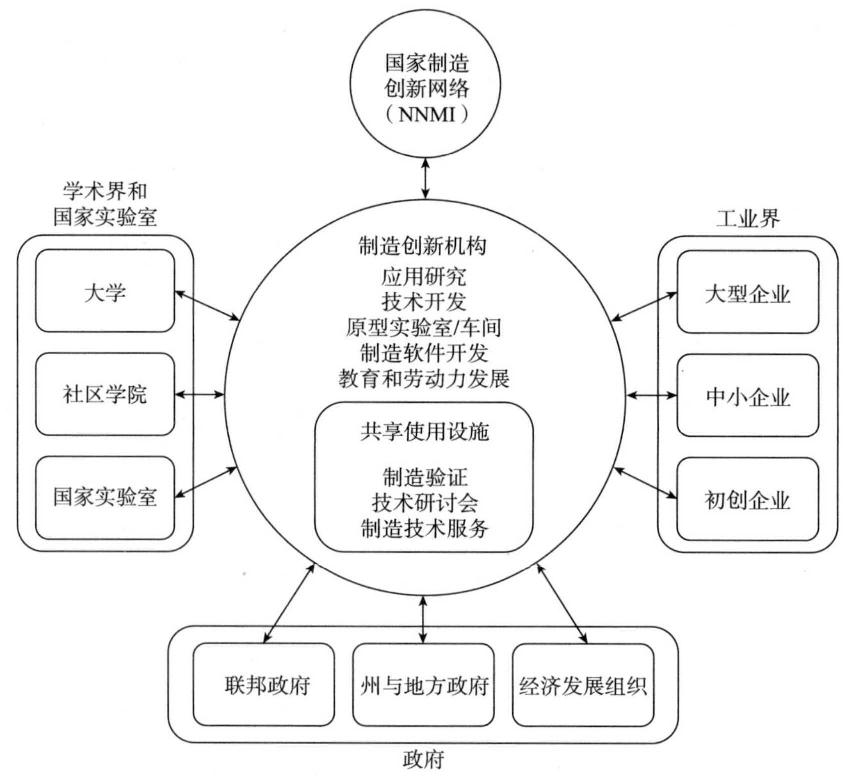

图 5－2　美国制造业创新网络的组成机构

（二）对我国创新网络建设的启示

通过对国外创新网络运行模式的分析，我们不难发现，构建创新网络是主要发达国家完善创新体系、增强创新优势的重要举措，重点解决连接基础研究与市场需求之间的应用性创新问题，是沟通基础研究与市场需求的重要桥梁和推进协同创新的主要载体和平台，在国家创新体系中居于至为关键的地位。这些较为成熟的运作模式对我国产业创新中心建设具有重要的启示和借鉴价值。

1. 创新网络（产业创新中心）功能定位在攻克制约行业发展的关键共性技术，着力解决产业技术应用中的“死亡之谷”难题

如美国国家创新网络致力于攻克技术成熟度在4—7之间的“中间技术（关键共性技术）”，弥补政府高校研发投入和企业私营部门研发投入之间的鸿沟（图5－3）。德国弗朗霍夫协会主要定位也是聚焦在国家创新链条中处于连接基础研究和产品开发之间的关键环节的共性技术研发环节。英国“弹射中心”聚焦具有领先优势和广阔市场前景的技术领域，着力攻克关键核心技术，构建高效的共性关键技术供给体系。

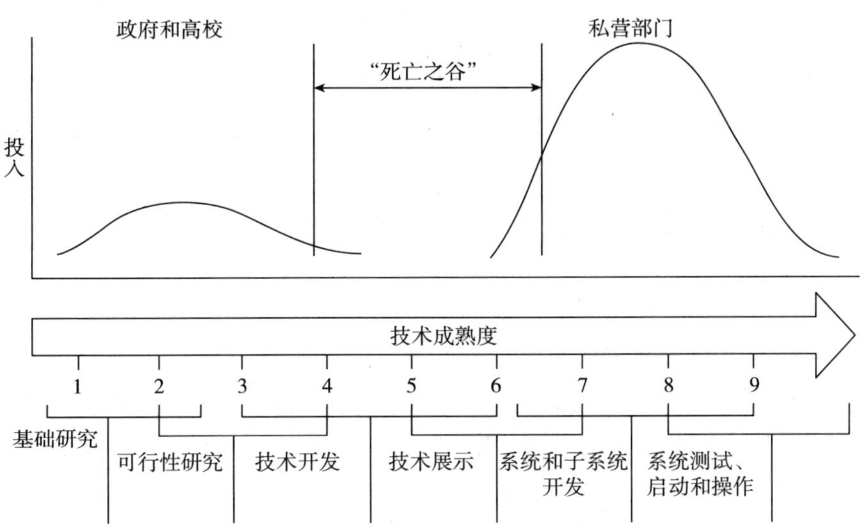

图5－3　美国制造业技术成熟度模型

2. 创新网络（产业创新中心）运作模式上主要采取企业化运作

尽管产业创新中心大多定位为国家级非营利性创新平台，但除德国弗朗霍夫协会采取协会的模式外，美国制造业创新网络和英国国家“弹射中心”都采取了市场化企业运作模式，主要是为了发挥企业在产业发展中的主体作用，提出技术攻克需求，开展联合攻关，并最终将技术创新成果应用到产业创新发展中，拓展具有领先优势和广阔市场前景

的技术和产业。

3. 创新网络（产业创新中心）建设初期离不开政府的大力支持和引导

创新网络和产业创新中心建设具有很强的正外部性，靠市场或单个企业来做，一方面本身难度比较大，存在很大的不确定性；另一方面见效也比较慢，需要政府积极予以引导。

4. 要整合多方资源，调动各方积极性共同参与创新网络建设

创新网络建设本身并不是全新的事物，也不是抛开现有创新体系和平台另起炉灶，而是以新的机制整合现有创新平台和资源，因此，必须整合多方资源，调动各方积极性共同参与创新网络建设。如美国制造业创新网络调动各方力量推动协同创新，将利益相关方以股份或会员的形式，形成利益共同体，享受相应的权利和义务。通过合同科研、知识产权使用费、会员费等方式建立多元化融资的可持续发展机制，并鼓励中小企业广泛参与，共用基础设施。

四 我国构建国家创新网络的基础与条件分析

（一）构建基础与优势

经过多年的发展，我国已初步形成较为完备的技术创新体系，创新平台、产业基础和制度优势也非常突出，具备了构建国家创新网络的基础条件。

1. 技术创新体系完备

我国已初步形成以企业为主体，政府、企业、科研院所及高校、技术创新支撑服务体系等各类创新主体组成的完备技术创新体系，推动载人航天、探月工程、载人深潜、超级计算机、高速铁路等领域重大技术取得突破，我国已跻身世界有重要影响力的科技创新大国行列。

2. 创新平台优势突出

面向经济建设与社会发展需求，我国陆续建成了包括国家重点实验室、国家工程（技术）研究中心、国家工程实验室、国家认定企业技术中心、国家高新技术产业化基地、国家地方联合工程研究中心（工

程实验室）等涵盖基础研究、技术开发与工程化、产业化等创新链各环节、多层次的创新平台。据统计，目前我国有国家重点实验室 327 所，国家工程（技术）研究中心 391 个，国家工程实验室超过 140 个，国家认定企业技术中心超过 1000 个，国家高新技术产业化基地共 189 家，成为集聚创新资源、推动创新发展的骨干力量。

3. 产业支撑实力雄厚

我国有全球规模最大、最为完备的工业体系，在全球技术创新最为活跃的信息、新能源、生物等领域都拥有强大的产品制造能力和庞大的国内市场支撑，为创新网络的构建及其创新成果的应用提供了广阔的空间。例如，在信息产业领域，我国拥有全球规模最大、最完善的信息产业集群，华为、中兴等成为世界最顶尖的通信制造企业，软件研发、互联网新业态发展水平也具备全球影响力。在新能源领域，我国光伏电池、风电装备产量占全球的 2/3 左右，并涌现出金风科技、常州天合等一批高速成长的龙头企业。是全球最大的消费电子市场、第二大可再生能源市场、第三大药品和医疗器械市场。

4. 制度优势明显

有中国特色的社会主义体制释放巨大的制度优势，在集中优势科技资源、开展重大技术攻关等方面具有明显优势。深化科技体制改革、实施创新驱动发展战略、全面创新改革试验区、“大众创业、万众创新”等政策文件的出台，也有助于激发创新创业活力，为构建创新网络提供制度保障。在发改委等有关单位指导下，城市轨道交通创新网络组建已有实质性进展，8 家组建单位已达成意向，共同出资 7600 万元，进行跨专业技术领域协同技术攻关。

（二）存在问题与障碍

我国构建创新网络的基础和优势非常突出，但也存在“创新孤岛”现象突出、共性关键技术供给不足、相关配套政策不完善等问题与瓶颈制约。

1. “创新孤岛”现象突出

一是创新资源分散，各创新主体各自为阵的多、联合攻关的少，尚未形成聚焦重点领域官产学研金等多方协同创新的新体系。二是创新资源错配，设在中科院和大学的创新平台，由于受科研机构和大学考评机制影响，存在重论文轻应用、重研发经费而轻投入产出效益等问题；设在企业的创新平台，由于市场竞争或追求利润等原因，存在创新成果难以共享、行业共性技术研究投入力度小等问题。三是创新效率低下，“科技成果走不出实验室”，一方面没有经济价值，经不起实践检验；另一方面科技成果转化途径受阻，服务体系不完善，转化渠道不畅通。

2. 中间环节相对薄弱

从创新链的角度看，我国创新网络中基础理论研究和应用研究实力都比较强，但缺乏中间环节，类似德国弗朗霍夫协会这样的知识生产类技术转移机构不足，而生产力促进中心、科技孵化器、技术交易机构等知识转移类技术转移机构服务水平偏低，无法满足大企业较为高端的服务需求，同时对中小企业的需求无法全覆盖，造成需求与服务的脱节。侧重基础理论研究的成果多停留在报告论文阶段，工程应用度低、无法实质性转化，侧重应用的研究成果多表现为设备交付，知识创新少，难以形成颠覆性的原始技术创新。

3. 共性关键技术供给不足

主要表现为缺乏国家宏观层面的产业共性技术创新战略，产业技术创新资源分散，针对共性技术创新的持续稳定的投入机制尚未形成。240 多家原承担共性技术研发的科研院所转制后主要忙于产业化进程，虽然大多在名义上还是“一个单位、两套牌子”，但实际上市场化的部分占了大头，用于共性技术研发的人员和资金投入不足，并且主要是为了向国家争取政策而设立，并无多少实际研发活动。根据我们了解，原转制院所下的一个研究室目前平均只有 3—4 个人，研究力量非常薄弱，难以有重大成果突破。

4. 配套政策不完善

主要表现为标准制定滞后、科研体制改革滞后、法律法规和经济支持政策不健全等，制约了技术创新和创新网络构建的步伐。如我国新能源汽车企业采取不同的设施，标准不统一，导致充电桩、电池等一系列开发的重复投入和巨大的研发成本。云计算在数据接口、数据交换、测试评价等方面还缺乏一套公认的执行规范，保护数据安全、隐私等方面的法律法规还不健全，不利于云计算产业化发展。在市场需求、金融、财税、价格等经济政策方面对技术创新的支持非常薄弱，天使、创业、产业投资引导基金等还不完善。科技创新激励的体制机制障碍仍然存在。

五　构建国家创新网络的中国模式与路径选择

当前，加快推动创新驱动发展战略的号角已经吹响，要充分认识到科技创新的重大作用，着力破解制约创新驱动的瓶颈问题，加快构建国家创新网络，加强整体战略考虑和统筹安排，明确建设思路、创新建设模式、聚焦建设重点、出台得力措施，打通科技创新带动经济发展的“最后一公里”。

（一）现行模式

目前，国内有关部门、地方、企业和科研院所积极探索创新网络建设新模式，已经探索形成若干创新网络建设的类型（见表5－2），主要包括国家部委主导模式、地方政府主导模式、高校科研机构主导模式、地方政府和行业协会协同整合模式，以及企业主导模式等，进行了大量的实践和探索，为下一步构建国家创新网络奠定较好的基础。其中，以企业为主体的产业创新中心，大多是以市场需求和行业共性问题为主攻方向，进展良好，并在实际运行中产生了很多创新性的做法。如宁夏共享集团积极探索互联网条件下的“互联网＋研发”新模式，实现“集众智、汇外力、促众创”，在智能铸造等方面取得突破，有效促进技术攻克和成果转化，被李克强总理称赞为“让铸造业从‘傻大黑粗’变成‘窈窕淑女’”，让传统制造“浴火重生”，取得了积极的进展。

表5－2　　现有产业创新平台模式比较

类型	名称	定位	模式	进展与成效
国家部委主导	制造业创新中心	打通技术开发到转移扩散到首次商业化应用的创新链条	以企业为主体，产学研用相结合，采用企业法人等形式组建	已成立动力电池产业创新中心，正在筹备增材制造、轻量化材料等

续表

类型	名称	定位	模式	进展与成效
地方政府主导	产业创新中心（北京市）	贯通创新链、产业链和服务链的新一代创新载体	采取企业化运行的法人单位	2016 年 8 月 30 日，北京市经信委发布实施方案
高校科研机构主导	清华大学全球创新研究院、深圳先进技术研究院	集科学发现、技术发展、产业发展“三发”一体化新型科研机构	研发机构主导，开放式平台型研究院	技术委托经费超过 3 亿元，孵化深圳创新设计研究院，建设机器人、云计算等产业育成基地 3 个，发起基金规模超过 30 亿元
地方政府与行业协会协同整合	唐山钢铁谷	为钢铁行业提供电子商务、大数据、云计算、金融、物流、产业链延伸、节能环保、技术研发及管理创新等一体化服务	注册成立企业主导、市场运作的创新型钢铁谷平台总公司，采用投资公司管理模式	推进建设
企业主导	智能铸造产业创新中心（共享公司）	丰富和拓展智能铸造创新链，弥补创新链各环节脱节问题，打造跨界协同创新的生态系统，聚焦智能铸造，为行业转型升级提供全面解决方案	按照公司法和公司章程组建，以公司制形式独立运作	推进建设

资料来源：作者根据现有创新平台情况整理。

（二）建设思路

参照德国弗朗霍夫协会、美国制造业创新网络和英国“弹射中心”等国外创新网络建设模式，立足我国科技与经济发展实际，加快构建我国国家创新网络的总体思路是：以国家战略需求为导向，以着力解决科技与经济“两张皮”“创新孤岛”和共性关键技术缺乏等问题为重点，依托现有国家实验室、重点实验室、工程实验室、工程（技术）研究中心等创新平台基础，加强跨行业跨领域资源整合，着力构建企业、科研院所和大学、行业协会、政府等多方参与的开放共享互动的产业创新中心，通过产业创新中心构建创新网络，快速突破重点领域和新兴领域的技术成果转化瓶颈，支撑国家重大战略的实施和经济升级转型。

在具体建设过程中要把握以下五个原则。一是企业主体。要更加注重发挥企业主体作用，真正建立市场导向、企业主体、产学研结合的技术创新新模式，更多运用市场化原则，以新的机制推进创新网络建设。二是问题导向。围绕国家重大战略任务和新兴产业发展实际需求，聚焦共性关键技术，明确重大创新领域，着力解决知识生产类转移机构不足等中间环节缺失等问题。三是共享共建。要加强跨行业跨领域上下游企业、科研院所、协会等资源整合，着力营造有利于技术成果涌现和产业化的生态系统，建立向企业特别是中小企业有效开放的机制。四是立足实际。不简单照搬国外模式，要结合我国发展实际和长远战略需要，既利当前，又谋长远，积极探索符合中国国情的创新网络建设模式。五是注重统筹。要注意统筹现有创新平台和新建创新网络的关系，统筹推进区域创新网络、产业创新中心和创新百强建设，统筹促进创新链、产业链和市场链有机衔接，发挥合力使创新成果更快转化为现实生产力。

（三）建设模式

1. 管理模式

美国制造业创新网络的设立主要由跨部门的先进制造业国家项目办公室通过竞争性招标和评估来设立，其参与机构包括商务部、国防部、教育部、能源部、国家航空航天局以及国家科学基金委员会。参照这一模式，根据我国实际情况，建议由相关主管部门牵头设立跨部门合作的国家创新网络管理机构，对国家创新网络进行宏观管理，负责国家创新网络的设立、批复、监管和撤销等，制定创新网络管理的基本规则和制度。

2. 运行模式

坚持企业主体、市场化运作模式，鼓励参考德国、美国、英国等创新网络模式开展适应性创新。既鼓励知识生产类技术转移机构的设立，也支持各地区各行业各部门建设各具特色的创新网络或产业创新中心。但应围绕竞争前共性技术创新需求，保持创新网络的非营利性，跨行业跨部门开展联合攻关与协同创新。

3. 资金来源

主要分为两类，一类是国家根据战略发展需求，采取竞争性招投标等方式批准设立的创新网络，国家有关部门可以前期出资不超过总预算经费 1/3 的资金，用于研发场地、设备和人员配备，其余资金由企业通过合同项目注入或申请竞争性研发经费和社会基金。第二类是有关行业协会、联盟、企业和科研机构自发成立的从事共性技术研发机构或区域性创新网络、产业创新中心，国家根据其技术研发和创新成果转化情况采取预约采购、后补助等方式予以资助。

4. 组织模式

基于我国已有国家工程实验室、国家工程研究中心、国家企业技术等创新平台机制和承担主体的多样性，考虑到我国经济体制改革的历史沿革，国家创新网络组织结构可以采取灵活多样的各种形式。大体包括以下三类。一是以股权为纽带的董事会领导下的非营利机构管理。主要突出国家发展目标，克服依托单位牵制造成的短期目标和难于扩散成果的弊端。二是以股权为纽带的董事会领导的法人实体企业模式，旨在构建长效的产学研合作机制，推进工程中心与企业、公共研究机构、大学协同开展工业项目研发，共同提升产业创新能力和工程化协同创新能力，并利用研究成果提高制造能力，将创新产品推向市场。三是会员制产业创新联盟模式，主要以国家重大战略任务、重点工程为载体，以创新链上的龙头企业为“织网人”，依托骨干企业、科研院所、高等院校等不同创新主体建设的各类创新平台，构建由政府部门、骨干企业、科研院所、高等院校、私营机构等组成的会员制合作机构。

六　政策措施建议

构建完善的国家创新网络，需要研究出台配套的支持政策，创造良好的创新环境，发挥市场在资源配置中的决定性作用和更好发挥政府作用，促进创新活动蓬勃发展，实现创新网络的持续健康发展。

（一）聚焦重点领域，加快推动先行示范

要坚持把重要领域的科技创新摆在更加突出的地位，聚焦国家战略和重大需求，在重点领域组建一批国家创新网络，推动一批关系国家全局和长远的重大科技项目攻关和成果转化，畅通科研成果从研发到产业化的渠道，推动重点领域率先突破，加快抢占全球科技竞争制高点，建设创新强国。

比如，随着健康中国战略的实施，涉及新型医疗技术、诊断试剂、诊断仪器设备、新药创制、健康管理等新技术、新产品、新业态的研究的重要性大为提升，迫切需要整合相关领域创新资源和要素，推动协同创新攻关。又如，新能源汽车领域的电池、电控、电机，以及新型智能汽车、无人汽车开发应用所需要的跨界整合能力大幅提高，相关标准和法律法规也相对滞后，需要产学研用各方协作互动，构建开放共享的创新网络，推动新能源汽车产业化进程。再如增材制造（3D 打印）、数字化设计与制造、轻量化材料、纳米材料等有可能对经济社会发展产生“颠覆性”影响的共性关键技术也需要国家加大投入和支持。此外，新型轨道交通技术、高端通用芯片、高档数控机床、移动互联网、物联网、高效太阳能电池、通用航空、新一代核电等技术未来发展潜力也很大，需要政府做好顶层设计，抓好标准制定，促进创新资源衔接，推动形成一批有望成为世界“产业领袖”领域的技术突破与创新发展。

在明确具体领域的基础上，建议以全面创新改革试验区为载体，结合国家实验室、重点实验室、工程实验室、工程（技术）研究中心等已有工作和创新平台，积极推动第一批国家创新网络建设示范工作，选择 10—15 个事关国家未来发展、有重大带动作用的重点领域开展先行先试。通过对首批具有代表性的创新网络建设试点的培育和发展，逐步完善创新生态环境，积累建设经验，形成规模和集聚效应，推动关键领域加快突破，打造一批有影响力的创新集群，稳步推进创新网络的成果与国家战略目标相匹配，促进我国创新能力建设的长效发展。

（二）推进改革攻坚，营造良好创新网络建设环境

建议进一步放宽市场准入，改革产业准入和监管制度，更多吸引社

会资本投资技术创新和产品研发，营造平等准入和公平竞争的市场环境。强化知识产权保护，全面维护新技术、新产品、新服务以及新兴商业模式发明者的经济权益，创新网络产生的知识产权要明确归属和使用方式，建立完善针对创新网络知识产权保护的快速反应机制。鼓励依托创新网络形成的科技成果转化，并提高科研人员成果转化收益比例。要加大对创新网络建设更具针对性、操作性和突破性的政策支持。落实和完善政府采购政策，发挥政府采购支持创新的带动作用，促进商业模式创新和市场培育。打破新能源汽车、药品和医疗器械等市场分割和地方保护，制定实施全国统一的新能源汽车产品目录。制定更具针对性的重大技术发展战略，进一步厘清发展思路，明确主攻方向，提出云计算、物联网、太阳能、风能等重要领域关键技术创新的路线图和时间表。实施有利于创新创业和技术转移转化的财税政策。进一步加大企业研发投入费用税前加计扣除的力度。加大财政科技投入向基础研究和前沿技术研究、产业共性技术研发倾斜。改革政府科技投入方式，主要通过购买服务等方式支持产学研合作和产业重大共性关键技术研发。加大国家新兴产业投资引导基金对产业技术创新的支持力度，重点资助重大技术攻关项目与应用基础理论研究，鼓励发展一批天使投资和创业投资机构，解决创新网络建设的资金投入问题。对于创新网络申报的国家科技攻关计划、国家高技术研究发展计划（863 计划）、国家重点基础研究发展计划（973 计划）等竞争性科研项目，给予优先考虑立项与资助。

（三）加快知识生产型技术转移机构建设，完善连接创新网络的中间环节

以国家需求和市场导向为主，以推动科技成果转化为目标，建议参考德国弗朗霍夫协会模式，加快知识生产型技术转移机构建设，考虑成立全国性的应用科研机构协会或联合会，探索中央、地方两级共同扶持和管理的新型科研机构运行机制，实行以知识产权管理为主导的科技成果管理体制，实现跨领域、跨部门、跨区域组织的协同创新，加速创新成果转化和扩散。建议设立“国家共性技术创新基金”，支持共性技术研发和成果转化，鼓励和引导创新网络增加共性技术研发和成果转化活动。

（四）加强实用性技术创新人才培养，夯实创新网络建设的人才基础

建设一支高素质的科技人才队伍是构建国家创新网络的重要基础。应加快形成有利于优秀人才脱颖而出、人尽其才的有效机制，为国家创新能力的持续提高提供强大的人力资源保障。建议搭建创新型紧缺型人才集聚平台，鼓励创新网络设立博士后工作站和研究生社会实践基地，探索“国家进行职业教育引导，高校开展基础教育培训，应用技术研究机构提供实践指导”的实用人才培养模式。加强适应新技术、具有知识和技能的劳动力的教育和培养，加强实践环节训练，提高实用性技术人才的创新能力。对专业技能优秀的人才提供政策、技术、资金等方面的鼓励和支持，倡导高校和科研院所的科研人员、学生等在技术转移机构中兼职。

（五）强化创新网络监督、考核和评估

为保证创新网络建设落到实处，建议加强创新网络建设的评估、监督和考核工作，邀请政府、产业界和科技界专家组成项目评审专家小组，对创新网络建设情况进行事中事后的监督和评估。建议建立严格的资金管理体系，对项目承担者的资金流向进行严密监控，并对其资金用途进行审计。建立创新网络定期汇报制度，主要报告课题研究的进展、取得的成果和遇到的问题。建立创新网络退出机制，对长时间没有开展研发和创新活动或没有实际效果的创新网络应中断资金扶持，并取消其创新网络资格。

参考文献

［1］陈东琪、马晓河：《消费引领 供给创新——“十三五”经济持续稳定增长的动力》，人民出版社 2016 年版。

［2］［英］克里斯托夫·弗里曼：《技术政策与经济绩效：日本国家创新系统的经验》，东南大学出版社 2008 年版。

［3］［美］赛迪课题组：《美国制造业创新网络》，《赛迪译丛》2014 年第 25 期。

[4] 李建强等:《德国弗朗霍夫学会的发展经验及启示》,《中国高校科技》2013 年第 8 期。

[5] 李胜会、刘金英:《中国战略性新兴产业政策分析与绩效评价》,《宏观经济研究》2015 年第 10 期。

[6] 盛朝迅:《韩国培育产业新增长点的启示》,《宏观经济管理》2016 年第 3 期。

[7] 孙理军、严良:《全球价值链上中国制造业转型升级绩效的国际比较》,《宏观经济研究》2016 年第 1 期。

[8] 王昌林:《促进重大技术发展的思路与政策研究》,国家发改委宏观经济研究院研究报告,2014 年。

[9] 王春莉等:《德国弗朗霍夫模式及其对我国技术转移机构的启示》,《高科技与产业化》2015 年第 10 期。

[10] 王伟光、冯荣凯等:《产业创新网络中的核心企业辐射力与知识溢出:基于 71 家辽宁制造业企业的实证分析》,辽宁大学研究报告,2012 年。

[11] 张茉楠:《国际创新创业发展战略新趋势及启示》,《宏观经济管理》2016 年第 1 期。

[12] 赵坚:《我国自主研发的比较优势与产业政策》,《中国工业经济》2008 年第 8 期。

[13] 池仁勇:《区域中小企业创新网络形成、结构属性与功能提升:浙江省实证考察》,《管理世界》2005 年第 10 期。

[14] 傅首清:《区域创新网络与科技产业生态环境互动机制研究》,《管理世界》2010 年第 6 期。

[15] 盖文启、王缉慈:《论区域创新网络对我国高新技术中小企业发展的作用》,《中国软科学》1999 年第 9 期。

[16] 刘兰剑、司春林:《创新网络 17 年研究文献述评》,《研究与发展管理》2009 年第 8 期。

[17] 沈小贤:《产业创新网络的比较研究——以传统和高新产业为例》,《特区经济》2007 年第 1 期。

[18] 童昕、王缉慈:《论全球化背景下的本地创新网络》,《中国软科学》2000 年第 9 期。

［19］王大洲：《企业创新网络的进化与治理：一个文献综述》，《科研管理》2001 年第 5 期。

［20］王栋等：《弗劳恩霍夫协会技术转移模式对区域技术转移的启示》，《科技成果管理与研究》2015 年第 12 期。

［21］王伟光等：《产业创新网络中核心企业控制力能够促进知识溢出吗?》，《管理世界》2015 年第 6 期。

［22］［美］约瑟夫·熊彼特：《经济发展理论》，商务印书馆 1990 年版。

［23］张建伟等：《创新网络、区域创新环境与上海城市创新的关系》，《企业经济》2016 年第 3 期。

［24］Executive Office of the President National Science and Technology Council, Advanced Manufacturing National Program Office: National Network for Manufacturing Innovation. a Preliminary Design, January 2013.

［25］Snapshot: National network for manufacturing innovation (NNMI), http://www.manufacturing.gov/nnmi.html, 2014.

［26］Karlsson C., Johansson B., Stough R R. *The Regional Economics of Knowledge and Talent. Local Advantage in a Global Context.* Cheltenham: Edward Elgar, 2012: 63-97.

［27］Bell G.G., Clusters Networks, and Firm Innovativeness. *Strategic Management Journal*, 2005, 26 (3): 287-295.

［28］Cooke P. The New Wave of Regional Innovation Networks: Analysis, Characteristics and Strategy. *Small Business Economics*, 1996 (2).

［29］Debresson C., Amesse F., Networks of Innovators: A Review and Introduction to the Issue. *Research Policy*, 1991, 20 (5): 363-379.

［30］Dhanaraj C, Parkhe A., Orchestrating Innovation Networks. *Acade my of Management Review*, 2006, 31 (3): 659-669.

［31］Freeman C., Networks of Innovators: Synthesis of Research Issues, *Research Policy*, 1991 (5).

［32］Freeman, Chris Soete, *The Economics of Industrial Innovation.* 3ed. London: Printer, 1997.

［33］Harris L., Coles A., Dickson K., Building Innovation Networks: Issues of Strategy and Expertise. *Technology Analysis and Strategic Management*, 2000, 12 (2): 229 –241.

[34] Koschatzky K. , Innovation Networks of Industry and Business Related Services Relations between Innovation Intensity of Firms and Regional Inter – firm Cooperation. *European Planning Studies*, 1999, 7 (6): 737 –757.

[35] Lundwall. Innovation As an Interactive Process: From User Producerinteraction to the National System of Innovation. *Technical Change and Economic Theory*, 1988, 349 –369.

[36] Nonaka I. , Takeuch I. H. , *The Knowledge – Creating Company*. Oxford University Press, 1995.

[37] Ojasalo J. , Management of Innovation Networks: A Case Study of Different Approaches. *European Journal of Innovation Management*, 2008, 11 (1): 51 –86.

[38] Rothwell, Zegveld. *Reindustrialization and Technology*. London: Longman Group Limited, 1985.

[39] Rutten R. , *Know Legeand Innovation Inregional Industry: An Entrepreneurial Coalition*. Routledge, 2003.

第六章　打造“创新创业升级版”：趋势特征、实现路径与推进方略

当前，我国“双创”发展模式正在从以商业模式创新和消费领域创业为主的1.0阶段向以技术创新为核心、生产领域创新创业为重点的2.0阶段不断升级演进，呈现出聚焦生产领域、技术要素深度融合、成果转化更为活跃、与产业升级结合紧密、创新创业生态更加完善等趋势特征。要充分认识到“双创”对推动产业迈向中高端、实现高质量发展和现代化经济体系建设的重要意义，准确把握“双创”升级发展面临的新情况、新问题，沿着“创造新供给、激活新需求、培育新企业”的路径，着力增加技术供给源头活水、顺畅技术成果转化渠道、优化创新创业发展环境，加快推动创新创业升级发展，助力现代化经济体系建设。

一　问题的提出

自李克强总理2014年9月在夏季达沃斯论坛上提出“大众创业、万众创新”概念以来，“大众创业、万众创新”迅速成为中国经济改革的重要引擎和手段之一，受到学术界、产业界和政府层面的广泛关注。

从政策层面看，自2014年起，“大众创业、万众创新”连续四年被写入中央经济工作会议文件，2014年中央经济工作会议强调，“营造有利于大众创业、市场主体创新的政策环境和制度环境”“以政府自身革命带动重要领域改革，以大众创业、万众创新形成发展的新动力”，2016年中央经济工作会议提出“深入实施创新驱动发展战略，广泛开

展大众创业、万众创新，促进新动能发展壮大、传统动能焕发生机”，2015 年和 2017 年中央经济工作会议均提出“坚持深入实施创新驱动发展战略，推进大众创业、万众创新，依靠改革创新加快新动能成长和传统动能改造提升”。党的十九大报告也指出，“激发和保护企业家精神，鼓励更多社会主体投身创新创业”。自 2015 年起，“大众创业、万众创新”连续三年被写入政府工作报告，国务院层面发布了三个有关“大众创业、万众创新”的顶层部署文件，分别是《国务院关于大力推进大众创业万众创新若干政策措施的意见》（国发〔2015〕32 号）、《国务院关于加快构建大众创业万众创新支撑平台的指导意见》（国发〔2015〕53 号）、《国务院关于强化实施创新驱动发展战略 进一步推进大众创业万众创新深入发展的意见》（国发〔2017〕37 号），营造了良好的“大众创业、万众创新”政策环境，基本完成了“大众创业、万众创新”的顶层部署。从产业发展看，推动“大众创业、万众创新”已成为各界的共识，各地区积极响应国家号召，颁布相关政策条例，提供相应的支持，鼓励群众进行创新创业活动，以此推动经济发展。

从学术研究看，“大众创业、万众创新”迅速成为研究热点，从中国知网搜索文献，以“大众创业、万众创新”和“双创”作为主题词的文献均超过 1 万篇。很多学者对大众创新的意义和理论依据进行了阐述，如万钢（2015）提出大众创新创业有利于促进社会的纵向流动，促进社会资源与财富的有效分配。王昌林（2015）认为，推进大众创业、万众创新是培育和催生经济社会发展新动力的必然选择，是扩大就业、实现富民之道的根本举措，是激发全社会创新潜能和创业活力的有效途径。刘迎秋等（2016）认为，“双创”是传统人口红利趋于消失背景下培育和催生我国经济发展新动力的客观要求，也是传统产业结构调整和升级的必然要求。辜胜阻（2017）认为，推动大众创业、万众创新是释放民智民力、保持经济稳定增长、避免经济出现“硬着陆”的重要举措，是经济转型升级的新引擎。李长安（2018）分析了 Richard 提出的创业家（entrepreneur）概念后，认为在经济成长期，创业活动与经济增长之间具有正相关效应，也被称为“企业家效应”（entrepreneurial effect）或“熊彼特效应”（schumpeter effect）。与此同时，一些学者在研究“大众创新、万众创新”问题时发现，大众创业、万众创新在发展初期以商业模式创新和消费领域创业为主，与技术创新和产业升级结合并不紧密，提出了推动“大众创业、万众创新”升级发展的设想。如盛朝迅（2016）明确提出要推动“双创”向生产领域纵深发展，并于2017年在学术界提出“双创2.0”的概念。刘刚（2017）指出，在互联网发展的初期，商业模式创新代表了互联网领域“双创”的方向，随着第二次信息技术革命及其产业化的深入推进，互联网与硬科技的深度融合应成为互联网领域创业的重心。王宏起等（2017）研究了“双创”促进科技创新创业活动成果产出的因果关系和产出流情况，提出推动“双创”促进科技创新的具体建议。《北京日报》记者报道（2016）从实践角度提出打造创新创业“升级版”，并认为中关村创新创业在全面创新改革、推进产业发展、优化创新创业环境、促进京津冀协同发展和链接全球创新网络等方面呈现出升级发展的态势。党鹏（2016）也提出着力打造“创业天府”行动计划的2.0版，并按照问题导向、政策对路、品牌升级、营造生态的要求，聚焦“双创”活动市场化、人才国际化、载体专业化、资源聚集化、环境生态化，进一步推动成都大众创业、万众创新加快升级。2017年年底全国发展和改革工作会议正式提出“打造创新创业升级版”。徐光瑞（2017）也提出应从国家层面、产业层面和体系层面等三个层面发力打造创新创业升级版。由此可见，打造“创新创业升级版”逐渐成为各方关注的重点，但目前学术研究尚处于起步阶段，亟须明确“创新创业升级版”的概念内涵、特征要求、发展路径和具体推进方略。

二　创新创业升级发展的新趋势新特征

近年来，在“互联网+”行动计划和“大众创业、万众创新”政策的东风下，一批创新创业企业和商业模式不断涌现，市场活力和发展潜力进一步释放，大企业顶天立地、小企业铺天盖地、创新型企业开天辟地的“双创”格局初步形成，深刻改变和影响了我们的生产生活方式，创造了大量的就业机会，正在汇聚新旧动能转换的重要力量。2016年平均每天新登记企业1.5万户，每分钟诞生10家企业，2017年1—11月平均每天新登记企业1.65万户，比2012年同期增长121%，每7

天新创企业数相当于日本一年的总和。实有企业数量持续提高，截至2016年年底，我国实有企业数量为2594.7万户，同比增长18.8%，连续4年实现两位数增长，显示出创新创业强劲的发展势头（见图6－1）。在量的扩张的同时，我国"双创"发展也在实现质的转变，正在从以商业模式创新和消费领域创业为主的1.0阶段向以技术创新为核心、生产领域创新创业为重点的2.0阶段不断升级演进（见表6－1），"双创"的主体、领域、模式和成效等发生新的变化，创新创业与技术创新、效率变革、产业升级和现代化经济体系建设结合更为紧密，呈现出不同于"双创"发展初期的重大阶段性特征，可以称之为"双创2.0"或"创新创业升级版"。

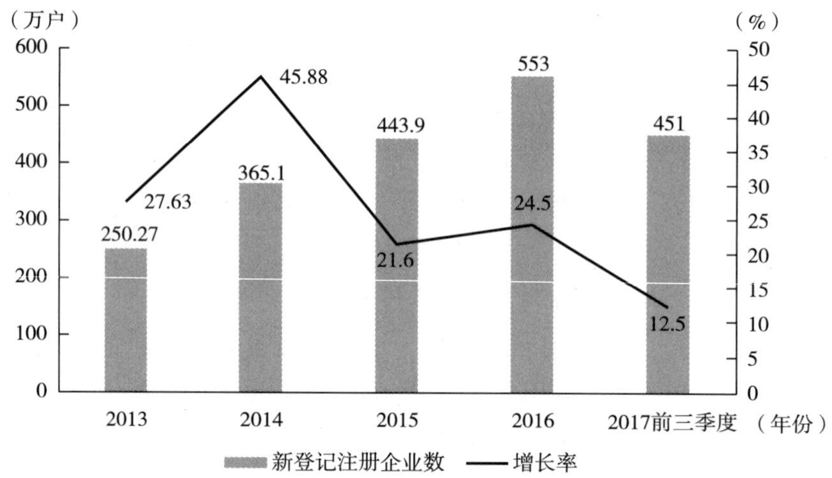

图6－1 2013—2017年前三季度新登记注册企业增长情况

资料来源：国家统计局。

表6－1 双创2.0与双创1.0的阶段性特征比较

比较维度	双创1.0	双创2.0
创业主体	农民工、社会赋闲人员、少量科研人员和海归等	科研人员、有科技成果或项目经验的海归、大企业高管创业、大学生等
创业领域	电子商务、本地生活、O2O、社交、游戏、旅游等互联网消费领域	信息、生物、技术研发等生产领域

续表

比较维度	双创 1.0	双创 2.0
双创模式	商业模式创新	技术创新
双创成效	主要是解决就业问题和居民生活消费网络购物的便利性问题，初步激发了创新创业活力	成果转化更为活跃，与产业升级结合紧密，不仅发展了一批电子商务等现代服务业，更催生一批大数据、智能终端、生物医药等领域高技术产业，成为推动制造业升级的重要路径
阶段性特征	数量扩张，大众化发展	质量提升，高质量发展，专业化程度提高

资料来源：作者根据有关资料整理。

（一）“双创”领域更加聚焦

“双创”领域正从发展初期的电子商务、本地生活、社交、游戏、旅游等互联网消费领域向信息、生物、技术研发等生产领域聚焦。从创新创业的重要“风向标”——风险投资额的变化情况即可发现这一发展趋势。2016 年，互联网领域获得早期投资案例数同比下降 47%，资金规模下降 31%，而信息技术领域早期投资案例数、金额数分别增长 83% 和 86%，生物技术领域分别增长 120% 和 51%。从国家新兴产业创投计划实施情况看，截至 2016 年年底，创投计划共批复 183 只参股基金，承诺出资总规模 497.8 亿元，主要也是投向新一代信息技术产业和生物医药产业，二者合计约占全部创投引导基金投资企业数的 50%、投资金额的 45%（见图 6－2）。近年来涌现的独角兽企业也主要分布于人工智能、大健康、大数据、智能硬件、软件服务、互联网金融等行业领域。据统计，有 5 家中国初创企业入选《麻省理工科技评论》“2016 全球 50 家最具创新力科技公司”，根据 2016 年 CB Insights 公布的“全球独角兽企业”，中国新上榜企业数量与美国旗鼓相当，技术型创业更受青睐，共享经济、信息经济、生物经济等新动能领域成为创业创新“新风口”。

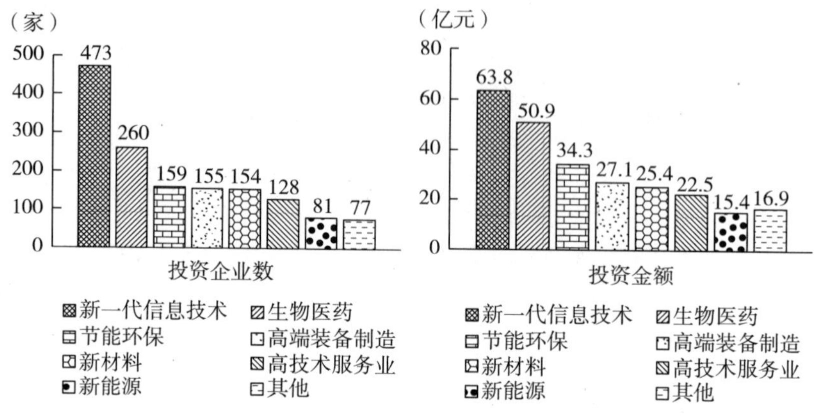

图 6-2 2016 年新兴产业创投计划参股基金投资企业和金额行业分布

（二）技术要素深度融合

技术创新成为“双创”核心牵引力，在推动创业繁荣发展的同时，还有效聚合了资本、人才、数据等各类创新要素，促进了生产经营方式变革，提高了创新效率，有力支撑了制造业提档升级、创新发展。很多企业依靠大众创业、万众创新，调动一切创新资源，激发市场导向的创新，拓展“互联网+创新”等新模式，催生新技术的群体性突破。目前，新登记企业科技含量明显提升，独角兽和高速成长企业大量涌现，科技创新和技术创业成为投资热点，有效带动一批新技术突破。如以“大物移云智”为代表的新一代信息技术成为创新热点，不断嫁接传统优势产业，推动工业生产智能化升级，助力金融产品与服务创新，催生教育、医疗、物流等社会化服务新模式。华为、中兴在第四代移动通信 TD-LTE 技术领域基本专利占全球 20% 以上，率先布局 5G 领域，大疆公司以新技术创造消费级无人机市场，柔宇科技成功研制出全球最薄的彩色柔性显示屏，海康威视、科大讯飞、旷视科技等公司在“机器视觉”、人工智能等领域快速突破，引领细分领域技术和产业发展。

（三）推动产业升级作用显著

“双创”正在从 0 到 1 的技术飞跃基础上，着力推动从 1 到 N 的产业应用，带动产业加速升级。首先是成果转化更为活跃，更多科技创新成果走出“书斋”、走向市场。四川省率先在西南交大试点开展职务科技成果权属混合所有制改革，极大释放科研人员活力，将沉淀的创新成果激发为源源不断的创新动力。2016 年完成 168 项职务发明专利分割确权，创办 9 家高技术企业，成果转化数量是过去 5 年总和的 15 倍。西安支持西北有色院开展无形资产入股和量化激励改革，有效推动“硬科技”发展，孵化创办企业 20 多家。更为重要的是，“双创”的繁荣发展一方面有助于催生信息、生物、装备等知识、技术密集领域新产业新业态发展，促进战略性新兴产业快速发展；另一方面也有助于带动传统产业优化升级，从而推动产业迈向中高端。目前，“双创”与“互联网 +”、大数据、人工智能、中国制造2025 等融合程度加深，推动现代技术广泛渗透实体经济，不少地方与实体经济相关的创新创业占比超过 60%，促进个性化、定制化生产方式逐步推开，并有效打破传统行业界限，实现产业融合发展，使产业链、产业组织和商业模式发生深刻变革，引领产业升级新方向。不少新创企业依托传统产业链派生出的智能化、个性化需求拓展发展空间，不仅发展了一批电子商务等现代服务业，更催生一批大数据、智能终端、生物医药等领域高技术产业，成为推动制造业升级的重要路径。

（四）“双创”生态更加完善

商事制度、科技成果转化与金融服务体系建设等重点领域改革取得突破性进展，政策扶持力度不断加大，创业政策更加完善、创新主体不断涌现、创业要素加快聚合优化、创业环境显著改善，适宜创业创新的生态系统进一步优化。“放管服”改革继续走向深入，全面实施“五证合一、一照一码”登记制度改革，推动个体工商户营业执照和税务登记证“两证整合”，推进企业登记全程电子化、电子营业执照试点工作、放宽市场主体住所（经营场所）登记条件等，企业注册登记更加便利。孵化器、众创空间、双创示范基地等各类平台载体快速发展，截至 2016 年年底创业孵化载体总数达 7533 家，累计孵化企业 20 余万家，数量和规模已跃居世界首位。具有“创业苗圃—众创空间—孵化器—加速器—产业园区”等综合功能的新型创新创业平台蓬勃发展，构筑了完整的从创意到产业的创新创业服务生态，促进了投资与孵化的衔接、创业与创新的结合等，有效提供多元化创业服务，支撑“双创”快速发展。智慧家庭、卡车动力总成、移动互联网、生物医药、先进矿山装备、虚拟现实、智能硬件、光电显示等 17 家专业化众创空间通过国家认定，为龙头骨干企业、中小微企业、科研院所与创客多方协同创新提供了重要载体。中关村创业大街、深圳湾创业广场、杭州梦想小镇、苏州金鸡湖创业长廊、重庆两江新区、成都国际菁蓉镇等创新创业资源高度聚合，成为区域创业文化高地和创业地标。

三 打造“创新创业升级版”面临的现实难题

尽管大众创业、万众创新已经成为风尚，但离“双创 2.0”或“创新创业升级版”的要求仍有较大差距，打造“创新创业升级版”还需迈过几道坎。

（一）人才和技术供给跟不上

实现创新创业升级发展需要大量符合产业提档升级的人才、技术等要素支撑，但目前这些要素支撑尚存在不足。一是技术创新突破较为困难。目前“双创”模式创新越来越难，到了更多依靠技术创新的阶段，而技术创新是一个较为长期的过程，短期突破难度较大，导致技术型创业的源头活水跟不上。二是“双创”升级发展所需的高端人才和工程化人才“双缺乏”。例如，处于风口的人工智能行业，部分初创企业年薪 50 万以上仍招不到刚刚毕业的博士生，调研中一家做数据安全测试的企业年薪是金融行业 2 倍，但仍留不住高端人才。

（二）实现科技与经济、创新成果与产业、创新项目与生产力等“无缝衔接”有差距

对一个国家、地区或企业而言，创新的意义不仅仅在于新科技、新产品或新服务的出现，更多在于创造新的价值，因为没有价值创新的新科技或新产品不能带来利润，只是浪费资源。正如熊彼特所言，创新如果不能最大限度地获取超额利润，就不能称之为真正的创新。但我国目

前科技创新与产业结合离这一要求尚有差距，主要表现如下。一是资本和项目对接渠道存在障碍。目前各类基金繁多，但很多只是重概念、轻技术，稍有风吹草动企业就可能遭遇“断粮”风险；而一些政府设立的基金使用条框多，决策程序烦琐，实际投入“双创”和产业发展的比例较低，离真正市场化运作还有差距。二是成果转化还面临现实困境。目前我国实际科研成果转化率还不到5%，科技与产业结合仍不紧密，科技与经济“两张皮”现象仍很突出，一些好的科研成果走不出实验室，部分科研人员在成果转化时却遇到法律困境，有的还被举报贪污。此外，专业化的成果转化平台、机构和人才队伍建设不足，制约着成果转移转化。

（三）创新创业环境有待完善

一是部分基础设施有待改进。由于“双创”技术密集型特征越来越明显，“双创”升级发展对于数据中心、互联网、基因库、基因检测中心等产业发展基础设施需求不断加大，迫切需要政府加大“双创”升级发展的基础设施建设。二是相关创业辅导和服务有待跟进。目前各地“双创”发展热情很高，但仍有不少三四线城市对“双创”规律认识不到位，具体工作方法不明晰，投入很多却成效不显著，甚至一些全国双创示范基地在操作过程中也没有找到很好的工作抓手，需要政府和有关服务机构加大服务和指导力度。三是有利于创新创业升级发展的创业文化亟待培育。目前，仍有不少人认为创业是不务正业，特别是部分部属知名高校和顶尖科研机构“口惠而实不至”，导致这些单位的科研人员对投身创业仍有顾虑。国企和科研院所内的科研人员跨体制、跨部门流动仍受很多制约，往往是技术走出了实验室，但作为创新供给源头的科研人员不得不缺席产业化大潮。

四　实现创新创业升级发展的主要路径

“双创”是经济活力之源，也是转型升级之道。当前，“双创”与产业升级融合发展的特征越来越明显，正成为激发实体经济新动能的重要引擎。推动双创升级发展的路径可以归纳为“创造新供给、激活新需求、培育新企业”。

（一）努力创造新供给

要破解供给与需求脱节的难题，必须深入推进供给侧结构性改革，催生大量的新产品供给、新技术供给、新要素供给、新产业供给和新制度供给，优化供给结构，促进供需匹配和结构升级。这其中，“双创”是催生新供给的重要方式和途径。

1. “双创”激发了供给侧结构性改革所需的企业家精神

企业家精神代表着敢于冒险、勇于创新、顽强奋斗，是经济发展最宝贵的动力之一，也是增强供给侧结构性改革动力和活力的重要支柱。正如习近平总书记指出的：“市场活力来自于人，特别是来自于企业家，来自于企业家精神。”这一观点也为理论和实践所证明。如美国波士顿大学罗伯特·金教授和加州大学伯克利分校的罗斯·莱文教授（King & Levine，1993）研究指出，企业家精神能够推动劳动生产率的持续提升。大量实践经验也证明，企业家精神的激发使创业的愿景变为现实会带来人们生活质量的改善和劳动生产率的提高。我国经济发展水平较高、市场活力较强的浙江、广东、江苏等地都是企业家精神得到高度激活的地方，而经济始终低迷的东北等老工业基地，也正是缺乏企业家精神的地方。因此，需要大力推动“双创”，弘扬敢于进取、创新创业的企业家精神，解决供给侧结构性改革的动力瓶颈和难题。

2. “双创”畅通了技术成果产业化转化的渠道，增加了技术供给

大众创业和万众创新的结合就是把创意变成技术，并最终转化为现实产品、推动产业发展壮大的过程。目前，我国已基本形成了以企业为主导、产学研用相结合的技术创新体系，但制约科技成果转化的瓶颈依然存在，大量科技创新成果难以转化，锁在了实验室，甚至被“束之高阁”，很多时候是“有技术、无供给”。而“双创”则能够较好地解决这一问题。主要原因在于：其一，“双创”带来的技术创新成果很多是面向市场的创新，能够快速地向市场转移转化；其二，“创客”的使命就是把技术、创意商业化，有了大量的富有创新创业精神的人去推动技术成果产业化，大大提升了成果转化的速度和效率；其三，“双创”往往和金融中介、风险投资等资本活动密切相连，持有多样化的投资组

合的创新项目，远比实验室成果更贴近市场，可以降低风险，促进投资增长和创新活动，加速技术变革与经济增长。同时，金融中介也降低了信息搜寻成本，提高了资源的配置效率，并且通过识别最好的生产工艺，帮助具有新产品和新工艺的企业在技术创新方面得到快速发展，增加了推动供给侧结构性改革的有效技术供给。这些优势都是传统创新模式所难以比拟的。

3. “双创”拓宽了就业渠道，为新产业新动能培育造就了一大批创新型人才

就业是民生之本，创业是就业之源。根据我国经济社会整体发展与就业形势需要，在总结我国就业政策实践经验的基础上，党的十七大报告提出，实施扩大就业的发展战略，促进创业带动就业。在此基础上，党的十八大报告明确指出，“要贯彻劳动者自主就业、市场调节就业、政府促进就业和鼓励创业的方针”，进一步将“鼓励创业”作为就业工作方针的重要内容，这是对新时期就业工作的重大理论创新。“创业带动就业”这一理论的提出，体现了以人为本发展的本质要求和“人力资源是第一资源”的就业理念，是对市场就业机制的创新与完善。它改变了以往适应岗位的被动就业模式，充分发挥人力资源作为第一资源的主体性作用，推动传统“以物为中心”被动就业模式向“以人为中心”配置其他资源以创造岗位的主动就业模式转变，从源头上重塑了就业的创造机制，有助于形成资源配置的帕累托最优，对实施就业优先战略、完善就业促进长效机制、形成就业新格局影响深远。从我国实践看，近年来如火如荼的“双创”活动也表明，创新创业不仅是实现经济增长与全要素生产率提升的核心动力，更是促进新型就业、培育创新人才的重要途径。在美国，2013 年初创企业创造了超过 200 万个新的就业岗位，占全部新创就业的比重超过 20%。在我国，创业带动就业的倍增效果日益显现，根据人力资源和社会保障部劳动保障研究所测算，2015 年新创企业的增加可带动近 20% 的城镇新就业增长。另据国家发展和改革委员会宏观经济研究院和 36 氪公司利用大数据技术对全国 248 个城市初创企业招聘需求的统计，2015 年 5 月至 2016 年 5 月，全国 248 个城市初创企业累计招聘人数达到 234.78 万人，“双创”对就业增加的贡献率为 20% 左右。在此背景下，创业带动就业成为新时期

就业工作的重要内容。

4. “双创”促进了资源配置的优化

随着供给侧结构性改革的深入，钢铁、煤炭等行业去产能的进一步推进，全国约有80万职工需要转移安置，“双创”的蓬勃发展创造了新的就业和创业机会，对缓解人员安置压力起到了重要作用。部分僵尸企业的退出，也有利于盘活土地、厂房、楼宇、银行信贷等社会资源，推动资源流向新供给领域，提高了资源配置效率。此外，“双创”的快速发展也有利于东部地区的“腾笼换鸟”和转型升级，既为闲置资源找到了新的出口，也为“双创”繁荣发展找到了平台载体，促进了资源优化配置和供需衔接。

（二）着力激活新需求

改革开放以来，随着我国经济社会的快速发展，供给和需求的规模和质量都在快速地扩张和提升。这里面既有市场规模的成倍扩张，也有需求层次的不断升级与跃迁。2016年，我国社会消费品零售总额突破33万亿元，并持续多年保持两位数增长。在量的稳定增长的同时，质的有效提升则逐渐成为消费者和市场关注的焦点。特别是，对于中高收入人群来说，对现有的商品需求已经趋于饱和，更高层次的需求市场仍未出现。大量技术含量低、附加值低、处于生命周期衰退期的商品泛滥市场，而市场奇缺的是处于生命周期导入期或成长期的商品，技术含量高、附加值高的商品供应不足，造成大量的消费外流。近年来我国居民境外消费节节攀升，2014年我国居民境外消费首次突破1万亿元，2016年已超过1.4万亿元。

而“双创”在创造新供给的同时，也能更好地激活新需求。如果没有乔布斯或者特斯拉，可能就没有苹果手机或新能源汽车的今天。因此，供给侧结构性改革和需求侧改革并不矛盾。供给侧结构性改革是对需求侧管理累积问题的集中性综合矫正，二者的目的都是让生产要素潜能充分释放，在新条件下达到均衡。因此，中国供给侧结构性改革本质是一场革命，要用改革的办法推进结构调整，为提高供给质量、激发内生动力，营造良好的外部环境。而“双创”就是创造新供给和催生新需求的润滑剂，能够使供给和需求这两个问题同时得以解决，助推中国经济进入健康的运行轨道。随着供给侧结构性改革的深入推进，有可能催生中国新的供给结构的出现，这种新的供给结构一方面满足了需求升级的要求，另一方面又可以引领需求往更高的层次发展，助推中国经济持续健康发展。

（三）大力培育新企业

大众创业、万众创新对于激发经济发展活力、提升全要素生产率至为重要。正如2006年诺贝尔经济学奖得主费尔普斯在《大繁荣》一书中所论述的，“大众创新就是把各种类型的人都变成创意者，金融家成为思考者，生产商成为市场推广者，终端客户也成为弄潮儿”，“双创”可以有效激发全社会的创新创业热情，推动创意、人才、思想、资金、技术和企业家等供给侧结构性改革所需的高端要素爆发式增长，催生大量的新成长企业，增强微观经济活力。同时，“双创”也为大企业拓展内部创业新模式、构筑完善产业生态链提供契机。可以说，“双创”既是小微企业成长之路，又是大企业兴盛之道。

1. “双创”是小微企业成长之路

应该看到，从新创企业数量来看，“双创”的主体是中小微企业。中小微企业是经济活力的源泉和实施大众创业、万众创新的重要载体，在增加就业、促进经济增长、科技创新与社会和谐稳定等方面具有不可替代的作用，对国民经济和社会发展具有重要的战略意义。同时，信息网络技术的迅猛发展和普及应用，推动了创新门槛迅速降低、创新环境空前开放、创新与创业紧密结合，为中小微企业创新创业提供了新平台、新空间。持续深入推动“双创”，有助于解决中小企业创设与发展中存在融资难、成本高和创新能力不足的突出问题，进一步减轻企业负担，降低小微企业融资成本，并通过众创空间和小微企业创业基地建设，培育一批示范带动作用强的小微企业创业示范基地。通过加快公共服务平台网络建设，组织开展面向中小企业的管理咨询活动等，完善中小微企业平台网络服务标准和功能，完善服务体系，提高服务质量，营造更加有利于中小企业创业兴业的良好环境。2016年，小微企业活跃度不断提升，带动就业作用愈加显著，初次创业小微企业占新设小微企业的85.8%，新设小微企业周年开业率达70.8%，近八成开业企业实现赢利。可以说，双创是小微企业成长之路。

2. “双创”是大企业兴盛之道

越来越多的大企业开始通过鼓励员工内部创业等模式推动“双创”向纵深发展。在这方面，央企率先行动，比如航天科工集团打造了基于“互联网+智能制造”的“航天云网”平台，不仅内部活跃着2000多个“双创”团队，而且广泛聚集社会上各类创客和创新资源，平台注册企业已达25万户，承担社会创新创业项目1052个，实现了1.3万台（套）设备仪器、数万项专利和专家资源线上化，既解决了自身发展难题，更带动提升全社会创新创业热情和创造能力。洛阳矿山机械厂以创客空间模式建立了5个大工匠工作室和16个工人创客群体，直接参与者达到500多人，并带动4000多名一线工人成长成才。一些大企业还建立了一批开放创新创业平台，积极利用第三方开放创新平台资源，成为技术联合攻关和人才培养的新高地。海尔集团打造的开放创新平台聚集了十多万家创新资源，实现与全球专家、用户、发烧友的实时互动，大幅提升了产品研发效率。阿里巴巴和富士康合作打造的“淘富成真”项目，通过嫁接阿里的市场营销资源与富士康的工业4.0制造能力，把大企业变成中小微企业创新创业的平台，建设全新、立体、复合的创新创业生态系统和有利于小微企业快速成长的“创新牧场”。由此可见，“双创”也是大企业的兴盛之道。通过“双创”的蓬勃发展，大企业能够集聚全员智慧，迸发更大能量。同时，通过为社会提供孵化等服务，大企业可以发挥自身研发实力强的优势，成为推动产业技术进步和科研成果转化的主体。

五 打造“创新创业升级版”的具体建议

按照党的十九大报告关于推动高质量发展的要求，聚焦制约创新创业升级发展的痛点和难点，从增加技术供给源头活水、顺畅技术成果转化渠道、优化创新创业发展环境三个方面出台十条具体措施，推动我国“双创”向质量提升、功能完善和专业化分工方向发展，加快打造创新创业升级版，实现从“量的扩张”向“质的提升”转变。

（一）增加技术供给源头活水

与“双创1.0”侧重营造环境，动员大众创业、万众创新热情所不同的是，“双创2.0”要重点在技术创新上下功夫。一是营造更有利于技术创业的制度环境。强化产权和知识产权的“两权”保护，实施更加严格的知识产权保护和执法制度。完善创新导向的评价制度，推进高校和科研院所分类评价，把技术转移和科研成果对经济社会的影响纳入评价指标，形成绩效导向的评价体系。二是以新的机制加大技术研发投入力度。加强产业技术研发平台建设，引导企业为主体建设一批创新创业中心和高水平科研基地，引导更多技术创新要素向“双创”聚集。三是加大对技术创业的资金扶持。积极拓展符合“双创”升级发展与新动能培育特点的融资渠道，加大直接融资力度，更多依靠种子基金、天使资本、风投创投等提供多元融资支持。探索政府创业投资容错机制，鼓励政府投向回收期长的早中期生产、技术类创新领域。开展股权众筹试点，运用好国家新兴产业创业投资引导基金和中小企业发展基金，支持符合条件的创业企业通过资本市场上市、发行票据和债券筹集资金。

（二）顺畅技术成果转化渠道

正如2016年版的《美国总统经济报告》所言，创业是推动美国经济增长和劳动生产率提高的关键，也是推动新产品或者新服务从创意走向市场的第一步，能够提升产业附加价值，推动产业迈向中高端。为了促进从创意向产业的转化，提出三点建议。一是营造更加宽松的技术成果转化环境。建议国务院层面牵头成立科技成果转移转化联席会议，发改委、科技部、工信部、知识产权局、教育部、国资委、金融等部门参加，做好科技成果转移转化的促进、协调和服务工作，加快形成促进科技成果转移转化的协同机制。二是搭建公共技术转化服务平台。加快建设集科技成果信息共享与发布系统、研发与成果转化功能平台、技术交易服务平台等于一体的公共技术转化服务平台，促进创新资源、技术成果与产业化项目有效对接。着力建设一批以成果转移转化为主要功能，专业服务水平高、创新资源配置优、产业辐射带动作用强的专业化众创空间，为初创期科技企业和科技成果转化项目提供孵化场地、创业辅导、投融资对接、技术对接、研究开发与管理咨询。三是打造专业成果转化服务队伍。加强成果转化专业化队伍建设，精准培育专业化、国际化技术转移服务人才。建议加快建设国家技术转移人才培养基地，探索技术经纪人梯度化培养与市场化选人用人机制，支持技术转移服务机构与研发机构、高等院校或国际知名机构开展产教融合合作，培养一批具有法律基础、专利管理、企业创办、风险投资及国际商务方面丰富经验的复合型人才。

（三）优化创新创业发展环境

适应创新创业升级发展技术型创业需求，把完善重要基础设施、建设双创平台载体和改善政府服务作为营造良好“双创”生态的关键。一是加大“双创”升级发展所需的基础设施建设。包括有利于新技术新产品新服务新模式兴起的“云网端”等信息基础设施，基因库、基因检测中心等生物技术基础设施，智能电网、充电网络等绿色经济基础设施等。二是加快建设一批适合产业创新的平台载体。通过龙头企业、中小微企业、科研院所、高校、创客等多方协同打造一批贯通产学研用各环节、融合产业链资金链价值链、线上线下互动的新型创新创业服务平台。结合乡村振兴战略实施，鼓励北上广深杭等一线城市创业服务机构下沉到三四线城市和农村，开展“双创”培训辅导和“双创”环境营造工作，推动更多与本地产业升级结合紧密的“双创”发展。三是建立政府创新创业需求动态响应机制。适应新兴市场主体发展需要，政府可以参考部分创业服务机构的做法，主动到创新创业一线对接创新创业诉求，积极构建市场需求的动态响应机制。四是弘扬有利于生产创新的社会文化。要认识到推动创新创业升级发展、助力现代化经济体系建设是一个持续创新的过程，必须在全社会树立厚积薄发、长期创新的思想准备，建议加强媒体宣传教育，倡导“创业光荣”的舆论和社会氛围。同时，针对基层反映部分双创扶持政策“与天近、离地远”等问题，建议推动国家推动“双创”政策尽快落地，让各类科研机构、高等院校等法人单位尽快制定实施细则，通过单位的认可，激发更多高质量创业者的创新创业热情。

参考文献

[1] 万钢：《以改革思维打造大众创业、万众创新的新引擎》，《光明日报》2015 年 3 月 26 日。

[2] 王昌林：《大众创业、万众创新的理论和现实意义》，《经济日报》2015 年 12 月 31 日。

[3] 刘迎秋等：《“大众创业、万众创新”催生经济发展新动能》，《国家行政学院学报》2016 年第 6 期。

[4] 辜胜阻、曹冬梅：《“双创”培育新动能，实现经济转型的战略思考》，《软科学》2017 年第 12 期。

[5] 李长安：《我国四次创业浪潮的演进：从“难民效应”到“企业家效应”》，《北京工商大学学报》（社会科学版）2018 年第 2 期。

[6] 盛朝迅：《推动“双创”向生产领域纵深发展》，《中国发展观察》2016 年第 9 期。

[7] 盛朝迅：《迎接“双创 2.0”时代》，国宏高端智库，2017 年 10 月 12 日。

[8] 刘刚：《构建以“双创”为导向的新经济》，《经济纵横》2017 年第 9 期。

[9] 王宏起、李婧媛：《区域双创政策对科技创新创业活动的影响机理》，《科技进步与对策》2017 年第 9 期。

[10]《中关村打造创新创业“升级版”》，《北京日报》2016 年 1 月 27 日。

[11] 党鹏：《“崛起者”发力成都“双创”2.0 版》，《中国经营报》2016 年 2 月 29 日。

[12] 徐光瑞：《三个层面打造创新创业升级版》，中企网，http：//ny.chinacenn.com/cxqy/20171226/102031.html。

[13] 盛朝迅：《如何促进“双创”与产业升级融合发展》，《经济日报》2017 年 11 月 17 日。

[14] 国家发展和改革委员会：《2016 年中国大众创业、万众创新发展报告》，人民出版社 2017 年版。

[15] ［美］熊彼特：《经济发展理论》，中国画报出版社 2012

年版。

[16] 莫荣：《2015 年中国就业：创新创业促进就业》，人力资源和社会保障部国际劳动保障研究所研究报告，2016 年。

[17] 王昌林等：《我国正在形成新一波创新创业浪潮》，《形势要报》2016 年第 23 期。

[18] 马晓河：《把握供给侧结构性改革的关键》，《经济日报》2016 年 7 月 28 日。

[19] 朱克力：《供给侧改革引领“十三五”》，中信出版社 2016 年版。

[20] [美] 埃德蒙·费尔普斯：《大繁荣——大众创新如何带来国家繁荣》，中信出版社 2013 年版。

[21] 杨正位：《践行创新发展理念，打造双创新引擎》，《人民日报》2016 年 3 月 3 日。

[22] 黄群慧：《以供给侧结构性改革完善制造业创新生态》，《光明日报》2016 年 4 月 27 日。

[23] The American Congress, *Economic Report of The President*, February 2016.

[24] Robert G., King & Rose Levine, Finance, Entrepreneurship and Growth: Theory and Evidence, *The Quarterly Journal of Economics*, 1993, 108 (3): 717-737.

第二篇

供给侧结构性改革篇

成本记录的是竞争的吸引力。

——［美］弗兰克·H. 奈特：《风险、不确定性和利润》，1921 年

第七章　供给侧结构性改革的政策演进与主要着力点

2015 年 11 月，习近平总书记主持召开中央财经领导小组第十一次会议，首次提出“供给侧改革”，强调在适度扩大总需求的同时，着力加强供给侧结构性改革，着力提高供给体系质量和效率，增强经济持续增长的动力，推动我国社会生产力水平实现整体跃升。此后，供给侧改革成为热词。虽然供给侧改革近来才为各界关注，但改革开放以来我国在供给侧改革方面已进行广泛的实践。在改革历史进程中，需求侧改革与供给侧改革均成为过改革的重点。回溯改革开放以来供给侧改革政策与需求侧改革政策的演进历程，并剖析其中规律，对于推进供需改革具有重要的现实意义。

梳理发现，改革开放以来，供给侧改革与需求侧改革政策的演进可划分为三个阶段：第一阶段为 1978—1992 年，以供给侧改革为主，包括土地改革、国企改革、科技体制改革等，逐步放开搞活、释放巨大的生产力；第二阶段为 1992—2012 年，以需求侧改革为主，包括“宏观调控”、应对亚洲金融危机、国际金融危机等政策，是市场经济条件下的宏观管理政策；第三阶段为 2012 年至今，供给侧改革重新得到重视，

---

* 本章由“改革开放以来供给侧改革与需求侧改革及其关系政策演进”研究小组撰写。小组负责人为国家发展和改革委员会产业经济与技术经济研究所盛朝迅副研究员，小组成员有：首都经济贸易大学财政税务学院陈蕾教授、西北大学经济管理学院王颂吉副教授。《改革》杂志社王佳宁、罗重谱负责选题创意策划、提出和审定提纲，对本章亦有贡献。本章曾获得重庆市第十七届期刊好作品二等奖，在 2016 年中国知网（CNKI）全网收录的 183235 文献中转引量排名第 7。

并逐渐形成新供给改革政策。要解决中国经济当下面临的问题，必须供需双侧并举，实施“五个发力”，助推中国经济转型升级。在供给侧，要着力解决“供给不足与供给过剩并存”难题，要打通过剩产能资源要素向先进产能转移的“中阻梗”，营造良好产业发展环境。在需求侧，要着力解决“需求下降与需求外移并存”困境，在扩大总需求的同时，着力拓展中高端需求。

一 供给侧改革与需求侧改革的内涵界定

自供给侧改革概念提出以来，学术界围绕这一个概念的研究迅速增多，各种观点众说纷纭，但尚未形成统一认识。与之相对应，何谓需求侧改革，也需要进一步厘清。为此，有必要对二者的概念内涵作一界定。

（一）供给侧结构性改革的内涵界定

“供给侧结构性改革”是一个新词，但是，“供给”本身并不陌生。无论是古典经济学鼻祖色诺芬的《经济论》，还是现代经济学创始人亚当·斯密的《国民财富的性质和原因的研究》，其主题都是研究财富增加的，而财富增加的背后则是生产力的迅速发展，生产力的提升则属于“供给”范畴。从现代意义上讲，供给理论的首倡者是提出“供给自动创造它的需求”观点的萨伊，供给学派将其进一步发展。其奉行的主要观点是，政府减税有助于扩大生产、刺激创业、发展小微企业、增加制造业利润、增加就业、增加收入，即减税的最终结果有助于增加税收，代表人物是芒德尔、拉弗、万尼斯基、罗伯茨等。

就我国而言，虽然近年来倡导和构建以改革为核心的供给经济学呼声越来越高，并且中央高层首次提出“供给侧结构性改革”的提法，但各界“对供给侧结构性改革”的认识并未统一。有的人认为所谓供给侧改革，就是从供给、生产端入手，通过解放生产力，提升竞争力促进经济发展。具体而言，就是要求清理僵尸企业、淘汰落后产能，将发展方向锁定在新兴领域、创新领域，创造新的经济增长点。也有人认为，供给侧结构性改革就是中央财经领导小组会议提出的四个方面，具体包括化解产能过剩、降低实体经济企业成本、化解房地产库存和防范化解金融风险等。2015 年中央经济工作会议提出“三去一降一补”，即化解产能过剩、降低企业成本、化解房地产库存、扩大有效供给和防范化解金融风险，又有人认为，供给侧结构性改革指的就是“三去一降一补”。

本章认为，供给侧改革主要包括要素端和生产端的改革，是指通过采取优化要素资源配置、鼓励企业创新、促进淘汰落后产能、降低税费负担和深化国有企业、战略性新兴产业和现代服务业等关键环节和重点领域改革等方式，使要素在市场力量配置下自由流动、产业在充分竞争中充满活力、创新在体制变革中蓬勃发展，实现经济社会的持续健康发展。其中，要素端的改革措施主要是能促进土地、劳动力、技术、资本等要素合理配置，激发要素活力的措施，生产端改革主要是指能化解农业、工业、服务业和新兴产业领域发展的体制机制障碍，推动产业持续健康发展的政策措施。

（二）需求侧改革的内涵界定

需求管理是西方经济学的主流学派，也是西方政府宏观管理中的通行做法。其理论渊源来自 20 世纪 30 年代的凯恩斯革命，主要观点是政府无为而治会导致市场失灵，政府的职能要从“守夜人”变为“调节者”，为政府干预经济活动提供理论支撑。其中，促进消费的政策是最好的政策，促进投资的低利率政策是次好政策。政府应该根据经济运行情况进行反周期操作，例如在萧条时期，则采取扩张的财政政策，提高赤字率，并辅以扩张的货币政策如降息等促进经济复苏，反之，当经济过热时，则应采取相反的政策措施。

在我国，需求侧改革和政策措施最主要的着力点有三个方面，即传统意义上的投资、消费、出口。主要政策措施是通过财政政策和货币政策的组合，根据经济形势变化，采取扩大出口、扩大投资或鼓励消费的政策措施。供给侧改革与需求侧改革的概念、内涵与主要内容详见图 7－1。

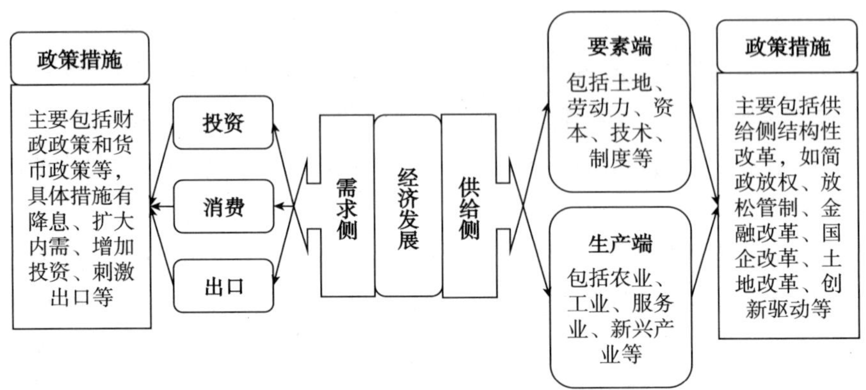

图 7－1　供给侧与需求侧的内涵和主要内容

二　改革开放以来供给侧改革政策演进

改革开放以来的供给侧改革政策可以归纳为两个维度：一是要素端的改革政策，包括土地相关改革政策、劳动力相关改革政策、技术创新相关改革政策①；二是生产端的改革政策，主要涉及与产业及企业发展相关的改革政策，既包括产业发展总体改革政策，也包括以国有企业为代表的企业改革相关政策。

（一）要素端改革政策

1. 土地相关改革政策

改革开放以来的土地改革主要围绕两个方面展开，即以家庭联产承包责任制为核心的农村土地改革，以及二元制的土地制度形成与土地转让、流转改革。

（1）以家庭联产承包责任制为核心的农村土地改革

我国的改革开放始于农村的土地承包制度。1979 年，党的十一届四中全会作出《中共中央关于加快农业发展若干问题的决定》，拉开农

① 投融资相关改革政策虽然与要素端相关，但与需求端的关系更为密切，因此在需求侧改革中专门梳理。

村土地承包制的大幕。1982—1984 年的中央“一号文件”对家庭联产承包责任制进行了完善。1986 年，《中华人民共和国土地管理法》出台，明确了农村土地的集体所有制属性不变。1992 年，邓小平同志“南方谈话”之后，我国明确了建立社会主义市场经济体制，开启了市场化改革的大潮。由于此时第一轮土地承包已经接近承包期终了，土地制度如何改革备受关注。1993 年，国务院发布《关于当前农业和农村经济发展的若干政策措施》，提出土地承包到期后承包关系可继续保持三十年不变，同时提出可在自愿基础上实行土地承包的有偿转让，从而开始了第二轮土地承包。至 1999 年前后，全国范围内第二轮土地承包基本完成。期间，党的十五届三中全会作出《中共中央关于农业和农村工作若干重大问题的决定》，重申稳定承包关系三十年不变。2002 年，全国人大常委会批准《中华人民共和国农村土地承包法》。2003 年，党的十六届三中全会审议通过的《关于完善社会主义市场经济体制若干问题的决定》指出，土地家庭承包经营是农村基本经济制度的核心，要长期稳定并不断完善以家庭承包经营为基础、统分结合的双层经营体制，依法保障农民对土地承包经营的各项权利。2008 年，党的十七届三中全会审议通过的《关于农村改革发展若干重大问题的决定》明确土地承包经营权流转不得损害农民土地承包权益。这一时期国家不断出台稳定承包关系的法律、条例或政策，在保持土地集体所有的前提下，明确承包者的使用权受法律保护，激发了农民的生产积极性，促进了农村经济的发展与社会的进步。

（2）二元制的土地制度形成与土地转让、流转改革

以法律形式确定我国城镇与农村的二元制土地制度是源于 1982 年《宪法》。宪法规定，城市土地属于国家所有，农村和城市郊区土地属于集体所有。1982 年出台的《国家建设征用土地条例》规定，农村集体土地只有经过国家征地行为才能转化为国有土地。限于当时的认识，1982 年的《宪法》事实上禁止土地的流转，直到 1988 年宪法修正案才在第十条第四款增加“土地的使用权可以依照法律的规定转让”，从宪法层面为土地使用权的转让铺平了道路。

城镇国有土地的转让开始于 1990 年。当年，国务院发布《中华人民共和国城镇国有土地使用权出让和转让暂行条例》，旨在改革城镇国

有土地使用制度，合理开发、利用、经营土地，加强土地管理，促进城市建设和经济发展。该条例在明确土地国家所有的前提下，按照所有权与使用权分离原则，实行城镇国有土地使用权出让、转让制度，规定土地使用权最高出让年限等。不难看出，城镇国有土地出让转让已具备一般意义上的生产要素配置功能，土地使用权也具有了完全意义上的经济所有权。

在城镇土地使用权出让转让逐步规范的同时，农村土地承包经营权流转也缓慢开启。1993 年，《中共中央国务院关于当前农业和农村经济发展的若干政策措施》中最早规定土地承包可有偿转让。1994 年，国务院转发农业部《关于稳定和完善土地承包关系的意见》，明确在坚持土地集体所有和不改变农业用途的前提下，经发包方同意，允许承包方在承包期内，对承包标的依法转包、转让、互换、入股。2001 年，中共中央下发《关于做好农户承包地使用权流转工作的通知》，对承包地土地流转作出更加具体的规定，2002 年的《中华人民共和国土地承包法》更是从法律上肯定了承包经营权的流转。2008 年，十七届三中全会《关于农村改革发展若干重大问题的决定》强调，土地承包经营权流转，不得改变土地集体所有性质、不得改变土地用途、不得损害农民土地承包权益。不难看出，农村土地承包经营权流转还只是作为农业用地在不同农业经营者中转让使用权的行为，不具有通常意义上的生产要素配置功能。

由于集体所有制的农业用地，包括耕地和农村建设用地，还不能进行一般意义上的使用权转让，土地要素的市场化程度还不高，需要通过进一步的改革促进资源配置效率的提高。党的十八届三中全会作出《中共中央关于全面深化改革若干重大问题的决定》，该决定提出建立城乡统一建设用地市场，允许农村集体经营性建设用地实行与国有土地同等入市、同权同价；缩小征地范围，规范征地程序，完善对被征地农民的合理、规范、多元保障机制。这一历史性的决定开启了我国农村集体土地交易制度的新时期。2014 年，中央全面深化改革工作领导小组第七次会议审议通过《关于农村土地征收、集体经营性建设用地入市、宅基地制度改革试点工作的意见》，这一重要举措被广泛解读为新一轮农村土地改革的大幕已经开启，土地，特别是农村集体土地，其作为一种基本的生产要素，在市场化改革中必将对资源配置发挥越来越大的作用。2015 年，国务院发布《关于开展农村承包土地的经营权和农民住房财产权抵押贷款试点的指导意见》，既是深化农村金融改革创新的重要举措，同时也为引导农村土地经营权有序流转作出有益的探索。

2. *劳动力相关改革政策*

改革开放以来，我国劳动力市场的建立与完善是一个渐进的过程。伴随着对劳动力和劳动力市场的逐步认识，劳动力改革的政策也从混沌走向清晰，从初级逐步完善，从被动变为积极。回顾近 40 年来劳动力市场改革的政策走势，政策目标主要有两个：一是逐步放松计划经济时期对劳动力的桎梏，充分发挥劳动力这种生产要素在资源配置中的作用，提高经济质量与市场效率；二是保障劳动者的基本权益。具体来看，推进劳动力市场改革的政策包括四个方面的内容，即劳动力市场的培养政策、就业政策、社会保障政策、收入分配政策。而国家推进劳动力市场改革的政策措施大体可以分为三个阶段。

（1）1978—1992 年：劳动力市场的萌芽时期

1980 年，中共中央在北京召开全国劳动就业工作会议，提出了“三结合”的就业方针，即在全国统筹规划和指导下，实行劳动部门介绍就业、自愿组织起来就业和自谋职业相结合的方针，从而动摇了在我国实行多年的劳动力计划体制。1983 年，国务院下发《关于积极试行劳动合同制的通知》，在全国范围内实行劳动合同制试点。1984 年，国务院发布《关于农民进入集镇落户问题的通知》，允许农民自理口粮进入集镇落户，统计为非农业人口。1985 年，公安部公布《关于城镇暂住人口管理的暂行规定》，通过《暂住证》《寄住证》形式，解决了人口跨地区流动的管理问题。1986 年，国务院发布《国营企业单位实行劳动合同暂行规定》《国营企业招用工人暂行规定》《国营企业辞退违纪职工暂行规定》等，劳动合同制全面实施。1992 年，国务院发布《全民所有制工业企业转换经营机制条例》，规定企业享有劳动用工权，可以实行合同化管理或全员劳动合同制，终止了国有企业长期存在的大锅饭问题。

此外，在为劳动力流动松绑的同时，国家还出台一系列保护劳动者权益的政策。国务院先后于 1985 年发布《关于国营企业工资改革问题的通知》，于1986年配合国营企业劳动合同制改革发布《国营企业职工待业保险暂行规定》，于1990年推动城镇职工医疗保险改革起步，于1991年颁布《关于企业职工养老保险制度改革的决定》。

这一时期的劳动力制度改革，已经具备市场化的雏形，也考虑了为改革采取一些配套政策。然而，由于改革更多地指向新增劳动力，对劳动力的存量几乎没有触及，改革还不彻底，政策效果也就大打折扣。

（2）1993—2002年：劳动力市场的形成时期

1992年，党的十四大确定了建立社会主义市场经济体制。1993年11月，党的十四届三中全会通过《中共中央关于建立社会主义市场经济体制若干问题的决定》，明确指出，发展劳动力市场是当前培养市场体系的重点之一，并且强调，改革劳动制度，逐步形成劳动力市场，发展多种就业形式，运用经济手段调节就业结构，形成用人单位和劳动者双向选择、合理流动的就业机制。1993年12月，劳动部发布《关于建立社会主义市场经济时期劳动体制改革设想》，规定了全面推进劳动合同制的发展进程。此后，劳动力市场化程度显著提高，包括国有企业在内的各类经济组织普遍实行全员劳动合同制。

国有企业推进全员劳动合同制的一个副产品就是产生了大批下岗失业人员，因此劳动者保护的问题成为这一时期与劳动力市场化改革同样重要的一个方面。在劳动者保护政策方面，既有主要针对国企下岗人员的短期性的措施——下岗再就业政策，也有针对全体劳动者的长期性的措施——社会保障制度。

1993年，国务院发布《国有企业职工待业保险规定》。1995年，国务院转发劳动部《关于实施再就业工程的报告》。1997年，政府工作报告强调要统筹兼顾国有企业改革与再就业工程的推进，使两者协调发展，同时指出，要规范破产，鼓励兼并，推进再就业。十五大从政治高度确立了再就业工程的战略地位。1998年，“国有企业下岗职工基本生活保障和再就业工作会议”顺利召开，提出了一系列促进再就业工作的政策措施，如建立再就业服务中心、开展就业培训、加大政策扶持、鼓励中小企业发展等。

与此同时，我国基本社会保障制度也在这一阶段逐步建立起来。1993年，劳动部出台《企业最低工资规定》。1994年，全国人大常委会通过《中华人民共和国劳动法》，开启了依法保障劳动者权益的新时期。1996 年，医疗保险制度开始在江苏镇江和江西九江试点。1997 年，国务院作出《关于建立统一的企业职工基本养老保险制度的决定》。1998 年，国务院发布《关于实行企业职工基本养老保险省级统筹和行业统筹移交地方管理有关问题的通知》，基本实现养老保险制度的全国并轨，同时作出《关于建立城镇职工基本医疗保险制度的决定》。1999 年，国务院先后发布《失业保险条例》和《城市居民最低生活保障条例》。2000 年，国务院印发《关于完善城镇社会保障体系的试点方案》，在部分地区进行试点，着重解决养老保险制度改革中的转轨问题。2000 年，劳动与社会保障部颁布《劳动力市场管理规定》，以保护劳动者和用工单位权益，规范市场，促进就业。

这一时期还逐步放宽了对农村劳动力的限制，实现农村劳动力跨地区流动就业。劳动部于 1993 年推出“城乡协调就业计划”第一期工程，于 1994 年公布《农村劳动力跨省流动就业管理暂行规定》，发展有组织劳务输出。1997 年，政府工作报告中提到，农村剩余劳动力首先要向农业经济的深度与广度进军；一部分转向城市和经济发达地区，是经济发展的需要；要加强疏导和管理，促进有序流动。国务院还先后于 1997 年和 2001 年两次批转《公安部小城镇户籍管理制度改革试点方案和关于完善农村户籍管理制度意见的通知》，助力农村剩余劳动力的转移。

（3）2002 年以来：劳动力市场逐步完善与实施积极就业政策时期

2002 年，全国再就业工作会议召开。会议提出，扩大就业，促进再就业，关系改革发展稳定的大局，要正确处理好扩大就业与发展经济、结构调整、深化改革、城乡经济协调发展以及完善社会保障体系的关系。会后，党中央、国务院颁布《关于进一步做好下岗失业再就业工作的通知》，首次提出实施积极的就业政策，标志着我国劳动力市场改革与就业政策新阶段的到来。

积极的就业政策，意味着政府努力在推动经济增长和产业结构调整的同时扩大就业，做好就业服务。2003 年，国务院办公厅在《关于加快推进再就业工作的通知》中强调，各地要努力实现国民经济持续快速健康发展与促进充分就业双重目标，强调要通过大力发展能提供较多就业需求的劳动密集型产业来实现上述目标。2007 年，全国人大常委会审议批准《中华人民共和国就业促进法》，从法律上明确了国家促进就业的责任。2008 年 2 月，国务院下发《关于做好促进就业工作的通知》，强调要发挥公共服务体系的就业促进作用；此后，国务院以及相关部门多次发文，强调通过完善就业服务、整合劳动力市场、加强就业培训等手段促进就业。2008 年 10 月，国务院办公厅转发人力资源和社会保障部等部门《关于促进以创业带动就业工作指导意见的通知》，通过降低创业门槛，提供创业扶持来带动就业的增加。党的十八届三中全会也提出，要形成政府激励创业、社会支持创业、劳动者勇于创业的新机制。2015 年 4 月，国务院发布《关于进一步做好新形势下就业创业工作的意见》，要求实行就业优先政策，以创业带就业。2015 年 6 月，国务院颁布《关于大力推进大众创业万众创新若干政策措施的意见》，为创新创业进而扩大就业提供了强有力的政策支持。

积极的就业政策，还意味着国家通过各种手段努力消除就业歧视，让劳动者有公平的就业环境，推动劳动力市场的进一步完善。2004 年以来，国务院就农民工、高校毕业生等群体的就业问题出台了专门性的政策，如《关于进一步做好改善农民进城就业环境工作的通知》《关于进一步做好农民工培训工作的指导意见》《关于进一步做好为农民工服务工作的意见》等。不仅如此，国家还建立了覆盖全体劳动者的社会保障制度，推进机关事业单位养老保险制度改革，发布《关于机关事业单位工作人员养老保险制度改革的决定》。2016 年 1 月，国务院发布《关于整合城乡居民基本医疗保险制度的意见》，就建立统一的城乡居民基本医疗保险制度提出明确要求。

3. 技术创新相关改革政策

改革开放以来，国家对技术创新的关注越来越高，推动技术创新的政策措施越来越明确具体，力度越来越大。近 40 年来，推动技术创新的政策演进大体可以分为三个阶段。

（1）1978—1985 年：初步构建科技体制，为技术创新提供基本的制度环境

1978 年 3 月召开的全国科学技术大会标志着“科学的春天”的到来。在此次大会上，通过了《1978—1985 年全国科学技术发展规划纲

要（草案）》（简称“八年规划纲要”），该八年规划纲要确立了“全面安排，突出重点”的方针与原则，提出了八年奋斗目标和重点领域，但目标过于宏大，有一定的盲目性。1985 年，中共中央作出《关于科学技术体制改革的决定》，核心是转变科技工作运行机制，实现科技与经济的结合，实现了科技体制突破性的改革与发展。这一阶段促进技术创新的政策重点是构建服务于经济建设这一核心任务的科技体制，目的在于构筑合理的体制机制，为技术创新提供良好的制度环境和社会环境。当然，也有一些具体的科技支持计划，例如 1982 年颁布的《国家重点科技攻关计划》，是我国第一个国家科技计划。

（2）1986—2006 年：不断加大技术创新投入，推动科技创新产业化，服务国家经济建设

1986 年，国家科委会同有关部门颁布的《1986—2000 年科学技术发展规划》强调科学技术必须面向经济建设，经济建设必须依靠科学技术的基本方针，突出重点，不搞面面俱到，不片面追求赶超，根据实际情况发展有我国特色的科学技术体系。1987 年，国务院作出《关于进一步推进科技体制改革的若干规定》，推动科研机构和科技人员的管理，促进科研与生产的紧密结合。1993 年，全国人大常委会通过《中华人民共和国科学技术进步法》，从法律上确立了我国的基本技术创新体制及制度保障。这一时期，国家建立了系统的技术创新体系，核心是提高科研投入和促进科技产业化。

第一，国家不断加大科技投入，推动技术创新。1986 年年初，国家批准“星火计划”，依靠科技进步，振兴农村经济。1986 年 2 月，国家设立自然科学基金，旨在推动自然科学基础研究，促进学科建设，发现和培养科技人才。1986 年 11 月，中共中央、国务院批准了《国家高技术研究发展计划纲要》（简称“863”计划），通过国家主导的系统性研发投入，追踪世界科技前沿。1997 年，《国家重点基础研究发展计划》（简称“973”计划）获得批准，旨在解决国家战略需求中的重大科学问题，以及对人类认识世界将会起到重要作用的科学前沿问题，提升我国基础科学自主创新能力。1998 年，党中央、国务院作出建设国家创新体系的重大举措，决定由中国科学院开展“知识创新工程”试点，目标是将中国科学院建设成为国家自然科学和高技术创新中心以及

国际先进水平的研究基地。持续的技术创新投入有效地提升了我国的科学技术创新能力，缩小了与先进国家间的差距。

第二，促进科技成果的产业转化，让科学技术服务于国家经济的发展。1988 年国家批准火炬计划，其宗旨就是发挥科技优势和潜力，以市场为导向，促进高新技术成果商品化，高新技术商品产业化，高新技术产业国际化。1996 年，全国人大常委会批准《中华人民共和国促进科技成果转化法》。1997 年，国家科委颁布《国家科技成果重点推广计划管理办法》。1999 年 3 月，国务院办公厅转发科技部《关于促进科技成果转化的若干规定》，将科技成果转化为现实生产力。1999 年 8 月，中共中央、国务院作出《关于加强技术创新、发展高科技、实现产业化的决定》，明确了支持高新技术产业化的财政政策与金融政策，将技术创业的产业化推进到一个新的阶段。

在促进技术创新产业化的过程中，高新技术产业开发区政策发挥了重要作用。我国最早的高新技术开发区为 1985 年创办的深圳科技园区。1988 年，中关村科技园区为第一个国家级高新技术产业开发区。为保障高新技术开发区健康成长，实现高新技术产业化，国家出台了一系列政策，包括《国家高新技术产业开发区高新技术企业认定条件和办法》（1991 年）、《国家高新技术产业开发区若干政策的暂行规定》（1991 年）以及《国家高新技术产业开发区税收政策的规定》（1991 年）等，分别对高新技术企业的认定、税收优惠政策、其他优惠政策等作出规定。

（3）2006 年以来：全面实施国家自主创新战略

改革开放的经济实践不断证明科学技术在推动经济社会发展中的重要作用，自主创新已经成为调整经济结构、培育新的经济增长点的重要途径。在 2006 年召开的全国科学技术大会上，国家主席胡锦涛提出要建设创新型国家，要坚定不移地走中国特色自主创新道路。同时，国务院发布实施《国家中长期科学和技术发展规划纲要（2006—2020 年）》（简称“《规划纲要》”），明确提出把提高自主创新能力作为调整经济结构、转变增长方式、提高国家竞争力的中心环节，把建设创新型国家作为面向未来的重大战略选择，全面推进国家创新体系建设。为保证《规划纲要》顺利实施，还相继制定了《关于实施科技创新规划纲要、增强自主创新能力的决定（2006—2020 年）》和《实施〈国家中长期科学和技术发展规划纲要（2006—2020 年）〉的若干配套政策》，从科技投入、税收激励、金融支持、政府采购、引进消化吸收再创新、创造和保护知识产权、人才队伍、教育和科普、科技创新基地和平台、加强统筹协调等方面积极给予优惠政策支持和保障。随后，2007 年，国家修订了《科学技术进步法》。2010 年，国务院作出《关于加快培育和发展战略性新兴产业的决定》，将节能环保、新一代信息技术、生物技术、高端装备制造、新能源、新材料、新能源汽车等产业作为现阶段重点培育和发展的产业，要求积极探索战略性新兴产业发展规律，发挥企业主体作用，加大政策扶持力度，深化体制机制改革，着力营造良好环境，强化科技创新成果产业化，抢占经济和科技竞争制高点，推动战略性新兴产业快速健康发展。在 2012 年召开的全国科技创新大会上，党中央、国务院发布《关于深化科技体制改革加快国家创新体系建设的意见》，一个以企业为创新主体、以产学研用协同为特征、促进科技与经济紧密结合的创新体系正在形成。2012 年年底，党的十八大明确提出："科技创新是提高社会生产力和综合国力的战略支撑，必须摆在国家发展全局的核心位置"，强调要坚持走中国特色自主创新道路、实施创新驱动发展战略。2013 年，中央出台《关于强化企业技术创新主体地位　全面提升企业创新能力的意见》，提出深入实施国家技术创新工程，推动企业技术创新。此后一年的时间内，围绕提升企业技术创新能力，科技部与国家 57 个部门和单位出台百余项政策措施，涵盖管理、金融、财税、人才、法律等多个方面，有些是对原有政策的修订（如修订了《促进科技成果转化法》），有些是全新政策。

2014 年是全面深化改革的元年，也是科技体制改革的攻坚之年。2014 年 3 月，国务院发布《关于改进加强中央财政科研项目和资金管理的若干意见》，旨在提高中央财政科研经费的使用效率，促进科研创新。2014 年 4 月，国务院批转国家发改委《关于 2014 年深化经济体制改革重点任务意见的通知》中把科技体制改革作为年度重点任务之一。2014 年 10 月，国务院发布《关于加快科技服务业发展的若干意见》，推动科技创新和科技成果转化、促进科技经济的深度融合；国务院办公厅发布《关于促进国家级经济技术开发区转型升级创新发展的若干意见》。2014 年 12 月，国务院印发《关于深化中央财政科技计划（专项、基金等）管理改革方案的通知》，同时转发知识产权局等单位《深化实施国家知识产权战略行动计划（2014—2020 年）》，加大对知识产权的保护力度，促进科技创新。

2015 年，国家在实施创新推动发展方面迈出了更加坚实的步伐。2015 年 3 月，国务院办公厅发布《关于发展众创空间推进大众创新创业的指导意见》，强调营造创新创业环境，构建众创空间，加快形成大众创业、万众创新的生动局面；中共中央、国务院发布《关于深化体制机制改革 加快实施创新驱动发展战略的若干意见》，提出需求导向、人才为先、遵循规律、全面创新的改革思路和主要目标，从营造激励创新的公平竞争环境、市场导向、加强创新政策统筹协调等方面提出改革意见。国务院先后于 2015 年 7 月、9 月和 12 月发布《关于积极推进“互联网 +”行动的指导意见》《关于加快构建大众创业万众创新支撑平台的指导意见》《关于新形势下加快知识产权强国建设的若干意见》，为实现创新驱动战略提供有力支撑。

（二）生产端改革政策

1. 产业发展总体政策

产业政策作为调节产业间、产业内资源配置的一种政府手段，伴随经济政策得到初步实施开始于中华人民共和国成立初期，具体表述首次正式出现在 1986 年的《国家经济和社会发展第七个五年计划》中，正式颁布是在 1989 年的《国务院关于当前产业政策要点的决定》之后。改革开放以来，中国产业政策演进与实践取得很大进展，具体分三个阶段进行分析。

（1）1978—1989 年：合理调整产业结构，解决比例严重失调问题

1978 年，国民经济重大比例关系失调状况加剧，对此，国家公布《中共中央关于加快工业发展若干问题的决定》，用以解决农、轻、重比例严重失调问题。1979 年，为调整国民经济发展，中央出台“调整、改革、整顿、提高”八字方针，同时提出十年规划目标，并在此基础上明确国家产业政策。具体如下。其一，在“五五”时期后三年（1978—1980 年），改善农、轻、重之间的比例关系；优先发展轻工业；

调整机械、化工、冶金等行业的产业结构和服务方向，使重工业更好地为人民所需的消费品服务。其二，在“六五”时期（1981—1985 年），大力发展消费品工业，继续加快轻纺工业的发展；有计划有重点地对现有企业进行技术改造，同时集中必要的资金，加强能源、交通等的重点建设；加强国防建设和国防工业建设，提高军队装备的现代化水平。1986 年，“产业政策”一词第一次正式出现在《国民经济和社会发展第七个五年计划》中。此后，在“七五”时期（1986—1990 年），国家进一步明确三大产业划分，开始注重三大产业间的协调发展，提出产业结构的合理调整须以消费需求结构及其变化为导向。具体体现在：改变工业生产超速增长状况，转为稳定协调发展；积极调整工业生产结构，着重调整轻纺工业和机电工业生产结构，增加有效供给，平衡市场；大力发展消费品生产，活跃城乡市场，满足社会需要；加快发展第三产业，鼓励高新技术产业的形成和发展。

（2）1989—1999 年：产业政策制定规范化，经济发展导向作用凸显

1989 年，《国务院关于当前产业政策要点的决定》作为国家第一个明确的产业政策文件得以颁布，对国家主要产业的发展方向和目标提出基本要求，提出 20 世纪 90 年代政府支持、限制以及禁止发展的产业和产品。在“八五”时期（1991—1995 年），鉴于前一阶段的轻重工业比例失调问题虽有所缓解但仍未得到根本解决，国务院《关于国民经济和社会发展十年规划和第八个五年计划纲要的报告》更加关注产业结构优化问题，要求重点加强农业、基础工业和基础设施建设，大力改组改造和提高加工工业，把电子工业放在突出位置，积极发展建筑业和第三产业，促进产业结构合理化并逐步现代化。1994 年，国家颁布《90 年代国家产业政策纲要》这一产业结构调整政策的总纲，成为制定其他有关经济政策和专项产业政策的重要依据。例如，国务院先后颁布的《汽车工业产业政策》（1994 年）、《水利产业政策》（1997 年）、《关于印发鼓励软件产业和集成电路产业发展若干政策的通知》（2000 年）等，都是根据其原则进行制定。在“九五”时期（1996—2000 年），国内外经济环境错综复杂，宏观调控面临抑制通货膨胀和应对亚洲金融危机的双重任务。一方面，国务院《关于国民经济和社会发展

“九五”计划和2010年远景目标纲要的报告》提出，切实加强农业，全面发展和繁荣农村经济；继续加强基础设施和基础工业；振兴支柱产业和调整提高轻纺工业；积极发展第三产业。另一方面，1997—1999年，多项引导和约束产业行为、推动结构调整的政策措施先后颁布。国家计委于1997年发布《当前国家重点鼓励发展的产业、产品和技术目录》以促进高新技术产业发展并用高新技术改造传统产业；同时，国家经贸委于1999年发布《淘汰落后生产能力、工艺和产品的目录》以及《工商领域制止重复建设目录》以限制和淘汰落后生产能力。

（3）2000年以来：产业政策实践日趋成熟，产业升级成为主旋律

进入21世纪以来，我国产业面临工业化尚未完成、产业结构不合理、重化工业粗放增长、资源环境问题加剧等突出矛盾，国家产业政策的重点在“十五”时期（2001—2005年）、“十一五”时期（2006—2010年）和“十二五”时期（2011—2015年）明显转变为推进产业升级。

《国民经济和社会发展第十个五年计划纲要》提出，要加强农业基础地位；优化工业结构，重点强化对传统产业的改造升级；发展服务业，提高供给能力和水平；加速发展信息产业，以信息化带动工业化。2005年，国务院颁布《关于发布实施促进产业结构调整暂行规定的决定》，国家发改委配套发布《产业结构调整指导目录》。其作为系统性、纲领性、综合性的产业结构调整指导文件，确定要推进产业结构优化升级，促进三大产业健康协调发展，逐步形成以农业为基础、高新技术产业为先导、基础产业和制造业为支撑、服务业全面发展的产业格局，坚持节约发展、清洁发展、安全发展，实现可持续发展。

《国民经济和社会发展第十一个五年规划纲要》提出，要推进工业结构优化升级，加快发展高技术产业，振兴装备制造业，优先发展能源工业，调整原材料工业结构和布局，提升轻纺工业水平，积极推进信息化；加快发展服务业，拓展生产性服务业，丰富消费性服务业。其间，国务院先后发布《国务院关于加快推进产能过剩行业结构调整的通知》（2006年）、《国务院关于加快发展服务业的若干意见》（2007年）等文件以实施相关产业政策；国家发改委相继颁布《钢铁产业发展政策》（2006年）、《水泥工业产业发展政策》（2006年）、《煤炭产业政策》

（2007 年）、《汽车产业发展政策》（2009 年）等专项产业政策，并针对产能过剩问题陆续出台钢铁、电解铝、水泥、铁合金、焦化行业、煤炭、电石、电力、纺织等行业结构调整的若干意见。

《国民经济和社会发展第十二个五年规划纲要》提出，要促进转型升级，改造提升制造业，培育发展战略性新兴产业，推动能源生产和利用方式变革，全面提高信息化水平；推动服务业大发展，加快发展生产性服务业，大力发展生活性服务业。鉴于新兴产业正在成为引领未来经济社会发展的重要力量，2012 年，国务院发布《“十二五”国家战略性新兴产业发展规划》，明确要加快培育和发展节能环保、新一代信息技术、生物技术、高端装备制造、新能源、新材料、新能源汽车等战略性新兴产业。随着新型工业化、信息化、城镇化、农业现代化同步推进，超大规模内需潜力不断释放，为我国制造业发展提供了广阔空间，2015 年，国务院公布《中国制造 2025》这一强化高端制造业的国家战略规划，成为建设中国为制造强国的三个十年战略中第一个十年的行动纲领。《中国制造 2025》以促进制造业创新发展为主题，以提质增效为中心，以加快新一代信息技术与制造业深度融合为主线，以推进智能制造为主攻方向，以满足经济社会发展和国防建设对重大技术装备的需求为目标，促进产业转型升级，实现制造业由大变强。

2. 国企改革相关政策

改革开放以来，国企改革先后经历了扩大企业经营自主权、建立现代企业制度、“抓大放小”、战略性改组、推进国有资产管理体制改革、混合所有制改革等不同阶段。

（1）1978—1992 年：扩权让利与两权分离

1978 年党的十一届三中全会以后，国企改革进入起步探索阶段，并以“扩权让利”“两权分离”为重点。1979 年，国务院发布《关于扩大国营企业经营管理自主权的若干规定》等五个文件，率先在首钢等八家企业进行扩大企业自主权试点。1980 年，国务院批转国家经济委员会《关于扩大企业自主权试点工作情况和今后意见的报告》，批准从 1981 年起把扩大企业自主权的工作在国营工业企业中全面推开。1984 年，国务院颁布《关于进一步扩大国营工业企业自主权的暂行规定》，进一步下放权力；党的十二届三中全会通过《中共中央关于经济体制改革的决定》，提出“增强企业活力是经济体制改革的中心环节”，要“确立国家和全民所有制企业之间的正确关系，扩大企业自主权”。1984 年，党的十二届三中全会通过《中共中央关于经济体制改革的决定》，明确了增强国有企业，特别是国有大中型企业的活力是经济体制改革的中心环节，认为政企不分是传统国有企业制度的根本弊端，改革的基本思路是沿着所有权和经营权分离的原则逐步推进政企分开，使企业成为独立经营、自负盈亏的商品生产者和经营者。1986 年，国务院决定推行多种形式的经营承包责任制，给经营者以充分的经营自主权。1987 年，国务院决定将企业改革的重点放在完善企业经营机制上，依据两权分离原则，实行多种形式的承包经营责任制。1988 年，国务院发布《全民所有制工业企业承包经营责任制暂行条例》，以国务院法规的形式将企业承包经营责任制确定下来。这一阶段的国企改革是计划经济下的国营企业向市场经济下的国有企业转化迈出的第一步，但承包制所存在的体制缺陷并未根本性消除政企不分问题。

（2）1993—2002 年：建立现代企业制度与“抓大放小”

1993 年以后，国企改革主要目标是“建立现代企业制度”，并在 20 世纪 90 年代后期经历了“抓大放小”和战略性改组。

1993 年，党的十四届三中全会通过《中共中央关于建立社会主义市场经济体制若干问题的决定》，首次提出“建立现代企业制度，是发展社会化大生产和市场经济的必然要求，是我国国有企业改革的方向”，要求“进一步转换国有企业经营机制，建立适应市场经济要求，产权清晰、权责明确、政企分开、管理科学的现代企业制度”。1995 年 9 月，党的十四届五中全会提出要着眼于搞好整个国有经济，抓好大的，放活小的，即“抓大放小”。1997 年，党的十五大报告对国企改革进一步提出，要调整和完善所有制结构，探索公有制的多种实现形式，从战略上调整国有经济布局和结构，对国有经济实施战略性改组，提出要用三年左右的时间，使大多数国有大中型亏损企业摆脱困境，力争到 2000 年大多数国有大中型骨干企业初步建立现代企业制度。1999 年，党的十五届四中全会通过《中共中央关于国有企业改革和发展若干重大问题的决定》，对国企改革作出具体部署，提出从战略上调整国有经济布局，坚持有进有退，有所为有所不为，坚持“抓大放小”，继续对国有企业实施战略性改组。战略性改组过程中，国企职工经历下岗分流的阵痛。但是经过努力，国有企业三年脱困的目标基本实现。

（3）2003—2012 年：推进股份制改革与国有资产管理体制改革

2002 年 11 月，党的十六大报告提出，要深化国有企业改革，进一步探索公有制特别是国有制的多种有效实现形式；除极少数必须由国家独资经营的企业外，积极推行股份制，发展混合所有制经济；按照现代企业制度的要求，国有大中型企业继续实行规范的公司制改革，完善法人治理结构。2003 年 10 月，党的十六届三中全会通过《中共中央关于完善社会主义市场经济体制若干问题的决定》，进一步提出“大力发展国有资本、集体资本和非公有资本等参股的混合所有制经济，实现投资主体多元化，使股份制成为公有制的主要实现形式”。

党的十六大还确立了“建立中央政府和地方政府分别代表国家履行出资人职责，享有所有者权益，权利、义务和责任相统一，管资产和管人、管事相结合的国有资产管理体制”。党的十六届三中全会进一步指出“坚持政府公共管理职能和国有资产出资人职能分开。国有资产管理机构对授权监管的国有资产依法履行出资人职责，维护所有者权益，维护企业作为市场主体依法享有的各项权利，督促企业实现国有资本保值增值，防止国有资产流失”。

在新的国有资产管理体制推动下，国有企业改革进入了以股份制为主要形式的现代产权制度改革新阶段。这一阶段的国企改革主要从五个方面加快推进：一是加大股份制改革力度；二是推进股权分置改革；三是建立完善的董事会；四是主辅分离、辅业改制；五是继续实施政策性关闭破产。

（4）2013 年以来：积极推进混合所有制改革

2013 年 11 月，党的十八届三中全会通过《中共中央关于全面深化改革若干重大问题的决定》，提出下一步国企改革将“积极发展混合所有制经济”“以管资本为主加强国有资产监管”“准确界定不同国有企业功能”“国有企业要合理增加市场化选聘比例”等。2014 年以来，国资委在中央企业启动“四项改革”试点。2015 年 1 月，《中央管理企业负责人薪酬制度改革方案》正式实施，要求国有企业合理增加市场化选聘比例，合理确定并严格规范国有企业管理人员薪酬水平、职务待遇、职务消费、业务消费。2015 年 6 月，中央全面深化改革领导小组第十三次会议审议通过了《关于在深化国有企业改革中坚持党的领导加强党的建设的若干意见》《关于加强和改进企业国有资产监督防止国有资产流失的意见》。2015 年 8 月，中共中央、国务院出台《关于深化国有企业改革的指导意见》，这一新时期指导和推进国企改革的纲领性文件，从总体要求到分类改革、完善现代企业制度和国资管理体制、发展混合所有制经济、强化监督防止国有资产流失等方面提出国企改革目标和举措。2015 年 9 月，国务院出台《关于国有企业发展混合所有制经济的意见》，就国有企业发展混合所有制经济的总体要求、分类推进、分层推进进行部署，鼓励各类资本参与国有企业混合所有制改革，同时就健全企业治理机制、建立依法合规的操作规则、营造良好环境和组织实施等做出具体安排。

三 改革开放以来需求侧改革政策演进

改革开放以来需求侧改革政策演进重点从三个方面进行梳理：一是消费体制改革、二是投资体制改革、三是出口（外贸）体制改革。相关领域改革的演进如下。

（一）消费体制改革

计划经济时期，我国商品供应长期处于短缺状态。改革开放以来，随着我国经济的持续快速增长，国内商品供应总量不断扩大，实现了由短缺到总量基本平衡的转变。在此过程中，城乡居民的收入及消费水平日益提升，经历了温饱不足、解决温饱、总体小康等几个阶段，目前正向全面小康的消费水平迈进。在政府扩大内需、促进消费政策的引导下，社会消费品零售总额从改革开放之初 1978 年的 1559 亿元，跃升至 2014 年的 262394 亿元[①]，增长了 160 多倍。随着人们温饱问题的解决，城乡居民对于发展和享受型消费的需求不断增大，服务性消费日益提

① 国家统计局：《中华人民共和国 2014 年国民经济和社会发展统计公报》2015 年 2 月 26 日，http://www.stats.gov.cn/tjsj/zxfb/201502/t20150226_685799.html。

升，居民消费结构和生活质量发生了很大变化。

20 世纪 90 年代之前，一般性消费品供给长期处于短缺状态；20 世纪 90 年代之后，随着社会主义市场经济体制改革目标的确立和市场化改革的推进，一般性消费品供给能力显著增强，到 20 世纪 90 年代中后期由“卖方市场”转变为“买方市场”。进入 21 世纪以来，买方市场占主导地位的市场格局进一步确立，扩大内需、促进消费、推动消费结构升级成为改革方向。

针对我国商品市场供求总格局由“卖方市场”转变为“买方市场”，但流通领域仍存在流通企业规模偏小、组织化程度低、现代化水平不高、市场体系不够完善等问题，国务院于 2005 年 6 月 9 日发布了《关于促进流通业发展的若干意见》，从加大改革力度、提高流通企业竞争能力，加快创新步伐、提高流通现代化水平，加强流通基础设施建设、建立健全流通领域公共信息服务体系，建立调控和应急机制、确保国内市场稳定有序，支持商业服务业发展、方便人民群众生活，积极培育统一大市场、扩大国内消费需求，完善政策法规、为流通业发展提供有力保障等方面提出政策措施，促进流通领域发展，加快推进内外贸一体化和贸工农一体化。

2008 年 12 月 30 日，国务院办公厅出台了《关于搞活流通扩大消费的意见》，主要内容包括：健全农村流通网络，拉动农村消费；增强社区服务功能，扩大城市消费；提高市场调控能力，维护市场稳定；促进流通企业发展，降低消费成本；发展新型消费模式，促进消费升级；切实改善市场环境，促进安全消费；加大财政资金投入，支持流通业发展。

2009 年 6 月 1 日，国务院办公厅发布了《关于转发发展改革委等部门促进扩大内需鼓励汽车家电以旧换新实施方案的通知》，明确了鼓励汽车、家电“以旧换新”的具体措施，这对于扩大消费需求、提高能源资源利用效率、减少环境污染、促进节能减排和循环经济发展产生了积极影响。

针对我国农产品市场体系薄弱、流通成本高、流通效率低等问题，2014 年 2 月 27 日，商务部、发展改革委、财政部、国土资源部、住房和城乡建设部、交通运输部、农业部、中国人民银行、国资委、国家税务总局、银监会、保监会、国家标准委 13 部门，共同发布了《关于进一步加强农产品市场体系建设的指导意见》，从加强农产品市场规制、优化农产品市场体系架构、培育农产品现代流通主体、推动农产品流通创新、加强农产品市场监督管理等方面，提出了加强农产品市场体系建设的指导意见。

2015 年 11 月 19 日，国务院办公厅发布了《关于加快发展生活性服务业 促进消费结构升级的指导意见》，要求科学设计生活性服务业“营改增”改革方案，合理设置生活性服务业增值税税率，并选取了 10 个领域作为未来发展重点，分别是居民和家庭、健康、养老、旅游、体育、文化、法律、批发零售、住宿餐饮、教育培训。

（二）投资体制改革

改革开放以来，随着我国经济体制改革的不断深入，投资领域改革也日益向前推进。改革开放之初，我国投资体制改革的目标是提高政府投资效益。为此，国务院于 1979 年 8 月 28 日批转了《国家计委、财政部关于基本建设投资试行贷款办法的报告》，基本建设投资开始由政府无偿拨款向贷款转变。为加强对投资的宏观管理，1982 年中央把原属于国家建委的投资管理职能并入国家计委。1983 年，国务院决定把“技术改造作为扩大再生产主要手段”，并把基本建设和技术改造分别由国家计委和国家经委管理。为发挥地方政府投资建设的积极性，1000 万元以下的小型项目下放给地方政府审批，1 亿元以上的项目由国家计委核报国务院审批。

从 1984 年开始，经济体制改革的重点由农村转向城市，投资体制改革随之向前推进。1984 年 9 月 18 日，国务院颁布了《关于改革建筑业和基本建设管理体制的若干问题的暂行规定》，同年 10 月 4 日批转了国家计委《关于改进计划体制的若干暂行规定》，这两个文件对政府投资管理进行了改革，预算内基本建设投资全部由拨款改为贷款，简化基本建设审批程序，地方政府的投资项目审批权限由 1000 万元提高到 3000 万元，投资 2 亿元以上的项目由国家计委核报国务院审批。1984 年，国家把中国人民建设银行从财政部划出，主要承担基本建设贷款任务。1985 年，国务院决定成立中国国际工程咨询公司，并由其承担大中型项目可行性研究报告和大型工程设计的评估。国家计委、城乡建设和环境保护部联合颁布了《工程设计招标投标暂行办法》，招投标制度首先在政府投资建设领域全面推开。1986 年 7 月 9 日，国务院下达《关于控制固定资产投资规模的若干规定》，规定全社会固定资产投资都必须纳入全国和分部门、分地区的固定资产投资计划，根据不同情况，分别实行指令性计划和指导性计划。1987 年，国务院明确规定，限额以下的技术改造项目，在计划规模内，由企业自主确定；把基础设施和基础产业的地方项目审批权限扩大到 5000 万元。1988 年 7 月 16 日，国务院原则同意国家计委制定的《关于投资管理体制的近期改革方案》，该方案在加大地方的重点建设责任、扩大企业投资决策权、建立基本建设基金、成立国家和地方投资公司、改进投资计划管理、强化投资主体自我约束机制、充分发挥市场和竞争机制等 7 个方面提出了改革的思路，是改革开放之后第一个较为系统的改革方案。1988 年国家政府机构改革，把国家计委和国家经委合并，基本建设和技术改造统归新成立的国家经济计划委员会管理。

从 1992 年开始，随着社会主义市场经济体制改革目标的确立，投资改革进入新的阶段。1993 年，党的十四届三中全会通过了《关于建立社会主义市场经济体制若干问题的决定》，提出在投资领域要实现市场对资源配置的基础性作用，把投资项目分为公益性、基础性和竞争性三类：公益性项目由政府投资建设；基础性项目以政府投资为主，并广泛吸引企业和外资参与投资；竞争性项目由企业投资建设。1994 年，根据国务院的决定，撤销 6 个国家专业投资公司，组建国家开发银行、中国农业发展银行和中国进出口银行，作为国家政策性金融机构，中国建设银行不再承担政策性金融机构的职能，实现了政策性投资贷款和商业性投资贷款分离；成立政策性银行的目的是运用政策性投融资引导社会投资方向，较好地满足社会重要基础设施和基础产业建设对资金的需求，扶持具有国际竞争力的支柱产业形成和发展。6 个国家专业投资公司的自有资产合并组成国家开发投资公司。1998 年，面对亚洲金融危机对我国经济造成的冲击，为了扩大内需，国务院决定增发 1000 亿元建设国债用于基础设施等方面的建设。1999 年，财政部发布《关于加强基础设施建设资金管理和监督的通知》，强调要加强资金源头管理，确保建设资金及时、足额到位。2001 年，国家计委宣布，对于部分城市基础设施、不需要国家投资的农林水利项目、地方和企业自筹资金建设的社会事业项目、房地产开发建设项目、商贸设施项目等 5 大类投资项目，投资总额在国务院审批限额（2 亿元）以下的基本建设项目，不必报国家计委审批，按“谁投资，谁决策”的原则，地方政府出资的由地方计划部门审批，企业出资的由企业自主决策。2003 年，党的十六届三中全会审议通过的《中共中央关于完善社会主义市场经济体制若干问题的决定》指出深化投资体制改革的方向是：“进一步确立企业的投资主体地位，实行谁投资、谁决策、谁收益、谁承担风险。国家只审批关系经济安全、影响环境资源、涉及整体布局的重大项目和政府投资项目及限制类项目，其他项目由审批制改为备案制，由投资主体自行决策，依法办理用地、资源、环保、安全等许可手续。对必须审批的项目，要合理划分中央和地方权限，扩大大型企业集团投资决策权，完善咨询论证制度，减少环节，提高效率。健全政府投资决策和项目法人约束机制。国家主要通过规划和政策指导、信息发布以及规范市场准入，引导社会投资方向，抑制无序竞争和盲目重复建设。”当年召开的全国十届人大对政府机构进行改革，取消国家经贸委，把技术改造的管理划归新组建的国家发展和改革委员会管理，不再划分技术改造和基本建设，统一作为建设项目管理。

2004 年 7 月 16 日，国务院颁布了《关于投资体制改革的决定》，标志着我国投资体制改革进入新阶段。《决定》的主要内容如下：明确我国投资体制改革的目标是“建立市场引导投资、企业自主决策、银行独立审贷、融资方式多样、中介服务规范、宏观调控有效的新型投资体制”；确立企业投资主体的地位；规范政府投资行为；改进政府对投资宏观调控的手段；加强对投资活动的监督管理。党的十八大以来，投资体制改革进一步向前推进。2013 年 8 月 9 日，国务院发布了《关于改革铁路投融资体制加快推进铁路建设的意见》，强调多方式多渠道筹集建设资金，以中央财政性资金为引导，吸引社会资本投入，设立铁路发展基金，同时向地方和社会资本开放城际铁路、市城郊铁路、资源开发性铁路等的所有权和经营权，这成为我国关键行业向民间资本开放的重要信号。2013 年 9 月 6 日，国务院印发了《关于加强城市基础设施建设的意见》，强调在确保政府投入的基础上，充分发挥市场机制作用，吸引民间资本参与经营性项目建设与运营。2014 年 11 月 16 日，国务院发布了《关于创新重点领域投融资机制鼓励社会投资的指导意见》，选择生态环保、农业水利、市政、交通、能源、信息、社会事业等领域，重点就吸引社会资本特别是民间资本参与，提出了创新重点领域投融资机制、鼓励社会投资的一系列改革措施。该《意见》指出，开展 PPP 是创新投融资机制的重要举措，对拓宽社会资本投资渠道、促进投资主体多元化、发展混合所有制经济、加快政府职能转变具有重要意义。

（三）出口（外贸）体制改革

改革开放之初，我国外汇储备极为短缺，“出口创汇”、千方百计扩大出口成为当时对外开放的重要内容。此后，随着我国改革开放的日益深入，尤其是 2001 年 12 月加入世界贸易组织以来，政府在促进出口方面出台了一系列改革措施，推动了我国出口规模的持续快速增长。

在计划经济体制下，对外贸易实行的是指令性计划管理和国家统负盈亏。随着经济体制改革的不断推进，我国的外贸体制逐步由指令性计划管理向市场机制发挥决定性作用、由经营权高度垄断到全面放开、由企业吃国家“大锅饭”到自主经营和自负盈亏转变。尤其是随着我国加入世界贸易组织，外贸体制逐步与国际贸易规则接轨，建立起统一、开放、符合多边贸易规则的对外贸易制度。改革开放初期，我国外贸体制改革主要是改革单一计划管理体制，下放外贸管理权和经营权，实行外汇留成制度并建立外汇调剂市场。此后，我国推行了外贸经营承包制，用指导性计划逐步取代指令性计划。按照国际贸易通行规则，建立了出口退税制度。1992 年 10 月，我国明确提出建立社会主义市场经济体制的改革目标。根据这一目标对外贸体制进行了全面改革。1994 年 1 月，我国取消对出口的所有财政补贴，进出口企业转变为完全自负盈亏。同年，《中华人民共和国对外贸易法》正式颁布实施，确立了维护公平、自由的对外贸易秩序等原则，奠定了对外贸易的基本法律制度。2001 年 12 月 11 日，中国正式加入世界贸易组织。根据加入世界贸易组织的承诺，我国加快推进贸易自由化和贸易投资便利化，完善外贸法律法规体系，减少贸易壁垒和行政干预，理顺政府在外贸管理中的职责，促进政府行为更加公开、公正和透明。加入世界贸易组织后，中国集中清理了2300多部法律法规和部门规章。对其中不符合世界贸易组织规则和中国加入世界贸易组织承诺的，分别予以废止或修订。新修订的法律法规减少和规范了行政许可程序，建立健全了贸易促进、贸易救济法律体系。2001年之后，我国关税不断下降，非关税措施逐步消除，目前我国关税总水平已经降至10%以下。根据2004年新修订的《中华人民共和国对外贸易法》，自2004年7月起，中国政府对企业的外贸经营权由审批制改为备案登记制，所有对外贸易经营者均可以依法从事对外贸易，促进了我国对外贸易的快速发展。

改革开放以来，我国出口规模不断扩大，出口退税政策的实施发挥了重要作用。我国从1985年开始实施出口退税政策，1994年财税体制改革之后继续对出口产品实行退税。为解决出口退税负担机制不合理、出口退税缺乏稳定资金来源的问题，2008年3月28日，国务院发布了《关于改革现行出口退税机制的决定》，建立中央、地方共同负担的出口退税新机制。2015年2月16日，国务院印发了《关于完善出口退税负担机制有关问题的通知》，出口退税全部由中央财政负担，这对于规范政府间收入划分、解决地区间负担不匹配问题、维护全国统一市场、促进外贸出口与经济持续健康发展具有重要意义。

2014年，外贸出口下行压力较大，为支持外贸稳定增长，国务院办公厅于5月4日发布了《关于支持外贸稳定增长的若干意见》，从优化外贸结构、改善外贸环境、强化政策保障、增强外资企业竞争力、加强组织领导等方面提出了相应措施，这对于扩大出口具有积极意义。2015年2月12日，国务院进一步发布了《关于加快培育外贸竞争新优势的若干意见》，从推动外贸结构调整、提升对外贸易国际竞争力、提升与“一带一路”沿线国家经贸合作水平、构建互利共赢的国际合作新格局、营造法治化国际化营商环境、完善政策体系、加强组织实施等方面提出了相应措施，这有助于加快提升对外贸易国际竞争力，提升出口产品技术、品牌、质量和服务水平，培育新型贸易方式。2015年2月，为鼓励企业积极出口成熟的产业化技术，缩小技术进出口逆差，商务部和科技部联合发布了《关于鼓励技术出口的若干意见》，从政策扶持、加强国际合作、完善管理和服务等三方面提出了政策措施，这为推动成熟的产业化技术出口提供了政策保障。

四　改革开放以来供给侧改革与需求侧改革的关系

改革开放以来供给侧改革与需求侧改革政策演进的轨迹实质上是供给侧改革与需求侧改革相互促进的结果，只是在不同的历史阶段，由于经济社会发展的主要矛盾不同而有所侧重（见图7－2）。

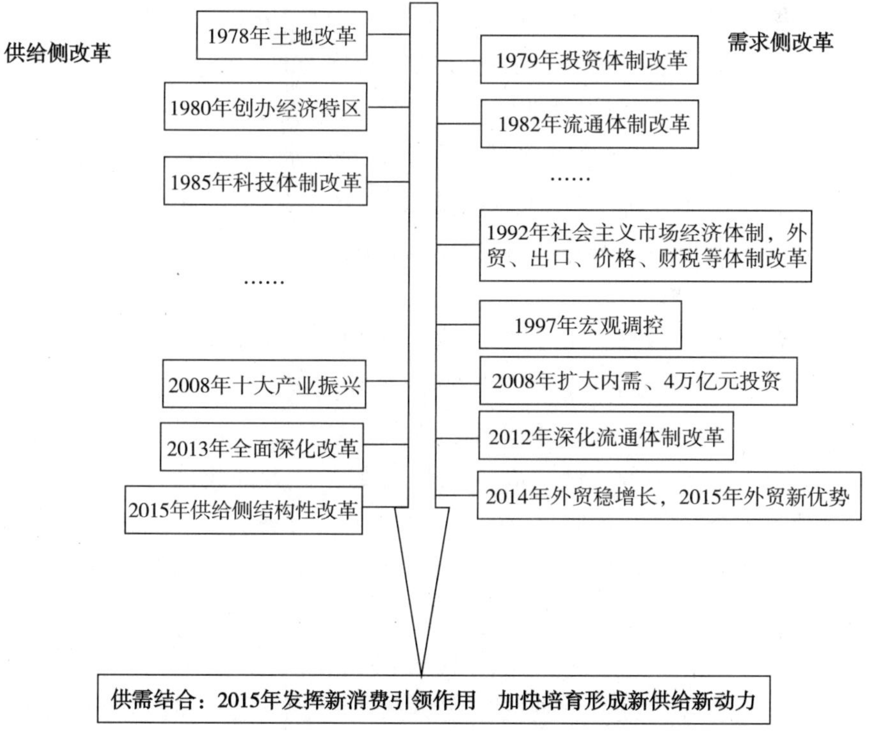

图7－2　供给侧改革与需求侧改革的历史演进轮廓

（一）供需结合视角下的改革演进轨迹

改革开放以来供给侧与需求侧改革政策演进的轨迹大致可分为如下

三个阶段。

第一阶段，1978—1992 年，以供给侧改革为主，包括土地改革、国企改革、科技体制改革等，逐步放开搞活、释放巨大的生产力。应当看到，从新中国成立到改革开放之初，我国经济体制改革主要是供给侧改革政策，因为供给侧改革是最有力的结构重塑政策，要打破旧的生产关系的樊篱，必须加大供给侧的结构性改革。例如从新中国成立到社会主义改造基本完成，过渡时期的总路线“一化三改造”（基本实现国家工业化和对农业、手工业和资本主义工商业的社会主义改造）就是供给侧改革的典范。改革开放初期，由于经济结构矛盾凸显，改革也是率先从供给侧破冰。在农村土地改革方面，实行家庭联产承包责任制，鼓励从包产到组到包产到户。在创办经济特区方面，鼓励“杀出一条血路”。国企改革也在四川等地破冰。1985 年中央出台《中共中央关于科技体制改革的决定》，推动科技事业和经济发展密切结合。与此同时，需求侧改革也在继续，如财政体制改革“分灶吃饭”、物价改革开始探索，并逐渐缩小“剪刀差”、投资审批权限下放和简化审批手续也在稳步推进。

第二阶段，1992—2012 年，以需求侧改革为主，包括“宏观调控”、应对亚洲金融危机、国际金融危机等政策，是市场经济条件下的宏观管理政策。之所以以 1992 年作为阶段划分线，主要是因为 1992 年中共中央下发了 4 号文件《关于加快改革，扩大开放，力争经济更好更快地上一个台阶的意见》，建立“社会主义市场经济”从概念进入规划阶段，并于当年 8 月形成框架性文件。在市场经济条件下，我国改革的重点逐步从供给侧转向需求侧，采用西方通行的“宏观调控”等方式对房地产热、开发区热、股票投机热等经济过热现象进行调控，并于 1995—1996 年实现经济软着陆。此后在亚洲金融危机和国际金融危机期间，我国应对金融危机的政策也是以需求管理为主，主要表现为积极的财政政策和稳健的货币政策，并出台扩大内需等经济刺激政策。这一时期，供给侧改革进程相对放缓，改革红利效益逐步减退。

第三阶段，2012 年至今，供给侧改革重新得到重视，并逐渐形成新供给改革政策（供给侧结构性改革）。2012 年年底召开的党的十八大开启了新的征程，2013 年党的十八届三中全会正式发布《中共中央关于全面深化改革若干重大问题的决定》，对全面深化改革作出了战略部署，并明确了具体时间节点目标，意义非凡，标志着供给侧改革重新得到重视，中国经济已经到了必须依靠改革释放制度红利、提高潜在经济增长率、促进长远可持续健康发展的关键节点。此后，中共中央和国务院又陆续发布《深化财税体制改革总体方案》《中共中央国务院关于深化体制机制改革加快实施创新驱动发展战略的若干意见》《中共中央国务院关于构建开放型经济新体制的若干意见》《关于深化国有企业改革的指导意见》《生态文明体制改革总体方案》《深化科技体制改革实施方案》等改革方案与文件，对科技体制、国有企业、生态文明、财税体制和创新发展等领域改革进行密集部署，并在 2015 年 11 月 10 日的中央财经领导小组第十一次会议首次提出"供给侧改革"的概念，标志着供给侧改革的实践和认识都上升到一个前所未有的高度。2015 年 12 月 21 日闭幕的中央经济工作会议也把"去产能、去库存、去杠杆、降成本、补短板"作为 2016 年经济工作的主要任务。"供给侧改革"的思想也将作为一条主线贯穿于"十三五"规划的制定和实施之中。在中央大力倡导"供给侧改革"的同时，也重视促进供给与需求的结合，如国发〔2015〕66 号文《国务院关于积极发挥新消费引领作用加快培育形成新供给新动力的指导意见》就是最好的阐释。

（二）对供给侧改革与需求侧改革关系的认识

通过梳理，不难发现，供给侧结构性改革主要是从要素端、生产端改革入手，通过对要素结构、经济结构和产业结构的重新调整和优化，改革不合理的制度障碍，激发各经济主体活力，促进要素资源合理配置，推动经济持续健康发展的各种政策总和。其政策着眼点是从经济运行的源头入手，更加强调"治本"，从产业、企业等角度观察认识问题，更突出长远的转型升级和活力再造。而需求侧改革则偏重于短期，从经济运行的结果入手，主要采取扩大投资、鼓励消费等方式扩大需求，采取短期的反周期宏观调控措施，从而拉动经济增长。从政策效果看，需求政策短期效果显著，对经济回暖、就业稳定、社会民生等作用明显，但副作用较大，不利于经济持续健康发展，有时候甚至会延误经济结构调整的战略机遇期。而供给侧改革分激进式和渐进式两种，激进

式改革短期见效，但隐患很大；渐进式改革如中医疗法，“文火慢煮”，其结果是可以“治本”。（见表7－1）

表7－1　　供给侧改革与需求侧改革比较

	着力点	政策措施	政策效果	政策评价
供给侧改革	要素端、生产端	鼓励企业创新、优化要素资源配置、淘汰落后产能、降低税费负担等	对中长期经济健康和可持续发展有效，有助于调整经济结构，激发长远发展动力	适合“治本”
需求侧改革	投资、消费、出口等“三驾马车”	通过财政政策和货币政策的综合措施，扩大投资、鼓励消费、刺激出口等	应对短期经济波动有效，对经济回暖、就业稳定等作用显著	适合“治标”

我国在明朝时期出现资本主义萌芽，人民收入增加，需求旺盛，但资本主义的萌芽迅速被扑灭，供给受到打压，导致国家衰败。而目前我国已成为世界第二大经济体，并进入中等偏上收入国家行列，存在的主要问题是“供给不足与供给过剩并存”“需求下降与需求外移并存”，具体表现为：外需减少导致外向型供给体系中部分产业产能过剩，但供给体系同样没能及时跟上中等收入群体迅速扩大而变化的消费结构，满足消费者多样化、个性化、高端化消费需求的能力不足，中低端产品过剩与中高端产品供应不足矛盾突出；与此同时，国内需求增长速度明显下降，而国内居民境外消费则猛增，2014 年我国居民境外消费金额已超过 10000 亿元，这里面既有消费观念和国外品牌商对华定价策略等因素，但更多的是中国制造产品质量和品牌不足的问题，同时，流通和财税体制造成的价格差异也是重要原因。从实体经济看，有些产业已经达到产能峰值或资源环境承载的极限，企业生产经营成本偏高，“未富先贵”的问题较为突出。

要解决这些问题，必须将需求侧的短期措施和供给侧的长期改革结合起来。这是因为，我国目前面临的问题不仅仅是供给不足的问题，也有需求下降的问题。在面临供给与需求双下降的背景下，必须供给与需求相结合，供需双侧发力，助推中国经济平稳转型，加快实现双中高，全面实现建成小康社会目标，为中华民族伟大复兴的中国梦贡献力量。

五　结论与建议：供需双侧发力，助推中国经济转型升级

解决中国经济当下面临的问题，必须供需双侧并举，实施“五个发力”，助推中国经济转型升级。在供给侧，要着力解决“供给不足与供给过剩并存”难题，要打通过剩产能资源要素向先进产能转移的“中阻梗”，营造良好产业发展环境。在需求侧，要着力解决“需求下降与需求外移并存”困境，在扩大总需求的同时，着力拓展中高端需求。具体而言，要从以下五个方面发力。

（一）要素端发力

要素端发力，就是要改革不合理的制度约束，通过进一步加快经济体制改革，通过转变政府职能，进一步简政放权和放管结合，建立负面清单，建立依法、规范、透明的管理制度，限制政府对企业经营决策的干预，减少行政审批事项，形成公平竞争、促进企业健康发展的制度环境，促进各种要素资源自由流动；其中，最关键的是提升资本、技术、劳动力等要素使用效率，推动发展方式由要素驱动向效率驱动、创新驱动转变。

第一，推动人口红利向人才红利转变，全面提升我国人力资本优势。一方面，加大统一劳动力市场的建设，推动户籍制度改革，实现全国统一的社保、医疗和失业救济制度或促进这些服务方便地跨地区转移，加大教育、医疗和卫生等公共服务的供给覆盖面，降低劳动力自由流动的成本，促进劳动力在城乡、企业、高校、科研机构间有序流动；另一方面，要全面实施“二孩”政策，将控制人口数量增长战略转向重点优化提升人口素质、提高人口质量，加快培育和形成我国人力资本优势。要进一步加大基础教育、高等教育和职业教育的投入力度，稳步提升劳动者素质。研究制定加快培养实用技能人才的政策措施，健全技能人才培养体系，营造有利于“工匠精神”发挥的氛围。引导和支持企业建立有效人才激励机制，鼓励企业灵活运用期权、股权、分红等利益分配方式吸引和稳定人才。

第二，激发创新动力、创业活力，依靠改革创新发展培育新动能。推动大众创业、万众创新可以大幅增加有效供给，增强微观经济活力，加速新兴产业发展，又可以扩大就业、增加居民收入，促进经济社会发展，是经济发展的重要引擎。为此，要大力推动“双创”，切实改革，清理不必要的收费和审批环节，为企业经营活动“松绑”“减负”，激发微观经济主体创新创业活力。进一步加大知识产权保护力度，完善知识产权刑事立法，加大对知识产权犯罪行为处罚力度。加快培育创新文化，保护创新热情，宽容创新挫折，形成有利于创新的社会氛围。

第三，实施金融改革，提升资本利用效率，增强金融支持实体经济力度。进一步深化金融机构特别是国有控股商业银行改革，适当降低国家持股比例，积极发展证券、保险等非银行金融机构，大力发展多层次资本市场，通过转变经济增长方式、形成财务硬约束和发展股本融资来降低杠杆率，消除结构性扭曲。继续深化政府职能转变，简政放权，硬化融资主体财务约束，提高资金使用效率。强化市场约束，加快僵尸企业处置力度，积极开展商品房去库存，尽快将被占用的存量资本引导到新兴领域和环节。构建与实体经济相匹配的多层次金融体系、多样化组织体系、立体化服务体系，有效整合各种金融资源以服务小微企业。

第四，审慎推动土地制度改革，逐步建立城乡统一的土地流转制度。积极落实十八届三中全会《决定》中的有关精神，明确农村集体经营性建设用地入市范围和途径，建立健全市场交易规则和服务监管制度，总结重庆、深圳等地先行先试经验，在逐步建立城乡统一的土地产权框架和流转制度中形成兼顾国家、集体和个人的土地增值收益分配机制，引导土地生产要素持续释放发展红利。

（二）生产端发力

生产端发力，就是要调整产业政策，加减乘除并举，调整思路，祭出生产端发力的“三支箭”，大力推进垄断行业、新兴产业和服务业领域改革，重点解决新兴生产力与旧的管理体制之间的矛盾和供给结构不适应需求结构变化的矛盾非常突出的问题，在体制机制变革中释放新的生产力。

第一，深化新兴产业领域体制机制变革，释放产业新增长点。

Kuznets 认为，创新政策的完善能够推动技术进步，并促进相关产业新增长点发展。当前，我国产业新增长点正在加快孕育，但这些新兴领域发展还受到一些体制机制制约，短期内还难以形成像房地产、汽车等传统引擎的拉动力。因此，要加快破除如创新药物和医疗器械审批周期长、定价和采购机制不合理、各类许可繁杂重复等一系列问题；“三网融合”及互联网和新媒体服务多头管理、行业壁垒严重等一系列问题；风电、光伏、新能源汽车发展面临的场址规划、并网发电、充电基础设施建设等问题；航空管制与通用航空产业发展的问题；电子商务发展过程中行政管理、诚信体系、政策措施等方面的问题，催生相关领域产业新增长点快速发展。此外，要注重把淘汰落后产能和创新创业结合起来，把原来僵尸企业占用的各种资源，包括土地、信贷等，在政府引导下流向新兴产业，实现除旧立新。

第二，加快推进基础和垄断性领域，改革催生产业新增长点。应该看到，放开石油、天然气、电力、铁路和电信等行业的准入限制和门槛，允许民营资本进入，形成行业内竞争的新局面将有助于产业新增长点的发展。因此，要积极完善国有资本有进有退、合理流动机制，大力推进国有企业重组和调整，加快改组组建国有资本投资、运营公司，加快推进垄断行业改革，推动国有资本向重点行业、关键领域和优势企业集中，鼓励企业通过跨国并购、参股、上市、重组联合等方式“走出去”，加快培育具有国际竞争力的企业，推动相关领域产业新增长点的发展和核心竞争力的提升。

第三，加大服务业等相关领域的体制机制改革力度，催生产业新增长点。加大破除制约服务业产业新增长点发展的体制机制障碍，鼓励多种形式的混合经营，加快医疗、健康、教育、金融等领域对民间资本开放，推动金融、医疗、教育等服务业领域产业新增长点发展。同时，积极深化社会领域和事业单位改革，引导公共服务有效利用市场机制，鼓励社会资本参与公共服务体系建设，不断提高公共服务的水平和质量，在公共服务领域催生一批产业新增长点。

（三）消费端发力

供给侧结构性改革并不仅仅解决供给不足的问题，更重要的是解决供需错配的问题。因此在政策的着力点上必须注重“供需双侧”发力。同时，在需求侧发力，也不是简单地扩大需求政策，而是更加侧重于需求侧的改革措施，如通过改革使得新消费需求得以释放，再加上供给创新使得新需求和新供给相匹配；又如通过投融资体制改革，使得投资效率得以增加，有效投资增多。此外，通过提升产品品质来提高产品竞争力，也是扩大出口的重要途径，但这种扩大路径与以往单纯依靠低要素成本竞争或贬值、补贴等促进出口的短期措施有着本质的不同。为此，在消费端，要重点通过体制改革和政策调整，破除市场壁垒和地方保护，创造新供给、提高供给质量来扩大消费需求。

第一，注重完善消费环境。通过健全法制环境，制定完善消费品质量和技术标准体系，严厉打击假冒伪劣，加大处罚力度，切实保障消费者合法权益，提升消费品质量和安全水平，构建全方位消费者权益保护体系。加快信用体系建设和公共服务平台建设，建立独立的商业信用评评价体系，制定商业信用标准、建立商业诚信档案数据库，推进信息共享，提高居民消费满意度。

第二，注重提升消费热点。随着消费水平的提升，我国居民消费结构逐步升级，由温饱型逐渐向个性化、多样化、品质化升级，客观上将会促进文化、娱乐、教育等相关服务消费需求的扩大，文化旅游、教育培训、养老健康、休闲娱乐、电子商务、信息服务等领域将成为新的消费热点。特别是随着老龄化社会的到来和“全面二孩”等政策的调整，将会带动老年医疗保健、老年护理服务、老年休闲、老年旅游、老年教育以及老年用品开发等消费以及母婴医药、奶粉等初生婴儿用品以及儿童服饰、家具、童车、玩具、儿童教育等市场需求的增长，应制定针对性措施提升消费热点。

第三，注重提升消费能力。采取包括提高个税起征点，进一步降低居民个税负担等方法提高居民收入在初次分配中的比例。通过加大最低收入保障力度，稳步提高最低工资水平，鼓励创新创业，完善投资环境等方式扩大中等收入群体，提高居民消费能力。

（四）投资端发力

投资端发力，就是要实施更加有效的投资政策，提高投资的有效性。一是要稳住房地产、基础设施和制造业等重点领域投资，同时注重加大政府研发投入，优化研发资源配置，支持边境地区和跨省交界地区公路、铁路、管道、电力基础设施等能有效破除经济发展瓶颈约束、释放发展活力等领域投资，在稳住投资引擎的同时提高投资效率。二是促进投融资体制改革，放宽社会资本准入渠道，充分运用推广 PPP、特许经营等融资模式，鼓励企业社会资本进入中西部地区铁路、大型水利设施、棚户区改造、城市地下管廊等公共产品建设，补齐经济社会发展的缺口和短板，提升投资质量和效益。

（五）出口端发力

出口端发力，最根本的是要加快培育技术、品牌、质量、服务等出口竞争新优势，抵缓要素成本优势下降带来的出口下滑，提升出口质量和效益。要以提升我国产业国际价值链地位为核心，推动出口产品结构升级，鼓励出口产品由劳动密集型产品或制造环节向资本技术密集型转变，鼓励推动装备制造等出口主导产业，提升产品质量、档次和安全性能。同时，加快培育技术、品牌、质量、服务等出口新优势，逐步将我国产业优势领域从加工制造业环节向研发设计、品牌、营销等“微笑曲线”两端延伸，逐步构建自主技术、自主品牌和自主销售网络，加快培育形成新的外贸竞争优势。

参考文献

[1]《供给侧改革到底是什么?》，《人民日报》2015 年 12 月 1 日。

[2] 彭森等：《中国经济体制改革重大事件（上）》，中国人民大学出版社 2008 年版。

[3] 辜胜阻：《缓解实体经济与小微企业融资成本高的对策思考》，《江西财经大学学报》2015 年第 5 期。

[4] 安体富、杨金亮：《促进小微企业发展的税收政策研究》，《经济与管理评论》2012 年第 5 期。

[5] 李刚、马丽梅：《创新政策体系触及的边界：由市场与政府关系观察》，《改革》2015 年第 3 期。

[6] 盛朝迅：《新常态下产业新增长点发展的三种路径及培育策

略》，《中国发展观察》2015 年第 12 期。

[7] 王忠宏、来有为：《新经济增长点在孕育兴起》，《人民日报》2015 年 3 月 25 日。

[8] 李克强：《加快培育新动能，改造提升传统动能》，《中国证券报》2016 年 1 月 22 日。

[9] 苏波：《着力培育新的工业增长点》，《求是》2015 年第 6 期。

[10] 乔榛：《从生产力水平到生产力容量：一个解释经济增长的新视角》，《当代经济研究》2015 年第 12 期。

[11] 依绍华：《扩大消费重在完善消费环境》，《经济日报》2015 年 7 月 30 日。

[12] 吕岩：《健康产业：我国现代化进程中的巨大机遇和挑战》，《理论与现代化》2011 年第 1 期。

[13] 杨黎源：《老龄化成本的国际比较与中国应对策略——基于养老支出视角的分析》，《浙江社会科学》2013 年第 3 期。

[14] 杨永兵、梁鑫：《新生代农民工消费水平提升的影响因素研究综述》，《当代经济》2015 年第 31 期。

[15] 李克强：《从供需两端加大结构性改革力度》，《中国证券报》2015 年 12 月 4 日。

[16] 陈伦盛：《“十三五”时期新型城镇化投融资模式的改革与创新》，《经济纵横》2015 年第 6 期。

[17] 张燕生：《“走出去”建立全球化生产体系》，摘自林岗、王一鸣等《中国经济改革与发展研究报告》，中国人民大学出版社 2014 年版。

[18] 黄汉权、盛朝迅：《提升我国制造业全球分工地位》，《宏观经济管理》2014 年第 1 期。

[19] National Economic Council and Office of Science and Technology Policy, A Strategy for American Innovation, October 2015.

[20] McKinsey Global Institute, Disruptive Technologies: Advances That Will Transform Life. *Business*, *and the Global Economy*, May 2013.

第八章　构建支撑供给侧结构性改革的创新体系*

本章首先对构建开放高效的创新体系与推进供给侧结构性改革的关系进行了探讨，分析了两者的理论基础、内在关联和现实特征，并对当前制约供给侧结构性改革的创新体系瓶颈障碍进行了分析，提出了构建支撑供给侧结构性改革创新体系的总体思路和措施建议，认为应围绕“一个体系、五大支柱”的要求，完善激励制度，激发各类创新主体活力，强化中间环节建设，夯实人才要素支撑，培育鼓励创新的社会环境，形成有利于创新的制度安排。

一　准确把握开放高效创新体系与供给侧结构性改革的理论关联

近年来，党中央提出了实施创新驱动发展战略、建设中国特色国家创新体系和深入推进供给侧结构性改革两项重大任务。这两者之间有着深刻的内在联系，在目标上高度一致，在内容上紧密关联，在手段上相互依靠。一方面，科技创新可以调整供给结构，供给侧结构性调整主要通过创新驱动来实现；另一方面，供给侧结构性改革可以为创新驱动发展提供产品、要素、企业和制度支撑，可以进一步推动创新体系完善，形成创新驱动发展的强大动力。因此，两者从根本上是相统一的，既要在理论上深化认识，也要在实际工作中将两者的紧密结合作为落实新发

---

* 合作者：黄汉权。

展理念，推动实施创新驱动发展战略，更好适应和引领经济发展新常态的重要遵循。

（一）共同的目标是创新体系与供给侧结构性改革的根本连接点

根据经济合作与发展组织［简称经合组织（OECD）］等相关机构界定，创新体系是由创新主体、创新基础设施、创新资源、创新环境、外界互动等要素组成的相互联系的生态系统（OECD，1997）。早期学者 Freeman（1987）、Lundvall（1992）、Nelson（1993）、Edquist（1993）等人对其研究作出了重要贡献。中国学者对国家创新体系（NIS）研究稍晚，齐建国（1995）、吴贵生和谢伟（1997）、柳卸林（1998）、王春法（1998）、石定寰（1999）、冯之浚和罗伟（1999）、胡志坚（2000）等学者均发表了重要的研究成果，并呈现出理论研究与政策并行的特点，我国高度重视创新在国家经济中的作用，将“建设创新型国家”作为现阶段的工作重点，并在2016年发布的《国家创新驱动发展战略纲要》和《“十三五”国家科技创新规划》中分别提出了建设中国特色国家创新体系和建设高效协同国家创新体系的目标和任务。其中，《“十三五”国家科技创新规划》提出的高效协同国家创新体系包括充满活力的创新主体、高水平创新基地、区域创新增长极、创新网络、创新治理结构、创新生态等六部分内容，从目标任务来看，构建开放高效创新体系的根本目的是服务创新驱动发展战略，提升创新能力和创新驱动发展效率。

而“供给侧结构性改革”则是一个具有中国特色的概念和重大议题，与西方的“供给学派”虽然都是从供给侧入手提出经济改革的主张，但有着本质的不同，在宏观背景、管理和调控宏观经济手段、宏观政策主张和举措等方面都存在较大差异。根据我们理解，供给侧结构性改革的实质是通过改革放松管制，降低生产成本和交易成本，矫正市场扭曲，释放活力，促进创新，提高供给体系的质量和效率。不能简单理解供给仅仅是更高质量的产品或服务供给，还应包括更加集约化配置的生产要素供给、更加结构优化的产业供给和有效的新制度供给，更侧重提升经济增长的效率和企业长期发展的活力，这与构建创新体系，增强经济发展动力，提高全要素生产率等目标从根本上是一致的（见图8－1）。

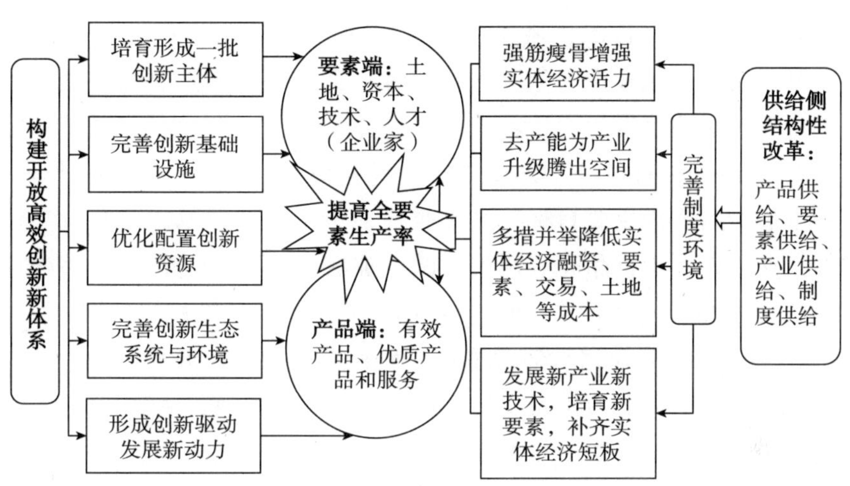

图 8－1　构建开放高效创新体系与供给侧结构性改革的内在关联

（二）构建开放高效的创新体系是推进供给侧结构性改革的重要内容

构建开放高效的创新体系，从具体内容上来看，必然要求加快培育形成一批创新主体，完善创新的基础设施条件，优化创新资源配置，完善创新生态环境，最终形成创新驱动发展的新动力。这些内容本质上都是供给侧结构性改革的重要方面，特别是通过科技创新可以调节供给结构，能够在多个维度为供给侧结构性改革提供支撑，为供给质量提升提供更多新技术、新产品、新服务，能够有效降低实体经济成本，去除“低端无效产能”、促进产业升级，补齐产业发展短板，提升全要素生产率，对推进供给侧结构性改革“三去一降一补”等主要任务具有重要作用。

1. 构建开放高效创新体系有助于做好“去产能”的加减法

“去产能”是当前我国经济发展中的重要议题，也是 2016 年中央经济工作会议提出的供给侧结构性改革五大任务的首要任务。但“去产能”不等于“去产业”，在部分产能出清的基础上，要积极通过创新驱动开发新产品拓展新领域，提升产业竞争力。美国在应对金融危机带来的产能过剩时，综合应用产业深化创新和培育产业竞争力、结构调整等供给侧政策，把优化新兴产业发展的竞争环境，促进清洁能源、信息、生物、空间等技术领域优先加快突破，夯实创新的人才、科学研究、基础设施等基础作为化解产能过剩的重点，通过创新驱动发展化解产能过剩等做法值得我们学习借鉴。经验表明，“去产能”不能简单做“减法”，必须要和构建开放高效的创新体系结合起来，把提高产业的创新发展能力作为主要目标，鼓励企业通过发展新技术、开发新产品、延伸产业链以及走精品高端路线等做“加法”，适应市场需求升级的要求，达到去除“低端无效产能”、提高供给质量的最终目的。

2. 通过创新提高供给侧效率是“降成本”的最大潜力

近年来，受劳动力供需变化、资源环境约束增强、金融服务实体经济能力不足和市场体系不完善等诸多因素影响，我国制造业各项主要成本迅速上升，较先行工业化国家和地区的综合成本优势正在逐步降低，对我国制造业转型升级和竞争力培育形成较大制约。其中，成本上升最快的是人工成本（见表8－1）和土地成本，2011 年至2014 年，城镇制造业就业人员年平均工资从 3.67 万元提高到 5.14 万元，年均增长13.5%，比同期制造业主营业务收入增速高约 1 个百分点，比利润总额增速高约 7 个百分点。但从未来发展态势看，劳动力成本上升趋势难以逆转，唯有通过创新提高劳动生产率，对冲成本上升压力。由此可见，简单依靠压缩成本增长的空间有限，降成本的最大潜力还是通过构建开放高效创新体系促进创新，进而通过创新提升供给侧的效率。为此，应坚持降成本与提效率“双管齐下”，切实鼓励企业加大研发投入，提高要素产出效率，以效率提升降低相对成本，促进制造业转型升级。

表8－1　近年来我国规模以上工业企业成本相关指标及变化

单位：亿元；%

指标	年份			年均增长	
	2005	2010	2014	2005—2010	2011—2014
利润总额	14803	53050	68155	29.1	6.5
主营业务收入	248544	697744	1107033	22.9	12.2
主营业务成本	209863	585257	943370	22.8	12.7

续表

指标	年份			年均增长	
	2005	2010	2014	2005—2010	2011—2014
城镇工业人员工资总额	6830	15068	33705	17.1	22.3
负债合计	141510	340396	547031	19.2	12.6
主营业务税金及附加	2997	11183	16961	30.1	11.0
应缴增值税	8521	22473	33979	21.4	10.9
成本费用利润率	6.4	8.3	6.5		

资料来源：《中国统计年鉴》2006 年、2011 年、2015 年。

3. 提升创新发展能力是“补短板”在产业方面的主要着力点

经过多年的发展，我国产业取得举世瞩目的成就，在全球 500 余种主要工业产品中，我国有 200 多种产量位居世界第一，钢铁、水泥、电解铝、造船等产量占全球比重的 45% 以上。但是，我国制造业大而不强的问题较为突出，进入世界 500 强的 100 多家企业大部分是资源型产业和金融、房地产行业公司，创新型企业较少。根据世界知识产权委员会最新公布的 2015 年全球创新指数（Global Innovation Index），我国在知识产出规模、创新基础设施、人力资本状况等方面指标全球领先，但在制度、营商环境等方面排名较为落后，如在投资者权益保护这一指标上，我国在 141 个样本国家中仅排第 114 位，在产学研结合、创新集群、政府和私人部门合作等指标上，也处于较低水平。这些，正是下一步完善创新体系，提升创新发展能力的重要着力点，也是供给侧结构性改革在产业方面“补短板”所需要加强的地方。

换而言之，供给侧结构性改革主要通过创新驱动来实现。推进供给侧结构性改革，落实好“三去一降一补”任务，必须以塑造更多依靠创新驱动、更多发挥先发优势的引领性发展为前提，以促进创新、加快构建开放高效创新体系为出发点推进供给侧结构性改革。

（三）推动供给侧结构性改革是促进创新体系完善的强大动力与重要保障

如前所述，推进供给侧结构性改革和构建开放高效创新体系在内容上是紧密衔接的，构建开放高效创新体系本身就是供给侧结构性改革的重要内容。反过来，深入推进供给侧结构性改革，促进产品供给、企业供给、产业供给和制度供给的不断完善，特别是通过体制机制的创新也可以推动科技创新，促进创新主体、要素、环境、制度和生态的完善，从而促进创新体系的完善，为开放高效创新体系的构建提供强大动力和重要保障支撑。

1. 供给侧结构性改革能够夯实开放高效创新体系的微观主体

供给侧结构性改革的根本目的是充分激发微观经济主体活力，解除供给约束，促进供给端解放生产力、提升竞争力。随着供给侧结构性改革的推进，可以进一步形成有利于市场和企业创新的体制机制，破除阻碍创新的体制机制，更好地释放改革红利，充分激活微观经济主体的潜力与活力，特别是增强企业的创新主体地位和主导作用，强化了企业在创新体系中的主体作用，使市场机制配置资源的决定性作用得到更好发挥。同时，还有利于进一步明确各类创新主体的功能定位，使高校、科研机构、科技类社会组织和各类创新主体各归其位，促进各类新型研发机构发展，有利于促进各类创新主体协同互动，激发各类创新主体活力，系统地提升创新主体能力。

2. 供给侧结构性改革能够为开放高效创新体系构建提供创新要素供给

供给侧结构性改革的本质是促进创新。从要素角度看，供给侧结构性改革更强调劳动力、土地、资本、创新等要素资源和优化配置，进而提升供给质量与供给效率。而这些要素资源的优化配置，本身也会为开放高效创新体系的构建提供强有力的要素支撑。首先是人才，既包括站在学术前沿、勇于创新和探索的创新型人才，也包括大量具有专业知识的技术转化人才，还包括具有精益求精、不懈创新、笃实专注等“工匠精神”的技术产业化工匠人才和市场营销与经营管理人才。其次，是大量新技术新供给，提高产品的技术含量和工艺水平，为创新体系注入技术活力。此外，还会产生信息资源、大数据等各类高能要素，优化创新组织形式，提升创新带来的技术创新和效率提高效应，增强经济发展的创新驱动力。

3. 供给侧结构性改革有助于完善创新驱动发展的制度安排

完善创新驱动发展的制度安排是构建创新体系的重点。未来的竞争很大程度上是制度的竞争，科技创新成果和新兴产业能否源源不断地冒出来很大程度上取决于是否拥有良好的产业创新生态。但由于长期以来我国经济发展主要依靠要素驱动和投资驱动，导致我国经济发展大而不强的同时也造成了我国在体制机制上有不少适应要素和投资驱动但又不利于创新驱动的制度性樊篱。通过供给侧结构性改革，着力解决制约我国经济发展方式转变的“增长速度崇拜”和“要素和投资驱动依赖”等深层次矛盾和问题，完善创新驱动发展的制度安排，有利于构建创新成果涌现的高效创新体系，激发全社会的创新活力，有助于落实创新驱动发展战略，推动创新驱动发展。

二　客观认识当前制约供给侧结构性改革的创新体系瓶颈障碍

尽管供给侧结构性改革与开放高效创新体系构建紧密相连，我国也已基本形成政府、企业、科研院所及高校、技术创新支撑服务体系等相互支撑的创新体系，但目前创新体系的整体效能仍然不高，对供给侧结构性改革的支撑作用还有待增强。特别是供给侧结构性改革对开放高效创新体系建设的要求更高，对于企业创新主体作用、创新生态环境、制度环境建设、技术创新成果产业化、区域创新体系完善等方面的要求更高，现有的创新体系仍存在诸多不适应的地方。

（一）企业创新主体作用尚未完全发挥，对供给侧结构性改革的支撑仍有待加强

企业是创新的发动机，通过企业和企业家对人才、技术、资金等生产要素资源进行重新组合，可以转化为现实生产力，促进经济增长和供给结构改善（王昌林，2014）。近年来，我国加大企业技术研发支持力度，企业研发投入积极性不断提高，研发能力得到增强，重点产业领域创新成果不断增多，以企业为主体、市场为导向、产学研相结合的技术创新体系建设取得积极进展。但我国企业创新能力依然薄弱，许多领域

缺乏具有自主知识产权的核心技术，企业在创新决策、研发投入、科研组织和成果应用等方面的作用仍亟待加强，企业创新发动机作用还没有完全显现，企业创新主体对创新供给的支撑作用仍有待加强。如被称为电子信息产业“心脏”的芯片和集成电路需要大量进口，自 2013 年起连续 3 年成为我国第一大进口商品，2015 年进口额 2299 亿美元。技术和关键核心产品的高度依赖导致产业发展受制于人，2016 年 3 月美国对中兴公司发起制裁，禁止中兴公司采购美国芯片，给中兴公司和相关产业发展带来重创。此外，我国企业研发投入明显偏低，目前大中型工业企业平均研发投入占主营业务收入比重仅为 0.9%，尚不到 1%，与主要发达国家 2%—3% 的平均水平差距巨大，这直接制约了企业创新能力的提升。

（二）创新体系中间环节缺失，“创新孤岛”现象突出

从创新链的角度看，我国创新体系中基础理论研究和应用研究实力都比较强，但缺乏中间环节，类似德国弗朗霍夫协会这样的知识生产类技术转移机构不足，而生产力促进中心、科技孵化器、技术交易机构等知识转移类技术转移机构服务水平偏低，无法满足大企业较为高端的服务需求，同时对中小企业的需求无法全覆盖，造成需求与服务的脱节（盛朝迅，2017）。科学家的科学研究和企业家的技术创新衔接还不够紧密，市场需求不能立即反馈到知识创新上，知识创新不能为技术创新提供良好的服务，知识供给与技术需求脱节，技术供给与市场需求脱节，这种“双脱节”导致科研成果市场转化率低，这是制约供给侧结构性改革的重要障碍和瓶颈。与此同时，创新资源分散、创新资源错配和创新效率低下等“三重困境”也困扰我国创新体系的完善，各创新主体各自为阵的多、联合攻关的少，尚未形成聚焦重点领域“政产学研金介用”等多方协同创新的新体系。“科技成果走不出实验室”矛盾突出，一方面工程应用度低、无法实质性转化；另一方面科技成果转化途径受阻，服务体系不完善，转化渠道不畅通。

（三）创新人才队伍大而不强，创新要素支撑不足的问题较为突出

近年来，在科技兴国战略的引领下，我国教育、研发投入不断加

大，科技创新人才队伍也快速壮大，目前已成为世界上拥有科技人力资源数量最多的国家。根据科技部发布的《中国科技人才报告（2014）》，我国已成为世界第一科技人力资源大国，2013 年科技人力资源总量达 7105 万人，其中作为科技活动核心的研发人员总量高速增长，2013 年达到 501.8 万人，按照全时当量统计，R&D 人员总量达到 353.5 万人年，超过美国居世界第一位。2014 年，中国从事研发活动人员全时当量达到 394 万人年，占世界总量的 28%。但也面临着人均产出效率低、高端创新型人才稀缺和人才流失等三大问题制约，多而不优的问题较为突出。根据世界经济论坛（WEF）公布的《2016 年人力资源报告》，我国人力资本指数在 132 个样本国家中排名第 71 位，仍有很大提升空间。据科技部统计，我国真正高端人才总数为 1 万人左右，而美国是我国的十倍以上，在航空、尖端汽车等领域院士数量寥寥无几，在诺贝尔奖、鲁斯卡奖、伽德纳奖、沃尔夫奖、菲尔茨奖、图灵奖等国际科技大奖中获奖人数也是屈指可数。在 SCI 统计的 22 个学科排名前 250 位顶尖科学家中，全世界超过 6000 人，我国不足 100 人。企业高层次创新人才不足现象非常突出，我国工程领域博士生愿意到企业工作的比例不足 15%，而美国则高达 80%。此外，人才流失现象也较为突出，近年来留学生的回国率为 30%—40%，低于国际普遍的 40%—50% 水平，且回国的多为硕士，而博士的回国率仅为 5%。

（四）创新生态不完善，有利于创新成果源源不断涌现的创新环境有待优化

创新体系的构筑需要良好创新生态的支撑。这既包括各种软硬创新基础设施条件，也包括相关技术创新支撑服务平台，以及与之相关的知识产权保护等法治环境，是一个推动创新成果源源不断涌现的大生态。随着国家投入力度的不断加大，我国包括重大科技基础设施、科技基础条件平台、产业创新基础平台等创新基础设施规模持续增长，覆盖领域不断拓展，技术水平明显提升，综合效益日益显现。但相关技术创新服务支撑能力相对不足，还存在创新支撑服务机构建设不健全、服务内容不全面、尚未形成网络化高效服务体系等问题，制约产业技术创新能力提升。与此同时，知识产权保护力度不足、科研事业单位改革滞后等问

题制约创新生态的完善。目前，国民的知识产权意识还比较淡薄，侵犯知识产权的案例时有发生，对侵犯知识产权者处罚不严，起不到威慑作用，导致"侵权成本低、维权成本高"等问题较为突出，不利于激发创新主体的创新激情。科技体制方面仍然存在一些弊端，以市场为主导的科技体制仍需完善，主要表现为"三不"：科技与经济结合不紧密，产学研协同创新机制不够健全，科技投入与成果产出不对称。大学和科研院所的人事及薪酬制度落后于创新发展的时代要求，阻碍了科技人力资源的流动和有效配置，抑制了科技创新巨大潜力的发挥。科研项目和经费管理的不合理限制和约束，也严重挫伤科技人员的积极性。

三 厘清构建支撑供给侧结构性改革创新体系的总体思路

构建支撑供给侧结构性改革的高效开放创新体系，应在准确把握两者之间内在关联的基础上，针对制约供给侧结构性改革创新体系构建的瓶颈障碍，把握好总体思路、方向和路径，制定有针对性的政策措施。

（一）总体思路与目标

当前，我国构建支撑供给侧结构性改革开放高效创新体系的总体思路可以概括为"一个体系、五大支柱"，一个体系是指：着力构建"市场主导、企业主体、人才支撑、制度保障、各类创新主体协同互动，政产学研用相结合"的创新体系。五大支柱是指：以企业为主体，以人才为支撑，以新型科研机构、中介组织、联盟和服务机构等为基础，以良好的创新环境为依托，以体制机制创新为保障（见图 8－2）。通过 5 年左右的努力，到 2020 年基本建成中国特色国家创新体系，有力支撑供给侧结构性改革。企业创新主体地位进一步确立，企业和企业家在国家创新决策中的作用明显增强，企业研发投入大幅增加，规模以上工业企业研发经费支出与主营业务收入之比达到 1.1%。创新型人才规模质量稳步提升。规模宏大、结构合理、素质优良的创新型科技人才队伍初步形成。创新基础设施步伐加快，初步建立世界一流重大科技基础设施集群。知识产权、技术中介、创新联盟等服务机构逐步完善，创新创业服务更加高效便捷。创新环境更加优化，激励创新的政策法规更加健全，知识产权保护更加严格，有利于创新创业的价值导向和文化氛围加快形成。科研体制改革进一步深化，人才、技术、资本等创新要素流动更加顺畅，创新活力进一步迸发，创新链条有机衔接，创新体系协同效应更为显著。创新体系在供给侧结构性改革中的作用显著增强，加速推动传统产业整合和新兴产业成长，对扩大有效供给和中高端供给、减少无效供给和低端供给、提高供给体系质量和效益的作用进一步凸显。再通过 5 年左右的努力，到 2025 年创新体系更加完备，各创新主体的协同作用进一步发挥，有力支撑发展动力的根本转换。

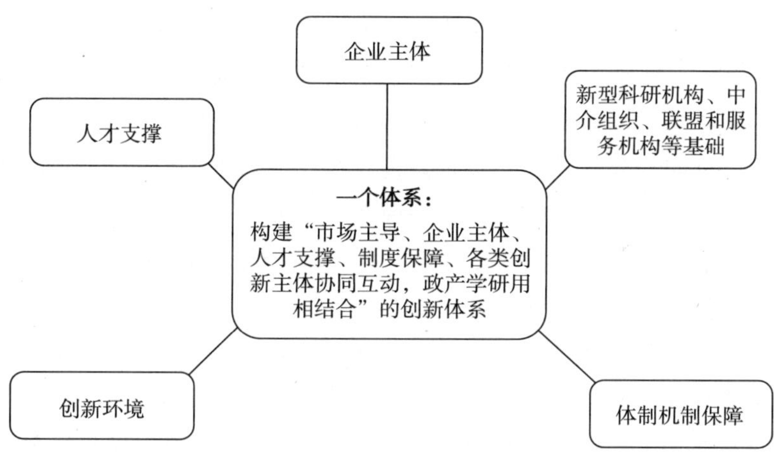

图 8－2　创新体系“一个体系、五大支柱”示意

（二）五大支柱与任务

（1）以企业为主体。企业是创新的主体，也是创新体系的主要构建力量。要通过大幅增强企业创新能力，着力构建以企业为主体、市场为导向、产学研紧密结合的国家技术创新体系。通过改革科研项目管理体制，推动科技创新由技术供给导向型为主向市场需求导向型为主转变，真正建立以企业为主体的产业技术研发体制，努力打造一批具有较强研发实力和国际竞争力的创新领军型企业，推动一大批科技型中小企业健康发展。

（2）以人才为支撑。人才是创新的第一推动力，构建开放高效创新体系必须增强人才创新活力，推动一大批创新创业人才脱颖而出。要从战略高度重视领军人才、复合人才和专业人才的引进、培养、开发和使用，瞄准经济社会发展和增强创新动力的需求，牢固树立人才是第一资源的理念，结合研究、教育培训和移民等政策创新，努力形成集聚人才、提升人才、用好人才和有利于人才分层发展的体制机制和政策环境。要推进教育体制和人才评价使用体制改革，认真落实教育优先发展战略，借鉴发达国家专业人才队伍建设经验，以职业教育改革为突破口，加快发展职业教育、创业教育和终身教育。

（3）以新型科研机构、中介组织、联盟和服务机构等为基础。创新服务支撑体系是当前我国支撑供给侧结构性改革开放高效创新体系建设中的短板。要紧紧围绕企业创新发展需求，努力打造汇集创造—就业—经营于一体的创新服务平台，把基地建设、人才培训、技术市场、专利维护、过期专利再开发、金融创投支持、创新方法引进、市场开拓等融为一体，加快推进创业孵化、知识产权服务、第三方检验检测认证等机构的专业化、市场化改革，构建面向企业创新发展的社会化、专业化、网络化技术创新服务平台。

（4）以良好的创新环境为依托。创新体系的竞争力不仅取决于资金、人才等资源投入，还取决于创新环境。这其中，完善的市场环境是创新的基础支撑，要形成优胜劣汰的市场机制，让市场做创新的“裁判员”，激发创新的原动力；顺畅的合作环境是创新的必要条件，在创新资源全球化、创新人才国际化、创新组织网络化的新形势下，支持创新必须营造顺畅的产学研合作环境，推动基于市场导向的各种资源整合；有效的投融资环境是创新的“催化剂”，是解决创新体系中“死亡之谷”难题的重要途径，要着力构建高效便利的投融资体系；有利的社会文化环境是创新的沃土，要着力形成“勇于创新、敢为人先，鼓励竞争、崇尚合作，追求成功、宽容失败”的社会共识和氛围，营造开放、公平的创新创业环境。

（5）以体制机制创新为保障。体制机制创新是构建开放高效创新体系的重要保障。坚持科技面向经济社会发展的导向，积极发挥市场对技术研发方向、路线选择、要素价格、创新要素配置的导向作用，围绕产业链部署创新链，进一步探索产学研协同创新机制，消除科技创新中的“孤岛现象”，提升国家创新体系的整体效能。加强知识产权运用和保护，破除制约科技成果转移扩散的障碍，健全技术转移机制，促进科技成果资本化、产业化。加强科研管理体制改革，建立主要由市场决定技术创新项目、经费分配和成果评价的机制。

四　夯实支撑供给侧结构性改革创新体系的基石与措施建议

当前和今后一个时期，深入推进供给侧结构性改革是我国经济工作的主线。落实好这一要求，必须牢固树立创新、协调、绿色、开放、共享五大理念，进一步深化改革，把完善激励机制作为开放高效创新体系建设的关键和重中之重，厚植创新的基石，多措并举激发各类创新主体活力、推进创新基础设施、夯实人才要素支撑、培育鼓励创新的社会环境，形成有利于创新的制度安排。

（一）加强激励、鼓励创新，激发各类创新主体活力

构建支撑供给侧结构性改革创新体系的关键是将激励做好。要加强激励、鼓励创新，激发企业、大学和科研机构、新型研发机构、各类专业化服务机构等创新主体内生动力和发展活力，使各类主体在创新体系中各归其位，系统提升各类主体创新能力，增强创新源头供给。强化企业创新主体地位和主导作用，鼓励企业开展基础性前沿性创新研究，提高企业对国家科技计划、应用导向的科技重大专项方案等决策参与度，建立需求导向、企业牵头、企业采购高校和科研机构研发服务的关键领域产业技术攻关体系。突出重点，通过典型示范等方式支持企业创新能力建设，深入实施创新企业百强工程，加快培育一批拥有自主知识产权和知名品牌、具有国际影响力的创新型领军企业，培育一批具有国际竞争力居世界前列的创新型企业和一大批富有创新活力的中小企业集群。推动科教融合发展，促进高等学校、职业院校和科研院所全面参与国家创新体系建设，支持一批高水平大学和科研院所组建跨学科、综合交叉的科研团队。围绕国家战略需求和目标，瞄准国际科技前沿，布局建设

一批高水平国家实验室，提升国家战略领域的科技创新能力。

（二）强化中间环节建设，促进创新体系各组成部分有效衔接

针对中间环节缺失和关键共性技术供给薄弱等问题，建议以国家需求和市场导向为主，以推动科技成果转化为目标，参考德国弗朗霍夫协会模式，加快知识生产型技术转移机构建设，考虑成立全国性的应用科研机构协会或联合会，探索中央、地方两级共同扶持和管理的新型科研机构运行机制，实行以知识产权管理为主导的科技成果管理体制，实现跨领域、跨部门、跨区域组织的协同创新，加速创新成果转化和扩散。落实好《中共中央国务院关于深化体制机制改革加快实施创新驱动发展战略的若干意见》（中发〔2015〕8 号）要求，在若干战略领域，加快建设一批企业主导、院校协作、多元投资、军民融合、成果分享新模式的产业创新中心和创新网络，大力发展市场导向型的新型研发机构，推动跨领域跨行业协同创新。加强信息资源整合，鼓励建设技术转移和服务平台，发展众扶、众筹、众创、众包等新兴技术服务业态，为新技术转化、新产品发展和新模式打造提供技术支撑和有关创新服务。完善包括各级政府、金融机构、行业协会、产业联盟、产业园、专业服务组织等在内的创新服务支撑体系，聚集创新要素和资源，提升创新服务的支撑能力。

（三）优化人才发展环境，夯实人才等要素支撑

人才是创新体系建设中最宝贵的资源，无论是企业创新主体作用的发挥，还是科技研发、重大科技基础设施建设、产学研服务机构发展和创新环境的营造都需要高水平人才队伍的支撑。要把完善人才评价激励机制和服务保障机制作为提升人才发展活力的重点。坚持价值导向，针对我国科研人员实际贡献与收入分配不完全匹配、股权激励等对创新具有长期激励作用的政策缺位、内部分配激励机制不健全等问题，明确分配导向，完善分配机制，使科研人员收入与其创造性劳动的科学价值、经济价值、社会价值紧密联系。实施灵活高效、人尽其才的选人用人政策，按照创新的规律培养和吸引人才，为人才成长提供有竞争力的薪酬和软硬环境支持。推动科研成果收益分配、股权激励、产权处置等向优秀人才倾斜，建立充分体现智力劳动和服务劳动价值的分配导向，让科技人员的智力劳动得到合理回报，赋予科研人员更大的科研自主权、人财物支配权和技术路线决策权。支持体制内科研人员停薪留岗创业，允许科研人员和教师依法依规适度兼职兼薪。实施更积极的、更开放的、更有效的人才引进政策，完善外国人永久居留制度，放宽技术技能型人才取得永久居留权的条件，增加中国"绿卡"的含金量。围绕开放高效创新体系建设发展的人才需求，进一步夯实基础教育、高等教育、职业教育和创新教育基础，培养和造就一大批科技创新人才队伍。加快实施创新人才推进计划、青年英才开发计划、企业经营管理人才素质提升工程、专业技术人才知识更新工程和国家高技能人才振兴工程等重大人才工程，着力发现、培养和集聚高水平人才队伍。

（四）形成有利于创新的制度安排，以共生创新的理念促进创新生态的完善

深化体制机制改革，破除不利于创新体系建设的制度障碍，推动形成有利于创新成果迸发、创新体系完善的制度安排。一是切实加强知识产权保护，实施更加严格的知识产权保护和执法制度，大幅度提高权利人胜诉率、判赔额，从根本上改变目前"侵权易、维权难"的状况，在全社会营造尊重知识产权的氛围和环境。二是实施技术转移行动计划，通过完善知识产权许可和管理、加强技术转移机构建设等政策法规和措施，推进财政资金支持的技术成果转移和产业化，大幅度提高科技成果转化率。三是完善创新导向的评价制度。推进高校和科研院所分类评价，把技术转移和科研成果对经济社会的影响纳入评价指标，形成绩效导向的科学评价体系。完善人才评价制度，进一步改革完善职称评审制度，增加用人单位评价自主权，形成有利于创新发展的人才评价体系。与此同时，在全球化和信息技术快速发展的时代，新产品、新技术的生命周期不断缩短，市场要求的创新频率在不断加快，新产品的开发与应用所需的投资也日益增大，传统的纵向一体化模式受到企业资源禀赋制约，越来越难以实现。这要求企业从独立创新转变为多元主体共生创新，与相关利益方联结成创新共同体，打造良好的产业生态和创新型产业集群。这就要求创新的生态环境必须具有很强的包容性，能够吸引大中小企业和政产学研金介用等各方共存共生。为此，需要健全保护创新的法治环境，打造开放公平的市场环境和崇尚创新的文化环境，营造有利于创新生态完善和各类创新主体健康成长的共生环境。

参考文献

［1］OECD，National Innovation Systems. 1997.

［2］冯之浚、罗伟：《国家创新系统的理论与政策文献汇编》，群言出版社 1999 年版。

［3］高文兵：《供给侧结构性改革呼唤创新》，《经济日报》2016 年 7 月 14 日。

［4］国务院：《国务院关于印发“十三五”国家科技创新规划的通知》，中国政府网，http：//www. gov. cn/zhengce/content/2016 －08/08/content_ 5098072. html，2016 －08 －08。

［5］胡志坚等：《国家创新系统：理论分析与国际比较》，社会科学文献出版社 2000 年版。

［6］黄群慧：《以供给侧结构性改革完善制造业创新生态》，《光明日报》2016 年 4 月 27 日。

［7］贾康、苏京春：《新供给经济学》，山西经济出版社 2015 年版。

［8］柳卸林：《中国国家创新系统的现状、问题与发展趋势》，《市场经济下国家技术创新系统建设课题报告》，1998 年。

［9］马晓河：《把握供给侧结构性改革的关键》，《经济日报》2016 年 7 月 28 日。

［10］齐建国：《技术创新——国家系统的改革与重组》，社会科学文献出版社 1995 年版。

［11］芮明杰：《产业化创新推进供给侧结构改革》，三思派，2016 年 7 月 22 日。

［12］盛朝迅：《构建国家创新网络的国际经验与中国路径》，《宏观经济研究》2017 年第 1 期。

［13］盛朝迅：《化解产能过剩的国际经验与策略催生》，《改革》2013 年第 8 期。

［14］石定寰：《国家创新系统：现状与未来》，经济管理出版社 1999 年版。

［15］王昌林：《进一步理清实施创新驱动发展战略的思路》，《全球化》2014 年第 11 期。

［16］王春法：《关于国家创新体系理论的思考》，《中国软科学》2003 年第 5 期。

［17］王春法：《技术创新政策：理论基础与工具选择——美国和日本的比较研究》，经济科学出版社 1998 年版。

［18］吴贵生、谢伟：《国家创新系统的要素、作用与影响》，第二届中韩产业技术政策研讨会——面向 21 世纪的国家技术创新系统会议论文集，1997。

［19］习近平：《不能把供给侧结构性改革看成是西方供给学派的翻版》，人民网，http：//politics. people. com. cn/n1/2016/0528/c1001 - 28387396 - 2. html，2016 - 05 - 28。

［20］薛澜、赵静：《关于"十三五"时期创新驱动发展的时代意义与战略思考》，《国家行政学院学报》2016 年第 5 期。

［21］曾国屏、苟尤钊、刘磊：《从"创新系统"到"创新生态系统"》，《科学学研究》2013 年第 1 期。

［22］张俊芳、雷家骕：《国家创新体系研究：理论与政策并行》，《科研管理》2009 年第 7 期。

［23］赵志耘：《供给侧结构性改革的本质是促创新》，《科技日报》2016 年 7 月 4 日。

［24］赵志耘：《以科技创新引领供给侧结构性改革》，《中国软科学》2016 年第 9 期。

［25］中共中央、国务院：《国家创新驱动发展战略纲要》，2016 年 5 月 19 日。

第九章　去产能的国际经验与策略

作为成熟发达的市场经济国家，美国本身并没有太多专门针对产能过剩的政策，化解产能过剩主要靠市场机制解决，但政府对产能过剩并非束手无策，而是根据形势变化采取相应措施化解产能过剩。尤其是当前受国际金融危机影响，美国产能过剩面临的主要问题是需求萎缩导致的产业下滑，为此美国采取了一系列创新举措，特别是以产业深化创新和培育产业竞争力为根本途径化解产能过剩的做法。相比之前采取的扩张性的财政政策、货币政策等需求管理的宏观调控措施，当前美国采取的应对措施更具综合性和战略性，呈现供给侧政策和需求侧政策配套应用的新特点，值得借鉴。应借鉴美国经验，科学认识我国当前产能过剩的性质和成因，分类施策，以结构调整化解产能过剩；综合施策，采取供给侧和需求侧的措施化解产能过剩；统筹协调，综合运用多种手段化解产能过剩。

一　供给侧的政策创新

从供给侧来看，美国综合应用产业深化创新和培育产业竞争力、结构调整等供给侧政策，把优化新兴产业发展的竞争环境，促进清洁能源、生物、空间、医疗等技术领域加快突破，夯实创新的人才、科学研究、基础设施等要素基础作为化解产能过剩的重点。

（一）以生产率立国，通过创新驱动产业发展化解产能过剩

“生产率立国”是美国把政府通过赠款和补贴对科技研究进行投资

并发展公立基础教育体系作为“美国制度”和国家战略重要内容的主要原因。从现代角度来看，生产率的提高绝大部分是科技进步的结果。因此，美国大力实施创新驱动发展战略，以提高生产率为目标，促进研发、教育、科技、市场等创新驱动发展环境培育和美国制造业体系、资本密集型工业和大规模生产等兴起，为美国产业发展动力转换和新成长领域的崛起奠定了基础。这种动力的转换使美国在科技、生产、教育等领域遥遥领先于世界，其生产能力即使是相对落后的领域在世界范围来看往往也并不落后，并且能找到相应市场，在发展中自然而然地解决产能过剩问题。

然而，受经济周期波动性影响，美国工业在发展过程中经历了几次比较大的产能过剩：一是 1907 年美国爆发金融危机，钢铁产量下降近 60%，生铁下降 38%，机车下降 69%；二是 1929—1933 年大危机导致产能过剩，使美国工业生产下降 46%，煤、铁、钢产量下降分别倒退了 28 年、36 年和 31 年；三是 20 世纪 40 年代末期、80 年代中期、90 年代初期都发生不同程度的产能过剩；四是 21 世纪初互联网泡沫破灭造成的产能过剩；五是 2007 年以来最近一次金融危机导致的产能过剩，最严重的是 2009 年第四季度，美国工厂的平均开工率只有 67.2%（见图 9－1）。

在此背景下，美国政府于 2009 年和 2011 年连续发布两份《美国创新战略》，主题分别是“推动可持续的发展增长和高质量的就业”和“确保国内经济增长与繁荣”，明确提出要保持美国在创新能力、教育和基础设施等方面的竞争力，培育掌握 21 世纪技能的下一代，公布美国历史上增幅最大的研发投资，集中力量突破清洁能源、生物技术等关键创新领域等，并以此获得美国在全球持续的领先地位。这一系列的举措表明美国将创新驱动作为刺激经济增长、化解产能过剩和提升国家竞争力的重要举措。数据也表明，美国在 2009 年第四季度之后产能利用率逐步回升，根据美联储最新的声明，2013 年 2 月美国工业产能利用率为 79.6%，基本与美国过去 40 年来 80.2% 的平均水平持平。根据美国经验，当工业产能利用率在 81% 及以上时，为正常的产能过剩，表明美国已基本化解了金融危机以来的产能过剩问题。特别是金属制品、计算机和电子设备制造业产能利用率回升至 83.0% 和 80.1%，均高于

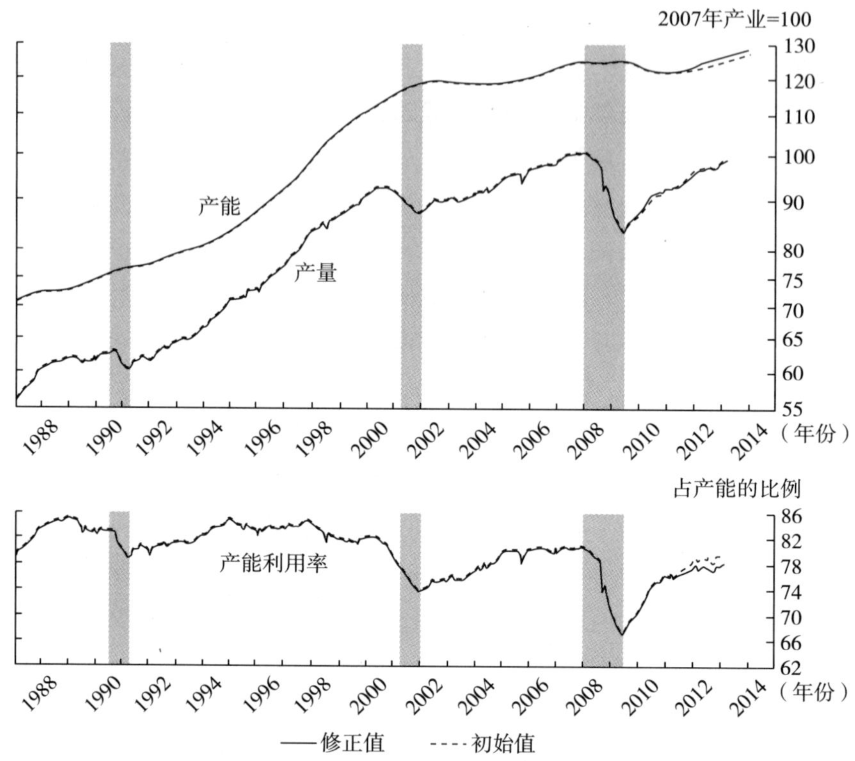

图 9－1　美国的工业产量、产能和产能利用率

注：阴影区域代表由美国国家经济研究局（NBER）定义的衰退周期。

资料来源：*Federal Reserve statistical release*，March 22，2013。

过去40年平均水平，汽车产业产能利用率也从2009年53.0%的低谷回升至74.0%（见表9－1）。

表 9－1　　美国的工业内部分行业产能利用率变化情况　　单位：%

行业	行业代码	1972—2012年平均	2009年	2010年	2011年	2012年
全部工业	—	80.2	69.7	75.6	77.1	77.5
制造业	—	78.7	67.2	72.9	74.8	75.7
金属制品业	332	77.4	64.0	74.8	79.3	83.0

续表

行业	行业代码	1972—2012 年平均	2009 年	2010 年	2011 年	2012 年
计算机和电子设备制造业	334	78.1	62.0	75.3	80.5	80.1
汽车及零部件	3361－3	75.0	53.0	61.1	67.9	74.0
航空航天和其他交通运输设备	3364－9	73.0	71.1	70.3	72.0	73.0
食品饮料制造	311，2	81.0	75.9	77.1	78.9	80.3
纺织服装业	313，4	80.0	59.5	65.1	67.2	69.8
化学品	325	77.6	70.7	75.1	76.2	74.9
塑料和橡胶制品	326	82.2	65.0	72.7	72.6	73.8

资料来源：*Federal Reserve statistical release*，March 22，2013。

（二）重视产业竞争力提升，通过增强竞争优势化解产能过剩

国际金融危机后，欧美等发达国家重新认识到发展实体经济特别是制造业的重要性，纷纷提出“再工业化”战略，以抢占世界经济和科技发展的制高点。特别是美国由于长期去工业化，导致服务业占 GDP 的比重较高，制造业占 GDP 的比重只有 10% 左右，技术密集型产业发展与日本、韩国、德国等重视“制造立国”的发达国家差距越拉越大，先进制造产品净出口持续下滑，自 2001 年开始逆差不断扩大，2011 年已扩大至 100 亿美元（见图 9－2），这无疑给一直以研发创新和高新技术产品引领全球的美国敲响了警钟。

美国政府先后发布《重振美国制造业政策框架》《先进制造伙伴（AMP）计划》《先进制造业国家战略计划》等计划鼓励美国制造业发展，通过完善先进制造业创新政策、加强“产业公地”建设和优化政府投资等战略，加强先进制造业投资组合，重点加大先进材料、生产技术平台、先进制造工艺及设计与数据基础设施等四个领域的投资，给予研发永久性的税收优惠措施，使美国公司削减生产成本，提高产品质量，加快产品开发。

这些措施看似与化解产能过剩并不直接相关，甚至与“淘汰落后产能”等措施刚好相反，其实不然。美国通过“再工业化”战略重塑

自身制造业竞争优势，实质是以竞争力提升化解产能过剩的重要举措。特别是其提出的“产业公地”建设举措，实质是完善产业集群的创新政策，形成美国制造的产业集群化优势，这对于提升美国产业整体竞争力，增加化解产能过剩的缓冲地带等具有重要意义。

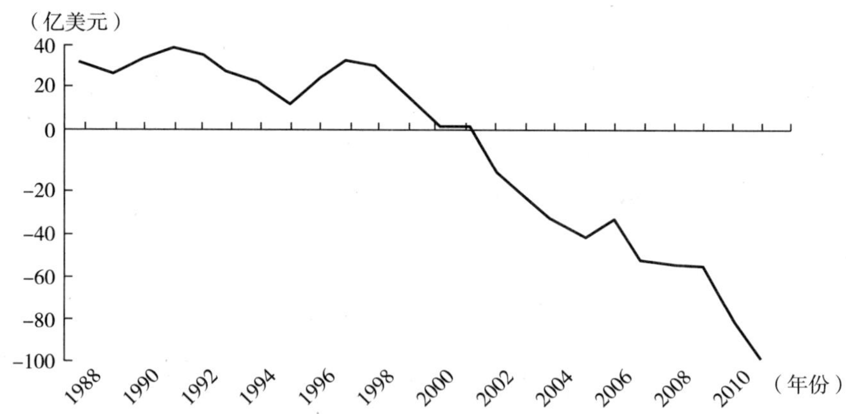

图9-2 美国先进制造产品的净出口

资料来源：美国国家统计局。

从美国制造业内部构成变化看，近年来高技术产业产能扩张明显，在制造业中的比重不断上升。2009—2012年，美国高技术产业产能增速分别为6.7%、11.1%、26.4%和4.1%，而同期整个制造业增速仅为-2.3%、-2.0%、0.6%和1.6%。2013年一季度美国高技术产业产能增长4.9%，比制造业高3.1个百分点（见表9-2）。

表9-2 美国工业产能变化情况 单位:%

行业	2009年	2010年	2011年	2012年	2013年
制造业	-2.3	-2.0	0.6	1.6	1.8
高技术产业	6.7	11.1	26.4	4.1	4.9
其他制造业	-2.9	-2.7	-0.5	1.5	1.6

资料来源：*Federal Reserve statistical release*, March 22, 2013。

二　需求侧的政策创新

从需求侧看，美国采取多种途径扩大国内和国际市场，以市场容量提升化解产能过剩，其政策的重点是对内鼓励消费，加强国内领先市场培育；对外加大贸易保护和区域性经贸合作安排，强化国际市场主导权。

（一）重视国内市场，通过扩大国内市场化解产能过剩

国内市场是美国化解产能过剩的重要组成部分和坚强堡垒。美国一直强调国内市场的重要性，例如，早年曾担任亚当斯总统私人助理的亚历山大·埃弗雷特指出，国内贸易对国内工业、资本的带动在数量上将是国外贸易的两倍；李斯特也认为，一国国内市场对它的重要性十倍于国外市场。因此，在美国工业化初期，美国就强调国内特别是农业和农村要为工业发展提供市场，即使美国人民忍受质次价高的工业品也在所不惜，否则美国的工业化就无法展开。

在市场培育的过程中，美国非常注重利用本地市场的培育能够形成产业发展的本地效应，重点加强国内领先市场的培育，使产业经过国内市场的培育而发展壮大，进而成为创新扩散的全球领先市场。这是美国化解新兴产业面临的市场瓶颈问题，化解产能过剩，进而建立并控制全球价值链的关键所在。

美国政府还通过为建设公路、运河、铁路、邮局和公共教育等基础设施提供资金，以此来降低流通成本、推动国内统一市场的形成、增进生产率、实现西部地区的工业化和城市化。统一的国内市场和不断扩大的国内需求，不仅对美国工业化和全球竞争优势的获得起到重要作用，在经济危机时对于消纳和化解产能过剩也功不可没。在2008年的国际金融危机中，美国再次推出“BUY AMERICAN”的国货战略，鼓励美国人购买国货，并将其作为总额为7870亿美元一揽子经济刺激法案的内容，以此缓解产能过剩的矛盾和避免经济过快下滑。美国总统奥巴马还专门为宣传国货作了演讲。虽然在经济全球化和跨国公司生产非一体化的背景下，“国货”的内涵和边界已经很难区分，但美国通过支持本国生产产品销售，对于扩大国内需求和消费，缓解产能过剩矛盾仍起到

重要的作用。

（二）加大贸易保护和区域性经贸合作安排，通过强化国际市场主导权化解产能过剩

通过贸易保护政策转嫁国内经济危机是美国的一贯做法。特别是在美国经济萧条程度特别严重时，美国会凭借其国家实力，要求主要贸易对手扩大对美产品进口或强迫贸易对手货币升值，以削弱对手的出口竞争力，为美国消化过剩产能、度过危机争取时间和空间。比如历史上针对日本的广场协议和近期的要求人民币升值等。

近年来，美国这一战略有所升级，主要表现为通过构建自由贸易区的形式拓展和巩固其在国际经贸规则制定上的话语权和其对国际市场的主导权。2008 年 9 月，美国总统奥巴马决定参与“跨太平洋伙伴关系计划”（TPP）谈判，并于 2009 年 11 月提出扩大跨太平洋伙伴关系计划，全方位主导 TPP 谈判；2013 年 2 月，美国和欧盟发表联合声明，决定启动内部相关程序，以期开展“跨大西洋贸易与投资伙伴”（TTIP）协议谈判，覆盖的议题比 TPP 更为广泛。美国同时在东、西半球，横跨太平洋、大西洋两大洋开展以自己为主导的新的全球经贸规则和秩序制定的谈判，如果得以实施，将会降低美国产品跨境经营成本，提高产品竞争力，促进美国产品出口，对化解产能过剩和增强国际市场主导权形成有力支撑。从近年数据也可以看出，美国对自贸区出口的增长速度明显高于非自贸区，2011 年和 2012 年度分别高 2.7 个百分点和 2.4 个百分点。（见图 9－3）

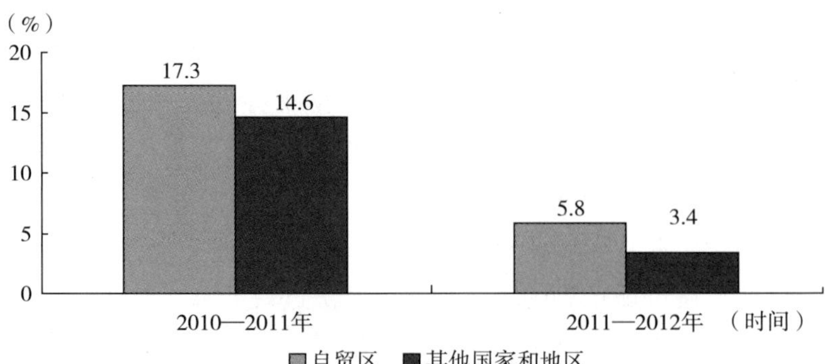

图 9－3　2010—2012 年美国对自贸区和其他国家出口增长情况比较

资料来源：U. S. Department of Commerce, *U. S. Exports* 2012 *The Year in Review*, February 8, 2013。

三　若干启示与经验借鉴

透过现象看本质，可以发现美国的发展战略和真实意图。美国化解产能过剩的根本战略是促进产业发展，提高美国产业竞争力，在发展中解决产能过剩问题。我国当前的产能过剩和美国面临的情况既有相同之处，也有不同之处，相同之处是目前的产能过剩都是在国际金融危机背景下以需求下滑导致的市场萎缩型周期性产能过剩为主，不同之处是我国由于盲目投资冲动造成的产能过剩和由于资源环境压力导致的淘汰落后产能的压力也比较大。笔者认为，相对于投资冲动导致的产能过剩和资源环境倒逼下的淘汰落后产能的压力，市场下滑引起的产能过剩更应引起重视，要警惕需求萎缩型产能过剩给产业发展带来的负面影响及其衍化、发展对经济、社会领域的不利扩散效应。因此，更应该借鉴美国经验，重点从以下几个方面着手，综合施策，化解产能过剩。

（一）深化对产能过剩内涵和危害的认识

长期以来，我国以淘汰落后产能为主要治理目标的政策导向不适应现阶段化解产能过剩的要求，导致不断淘汰落后产能，不断产生新的产能的循环往复问题。不停地淘汰，淘汰完了依然过剩。其根本原因是没有抓住主要矛盾。这个主要矛盾就是对产能过剩成因的分析和认识。事实上，产能过剩可以分为两类：一类是生产扩张型产能过剩，即在市场饱和的情况下，企业由于逐利性和羊群效应，不断进入本已过剩的行业，从而导致产能过剩，这种产能过剩的背景是经济过热，其主要后果是重复建设和资源浪费，政府的政策主要是限制发展和淘汰落后产能，轰动大江南北的“铁本事件”即是一例，这是我国治理产能过剩的重点；第二类是需求约束型的产能过剩，即由于市场萎缩或经济周期波动导致在产能没有盲目扩张的情况下依然出现产能利用率不足的现象，这种产能过剩的背景是经济萧条，可能会对就业、消费、经济发展产生持续的负面影响，因而是美国政府关注的焦点，其政策着力点包括供给和需求两部分，供给侧的是通过持续的技术创新提高产业发展的创新型水平和竞争能力，需求侧的是通过扩张性的财政政策、货币政策以及强化贸易保护政策扩大国内和国际市场需求，主要体现为刺激和扩张的反周期调节。由此可见，美国政策化解产能过剩的出发点不是限制，而是优化升级，这给我们很好的启示。在实践中，我们更应该关注需求萎缩导致的产能过剩及其对产业竞争力、消费、经济等关联影响，通过持续有力的技术创新、金融创新和相关战略措施提升产业竞争力，化解产能过剩。

（二）分类施策，以结构调整化解产能过剩

分析美国化解产能过剩的经验不难发现，美国对落后产能的淘汰主要交给市场竞争来解决，而政府政策的着力点主要是放在完善产业发展的研发、教育、政策等基础条件以及对新产业的培育上。而我国过去化解产能过剩主要表现为淘汰落后产能和推进技术改造等短期性、应急性和分散性政策，没有着眼于从建立新的产业发展模式和产业结构升级角度出发，来寻找化解产能过剩的对策。这就造成宏观调控政策难以解决市场需求不断高级化和低水平产业供求与发展机制之间的矛盾，造成生产能力的大量过剩和“治理—缓和—严重—再治理—再缓和……”的低水平发展循环怪圈。借鉴美国经验，对产能过剩问题应该分类施策：一方面，对于低附加值、低技术含量的产品或生产环节和资源消耗多或环境污染高的行业要通过优胜劣汰和环保杠杆下决心淘汰一批落后产能；另一方面，对于由于市场萎缩和周期性下滑因素导致的产能过剩，要下大力气加快转型升级和结构调整，提高产业发展的知识化、技术化、高端化、智能化程度和水平，促进产业深化和产业升级，以提升产业竞争力为主线培育有竞争力的大产业。同时，对于尚处于发展初期的战略性新兴产业，如光伏、风电等行业，要根据市场真实需求配置资本与产能，并注重技术、标准、商业模式等核心竞争力的培育，不能一窝蜂地大干快上，单纯依靠产能扩张追求规模化，最后由于过度竞争导致产能过剩、企业经营困难甚至破产倒闭。

（三）综合施策，采取供给侧和需求侧的措施化解产能过剩

在新一轮美国化解产能过剩的战略举措中，一个重要的特征是摆脱以往只重视需求侧调控，不重视供给侧管理的思维框架和定式，综合采

取供给侧和需求侧的措施。从供给侧看，主要是通过创新驱动夯实美国产业发展的基础与环境，营造有利于创新创业的氛围，并选取清洁能源、生物、纳米和先进制造、航空航天等技术领域重点突破，实施“再工业化”战略，促进美国具有战略优势的技术密集型和劳动集约型等新兴产业“回溯”；从需求侧看，在传统重视扩张性财政政策和货币政策的基础上，加大了贸易保护主义、开拓国内国际市场等方面的战略措施。其核心逻辑是以产业深化创新和培育产业竞争力为根本途径化解产能过剩，并在此过程中不断强化美国在技术创新、新兴产业和全球市场等领域的主导权。我国产业发展正面临着攀升全球价值链高端的艰难探索，如果在化解产能过剩的同时夯实相关的研发、教育、技术、市场等基础，必将为产业转型升级提供有力支撑。因此，建议借鉴美国经验，综合采取供给侧和需求侧的措施化解产能过剩。需要指出的是，以产业深化创新和培育产业竞争力为根本途径的产能过剩治理，并不否认过去国家宏观调控部门推行的政策，相反，它们提供了产能过剩治理的重要基础性手段。

（四）统筹协调，综合运用多种手段化解产能过剩

分析美国经验可以看出，虽然美国没有专门针对落后产能的政策措施，但其化解效果非常好，其采取的措施和发展战略是我们治理产能过剩传统认为与产能过剩相关度不大的措施。事实上，产能过剩的成因是复杂的、多元的，因此其化解措施也不能是简单的“疏”或者“堵”，为此需要拓宽思路，从更宏观的视野发掘有针对性的政策措施。综合采取行政手段、经济手段、法律手段以及产业政策、宏观调控和发展战略等多维措施。一是完善信息发布与预警机制，减少信息不对称导致的产能过剩；二是实施中国特色的“保压”措施，“保”技术升级和新兴产业培育，“压”加快淘汰落后并不批新上产能过剩项目；三是强化环境、能耗、水耗、安全、质量、技术、规模等标准，提高准入门槛；四是完善行业规划和产业政策、需求政策、技术政策、贸易政策、税收政策等，促进政策协调并发挥合力；五是通过扩大和创造国内需求、鼓励企业海外发展、推动兼并重组等多种途径消化、转移过剩产能；六是强化行政管理、投融资、政府官员政绩考核和价格形成机制等体制机制改

革，改良催生产能过剩的制度土壤。

参考文献

[1] 贾根良：《美国学派：推进美国经济崛起的国民经济学说》，《中国社会科学》2011 年第 4 期。

[2] 郭海涛：《应对产能过剩的国际比较与启示》，宏观院 2010 年度重点课题成果，内部资料。

[3] 美国国家科技委员会：《先进制造业国家战略计划》，2012 年。

[4] 李江涛：《产能过剩——问题、理论及治理机制》，中国财政经济出版社 2006 年版。

[5] 王云平、盛朝迅：《当前我国产业结构调整的进展、问题与下一步政策思路》，《发改委宏观院 2013 年一季度形势分析专题报告汇编》，内部资料。

[6] National Economic Council, Council of Economic Advisers, and Office of Science and Technology Policy, *A Strategy for American Innovation: Securing Our Economic Growth and Prosperity*, 2011: 6。

[7] Federal Reserve, *Industrial Production and Capacity Utilization: The 2013 Annual Revision*, 2013: 15 - 18。

第十章　降低制造业成本的关键点和难点*

改革开放以来，依托低成本比较优势，我国制造业快速融入全球产业分工体系，进入发展快车道，成为带动我国经济高速增长的重要动力。而近年来这种情况正在发生重要变化，我国制造业成本逐年走高，部分行业亏损面加大、竞争力下降、对外转移加速，由此导致经济下行压力持续加大。2015 年中央经济工作会议提出，要“着力加强结构性改革，在适度扩大总需求的同时，去产能、去库存、去杠杆、降成本、补短板，提高供给体系质量和效率”。在此背景下，客观分析近年来我国制造业成本的变化情况，剖析降低制造业成本的关键点，提出切实可行的对策建议，对于重塑实体经济竞争优势以增强经济持续增长动力具有重要意义。

一　近年来我国制造业成本的变化及其影响

近年来，受劳动力供需变化、资源环境约束增强、金融服务实体经济能力不足和市场体系不完善等诸多因素影响，我国制造业各项主要成本迅速上升，较先行工业化国家和地区的综合成本优势正在逐步消失，对我国制造业转型升级和竞争力培育形成较大制约。

（一）近年来我国制造业成本变化分析

制造业成本一般包括原料燃料、设备、用工、其他要素、税收、融

* 合作者：黄汉权、姜长云、付保宗。

资和物流等成本和费用。由于不同行业原料和设备成本差异较大，进行全面分析比较困难，这里重点关注用工、其他要素、税收、融资和物流等共性成本。

从国家统计局公布的数据看，2005—2010 年，我国规模以上制造业主营业务成本年均增速（22. 8%），低于制造业主营业务收入增速（22. 9%）和利润总额增速（29. 1%）。2011—2015 年我国规模以上制造业主营业务成本年均增速为 10. 1%，明显高于制造业主营业务收入增速（9. 7%）和制造业利润总额增速（4. 5%），成本增速与主营业务收入、利润增速的关系发生了逆转，导致成本费用利润率由升转降，从 2010 年的 8. 3% 下降到 2014 年的 6. 5%。在总成本构成中，劳动力、融资、税负等成本增长尤为突出。在制造业主营业务收入、主营业务成本和利润总额增速都大幅下降的情况下，2011—2015 年城镇工业①人员工资总额增速却比 2005—2010 年有所加快，反映出劳动力用工成本呈快速上涨态势。负债增速可以从一个侧面反映企业融资成本情况，近年来企业负债增速虽然有所下降，但仍处于较高水平。主营业务税金及附加、应缴增值税总额在 2011—2014 年均以高于 10% 的年均增速增长，保持了相对较高格局（见表 10 – 1）。

表 10 – 1　近年来我国规模以上工业企业成本相关指标及变化

单位：亿元;%

指标	年份			年均增长	
	2005	2010	2015	2005—2010	2011—2015
利润总额	14803	53050	66187. 07	29. 1	4. 5
主营业务收入	248544	697744	1109852. 97	22. 9	9. 7
主营业务成本	209863	585257	944857. 26	22. 8	10. 1
城镇工业人员工资总额	6830	15068	34797. 2	17. 1	18. 2
负债合计	141510	340396	579310. 47	19. 2	11. 2

① 限于数据可得性，暂以工业数据描述相关情况，下同。

续表

指标	年份			年均增长	
	2005	2010	2015	2005—2010	2011—2015
主营业务税金及附加	2997	11183	16961	30. 1	11. 0
应缴增值税	8521	22473	33979	21. 4	10. 9
成本费用利润率	6. 4	8. 3	6. 5		

注：①2016 年《中国统计年鉴》不再报告 2015 年制造业主营业务税金及附加、应缴增值税、成本费用利润率，采用 2014 年相关数据代替，相应指标年均增长采用的是 2011—2014 年区间。②数据经四舍五入处理，下同。

资料来源：《中国统计年鉴》，2006 年、2011 年、2016 年。

1. 用工成本较快上涨

从制造业城镇单位就业人员工资变化看，2005—2015 年，我国制造业城镇单位就业人员工资总额从 5056. 8 亿元增长到 28341. 6 亿元。考虑就业人员增加因素后，制造业城镇单位就业人员平均工资从 2005 年的 15746. 36 元增长到 2015 年的 55915 元，其中，2011 年增速超过 20%（见表 10 - 2）。同期，我国制造业全员劳动生产率增长了 180. 9%，年均增长约 6. 1%，表明制造业用工成本超过了劳动生产率增长速度，比较劳动生产率优势有所下降[①]。

2. 土地成本呈上升态势

从全国主要城市土地出让监测价格来看，2008 年以来出现加速上升态势，尽管 2012 年以来增速有所放缓，但是土地出让价格仍然呈现上升趋势。综合地价由 2012 年第三季度的 3093 元/平方米增加到 2016 年第三季度的 3767 元/平方米，工业用地价格由 2012 年第三季度的 662 元/平方米增加到 2016 年第三季度的 776 元/平方米，分别增长了 21. 8% 和 17. 2%[②]。

① 黄汉权、郭春丽等：《降低实体经济企业成本的综合性意见》，国家发改委宏观院内部研究报告，2015 年 12 月。

② 黄汉权、郭春丽等：《降低实体经济企业成本的综合性意见》，国家发改委宏观院内部研究报告，2015 年 12 月。

表 10－2 近年来我国制造业城镇单位就业人员工资与劳动生产率变化

年份	制造业城镇单位就业人员（万人）	制造业城镇单位就业人员工资总额（亿元）	工业（制造业）增加值（亿元）	制造业平均工资（元/人）	平均工资增速（%）	劳动生产率（%）	劳动生产率增速（%）
2005	3210.9	5056.8	77034.4	15746.36	—	23.99	—
2006	3351.6	6035.8	91078.8	18008.71	14.37	27.17	13.27
2007	3465.4	7241.2	110253.9	20895.71	16.03	31.82	17.08
2008	3434.3	8498.9	129929.1	24747.11	18.43	37.83	18.91
2009	3491.9	9302.2	135849	26639.37	7.65	38.90	2.83
2010	3637.2	11140.8	162376.4	30627.96	14.97	44.64	14.75
2011	4088.3	15031.4	191570.8	36766.87	20.04	46.86	4.96
2012	4262.2	17668.1	204539.5	41453.01	12.75	47.99	2.41
2013	5257.9	24566.6	217263.9	46723.22	12.71	41.32	－13.89
2014	5243.1	27011.4	228122.9	51518	10.26	43.51	5.29
2015	5068.7	28341.6	235183.5	55915	8.53	46.40	6.64

资料来源：中国统计年鉴相关各年，经计算。

表 10－3 2012—2015 年中国主要城市土地出让价格

单位：元/平方米;%

年份	2012		2013		2014		2015		2016	
	地价	同比增速	地价	同比增速	地价	同比增速	地价	同比增速	地价	同比增速
综合	3093	1.77	3349	7.0	3522	5.16	3633	3.16	3767	4.57
商业	5793	3.15	6306	7.9	6552	3.90	6729	2.70	6868	2.67
工业	662	2.00	700	4.5	742	6.03	760	2.38	776	2.49

资料来源：根据 2012—2016 年《全国主要城市地价状况分析报告》计算。

3. 能源成本近年来有所下降

从中国工业者燃料动力类购进价格指数来看，2005 年以来随着煤炭、石油、天然气价格的快速上涨，我国工业企业用能成本也随之攀升，其中，2008 年涨幅最高（见图 10－1）。2009 年受金融危机影响，出现较为明显的下滑，但在“四万亿”等稳增长政策的作用下，2010—2011 年我国工业企业能源成本继续攀升，2012 年与上年基本持平，随后开始下降，目前约为 2010 年的 90%。在此期间，我国先后对汽油和柴油批发价格进行了多轮下调，目前国内汽油价格约为 5. 67 元/升，柴油价格约为 5. 28 元/升①，分别比 2008 年的 6. 37 元/升和 6. 19 元/升下降 11% 和 18. 9%②，但相比 2005 年则大幅上涨了 40% 左右。从企业用电成本看，近年来我国先后于 2012 年、2015 年和 2016 年 1 月对全国燃煤发电上网电价进行下调，平均每次调价 2—3 分钱，目前我国工业平均电价水平降为 0. 53 元/度，较 2008 年的 0. 6 元/度下降 11. 7%。单位能耗制造业产出也反映了这一趋势，2013 年我国制造业万吨标煤能耗主营业务收入为 3. 77 亿元，比 2009 年的 3. 1 亿元提高了 0. 67 亿元，相同能耗产出增加，也反映出制造业能源成本占总成本比重的下降。

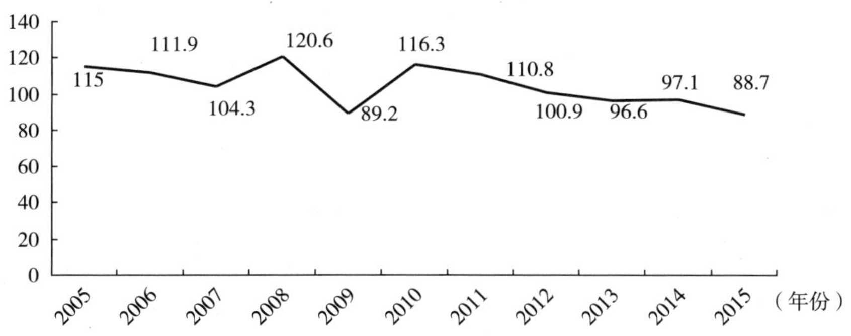

图 10－1　中国工业者燃料动力类购进价格指数（上年＝100）

资料来源：中国统计年鉴（2016）。

---

① 今日油价查询，汽油价格选择北京地区 93 号汽油价格作为参照系，柴油价格选择北京地区 0 号柴油价格作为参照系，2016 年 1 月 8 日。

② 采用北京市 2008 年 10 月数据，目前油价相比 2005 年仍有较大幅度上升，上升幅度约为 40%。

但也应看到，随着产业增速和效益下滑，一些制造行业的能源成本压力也日渐突出。2015 年，我国规模以上制造业用电总量约 3 万亿千瓦时（见表 10－4），据此估算，制造业行业平均电费成本占主营业务收入的比重约为 2%。不同行业由于能耗强度不同，其电力成本水平也差异较大。其中，电费成本占主营业务收入的比重高于制造业平均水平的行业主要是高耗能的重化工业，如非金属矿物制品业、黑色金属冶炼和压延加工业、有色金属冶炼和压延加工业电费成本占主营业务收入的比重分别为 4.1%、4.1% 和 6.3%，由于近年上述行业效益下滑较快甚至处于生存边缘，电力成本高企带来的生存压力尤为突出。在 29 个制造业大类中，有 15 个行业电费成本占主营业务收入的比重不足 1%，主要是能耗强度较低的轻工、装备等行业。

表 10－4　　不同制造业用电量和电费成本行业排名（2015）

行业	电力消费量（亿千瓦小时）	电费占主营业务收入的比重（%）	行业	电力消费量（亿千瓦小时）	电费占主营业务收入的比重（%）
制造业总计	30390.97	2.0	专用设备制造业	442.83	0.9
有色金属冶炼和压延加工业	4399.37	6.3	铁路、船舶、航空航天和其他运输设备制造业	180.54	0.7
黑色金属冶炼和压延加工业	5795.60	4.1	食品制造业	230.47	0.8
非金属矿物制品业	3324.42	4.1	皮革、毛皮、羽毛及其制品和制鞋业	151.43	0.8
化学原料和化学制品制造业	4627.78	4.1	酒、饮料和精制茶制造业	159.89	0.7
化学纤维制造业	351.62	3.6	纺织服装、服饰业	213.03	0.7
造纸和纸制品业	632.26	3.3	仪器仪表制造业	84.71	0.7
纺织业	1541.18	2.8	汽车制造业	731.32	0.8
橡胶和塑料制品业	1170.61	2.8	电气机械和器材制造业	684.60	0.7

续表

行业	电力消费量（亿千瓦小时）	电费占主营业务收入的比重（%）	行业	电力消费量（亿千瓦小时）	电费占主营业务收入的比重（%）
金属制品业	1302.60	2.6	计算机、通信和其他电子设备制造业	870.71	0.7
木材加工和木竹藤棕草制品业	264.40	1.4	农副食品加工业	611.92	0.7
石油加工、炼焦和核燃料加工业	718.82	1.5	家具制造业	88.90	0.8
印刷和记录媒介复制业	111.34	1.1	烟草制品业	52.44	0.4
通用设备制造业	791.90	1.2	文教、工美、体育和娱乐用品制造业	72.89	0.3
医药制造业	302.33	0.9	—	—	—

注：此处电费占主营业务收入的比重为估算数据，估算方法：制造行业电费 = 行业电力消费量 × 制造业平均电价，其中，制造业平均电价 = ［2015 年一般工商业用电平均电价（813.93 元/千千瓦时）+ 2015 年大工业用电平均电价（652.47 元/千千瓦时）］ ÷ 2。

资料来源：国家统计局：《中国统计年鉴 2016》，中国统计出版社 2016 年版。

4. 税费成本总体上升

根据国家统计局数据，2014 年包括企业应缴增值税、企业所得税和主营业务税金及附加在内的制造业税费成本占制造业主营业务收入的比重为 5.74%，比 2010 年的 6.21% 低 0.47 个百分点，但相比 2005 年则高 0.52 个百分点。表明我国制造业总体税费成本较 2005 年有一定幅度的上升。分行业看，烟草制品税费成本上升最高，达 14.95 个百分点。其次为石油加工、炼焦及核燃料加工业，2014 年主要税金占主营业务收入的比重比 2005 年高 6.73 个百分点。专用设备制造业、废弃资源和废旧材料回收加工业、仪器仪表及文化、办公用机械制造业和塑料制品业主要税金占主营业务收入的比重上升超过 2 个百分点。此外，通信设备、计算机及其他电子设备制造业，家具制造业，皮革、毛皮、羽毛（绒）及其制品业，文教体育用品制造业，纺织服装、鞋、帽制造业，金属制品业等14个行业税费成本都有所上升。在制造业30个细分行业中，只有通用设备制造业、医药制造业、印刷业和记录媒介的复制、有色金属冶炼及压延加工业等10个行业税费成本同比下降（见表10－5）。其中，下降幅度最大的非金属矿物制品业税费成本占比下降幅度为3.24个百分点。

表10－5　　制造业企业主要税金占主营业务收入比重及变化

行业	主要税金占主营业务收入比重（%）			
	2005年	2010年	2014年	2014年较2005年上升
制造业平均	5.22	6.21	5.74	0.52
烟草制品业	54.73	65.26	69.68	14.95
石油加工、炼焦及核燃料加工业	4.77	14.04	11.50	6.73
专用设备制造业	4.69	5.66	7.68	2.99
废弃资源和废旧材料回收加工业	3.07	4.70	5.40	2.32
仪器仪表及文化、办公用机械制造业	3.87	5.34	6.06	2.19
塑料制品业	3.79	4.67	5.91	2.12
通信设备、计算机及其他电子设备制造业	2.09	3.12	3.56	1.47
家具制造业	3.67	4.80	5.11	1.44
皮革、毛皮、羽毛（绒）及其制品业	3.86	5.24	5.08	1.22
文教体育用品制造业	3.10	4.06	4.31	1.21
纺织服装、鞋、帽制造业	3.98	5.20	5.14	1.16
金属制品业	4.09	4.96	5.16	1.07
化学纤维制造业	2.57	4.17	3.51	0.94
电气机械及器材制造业	3.87	4.97	4.80	0.93
工艺品及其他制造业	4.21	4.65	4.91	0.70
纺织业	3.88	4.55	4.51	0.63
农副食品加工业	3.04	4.29	3.64	0.60
木材加工及木竹藤棕草制品业	4.76	5.39	5.16	0.39
食品制造业	5.80	6.39	6.05	0.26

续表

行业	主要税金占主营业务收入比重（%）			
	2005 年	2010 年	2014 年	2014 年较 2005 年上升
橡胶制品业	4.59	4.86	4.62	0.04
通用设备制造业	5.15	5.64	5.09	-0.07
医药制造业	8.23	8.39	8.06	-0.17
印刷业和记录媒介的复制	6.37	6.23	6.08	-0.29
有色金属冶炼及压延加工业	5.08	4.20	4.70	-0.37
造纸及纸制品业	5.18	5.20	4.62	-0.56
化学原料及化学制品制造业	5.51	5.69	4.81	-0.70
交通运输设备制造业	5.50	7.38	4.65	-0.85
黑色金属冶炼及压延加工业	5.24	3.79	3.17	-2.07
饮料制造业	12.49	10.63	9.52	-2.98
非金属矿物制品业	6.15	6.88	2.91	-3.24

注：①主营业务税金及附加用来核算企业日常主要经营活动应负担的税金及附加，包括营业税、消费税、城市维护建设税、资源税、土地增值税和教育费附加及地方教育费附加等。②企业所得税为估算数据，估算方法：企业所得税 = 利润总额 ×25%（企业所得税率）。

资料来源：《中国统计年鉴》，2006 年、2011 年、2015 年。

5. 融资成本上涨较快

从融资成本看，虽然我国一年期贷款基准利率从 2007 年 12 月的 7.47%，经过 5 次降息、5 次加息和 8 次降息，调整为目前的 4.25%，总体下降幅度达到 43%，并带动人民币贷款加权平均利率显著下滑，但我国制造业实际融资成本并没有显著下降，反而出现了较大幅度的上升。根据 Wind 数据库，2014 年年底我国规模以上工业企业利息支出占主营业务利润的比重约为 1.2%，比 2009 年年底的 0.8% 高约 0.4 个百分点，上涨幅度约为 50%（图见 10-2）。与此同时，规模以上工业企业利息支出占主营业务利润的比重也大幅提高，从 2010 年 9 月的 6.47% 提高到 2015 年 9 月份的 9.20%，提高 2.73 个百分点，上涨幅度为 42.1%（见图 10-3）。

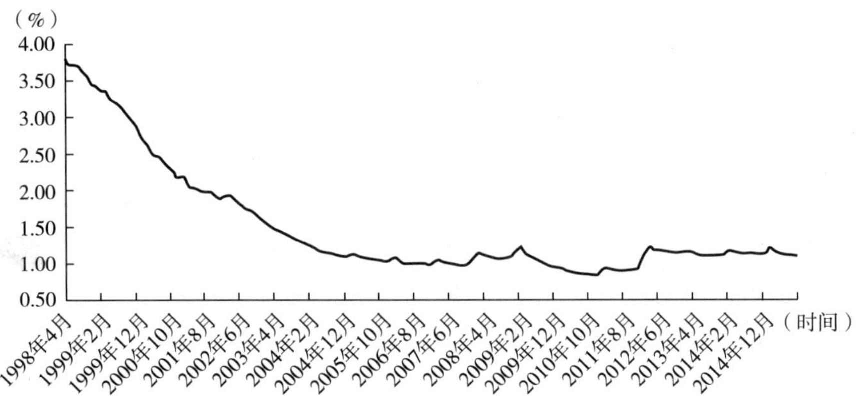

图 10－2　中国规模以上工业企业利息支出占主营业务利润的比重

资料来源：Wind。

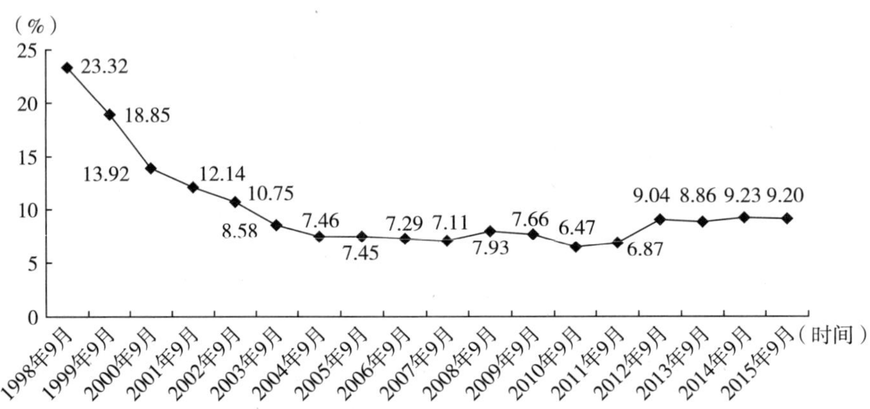

图 10－3　中国规模以上工业企业利息支出占主营业务利润的比重

资料来源：Wind。

6. 物流成本有所下降

国际上通常用物流费用率（企业物流成本占产品销售额的比重）来衡量行业物流成本。根据中国物流与采购协会数据，2008 年以来，我国工业、批发和零售企业物流费用率呈下降趋势，2014 年我国工业、批发和零售业企业物流费用率为 8.3%，比 2008 年下降 1 个百分点。其中，工业企业物流费用率为 8.9%，较 2008 年的 9.9% 也下降了 1 个百分点[①]（见图 10－4）。

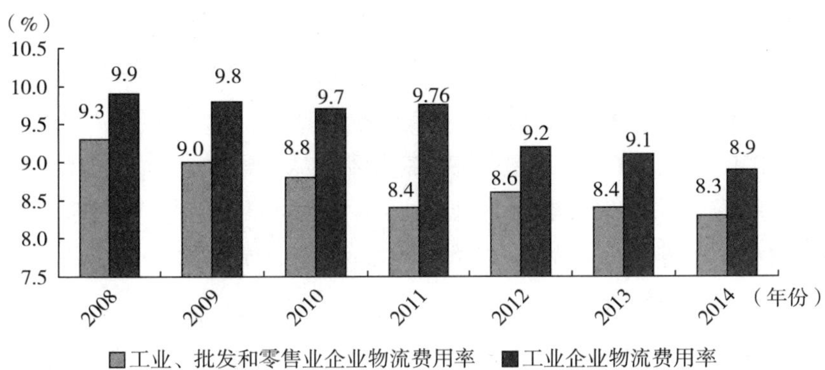

图 10－4　2008 年以来我国工业、批发和零售业企业物流费用率

资料来源：中国物流与采购协会。

（二）我国制造业成本国际比较分析

从国际比较看，我国制造业相对于美国、日本、韩国等国家和地区的成本优势正在逐步消失，在劳动力成本、资源要素价格等方面正面临越南、泰国、马来西亚等国家更低价格的激烈竞争。在税费、融资成本和物流成本方面，则明显超过美国、日本等发达国家，综合成本比较优势大幅下降。

1. 劳动力成本快速上涨，与主要发达国家差距缩小，相比于东南亚等国家已没有优势

目前，主要发达国家制造业工资水平仍明显高于我国，但我国与主要发达国家之间的工资差距正逐渐缩小。以中美比较为例，目前我国制造业小时人工成本为 3 美元左右，约为美国的 1/12，从绝对值看我国仍具有较为明显的优势，但与美国的差距越来越小。2004—2015 年我国制造业平均工资年均增速达到 12.8%，而美国同期仅为 3%。从劳动生产率看，2004—2015 年我国制造业全员劳动生产率增长了 193%，年均增速接近 10%，高于美国同期约 5% 的年均增速。但从劳动生产率与

① 中国物流与采购联合会中国物流信息中心：《全国重点企业物流统计调查报告》，2015 年 12 月。

工资增速的相对比较看，我国劳动生产率增速低于制造业工资增幅，而美国制造业劳动生产率增速高于工资增速，表明我国制造业劳动力成本相对优势正在减弱。

与东南亚等新兴经济体相比，我国制造业平均工资特别是东南沿海地区制造业平均工资已超过大多数东南亚国家，是菲律宾、印尼、越南、泰国的 2 倍以上，已经没有成本优势。从社保缴费看，我国制造业企业法定养老保险缴费费率为 20%、个人为 8%，合计为 28%，而美国企业承担的养老保险费率仅为 6.2%，越南、泰国的比例更低，仅为月薪的 2.8% 至 5% 不等。

2. 土地成本相对较高

从土地成本看，根据国土资源部数据，2016 年第三季度末全国 105 个重点监测城市工业平均地价约为 776 元/平方米，而日本最低为 614 元/平方米，韩国最低为 903 元/平方米，越南约为 280 元/平方米，泰国约为 765 元/平方米，美国中西部地区最低约为 80 元/平方米。我国工业企业用地成本低于韩国、泰国，但已经超过美国、日本和越南。

3. 能源成本相对较高

受全球能源资源供需格局变化和国内能源价格下调等因素影响，近年来我国企业用能成本有所下降，但相比主要发达国家仍然偏高。从油价看，国际油价从 2008 年的高峰 140 美元/桶下调至目前的 40 美元/桶左右，下降幅度为 60%—70%，而同期国内油价下降幅度仅为 10%—20%。从用电成本看，经过 2012 年、2015 年 4 月和 2016 年 1 月三次降价后，目前我国工业用电平均价格约为 0.53 元/千瓦·时，而美国东中西部电价差异较大，目前平均水平约为 0.50 元，越南为 0.36 元至 0.62 元，我国用电成本高于美国和越南，但低于日本、韩国和泰国。从天然气价格看，美国页岩气革命使其天然气价格自 2004 年以来下降了 25%—35%。目前，美国天然气价格每立方米约 0.7 元人民币，我国约 2.9 元，是美国的 4 倍多。

4. 税费成本相对较高

从宏观税负看，根据 OECD 数据，我国宏观税负水平整体低于 OECD 国家，但高于美国、韩国、巴西、南非、墨西哥、印度等主要再工业化国家和新兴经济体。从万元制造业产值税费成本看，目前我国综合平均水平为 400—500 元，日本约为 230 元，韩国也在 200 元左右。从所得税率看，我国为 15% 至 25%，美国为 8.84%，日本为 9% 至 15%，韩国为 10% 至 18%，泰国为 10% 至 12%，我国总体较高。从增值税率看，我国为 17%，韩国为 10%，低于我国。越南等地为吸引外资，在某些区域实行 10 免 10 减半的优惠税收政策。美国为促进制造业回归，采取暂时取消或削减制造业原材料的进口关税等政策，并对回流企业给予税收抵扣和工资税减免，对制造业回流吸引力较大。

5. 融资成本相对较高

从贷款基准利率看，2014 年我国一年期贷款基准利率为 5.6%，高于美国、日本、英国、加拿大等主要国家（见表 10－6）。2015 年降息后为 4.25%，也高于样本国家。考虑金融机构手续费等因素，从企业实际获得借款成本看，国内最便宜的借款成本年利率在 6% 以上，美国为 3% 至 3.5%，日本、韩国为 4% 至 5%，泰国与我国总体相当，越南高于我国，为 8.5% 至 14%。总体看，我国制造业融资成本相对较高，降息政策受惠主体仍集中在发达地区、优势行业和大型企业，中小微企业正规贷款可获得性低，主要商业银行对小微企业贷款利率都比基准利率上浮 20%—45%，加上手续费、承兑贴息、联保保证金、评估费、登记费、担保费、咨询费等各种费用，企业最终融资成本一般在 15% 以上①。房地产和过剩产能行业融资成本也居高不下，除了需要额外支付担保费、评估费、咨询费外，部分企业还被要求购买银行理财产品或提前还款，实际融资成本更高。

6. 物流成本高于美日等主要工业化国家

从国际比较看，2012 年，美国和日本各行业物流费用率分别为 7.9% 和 4.7%②，而目前我国企业物流费用率分别比日本和美国高 3.6 和 0.4 个百分点，总体仍高于美国和日本水平，其中，与日本差距较大，与美国差距较小（见图 10－5）。

---

①　辜胜阻：《缓解实体经济与小微企业融资成本高的对策思考》，《江西财经大学学报》2015 年第 5 期。

②　日本数据来自日本物流系统协会，美国数据来自美国 Establish 供应链管理咨询公司。

表 10－6　　　世界主要国家贷款基准利率

国家＼年份	2008	2009	2010	2011	2012	2013	2014
中国	5.31	5.31	5.81	6.56	6.00	6.00	5.60
美国	5.09	3.25	3.25	3.25	3.25	3.25	3.25
日本	1.91	1.72	1.60	1.50	1.41	1.30	1.22
英国	4.68	0.64	0.50	0.50	0.50	0.50	0.50
加拿大	4.73	2.40	2.60	3.00	3.00	3.00	3.00
意大利	6.84	4.76	4.03	4.60	5.22	5.14	4.87

资料来源：世界银行数据库。

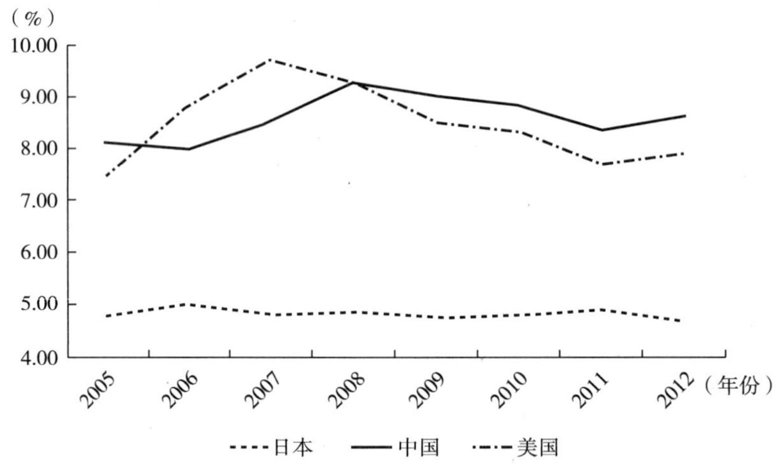

图 10－5　2006—2012 年中外物流费用率情况对比

资料来源：中国物流与采购协会。

（三）制造业成本上升的影响

当前，随着劳动力供应的减少、资源环境约束增强，加之金融服务实体经济不够、市场体系不完善等诸多因素影响，我国制造业人工成本、税费成本、融资成本和制度性交易成本等综合成本迅速上升，已严重侵蚀了经营主体扩大投资和生产经营的积极性，导致我国原有成本优势被严重削弱，加大了国内承接产业转移的难度，并造成部分地方资本外流、企业外移和产业竞争力下降，成为影响产业经济可持续发展、加剧经济下行压力的重要原因①。

一是造成企业亏损面加大。企业成本上升，加之市场需求萎缩引致的市场价格大幅下降，导致企业经营财务状况恶化，企业亏损面不断扩大，甚至出现行业性亏损。2015 年，我国规模以上制造业企业亏损总额为 9366.84 亿元，比 2010 年的 1643.7 亿元扩大了 7723 亿元。制造业全部亏损企业亏损总额占主营业务收入的比重从 2010 年的 0.27% 上升至 2015 年的 0.70%，占比扩大了将近 2 倍。

二是降低制造业产品的国际竞争力。一方面，金融危机以来我国劳动力、土地等要素成本的过快上升和汇率升值等因素综合影响，使我国部分依靠低成本竞争优势出口的产品竞争力下降，纺织服装、中高档运动鞋等产品逐渐转移到东南亚等地区，“Made in China”越来越多地被“Made in Vietnam”“Made in Thailand”等替代，我国传统制造业竞争优势减弱；另一方面，受成本上升等因素影响，我国企业盈利下降，制约了企业扩大在投资规模和用于创新的支出，也不利于企业创新和投资，从而制约了新产品的研发和竞争力的提升。

三是就业环境和财政增收情况恶化。随着企业亏损面扩大，整体就业环境恶化，就业问题更加严峻，城镇新增农民工就业减少，不少城市务工人员提前返乡，部分工厂开始分批轮流放假，隐性失业上升。同时，企业成本高企，盈利能力下降，导致企业可贡献的税收降低，影响政府财政收入规模。

二 我国降低制造业成本的关键点和难点分析

造成我国制造业成本偏高的因素是多方面的，既有经济发展阶段、要素供需形势变化等客观原因，也有政策与现实不协调、体制改革滞后等主观原因。由于客观原因不以人的意志为转移，积极调整各类政策性和体制性主观因素才是降低制造业成本的关键。为此，在剖析制造业成

① 杨青龙、刘启超：《综合成本上涨对产业升级的影响：文献综述》，《江淮论坛》2015 年第 5 期。

本现状与构成的基础上，需要深入分析影响企业成本变化的主要因素，从而探寻降低成本的潜力和可能性。

（一）劳动力用工成本仍会缓慢增加

通过历史数据分析，不难发现劳动力成本快速上升是推动我国制造业成本上升的主因。2011 年至 2015 年，城镇制造业就业人员年平均工资从 3.67 万元提高到 5.59 万元，年均增长 12.8%，比同期制造业主营业务收入增速高约 3 个百分点，比利润总额增速高约 8 个百分点。据测算，2015 年，制造业人员工资占主营业务收入的比重约为 4.9%。其中在 29 个制造业行业大类中，有 21 个行业工资成本高于制造业平均水平。尤其是劳动密集度最高的纺织服装、服饰业和皮革、毛皮、羽毛（绒）及其制品和制鞋业，其人员工资占主营业务收入的比重甚至超过 10%（见表 10－7）。

表 10－7 制造业劳动密集度和工资成本行业排名（2015 年）

行业	单位主营业务收入就业（人/亿元）	人员工资占主营业务收入的比重（%）	行业	单位主营业务收入就业（人/亿元）	人员工资占主营业务收入的比重（%）
制造业平均	88.07	4.92	非金属矿物制品业	105.38	5.89
纺织服装、服饰业	202.17	11.30	造纸和纸制品业	96.79	5.41
皮革、毛皮、羽毛（绒）及其制品和制鞋业	200.51	11.21	专用设备制造业	98.71	5.52
其他制造业	154.22	8.62	食品制造业	96.57	5.40
家具制造业	152.37	8.52	酒、饮料和精制茶制造业	96.02	5.37
文教、工美、体育和娱乐用品制造业	147.67	8.26	医药制造业	89.58	5.01
印刷和记录媒介复制业	132.49	7.41	电气机械和器材制造业	91.04	5.09

续表

行业	单位主营业务收入就业（人/亿元）	人员工资占主营业务收入的比重（%）	行业	单位主营业务收入就业（人/亿元）	人员工资占主营业务收入的比重（%）
仪器仪表制造业	120. 38	6. 73	汽车制造业	66. 44	3. 71
纺织业	116. 15	6. 49	农副食品加工业	64. 97	3. 63
橡胶和塑料制品业	109. 52	6. 12	化学纤维制造业	64. 74	3. 62
木材加工和木竹藤棕草制品业	101. 23	5. 66	化学原料和化学制品制造业	58. 88	3. 29
铁路、船舶、航空航天和其他运输设备制造业	99. 73	5. 58	黑色金属冶炼和压延加工业	57. 92	2. 24
计算机、通信和其他电子设备制造业	99. 26	5. 55	有色金属冶炼和压延加工业	39. 41	2. 20
金属制品业	102. 21	5. 72	烟草制品业	22. 36	1. 25
通用设备制造业	100. 19	5. 60	石油加工、炼焦和核燃料加工业	26. 96	1. 51

注：此处人员工资占主营业务收入的比重为估算数据，估算方法：人员工资占主营业务收入比重 = 单位主营业务收入就业 ×2015 年城镇制造业就业人员平均工资（55915 元）。

资料来源：国家统计局：《中国统计年鉴 2016》，中国统计出版社 2016 年版。

从未来发展态势看，劳动力成本上升趋势难以逆转。这是因为我国制造业劳动力成本上升首先与人口总量和结构变化的客观因素密切相关。当前，我国劳动力供给总量即将见顶趋降，同时农村劳动力已从无限供给转向有限剩余，两者共同作用成为驱动劳动力成本上升的重要动力。上述客观因素不以人的意志为转移，顺势而为才是最好的选择。此外，劳动力成本的合理上升也是提高人民群众收入水平，迈向全面小康社会的重要保证。目前企业的基本社会保障支出既是还历史欠账，也是完善社会保障制度的必要支出，成本具有一定的刚性。展望未来，综合考虑经济增长、经营业绩、最低工资标准和劳动力供给等因素对工资的影响，可以预见，制造业工资成本将会逐年攀升。因此，降低制造业用工成本的空间较小。

不可否认，制造业劳动力成本也受到一些政策性主观因素的显著影响。自2008年以来我国实施了新的《劳动合同法》，相比以往，新法在企业缴纳社会保险、劳动合同违约补偿、职工带薪休假及加班补偿等方面都作了更加严格的规定，其实施在一定程度上增加了企业用工成本。同时，我国企业承担的社会保险费率明显偏高，在世界各国排名居前。以月收入为基础，当前"五险一金"社保缴费率占比为66.3%①，其中，由企业负担80%以上，个人负担不到20%。由于我国尚未建立全国统一的社保体系，社保资金在不同区域间难以统筹使用，对于在非户籍地工作的就业人员而言，尽管企业缴纳社保增加了成本支出，但并未使职工真正受益，因此职工往往更加看重社保缴费之外的实际收入，这也间接地推高了职工工资期望和企业劳动力成本，这里面也有较大的调整空间。

必须看到，当前我国制造业承受劳动力成本上升的能力较弱，根本原因在于企业竞争力不强导致的劳动生产率相对较低。据分析②，目前我国制造业劳动生产率仅相当于美国的20%左右和日本、韩国的30%左右，尽管我国名义的劳动力成本仅相当于美国、日本的10%左右和韩国的15%左右，但如果考虑劳动生产率因素，我国制造业实际劳动力成本已经分别达到美国、日本和韩国的40%、25%和50%左右。从长远而言，提高制造业劳动生产率才是缓解劳动力成本上升的根本之策。

（二）资源要素成本下降空间较小

总体来看，我国除劳动力工资外的资源要素成本比国际平均水平要高。这是因为，我国是资源能源要素相对短缺国家，且经济和社会发展

① 以月收入为基础，养老保险缴费率为28%（个人：8%；企业：20%），医保缴费率为12%（个人：2%；企业：10%），住房公积金最高限24%（个人、企业：各12%），此外，企业还需负担1%的失业险，0.3%的工伤险以及0.8%的生育险。

② 德勤公司、美国竞争力委员会（U.S. Council on Competitiveness）2013年全球制造业竞争力指数。

对资源能源要素的需求较大，国际市场对我国供应资源能源要素价格有一定刚性，且与其他国家有一定价差的情况受国际分工和市场竞争格局等因素影响短期难以改变。从资源、能源看，我国是能源短缺的国家，随着能源资源价格市场化程度逐步提高，根据供求关系决定价格的形成机制逐步完善，能源资源价格会更趋于合理，但考虑节能环保、总供求关系和促进国内有关产业持续健康发展因素，我国能源综合成本短期内下降的可能性和空间较小。从土地成本看，虽然政府降低土地出让金可以在一定程度上降低制造业企业成本，但地方政府土地收入下降，也会造成政府对企业、社会发展的支持能力减弱，最终仍会对企业产生负面影响。从实际情况看，近年来地方政府低价转让土地行为已经大幅减小。因此，土地成本不会有较大变化。

（三）融资成本尚有明显下降空间

多年来，“融资难、融资贵”问题始终是困扰制造业企业发展的突出问题。尤其是当前在企业效益普遍下降情况下，融资成本偏高更是成为推高企业成本的重要因素。2015 年，规模以上制造企业平均资产负债率为 56.6%，在 29 个制造业行业大类中，有 12 个行业资产负债率高于制造业平均水平（见表 10－8）。2014 年，规模以上制造业企业负债余额为 25.7 万亿元，根据当年一至三年期人民币贷款基准利率估算，制造业利息成本占主营业务收入的比重为 2.5% 左右。如果考虑到大量民间借贷成本远高于此基准贷款利率，则制造业实际融资成本可能高于这一水平。从具体行业看，负债率和融资成本较高的行业多数属于效益下滑较显著的资本密集型行业，由此不仅显著增加了相关企业的短期经营压力，也对产业长期持续稳定发展构成很大威胁。

从实际情况看，我国制造业企业贷款利率水平尽管高于发达经济体水平，却明显低于金砖国家和新兴经济体平均水平。因此，就融资成本而言，下一步继续下调基准利率的空间已经非常有限。但必须看到，银行贷款利率水平并不能充分体现制造业融资成本实际状况。近年来，部分制造企业大量借助所谓“影子银行”来融资，由于一些地区金融供给和竞争不足、社会信用基础制度不完善等导致风险溢价提高，融资过程中往往存在一些不合理附加费用从而推高实际融资成本。鉴于银行贷

表 10 -8　　制造业负债和利息成本行业排名（2015 年）

行业	负债（亿元）	利息占主营业务收入的比重%	行业	负债（亿元）	利息占主营业务收入的比重%
制造业总计	579310	2.5	医药制造业	10400	1.9
铁路、船舶、航空航天和其他运输设备制造业	14259	3.5	石油加工、炼焦和核燃料加工业	16462	2.3
黑色金属冶炼和压延加工业	43763	3.3	酒、饮料和精制茶制造业	7055	1.9
造纸和纸制品业	7963	2.7	金属制品业	13368	1.7
化学纤维制造业	4018	2.6	印刷和记录媒介复制业	2408	1.5
专用设备制造业	18818	2.5	橡胶和塑料制品业	10334	1.6
其他制造业	1337	2.3	纺织业	12686	1.5
化学原料和化学制品制造业	41378	2.4	家具制造业	2490	1.5
通用设备制造业	21855	2.2	食品制造业	6571	1.4
电气机械和器材制造业	32322	2.2	纺织服装、服饰业	6137	1.3
有色金属冶炼和压延加工业	24595	2.3	文教、工美、体育和娱乐用品制造业	4295	1.3
汽车制造业	34595	2.3	农副食品加工业	16638	1.2
非金属矿物制品业	25725	2.1	皮革、毛皮、羽毛（绒）及其制品和制鞋业	3306	1.1
仪器仪表制造业	3609	2.0	烟草制品业	2341	1.2
计算机、通信和其他电子设备制造业	38632	2.0	木材加工和木竹藤棕草制品业	2701	0.9

注：①此处利息占主营业务收入比重为估算数据，估算方法：利息 = 负债 ×4.75% 贷款利率（2015 年 11 月 22 日的一至三年期人民币贷款法定基准利率）。

②制造业包括 31 个行业，表中只列 29 个，因此加总数小于制造业总计。

资料来源：《中国统计年鉴　2016》，中国统计出版社 2016 年版。

款难度加大，很多制造企业尤其是中小企业普遍采取各种方式的民间金融获取资金，融资成本往往数倍于银行贷款。

（四）制造业税负总水平可以合理降低

当前，我国制造业税费成本总体上升，2014 年包括企业应缴增值税、企业所得税和主营业务税金及附加在内的制造业税费成本占制造业主营业务收入的比重为5.74%，比2005 年提高了0.52 个百分点，且与制造业主营业务利润率越来越接近，仅低0.08 个百分点。换言之，三种税金总额接近企业利润总额。而如果进一步考虑企业承担的其他税费用（关税、行政性收费等），同时将企业利润总额扣除企业所得税后计算企业净利润，则制造业企业承担的税费已显著高于其净利润。由于其对于部分效益下滑较大的行业，企业缴纳税收甚至远高于企业利润。与国际平均水平相比，我国制造业负担水平也相对较重。部分反映，企业综合税负高、重复征税多、地方收费项目杂、收费政策透明度不高等，助推了制造业企业的税费负担，对企业成本形成了较大的压力。当前，我国在税制、税基税率、费改税等方面仍有较大改革空间。

从具体税种看，我国制造业增值税占主营业务收入的比重最高，2014 年达2.81%。从具体行业看分布也比较均衡，除烟草制品业达到12.33%之外，其余多数行业分布在2%—4%。由于我国增值税制设计和征收环节存在诸多不规范问题，制造业企业增值税负担总体处于偏高水平，尤其是对于劳动密集企业、折旧占成本费用比例高的企业和中小微利企业而言更为明显。可见，降低增值税潜力相对较大，且能够对降低多数制造行业成本产生较为普遍和积极影响。其次，当前制造业平均企业所得税占主营业务收入的比重为1.48%，受企业盈利水平下降影响处于相对较低的水平；具体行业分布也较为均衡，多数行业在1%—2%，石油加工、炼焦和核燃料加工业、有色金属冶炼和压延加工业、黑色金属冶炼和压延加工业这一指标已低于1%。尽管如此，考虑到当前企业盈利预期普遍降低的情况，适度降低企业所得税水平有助于增强企业长期发展的信心。假设目前企业收入和利润水平保持不变的静态条件下，根据目前17%的增值税率粗略测算，如果增值税率下降1 个百分点，将促进制造业平均收入利润率提高约0.17 个百分点。根据目前

25%的企业所得税率粗略计算，如果企业所得税率下降1个百分点，将促进制造业平均收入利润率提高约0.06个百分点。最后，2014年，制造业平均主营业务税金及附加占主营业务收入的比重为1.48%，主营业务税金及附加包括诸多细分税种，其中对烟草、石油、酒类、汽车等特定商品征收的消费税占很大比重。受此影响，烟草制品业主营业务税金及附加占主营业务收入的比重达到53.94%，石油加工、炼焦和核燃料加工业，酒、饮料和精制茶制造业，汽车制造业这一指标也相对较高，而其他制造业则普遍低于1%。因此，调整这一税种以降低企业成本的空间和影响范围相对有限（见表10-9）。

表10-9　制造业企业主要税金占主营业务收入的比重及行业排名（2014年）

单位：%

行业	主要税金占主营业务收入的比重			
	小计	应缴增值税	企业所得税	主营业务税金及附加
制造业平均	5.74	2.81	1.45	1.48
烟草制品业	69.68	12.33	3.41	53.94
石油加工、炼焦和核燃料加工业	11.50	3.72	0.05	7.74
酒、饮料和精制茶制造业	9.52	3.88	2.55	3.08
医药制造业	8.06	4.75	2.55	0.76
汽车制造业	7.68	3.25	2.27	2.16
印刷和记录媒介复制业	6.08	3.31	2.03	0.73
仪器仪表制造业	6.06	3.33	2.16	0.57
食品制造业	6.05	3.24	2.14	0.68
非金属矿物制品业	5.91	3.36	1.80	0.76
通用设备制造业	5.16	2.87	1.67	0.62
木材加工和木竹藤棕草制品业	5.16	2.81	1.65	0.70
纺织服装、服饰业	5.14	2.90	1.59	0.65
家具制造业	5.11	2.86	1.61	0.65
专用设备制造业	5.09	2.85	1.62	0.62
皮革、毛皮、羽毛（绒）及其制品和制鞋业	5.08	2.78	1.71	0.59

续表

行业	主要税金占主营业务收入的比重%			
	小计	应缴增值税	企业所得税	主营业务税金及附加
其他制造业	4.91	2.80	1.51	0.60
化学原料和化学制品制造业	4.81	2.74	1.34	0.73
电气机械和器材制造业	4.80	2.77	1.55	0.47
金属制品业	4.70	2.62	1.48	0.60
铁路、船舶、航空航天和其他运输设备制造业	4.65	2.62	1.49	0.54
橡胶和塑料制品业	4.62	2.49	1.58	0.55
造纸和纸制品业	4.62	2.78	1.34	0.49
纺织业	4.51	2.58	1.42	0.52
文教、工美、体育和娱乐用品制造业	4.31	2.39	1.41	0.51
农副食品加工业	3.64	1.89	1.28	0.46
计算机、通信和其他电子设备制造业	3.56	2.03	1.25	0.28
化学纤维制造业	3.51	2.21	1.02	0.28
有色金属冶炼和压延加工业	3.17	2.05	0.81	0.32
黑色金属冶炼和压延加工业	2.91	1.98	0.62	0.32

注：①主营业务税金及附加用来核算企业日常主要经营活动应负担的税金及附加，包括营业税、消费税、城市维护建设税、资源税、土地增值税和教育费附加及地方教育费附加等。②企业所得税为估算数据，估算方法：企业所得税 = 利润总额 ×25%（企业所得税率）。

资料来源：《中国统计年鉴 2015》，中国统计出版社 2015 年版。

2016 年《中国统计年鉴》没有主营业务税金及附加和应缴增值税。

（五）物流成本特别是物流管理成本有一定下降空间

从物流费用率看，虽然近年来我国工业企业物流费用率总体呈下降趋势，2014 年为 8.9%，但依然偏高，比日本高 3.6 个百分点。2014 年我国规模以上工业企业共实现主营业务收入 110 万亿元，据此测算，全国规模以上工业企业承担的物流费用约 9.8 万亿元，比当年企业利润总额多 3 万亿元左右。如果将物流费用率下降一个百分点，则每年可增加企业经济利润约 1 万亿元，这将有助于大大提升企业的市场竞争力。在物流成本构成中，运输成本占据最大比重，但与发达国家相比，我国企业运输成本占物流成本的比重相对较低，而相应的管理费用比重则明显偏高。2012 年中国社会物流总费用中，运输费用占 52.5%，钢铁、有色金属等行业运输成本占比均低于 60%，而美国平均占 63% 左右；我国管理费用占 12.3%，钢铁、有色金属、农副食品加工业等制造业均在 10% 左右，而美国平均只有 3.8% 左右。当前我国运输价格仍然相对较低。美国水运和铁路平均运价是我国的 3 倍左右、航空平均运价是我国的 1.8 倍、公路平均运价是我国的 1.6 倍。2014 年物流成本构成也反映这一特征。2014 年我国企业运输成本和保管成本分别增长 3.7% 和 10.1%，增速分别回落 5.3 个百分点和 0.2 个百分点，而管理成本增长 9.2%，增速提高 3.3 个百分点，管理成本比重持续上升（见图10－6）。

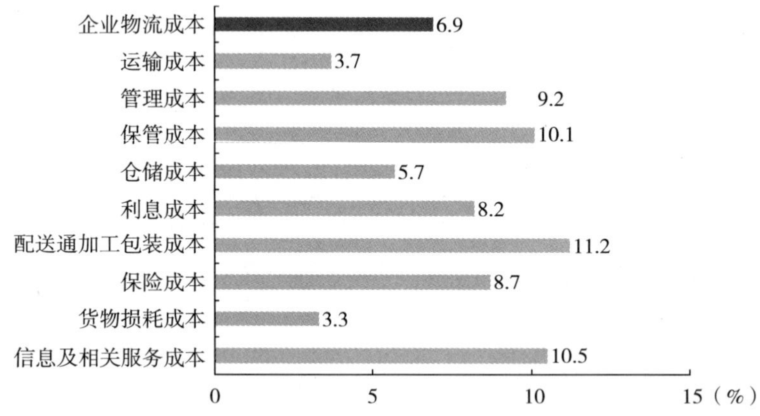

图 10－6　2014 年我国工业、批发和零售业企业物流成本增长情况

目前，我国运输环节仍然存在诸多不合理路桥费用、行政收费及其他隐性成本，在短期内，通过清理规范上述费用有助于降低运输成本。但从长期看，随着我国经济发展水平和人工成本的进一步提升，未来运输成本存在继续上升的压力。因此，降低制造业物流总成本一方面要通过优化管理、压缩不合理的相关费用来延缓运输成本上升步伐；另一方面也要通过推进智慧物流和供应链管理，提高产品流通效率、加快周转速度，从而降低管理、库存及其他物流成本。这不仅需要企业自身改善经营管理效率，也需要政府加快破除制约物流产业发展的政策和体制制约，不断改善物流产业发展环境。值得重视的是，在实际物流成本偏高的另一方面，我国制造企业对物流成本的承受能力也明显偏弱，其中深层次原因是我国制造业仍然处于规模扩张的粗放发展阶段，产品附加值和盈利水平普遍较低（见表 10 - 10）。也就是说，引导制造业由规模扩张型向质量效益型转型升级才是保障制造业持续发展的关键。此外，从短中期看，推进服务业营改增，扩大物流企业可抵扣项目范围，也是降低物流成本的潜力所在。

表 10 - 10　　当前部分制造行业物流成本构成　　单位:%

物流成本	钢铁行业	有色金属行业	农副食品加工业	电器机械行业
总计	100	100	100	100
运输成本	52	57.4	60	59.3
配送、流通加工和包装成本	16	17.3	11	9.9
管理成本	11	8.4	10	21.6
利息成本	4	12.8	4	3.6
仓储成本	4	3.2	13	3.5
货物损耗成本	2	—	—	0.2
其他	11	1.1	2	1.9

资料来源：中国物流与采购联合会。

（六）降低制度性交易成本仍有较大空间

尽管我国市场化改革不断推进，但诸多领域仍然存在一定的体制机制转轨特征。由于体制和政策不适应当前制造业发展的需要，客观上形成了较高的制度性交易成本。首先，产业准入标准不科学。我国制造业诸多行业仍然存在一定的歧视性准入政策。部分产业准入标准缺乏科学性和系统性，执行过程中随意性较大，无形中增加了企业成本。其次，产业退出机制不健全，仍存在诸多制约落后企业有效退出的困难和障碍。目前，我国尚没有形成有关企业退出的系统的法律法规体系，难以对企业退出形成有效的法律保障和约束。由于缺乏有效的产业退出援助和公共服务体系，诸多社会成本被内部化于企业之中。再次，当前政府职能边界仍有模糊之处，政府管制依然存在较强行政干预色彩。部分行业仍然存在较强的政府管制，针对不同类型企业、不同地区的差异性政策仍难免对公平市场构成一定干扰。在产业政策执行中，以政府选择代替市场机制的管制性特征仍然明显，仍然时常采用产业目录、贷款行政核准、项目核准与备案、强制性清理（淘汰落后产能）等行政性措施。最后，区域条块分割仍然存在，产权制度不完备。资源、产品和要素在区域间合理流动机制尚未形成，不利于优化配置资源和提升制造业发展水平。我国产权制度仍不完备，尤其是一些国有企业产权归属模糊不清，大大增加了企业投资经营的交易成本。为此，降低企业面临的诸多制度性交易成本，需要着力加强供给侧结构性改革，加快推进简政放权，不断优化体制和政策环境，增强企业自主发展的内生动力。

三 降低我国低制造业成本的对策建议

进一步做强、做大、做优制造业，打造国际竞争新优势，对于我国制造业转型升级创新发展和制造强国建设具有重要意义。一方面要在相当长的时期内合理控制制造业成本，保持必要的成本竞争优势，为产业转型升级赢得更长的窗口机遇期；另一方面，要加快推进供给侧结构性改革，大力推进自主创新，促进制造业转型升级。综上分析，降低税费成本的关键是降低主流税率、破解融资成本高企的关键是畅通融资渠道、降低物流成本的关键是降低物流管理成本、缓解要素成本压力的根本之策是提高要素产出效率、降低制度性交易成本的核心是简政放权。为此，要注重坚持降低实体经济企业成本与提升产业竞争力相结合、坚持政府营造良好外部环境与发挥企业能动性相结合、坚持短期具体措施与中长期全面深化改革相结合、坚持综合施策多策并举与分类施策对症下药相结合“四个结合”，找准政策着力点，多措并举切实降低我国制造业成本。

（一）加快普惠性减税和普遍性降费

一是加快已有政策的落实。对已发布的减税降费及补贴政策，应强化宣传力度，主动积极引导企业实现规范经营以纳入政策优惠范围，帮助企业争取相关优惠政策。加快推进服务业营改增，完善相关配套措施，扩大企业可以抵扣购买服务的进项税额范围，激励企业扩大对服务业的需求，切实降低制造业成本。同时，在实施企业减税降费政策后，着重评估政策效应及中间可能存在的梗阻，及时进行调整。二是进一步减轻小微企业、个体工商户和其他个人的税收负担。建议将小微企业、个体工商户和其他个人的增值税和营业税起征点改为免征额。制定中小微企业吸纳就业困难人员、农民工、大学生的税收优惠政策。三是有针对性地结构性调整税收政策。对企业新购进的用于替代劳动力的设备给予加速折旧企业所得税优惠政策；针对部分行业出口企业，加大产品出口退税支持力度。四是进一步清理涉企收费。全面清理涉企行政事业性收费和政府性基金，涉及行政审批前置、市场监管和准入等具有强制垄断性的经营服务性收费，行业协会商会涉企收费等，清理规范行政审批中介服务事项收费。清理和废除妨碍全国统一市场和公平竞争的各种规定和做法，加强和规范收费公路管理，规范路政管理，最大限度切实加大对公路乱收费、乱罚款的清理整顿力度。

（二）切实降低企业融资成本

一是切实降低银行服务收费。鼓励银行尤其是大型银行创新信贷服务方式，鼓励银行业金融机构单列小微企业信贷计划，实施“无间贷”政策。提高贷款审批和发放效率，清理整顿不合理金融服务收费，降低过高的收费标准，严禁“以贷转存”“存贷挂钩”“连带费用”等变相提高利率、加重企业负担的行为。二是完善中小企业融资市场。继续优化中小企业融资市场的制度安排，促进私募股权和创投基金发展，进一步推进企业资产证券化。适度降低投资者进入新三板市场交易的资本门槛。加强对影子银行、同业业务、理财业务等方面的管理，清理不必要的资金“通道”和“过桥”环节。助推小额贷款与担保公司等非银行金融机构发展，尝试放宽对小额贷款公司的杠杆率限制，允许其跨地区经营、通过资产证券化等多渠道筹资。通过税收优惠等方式适度降低小额贷款公司融资成本。三是引导企业提升融资能力。引导中小企业抱团取暖，积极协作互助，通过各种灵活方式来增强融资能力和发展水平。发挥协会商会等行业组织的桥梁纽带作用，加强政府引导和整体风险评估，适度支持企业通过开展联合担保、集合借贷等方式提高谈判能力和融资成功率。四是推进金融体系改革和结构调整。继续深化政府职能转变，推进国有企业改革和财税改革，简政放权，打破垄断，硬化融资主体财务约束，提高资金使用效率。构建与实体经济相匹配的多层次金融体系、多样化组织体系、立体化服务体系，支持产业链核心企业开展供应链融资，有效整合各种金融资源以服务小微企业。

（三）健全要素供给保障体系

一是加快出台降低企业社保缴费比例实施办法和细则。加快在企业社保缴费较高的省份进行试点，降低中小企业社保缴费比例，适度降低企业的基本养老保险、城镇职工基本医疗保险缴费率。二是加快建设统一的劳动力市场。加快形成统一开放、竞争有序的劳动力市场体系，建立公平竞争保障机制，打破地域分割和行业垄断。深化市场配置要素改革，特别是推动事业单位改革和户籍制度改革，加大教育、医疗和卫生等公共服务的供给覆盖面，降低劳动力自由流动的成本，促进劳动力在城乡、企业、高校、科研机构间有序流动。三是破除能源资源行业垄断。在已有电价和天然气价格下调的基础上，鼓励各地根据产业结构特点和企业实际经营状况，在一定幅度内实时进行电价与天然气价的下调。同时，加快在趸售电价、留存电量价格、直购电和富余电量消纳、钢铁企业电价、天然气直供、天然气经营企业成本监审等方面的改革，进一步降低企业能源成本。

（四）消除或降低不合理的物流成本

一是通过体制完善来消除权力寻租的空间。针对公路养护部门因人员超编、经费压力而产生的寻租动机和违规罚款等问题，应在合理精简部门人员编制的基础上，切实落实燃油税中部分收入用于支持公路养护的政策，保障基本的公路养护功能的正常运转。同时，应建立对相关政府部门人员执法行为的公开监督机制，加大对违规、违法执法行为的问责和惩罚力度。坚决制止乱罚款、乱收费，形成长效机制。二是创新交通设施建设投融资机制。积极设立由财政资金引导的交通产业发展基金，引入社会资本，解决“贷款修路、收费还贷”建设模式带来的负面影响，构建可持续的交通设施建设投融资机制，为流通产业发展提供可持续的基础设施支撑。三是进一步取消相关行政性收费。全面落实已经明确的行政事业性收费取消项目，并进一步取消其他相关的行政事业性收费，设立全国性的统一执法和处罚标准，推行交通与路政执法“互认”机制，消除重复罚款。四是进一步降低运输企业的税收负担。完善可抵扣项目的范围是减轻企业税负的重要因素。建议将部分人力资本、行政收费人工费、过路过桥费纳入增值税进项税的抵扣范围，同时积极支持企业开展智慧物流示范、提升供应链管理水平，降低企业物流成本。

（五）积极降低制度性交易成本

一是实施负面清单管理模式。实施统一的市场准入负面清单，对国资、民资、外资采取一视同仁的市场准入管理模式。在负面清单之外的领域，全面消除各种隐性壁垒。尤其是在制造业行业，全面取消对民间投资的最低注册资本（金）、资质、股东结构、股份比例、技术标准、污染控制、经营范围等限制。二是确保各类市场主体平等使用生产要素，享受同等待遇。加快资金、土地、资源要素等领域的市场化改革，保障各类市场主体获取经济资源尤其是金融资源时机会均等、成本相同，平等使用生产要素；保障各类市场主体在投资核准、政府扶持、参与政府投资和知识产权保护等方面享受同等待遇；保障民营市场主体的职工评聘、社会保险、住房公积金、退休办理等方面的待遇与公办机构一致。三是继续清理和废除不必要的行政干预经济政策。继续取消和下放行政审批事项，严禁部门和地方违法设定行政许可、增加行政许可条件和程序。全面清理和规范行政审批相关前置有偿中介服务事项。全面推广一门受理、并联审批、多证联办的“政务超市”审批服务模式。清理和废除对企业在注销、破产、关闭、搬迁转移时设置的行政障碍。四是加快落实保护私人财产权的法律法规。通过修宪和立法赋予私有财产权以合法身份和平等地位，切实保护民间和中小企业投资及投资后产生的收益，建立针对民间和中小企业投资的法律援助和司法救济制度，确保各类市场主体同等受到法律保护。

参考文献：

［1］［美］德勤有限公司与美国竞争力委员会：《2013 全球制造业竞争力指数》，内部报告。

［2］齐寅峰：《国际比较视角：中国企业税负失衡》，《董事会》2011 年第 1 期。

［3］中国人民银行货币政策司课题组：《贷款利率、不良贷款率和净息差的国际比较》，财新网，2014 年 9 月 17 日。

［4］卓俭华、朱训伟：《当前中国用工成本上升的原因分析及对策》，《经济与管理》2011 年第 7 期。

［5］严言：《降低制度性交易成本是供给侧结构性改革的核心》，《国际金融报》2015 年 11 月 30 日。

［6］黄汉权、郭春丽等：《降低实体经济企业成本的综合性意见》，国家发改委宏观院内部研究报告，2015 年 12 月。

［7］辜胜阻：《缓解实体经济与小微企业融资成本高的对策思考》，《江西财经大学学报》2015 年第 5 期。

［8］杨青龙、刘启超：《综合成本上涨对产业升级的影响：文献综述》，《江淮论坛》2015 年第 5 期。

［9］中国物流与采购联合会中国物流信息中心：《全国重点企业物流统计调查报告》，2015 年 12 月。

第三篇

开放合作篇

风险与知识呈反向变化。

——［美］欧文·费雪：《利息论》，1930 年

第十一章　以我为主的产业体系构建与中国产业升级

经过40年的快速发展，我国已具备进一步提升制造业在全球分工体系中地位的基础和优势。我国应把握全球制造业分工格局调整契机，加强创新驱动，着力构建全球市场网络，支持企业“走出去”，建立全球化生产体系，促进我国制造业重点领域加快突破，稳步推进人民币国际化，夯实以我为主产业体系的五大支柱，着力构建以我为主的全球制造业分工体系。

一　引言

为什么中国人勤劳而不富有？从制造业的角度看，为什么中国制造产品总量那么大，但从中挣得的利润并不高？其根本原因在于在全球制造业分工体系中的地位不高，创新和主导全球市场的能力不强。那么，究竟怎样才能提高我国在全球制造业分工体系中的地位，逐步取得全球制造业分工体系的主导权？通过历史梳理和理论总结，我们发现发达国家主导全球制造业分工体系的基本条件和根本原因。比如，为什么美国在第二次工业革命之后成为世界霸主和全球制造业分工体系的主导者？其原因在于美国是世界市场的主导者和技术创新的引擎，可以构建以其为中心的产业分工体系。日本虽然没有成为世界创新的引擎和国际市场的主导者，但在技术引进、消化、吸收和再创新方面能力突出，并紧紧依托美国市场和亚洲市场来发展产业，成为仅次于美国的制造业中心。当前，我国创新能力不断提高，市场规模和发展空间不断扩大，正面临构建以我为主的全球制造业分工体系的良好机遇。本章在对我国构建以我为主的制造业分工体系的条件、优势、制约因素和挑战客观评价的基础上，提出构建以我为主全球制造业分工体系的战略思路和发展重点。建议要及早明确战略思路和战略重点，出台有针对性的重大措施，加快构建以我为主的全球制造业分工体系，促进我国制造业在全球产业链中的地位攀升。

二　以我为主的产业体系构建需要五大支柱

梳理英国、美国和日本等国在不同阶段主导着全球制造业分工体系的发展历程、主要经验、发展特征和形成条件，不难发现构建全球制造业分工体系的基础因素：庞大的市场规模和主导全球市场的能力、强大的科技实力和雄厚的人才基础、不断优化的产业结构和高端产业的发展能力、广泛参与国际分工并获得较大收益、发达的金融和国际货币支持。

（一）庞大的市场规模和主导全球市场的能力

制造业生产的产品最终需要通过市场销售出去才能实现资本循环，继之扩大再生产。因此，一国市场规模及其对全球市场的掌控能力，成为决定其能否主导全球制造业分工体系的关键。由于全球制造业分工体系不仅仅包括产品从生产到销售这一个阶段，还包括原料采购、全球要素资源配置等整个制造业分工价值链条，因此市场的含义包括两个方面：一是指制造业所需要的生产要素市场，二是指制造业所生产产品的消费市场。英国在成为第一代世界制造中心过程中，广大的殖民地为其提供了广阔的生产要素来源和工业制成品的销售地，使其生产能力快速提升和工业产品顺利出清。美国南北战争后形成的庞大国内需求带动了本国制造业的崛起，最终拓展至国际市场。日本虽然国内市场需求较小，要素资源相对贫乏，但依靠国际社会为其提供的广阔市场和要素资源，制造业得以不断发展壮大。

（二）强大的科技实力和雄厚的人才基础

几乎每一次全球制造业分工格局演变的背后都有新科技革命和产业

革命的身影。而要想赢得科技革命和产业革命的先机就必须要有强大的科技实力和雄厚的人才基础，是科技创新的引领者，从而有可能推动技术和产业的重大突破和创新，形成新的增长引擎和主导全球制造业分工体系的能力。譬如美国高度重视科技和教育，吸引全球优秀人才集聚，逐步形成了健全的国民教育体系和领先世界的科技实力，为其成为新科技革命策源地和全球制造业分工体系主导者奠定了坚实基础。日本全球制造业分工体系的形成过程中，虽然其原创性基础科学研究并没有达到世界领先水平，但日本通过采取引进吸收战略，消化并提升了美国的科学技术并应用于民用工业，最终取得成功。

（三）不断优化的产业结构和高端产业的发展能力

拥有强大的主要工业品生产制造能力，并能促进产业结构不断优化，在高端产品生产方面拥有绝对优势是提升全球制造业分工地位的一个重要特征。这一点在美国、日本等赶超型全球制造业分工体系主导者的发展历程中尤为明显。例如在英国主导全球制造业分工体系时，如果按照比较优势，美国应该发展具有丰富的自然资源和优势明显的农业。但如果这样，美国就无法发展汽车、钢铁、石化等当时在国际经济竞争中处于高端的、生产率占优的工业部门，那么，美国将无法与西欧国家匹敌，在国际分工中只能停留于提供初级产品的地位。因此，美国采取结构倾斜的产业政策，大力发展飞机制造、钢铁、石化、机械、医药等战略产业，由于这些产业链条长，技术密集度高，便于较快形成全球技术领先优势和主导能力。日本也是如此，日本抓住西方国家经济服务化趋势的机遇，大力发展影响面广、关联带动作用大、在国民经济中具有基础地位和广泛新闻效果的战略产业，如汽车、钢铁、电子信息、化学等，能够牵一发而动全身，从而带动整个国民经济的升级。

（四）广泛参与国际分工并获得较大收益

在现实中，不同的贸易模式和分工方式决定了一国从国际分工中所获得的收益大小和地位高低。比如俄罗斯和沙特等由于资源优势出口资源型产品往往具有较高的附加值，但其参与全球制造业分工体系的链条并不深，不能支撑对整个制造业分工体系的主导权；欧美发达国家以技术和资金优势主导研发、市场和销售网络，出口高附加值产品和技术、服务等，占据全球制造业价值链的高端，同时主导着全球制造业分工体系；发展中国家以人力、资源等比较优势参与国际分工，以加工贸易方式出口，处于全球价值链的低端，在全球制造业分工体系中居从属地位。在经济全球化进程加快和科学技术飞速发展的影响下，全球一体化市场加快形成，交易费用进一步下降，极大地改变了国际贸易分工格局，促使国际分工方式发生巨大变化。特别是国际分工进一步深化和细化，从而使迂回生产的全球布局成为可能，国际分工的主流形态也从产业间分工发展到产业内分工、产品内分工，从以产业和产品为界限的国际分工发展为以生产要素为界限的国际分工，使分工由最终产品交换领域发展到产品生产价值链上的各个增值环节。若要提升制造业在全球分工体系中的地位，就必须广泛参与国际分工，并把握全球价值链由最终产品交换领域向产品生产价值链上的各个增值环节渗透的规律，通过技术和资金优势主导研发、市场和销售网络，提升在国际分工中的竞争优势，获得全球分工的主要收益（见表 11 －1）。

（五）发达的金融和国际货币支持

纵观英、美、日三代全球制造业分工体系主导者的发展历程不难发现，在技术进步、制造业发展、贸易繁荣、控制全球生产网络和分工体系的同时，这些国家的金融业的发展水平也得到很大提升，部分中心城市成为国际金融中心，货币成为国际货币，主导着国际贸易的结算和贸易利得的分配，以及用铸币税等更隐蔽方式获取全球制造业分工体系利益的大头。特别是美元对全球制造业分工体系以及国际金融、国际经济的控制和主导作用可见一斑。

由此可见，构建并主导全球制造业分工体系的关键在于提升科学技术水平和扩大市场规模、增强市场掌控能力，不断提高参与全球分工的能力和水平，发展有影响力的大产业，促进全球产业链环节分工和专门化生产，提升一国在全球产业链中的地位，并以此获得整个产业链的利益最大化，逐渐成为产业链的主导。

表 11 -1　　不同时代全球制造业分工体系主导者的特征及形成条件比较

阶段		英国（第一代）	美国（第二代）	日本（第三代）	中国（第四代）
		创新期		成长期	成熟期
形成条件	科技革命	第一次	第二次	第三次	第三次→第四次
	工业化时期	前工业化	工业化	工业化中后期	工业化中后期→后工业化初期
	世界科技中心	是，产品研发、生产技术上居世界领先地位	是，具有原发性的领先世界的科技创新成果	次中心，技术吸收战略部分领域领先世界	次中心，积极抢抓新一轮科技革命和产业变革机遇
	世界贸易中心	是，从殖民地国家掠夺货币资本和工业原材料，并向殖民地国家输出工业制成品	是，国内具有丰富的资源和巨大的消费市场，同时又有大量国际间接投资资本输入	否，国际社会提供大量资本、技术援助和广阔产品销售市场	次中心，国内具有巨大的潜在市场，国际贸易发达
	金融中心支持	伦敦	纽约	东京	上海、香港
特征表现	创新能力	创新源头	创新源头	模仿创新	创新驱动
	支柱产业	纺织、采矿、冶金等	钢铁、电力、化工、汽车等	半导体、电子信息、家电、汽车等	电子信息、新能源、生物、装备制造、加工等
	要素优势	知识密集型	知识密集型	资本技术密集型	劳动密集型→知识技术密集型
	国际分工	产业间分工	产业间分工	产业内分工	产业内分工、产品内分工

资料来源：作者根据有关资料整理。

三　以我为主的全球制造业分工体系的时代内涵与基础条件

（一）概念内涵

由于不同时代全球制造业分工体系在世界经济中的作用与地位各

异，所以全球制造业分工体系的内涵也具有时代性和动态性。全球制造业分工体系是工业化进程中的特殊现象，具有强烈的时代特征，所以对其界定也必须以动态地结合国际经济分工特点进行。严格按照世界经济史上前三代全球制造业分工体系形成过程中的数据去量化、衡量以我为主的全球制造业分工体系就会掩盖其实质内涵，在当代国际经济分工和国际产业转移的新形势下，以我为主的全球制造业分工体系内涵可做如下界定：以我为主的全球制造业分工体系，即由我国主导并获取主要收益的全球制造业分工体系。其主要特征是创新的源泉和全球市场网络的主导者，居于全球产业链的最高端，是高端市场的占领者、全球分工体系秩序与规制的制定者和利益分配的主导者。具体而言如下。一是从竞争优势看，我国在国际制造业分工中具有研发、设计、制造或加工的比较优势。具体表现为，对产业间分工来说，在传统的劳动密集型产业和技术成熟资本技术密集型产业上具有比较优势；对产业内和产品分工来说，在产品研发设计、生产加工和营销服务等产品增值环节也能培育动态比较优势。二是从发展形态看，作为全球制造业分工体系主导者，我国制造业必须面向世界市场，成为世界产品生产、研发、销售的重要基地，是世界制造业构成的重要部分，并且具备足够大的国内市场，培育未来发展的战略产业。三是从绩效表现看，在数量上，作为全球制造业分工体系主导者，我国生产能力和出口额占世界生产能力和出口额的比重居相对领先地位。在质量上，所生产的产品能反映世界产品生产潮流和趋势，是现在或未来一个时期各国竞相发展的高端产业，适应国际分工方式变革并且具备为生产此类产品所配套的基本条件。在微观上，是产业链的管理者和控制者，能够支配全球研发资源、生产要素、集成组装、物流配送等环节，是产业链的治理者。在宏观上，具有市场控制权和话语权，能够主导全球贸易流向和利益分配。

（二）基础条件

根据构建以我为主全球制造业分工体系的概念内涵和发展要求，通过对比我国与主要发达国家进入主导全球制造业分工体系阶段的经济特征（表 11－2）判断，当前我国 GDP 占全球的比重达到 9.5%，市场空间不断扩大，R&D 投入占 GDP 比重逐步提高，技术创新能力不断增强，工业占世界的比重达20%左右，具有完备的产业体系、可靠的供应链和强大产品制造能力，多种产品产量位居世界第一，社会生产力技术雄厚，生产要素、综合优势明显，体制机制也在不断完善，已初步具备构建以我为主的全球制造业分工体系的良好条件。

表11－2　主要国家迈入主导全球制造业分工体系阶段经济特征

	英国（1764—1820年）	美国（1870—2013年）	日本（1965—1991年）	中国（2000—2013年）
GDP占全球的比重（%）	—	—	17.6%（1991年）	9.5%（2010年）
GDP增速（%）	—	—	6.3（1965—1980年），是OECD1.75倍	10.1%（2000—2012年），是全球2—3倍，是发达经济体的4—5倍
工业占世界的比重（%）	45%—50%	40%—50%	15%，部分行业占50%以上	20%左右，部分行业50%以上
人均GDP*	—	10316（1952年）	12586（1978年）	7371（2010年）
R&D占GDP的比重（%）	—	2.7（1961—2010年平均）	2.4（1970—2010年平均）	2.09（2013年）
支柱产业	纺织、采矿、冶金等	钢铁、电力、化工、汽车等	半导体、电子信息、家电、汽车等	纺织、家电、加工业→电子信息、新能源、生物、装备等
出口占全球的比重（%）	25%—27%	21.4%（1948年）	10%（1991年）	10%左右（2012年）
产业结构**	—	11.2∶41.3∶47.5（1919年）	6.3∶49.3∶44.4（1973年）	10.1∶43.9∶46.1（2013年）
地位评价	全球霸主	全球霸主	全球第二经济强国	全球第二经济大国

注：*人均GDP如无注明均为1990年“国际元”，数据转引自Maddsion（2001，2003）updated，see www.ggdc.net/ Maddsion。

**英国和美国数据转引自库兹涅茨《各国的经济增长》，商务印书馆2007年版，第179页，英国按当年价计算，美国按不变价计算。

1. 市场容量不断扩张，掌控区域和国际市场能力不断增强

近年来，随着居民收入水平提高和消费结构升级，特别是城镇化进程加快，新兴消费增长点和新型消费业态不断形成，国内市场的总体规模快速扩大。2013 年，我国社会消费品零售总额达到 23.8 万亿元，相当于 GDP 的 41.8%，成为世界第二大市场。我国庞大的市场体系也成为发达国家对华投资贸易的重要原因，据中国欧盟商会发布的 2012 年商业信心调查，97% 的受访欧盟企业肯定我国在其全球战略中的重要地位，近一半企业的在华收入占其全球收入 10% 以上，60% 多的企业愿意新增投资。表明我国庞大的国内市场对于吸引投资，增强对全球制造业产业链主导能力的作用。目前，中国、东南亚、东盟乃至整个亚洲和新兴经济体加起来人口超过 30 亿人，约占全球一半，正处于城镇化和工业化快速发展的进程，是世界经济增长的最大潜力所在，市场增长的空间和潜力非常大。我国处于亚洲龙头，近水楼台先得月，面临着重大发展机遇，可以利用国内和周边庞大的市场构建产业链。特别是随着中国—东盟区域合作不断深化，我国对东盟等周边国家 30 亿人口 20 万亿元 GDP 市场的渗透和控制能力不断增强，对于我国从构建区域市场网络起步，逐渐构建全球市场网络具有重要意义。

2. 技术创新能力不断增强，若干领域居世界前列

改革开放以来，我国通过引进—消化—吸收—再创新和大力鼓励自主创新，各级政府和企业、科研机构、大学都加大了对科研开发的投入，技术成果开始成批涌现。特别是近年来，我国科技投入明显增长，创新能力大幅提升。2013 年我国研究与试验发展（R&D）经费支出 11906 亿元，占国内生产总值的比重达 2.09%。2011 年，我国在国内申请的技术专利的数量已跃居世界第一位。2012 年，全年受理三种专利申请 205.1 万件，授权 125.5 万件，其中，发明专利申请量和授权量分别达到 65.3 万件和 21.7 万件。2013 年我国 PCT 国际专利申请量高达 21516 件，PCT 国际专利申请量占全球的比重从 2000 年的不到 1% 快速提升至 2013 年的 10.48%，已超过德国成为全球第三大 PCT 专利申请国。特别是出现了一批创新型企业和专利申请大户，在技术上已经进入世界前列。2013 年华为研发投入占销售收入的比重达 12.8%，近十年投入的研发费用超过 1510 亿元，已连续 7 年夺得中国企业专利申请

数量第一，连续3年占据中国发明专利申请数量第一。中兴公司2011年、2012年PCT申请量蝉联全球第一，2013年全球第二。在国家863计划、973计划等一批重大专项支持下，我国在航空航天、基因、纳米、高性能计算机、高速铁路等一系列重大领域和基础研究领域取得重要突破，部分成果居世界领先地位。这些都为我国在新一轮科技革命与产业变革中脱颖而出，积极构建以我为主的全球制造业分工体系奠定了良好的基础。

3. 重要产品生产能力不断攀升，在全球制造业中的地位逐步提高

改革开放以来，我国顺应全球产业转移和结构调整机遇，大力发展制造业，我国重要工业品产量不断攀升，多种产品产量已稳居世界第一。目前，500种主要工业产品中，中国有220种产量位居世界第一；在国际标准行业分类的22个行业中，中国产值均居第一或第二。钢铁、水泥、原煤、电解铝、造船产量均占全球45%以上。2013年，我国规模以上工业主营业务收入102万亿元，超过全球1/5，成为名副其实的全球制造业中心。在扩大产能的同时，我国企业努力攀升在全球制造业分工体系中的地位，在全球制造业中的地位逐步提高，参与国际分工的能力也不断攀升。

4. 产业结构不断优化升级，高端产业发展能力增强

改革开放以来，我国产业结构转换和升级步伐加快，具体表现为：第一产业比重和就业比重持续下降，第二产业和第三产业相继成为增长的主导产业；一些高速成长行业相继出现；资金技术密集、高附加值的行业在工业中的比重持续上升，使整个产业发展向着资源节约、技术和知识密集的方向推进。比如20世纪70年代末到80年代上半期带动经济增长的主要是轻工、纺织、机械、建材；80年代中后期主要是彩电、冰箱、空调、洗衣机等；进入21世纪，电子信息、汽车、钢铁等行业高速成长；金融危机之后，生物医药、新能源、高端装备、新材料、节能环保等战略性新兴产业加快发展。高新技术产品出口占出口总额的比重从20世纪90年代初的不到10%上升到目前的30%左右，工业产品结构出现质的变化。

5. 已初步建成区域性国际金融中心，人民币国际化步伐稳步迈进

我国把建设与中国经济实力以及人民币国际地位相适应的国际金融

中心作为重要的国家战略，加速资源、要素、企业和政策集聚，全力打造上海国际金融中心。目前，上海已成为我国境内产品最全的金融交易中心，并已初步建成区域性国际金融中心基本框架，为我国金融崛起和全球制造业分工体系构建提供重要支撑。人民币国际化自 2009 年 7 月起步，在一系列政策推动下，取得显著成效。目前，跨境贸易和投资的人民币结算规模快速扩大，2009 年我国银行累计办理跨境贸易人民币结算业务仅为 35.8 亿元，2012 年迅速增至 2.94 万亿元，境外人民币回流渠道已有条件开放，香港等离岸人民币市场发展迅速，国际上对人民币的接受程度不断提高，周边国家汇率与人民币的联动性明显增强，虽然尚不能对构建全球制造业分工体系形成支撑，但已奠定重要基础。

但我国制造业仍在国际产业分工体系中处于中低端，比较优势主要集中在劳动密集型产品和高新技术产品的劳动密集型环节，是发达国家主导的全球制造业分工体系的被动接受者和参与者，离全球产业链的主导者和高端占领者的要求尚有一定的距离。构建以我为主的全球制造业分工体系的目标虽然在短期内难以实现，但强国必先强产业，可作为长远发展战略和目标，采取战略措施积极推进，力争在 2050 年我国全面建成社会主义现代化强国时达成。

四 加快构建以我为主产业体系的战略思路与实现路径

按照党的十八大提出的构建现代产业发展新体系的总体要求，以科学发展为主题，以加快转变经济发展方式为主线，深化改革开放，加强创新驱动、着力构建全球市场网络、加快提升装备制造业基础、优化产业发展空间格局，从“世界工厂”转变为“世界市场”和“世界办公室”，实现我国参与全球分工体系的禀赋升级、功能升级、价值链升级和空间结构优化，增强我国在全球制造业分工体系中的主导能力和话语权，逐步形成以我为主的全球制造业分工体系。

（一）从区域生产网络体系起步，逐渐构建全球制造业分工体系

在世界范围内，东亚地区和欧盟地区最具有构建区域生产网络体系

的基础条件。随着我国制造业的异军突起，我国在全球产业链中的地位逐步提高，为构建以我为主的全球制造业分工体系奠定重要基础。但这一过程应是循序渐进的过程，从构建东亚区域生产网络体系起步，有助于我国在全球制造业分工体系中的梯次攀升。当前，在东亚区域生产网络体系中，日本率先实现工业化，已经步入全球产业链的高端，并引领亚洲制造业的发展；韩国和中国台湾地区的工业化程度比较高，其他大多数国家还处于工业化的起步阶段。我国构建东亚区域生产网络体系，应当在承上启下的基础上，着力加大研发、高端制造能力，向区域生产网络体系高端迈进，并逐步取代日本在东亚区域生产网络中的主导地位。同时，在劳动力成本上升的压力下，加强向越南、菲律宾等周边发展中国家转移加工组装环节，加强进口石油、天然气、木材等重要资源和工业基础原材料，形成良性互动格局，推动东亚范围内资源最佳配置，促进国际分工进一步深化。

（二）支持企业“走出去”建立全球化生产体系

鼓励家电、轻纺、成衣、食品加工、轻工业和一些质量有明显优势的机电产品等有明显比较优势并成功转化为竞争优势的民营企业以及具有一定技术门槛、研发和创新能力的企业如华为、联想、TCL 等“走出去”，把产品价值链、供应链、资本链延伸扩展到境外。发挥企业竞争优势，到海外建立加工组装基地、境外分销中心、售后服务和全球维修体系、全球综合物流和供应链管理体系、研发设计及创新中心、境外能源和资源储备和供应保障体系等，实现产品增值链的全球配置，增强全球配置资源能力，形成跨国经营的供应链和产品增值链，培育一批有影响力的中国跨国公司集团。加快推动产能“走出去”、渠道“走出去”、银行“走出去”、人民币“走出去”、售后服务和全球维修“走出去”、综合运输“走出去”和研发设计“走出去”。统筹协调我国企业“走出去”的行业和投资地选择、人才培育及海外投资风险管理体系，提升综合运用“两个市场、两种资源”能力，为多元化创造新的出口需求潜力和全球制造业分工体系和网络提供必备的物质和技术条件。

（三）加强市场体系建设，突出流通创新为制造业升级的服务功能

在需求导向的大背景下，全球制造业分工体系的主导权逐渐从生产制造环节转向市场销售环节和对整个生产链、供应链的掌控上来。因此，庞大的市场体系和完善的市场网络成为构建全球制造业分工体系的核心要素之一。为此，我国在构建以我为主的全球制造业分工体系时，要加强市场体系建设，坚持以顾客需求为导向，突出流通创新特别是大型零售商系统集成的产品升级、功能升级、技术升级和服务升级功能，促进顾客价值和生产者价值的双重实现。特别是在促进制造业绩效提升方面要重视促进控制终端市场的零售企业对制造企业流程优化和技术创新的积极影响，如促进零售企业收集和整理需求信息以及预测产品需求的动态变化，引导制造企业及时修正研发或设计的技术参数，使研发或设计与市场需求的变化更加吻合，从而可以提高研发的成功率，降低研发的市场风险。进一步加强制造企业与零售企业的全方位合作，以自主产业链参与国际分工和贸易，以自主分销逐步替代外资低价采购，以自主品牌逐步替代贴牌生产，促进国内价值链融入全球价值链，通过国际性销售网络和渠道的构建，提升我国制造业产品国际贸易渠道控制权、改善贸易条件、提升制造业绩效。积极推动流通企业"走出去"，构建自主可控的国际性销售渠道。在流通企业"走出去"的具体路径上，可以借助专业批发市场和领先的电子商务 B2B 网站，建立对接国际市场的共享式出口平台，降低国内企业参与国际市场的交易费用，提高其抗击风险的能力。

（四）加大支持，促进我国制造业重点领域加快突破

"强产业"的发展重点不再是量的规模和体系完整，而是提升价值链的问题。在面临 3D 打印、智能制造等新的生产方式变革和构建以我为主全球制造业分工体系的关键机遇期，我国不能完全模仿别人走过的路，要加大战略投入，结合新一轮科技革命和产业变革的新趋势和战略方向，支持关系国家经济安全和重大国防建设，能够促进国民经济持续健康发展，对结构调整和产业升级有积极带动作用，能够尽快扩大自主产品市场占有率的重大技术装备和产品等领域重点突破。比如优先发展

国家支持的战略性新兴产业，把发展新能源、节能环保放在优先位置，下决心解决我国经济社会发展的重大瓶颈问题；把发展生物产业作为迎头赶上的重点，着力提升原始创新能力和产业核心竞争力；大力推进新一代信息技术、新材料等的研发与应用。加快完善适应以我为主的制造业分工体系的资源要素、科技、教育体系和企业组织方式，以改革创新促进制造业重点领域加快发展。

（五）促进政策向加快构建以我为主的全球制造业分工体系倾斜

一是投资方向上更多重视构建全球制造体系。鼓励将资金投向创新驱动所需要的研发、设计和高层次人才培养上，加大对基础零部件、高端装备和基础材料等制造业发展的基础领域的扶持力度，支持大型流通企业信息化应用和对接国际市场的共享式出口平台与销售网络的建设。二是加大财政政策扶持力度。将自主性、原创性技术创新和自主可控全球市场体系作为构建以我为主全球制造业分工体系的关键核心环节，财政划出专门资金予以滚动式重点扶持，并制定有针对性的税收减免政策。三是创新资源整合机制。打破目前我国产业发展目标不清晰、路径不明确、资源分散、各自为政、整合能力不强的现状，以构建以我为主全球制造业分工体系为明确目标，统筹考虑发展重点和战略布局，整合现有产业体系和发展资源，防止跨国公司对细分行业龙头的恶意收购对我国产业体系产生冲击。四是加强市场网络建设。鼓励企业以双边交易平台载体模式和单边交易平台载体模式等多种形式建设国内乃至全球销售网络，搭建以我为主全球制造业分工体系的重要载体和平台，并积极培育领导型企业和中国的跨国公司。五是加快人才培养。根据构建以我为主全球制造业分工体系的要求，改革教育方式，加快培育研发、设计、高端制造、市场拓展、渠道管理、跨国经营、公关、谈判等高层次人才，为构建以我为主全球制造业分工体系奠定扎实的人才基础。

（六）稳步推进人民币国际化，为构建以我为主全球制造业分工体系提供支撑

一是加快转变经济发展方式，为人民币国际化奠定信用基础。逐步提高企业选择计价和结算货币的谈判能力，使庞大的经济规模成为人民

币国际信用的坚实基础。二是建设具有广度和深度的金融市场，加快上海国际金融中心建设，吸收并降低人民币跨境流动等带来的国际化风险。三是逐步放松资本管制，拓宽人民币回流渠道，建设具有较强国际流通能力和影响力的人民币，为我国构建全球制造业分工体系提供支撑。

参考文献

［1］宋泓：《中国成为世界制造业中心的条件研究》，《管理世界》2005 年第 12 期。

［2］程极明：《世纪经纬》，南京师范大学出版社 1999 年版。

［3］贾根良：《美国学派：推进美国经济崛起的国民经济学说》，《中国社会科学》2011 年第 4 期。

［4］黄汉权、盛朝迅：《提升我国制造业的全球分工地位》，《宏观经济管理》2014 年第 1 期。

［5］张二震、马野青：《当代国际分工新特点与马克思国际价值理论新发展》，《经济纵横》2008 年第 3 期。

［6］薛小和：《“全球制造业中心”该是什么样?》，《经济日报》2002 年 8 月 29 日。

［7］张为付：《世界制造中心形成及变迁机理研究》，《世界经济与政治论坛》2004 年第 12 期。

［8］张燕生：《“走出去”建立全球化生产体系》，林岗、王一鸣等：《中国经济改革与发展研究报告 2014》，中国人民大学出版社 2014 年版。

［9］盛朝迅：《大型零售商主导产业链：中国产业转型升级新方向》，经济管理出版社 2014 年版。

第十二章　比较优势动态化与我国产业结构调整

——兼论中国产业升级的方向与路径

比较优势不是一成不变的，随着一国经济社会的发展，不仅影响一国比较优势形成的因素会发生变化，一国具有比较优势的部门也会发生相应的迁移。对我国而言，我国产业发展的比较优势到底是什么，近年来发生了哪些变化，如何发挥我国产业的比较优势等问题一直是政府和学术界普遍关注的焦点。本章研究认为，比较优势具有极强的动态化特征，并且会影响产业结构调整。与此同时，产业结构调整也是实现比较优势，促进产业结构优化和经济发展方式转变的重要途径。未来，我国能否实现从传统比较优势造就的劳动密集型制造业的分工锁定中跨越出来，关键在于我们能否在新一轮产业结构调整过程中，大力培育中间部门，促进资本和技术要素集聚，塑造动态比较优势，实现产业结构的优化升级。

一　比较优势具有动态性并发生重要变化

关于比较优势的理论研究自亚当·斯密以来一直是经济学关注的焦点，更是指导一些国家产业政策的圭臬。但究竟什么是比较优势，比较优势的来源到底是什么，学界却有不同看法。较为传统的观点认为，比较优势是国际分工中拥有相对有利条件的一种表述，通常是指比较优势因素或通过比较优势产业表现的分工结果，比较优势的源泉是要素禀赋的差异。动态比较优势理论拓展了这一概念，认为要素组合成生产的能力和价值实现的能力，如技术、管理优势、营销网络优势、生产网络优势、制度优势及基础设施条件等也是比较优势的源泉。笔者认为，比较优势是指由于要素积累和技术进步而引起比较优势因素和比较优势部门的动态变化，导致要素质量提高和新的更高级要素的产生，由此使得比较优势部门升级或比较优势分工环节提升，实现分工地位的提高①。

这一判断是基于比较优势定义及其研究情景变化而得来的。实践证明，比较优势不是一成不变的。对比较优势的认识也是随着经济社会发展和研究的深入而不断深化。从开始单一要素禀赋理论，到综合要素禀赋；从要素禀赋，到人力资本积累、技术水平等，除此之外，我们认为产业配套条件、基础设施和制度因素等构成产业竞争力的其他因素也应作为比较优势的重要因素。就目前而言，我们归纳我国比较优势因素的变化主要体现在以下六个方面。

（一）比较优势的重点逐渐由制造比较优势转向服务比较优势

在开放经济条件下，商品与服务的可贸易性对一国宏观经济存在重大影响，涉及产业结构、就业、收入分配、价格水平、真实汇率、贸易条件和贸易盈余等诸多方面。在我国，大力推进以生产者服务业为代表的服务经济成为调整优化产业结构的重要力量。因此，在考虑比较优势的同时，必须关注服务可贸易化背景下服务比较优势的研究。值得注意的是，与传统制造产业优势不同的是，服务比较优势涉及服务业等经济生活中所必需的生产活动，同时还受人们收入水平、与可贸易品之间的替代弹性等多种因素影响。因此，为了研究产业结构的变化，还需要分析经济中的需求方。

（二）比较优势既考虑贸易利得，也考虑贸易成本

夏先良认为必要的国际生产成本和非纯粹贸易成本构成的国际成本

---

① 贝拉·巴拉萨（Bela Balass，1977）认为，每个国家的经济发展都是一个动态的过程，在这一过程中，包括生产要素禀赋在内的一切经济因素都会发生变化，这种变化体现在物质资本和人力资本的相对密集使用程度不断提高的动态过程中。由此导致在国际分工的类型和经济发展阶段之间的阶梯演进。

是国际价值的基础，比较优势因素必须考虑包括贸易成本在内的国际机会成本。但纯粹的贸易成本不增加价值，不由价值补偿，而是对剩余价值的扣除，社会应把它限制在必要的限度内。安德鲁·伯纳德和斯蒂芬·瑞丁（Andrew B. Bernard & Stephen J. Redding）等研究表明，考虑贸易成本后，不同比较优势的企业会发生分化。当企业拥有异质的生产率、国家间的相对要素丰裕度不同、产业间的要素密集度也不相同时，降低贸易成本将会引起资源在本产业本国以及跨产业跨国的重新分配。这种重新分配使所有部门都发生了实质性的就业转换，且在比较优势产业引起的创造性破坏效应相对于比较劣势产业更大，还会放大事前的比较优势，创造更多的贸易利得。而一些低生产率的国内企业不能获得足够的收益来弥补固定生产成本，而只能退出产业。由此可见，产生比较优势的相对成本差异，不仅指的是产品生产成本的差异，更指的是产品价值与生产成本差额之间的相对比价，即考虑成本因素后的比较优势净值。

（三）比较优势因素从相对静态转向相对动态

主张静态比较优势的学者，如林毅夫、蔡昉、李周等认为，我国应充分发挥劳动密集型产业的比较优势，融入国际分工体系，以解决就业问题；要尽可能利用外资，学习国外先进技术和管理技术；民族产业是次要问题，只要在中国土地上生产、纳税、增加就业即可；产业结构优化问题应主要由市场决定，主张搞“产业政策”是沿袭计划经济的思路。而主张动态比较优势的学者，如克鲁格曼（Krugman）、格罗斯曼和赫尔普曼（Grossman and Helpman）等则强调在开放条件下保持民族经济独立性；主张适度开放，吸引外商投资也要适度，注重经济（产业）安全；需要国家实施积极的产业政策；有必要在战略性产业领域中争取赶超。从现实来看，第一种选择很有可能落入所谓的“比较优势陷阱”，第二种选择则有机会促进我国在相关产业领域赶超，实现产业升级的“蛙跳”。

（四）比较优势因素从要素转向环节或部门

笔者认为，以往的比较优势理论是针对价格竞争和机会成本的比较，因此，比较优势关注的是先天的要素禀赋，后天的要素积累。但是，在当今企业的竞争从成本价格竞争，更多地转向产品差异化、服务、品牌、响应速度等非价格竞争以后，对比较优势的理解就必须在以往的基础上进行拓展，不仅包括了提高生产率、降低成本的因素，还应包括提高价值的因素和能力。可以说，在比较优势概念和内涵拓展后，要素价格的上涨不是影响比较优势的主因，全球价值链分工体系中的环节与利润的控制、分配主导权才是决定比较优势的重中之重，跨国公司对产业链高端环节的控制和垄断以及我国企业之间的价格战是我国与发达国家贸易模式和比较优势形成的根源。日本企业比较优势的原因在于“干中学”的技术升级机制、全球生产网络以及极强的投资管理能力。

（五）比较优势中的本地市场效应

传统要素比较优势理论在解释产业间贸易时具有较强的生命力，但面对日益增多的产品内贸易缺乏解释力，并诱发了“里昂剔夫之谜（Leontief paradox）”。林德（Linder）等人从偏好相似理论解释这一现象，认为本地市场、需求规模和收入水平也会影响一国的比较优势。兰卡斯特（Lancaster）、克鲁格曼（Krugman）、格罗斯曼和赫尔普曼（Grossman and Helpman）等在此基础上提出了著名的“本地市场效应”，认为规模经济可以促使没有要素禀赋差异的国家之间进行同一产业内的商品贸易。罗德里克和肖特（Rodrik and Schott）等实证研究中国出口商品结构和比较优势时发现，中国的出口商品结构与中国的要素禀赋和经济发展水平相比显得很独特。戴维斯和温斯坦（Davis and Weinstein），林发勤、唐宜红（2010）等用“本地市场效应”解释了我国产业比较优势因素，认为我国日益扩大的国内市场会促使规模经济的形成，从而成为这些具有规模经济产品的净出口国。而很多制造业部门特别是机电产业有着很强的规模经济，在我国形成了产业集聚，使得我国在这些产品上具有规模经济的比较优势，而且规模经济比较优势正在超过要素禀赋的比较优势。

（六）相对价格扭曲对比较优势的影响

传统比较优势理论的假定是等价交换，不仅参与国际分工的各方是按照相对统一的国际价值进行等价交换，国内不同商品生产之间的比较收益的确定也是在相对均等、公平公正的条件下进行的。然而实际中的国际贸易是不等价交换，发达国家利用自己对全球市场、核心技术、全球产业链的主导权，随意提高自身比较优势产品价格，获取超额比较收益，从而固化国家分工比较利益格局的现象愈演愈烈。除此之外，一国内部各种要素价格、产品价格的扭曲也成为正常现象，成为改变初始比较收益条件，造成比较优势部门变化和产业结构调整的重要因素。

二　我国产业比较优势的动态变化及对产业结构调整的影响

（一）我国产业发展比较优势的动态变化

美国经济学家贝拉·巴拉萨提出的显性比较优势指数[①]（Revealed Comparative Advantage，RCA 指数）是反映产品出口比较优势的代表性指标，也是比较优势因素相互作用的结果。因此，本章运用这一指标测度我国产业比较优势因素变化对产业结构升级的影响。

为了进一步研究我国产业比较优势影响的行业差异，笔者按照要素密集度将我国制造业划分为技术密集型产业、中度技术资本密集型产业、中度技术劳动密集型产业、资本密集型产业、中度资本密集型产业、劳动密集型产业六大类计算各细分行业的 RCA 指数（见图 12－1）。结果表明，1992—2009 年，我国劳动密集型产业 RCA 指数最高，是最具比较优势的产业，但其数值呈逐渐下降趋势，从 1992 年的 2.4 逐渐下降到 2009 年的 1.6 左右。与此同时，中度技术劳动密集型产业比较优势上升较快，其 RCA 指数从 1992 年的 0.45 上升到 2009 年的 1.41，从比较劣势行业转变为比较优势行业，并有逐渐上升取代劳动密集型产

① RCA 指数是测度产品出口的比较优势的代表性指标，其计算公式为：$RCA_{ij}=\frac{X_{ij}/X_{it}}{X_{wj}/X_{wt}}$，一般认为，当 RCA≥1 时，表示该产品具有比较优势；当 RCA＜1 时，表示该产品具有比较劣势。

业成为我国最具比较优势产业的趋势。由此可见，随着我国比较优势因素的变化，我国比较优势行业变化的差异也越来越明显。未来，随着我国人力资本培育、技术水平的提高，中度技术劳动密集型行业有望成为最具比较优势的行业。

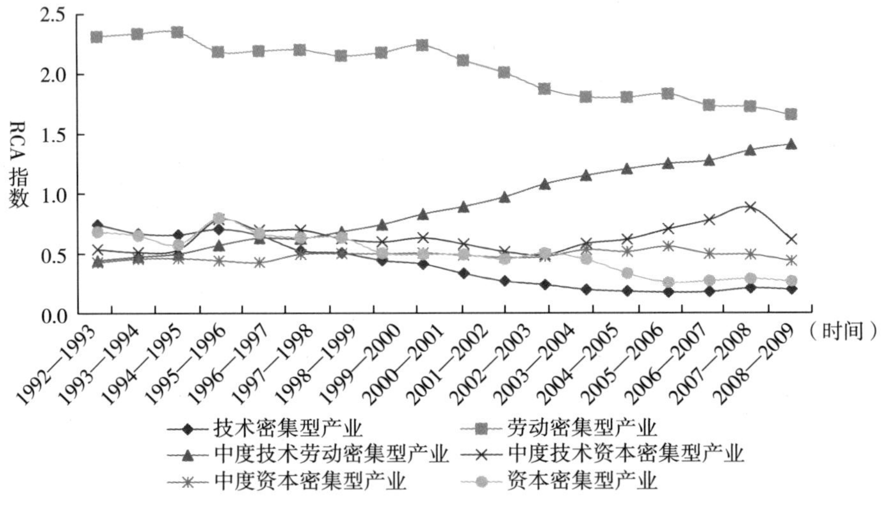

图 12－1 我国制造分行业比较优势现状与发展态势

（二）比较优势因素变化对产业结构调整的影响

经过三十多年对外开放和国际分工的深化，我国产业结构调整也受比较优势因素变化的影响，呈现较为明显的中度技术劳动密集的特征（见图 12－2）。1993 年至 2010 年，我国中度资本密集型产业、资本密集型产业和资源采掘型产业占工业的比重变化不大，基本保持在 5%—7%。技术密集型产业工业比重最低，仅为 1.6% 左右，且各年变化幅度不大。变化幅度较大的是中度技术劳动密集型产业、中度技术资本密集型产业和劳动密集型产业，其中，中度技术劳动密集型产业占工业比重上升最为显著，从 1993 年的 25.7% 上升到 2010 年的 32%，其间 2003 年高达 33.4%；劳动密集型产业占工业的比重整体呈下降趋势，1994 年最高为 25.75%，此后一直呈下降趋势，2007 年达到最低点，占工业比重仅为 16.1%，下降近 10 个百分点，2010 年逐渐回升至 21%。中度技术资本密集型产业占工业的比重则从 1993 年的 17.4% 下降到 2010 年的 15%。从整体来看，我国工业内部产业结构也逐渐由以劳动密集型为主向以中度技术劳动密集型为主过渡，产业发展的技术密集度逐渐提升，产业结构优化态势明显。

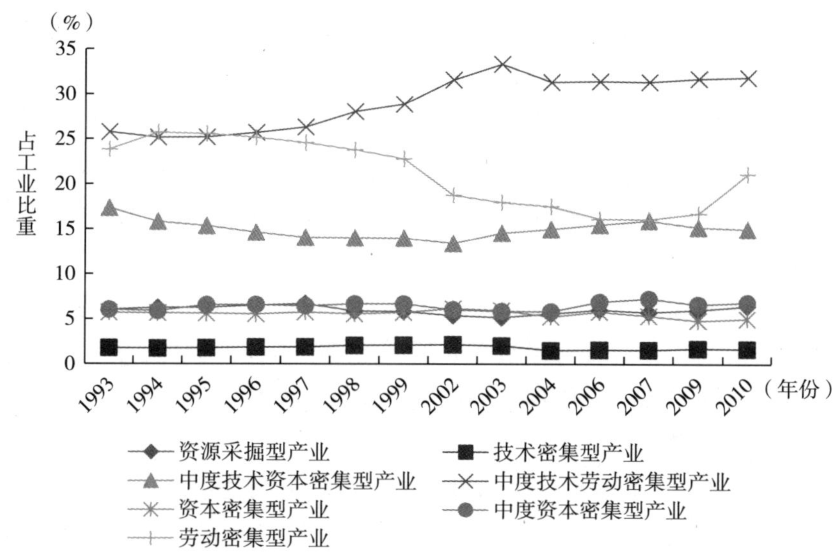

图 12－2　1993—2010 年按要素密集度划分的中国产业结构

资料来源：根据相关各年《中国统计年鉴》计算。

三　我国产业结构调整的趋势及对比较优势的影响

一般来说，发展中国家在产业发展的同时可能会面临两难选择：一是按照比较优势原则发展自己有比较优势的产业（一般是低技术、劳动密集型产业）；二是进入目前缺乏比较优势，但可通过潜在劳动生产率增长培育获得竞争优势的产业（比如高技术、资本密集型产业）。这种潜在劳动生产率的培育过程也是动态比较优势的塑造过程。这种动态比较优势的塑造，不仅和一国的产业结构政策相关，也和一国在全球产业分工体系中的地位与变动方向有着密切的联系。

（一）新的全球分工体系正逐渐从产业间分工向产业内、产品内分工深化

按照静态比较优势，国际分工是在以要素密集度划分的产业间展开的。比如，发达国家资本、技术要素密集，就专注于资本密集型、技术密集型产品生产，发展中国家则专注于劳动要素密集的劳动密集型产业。这是全球产业间分工垂直贸易的直接体现。当前，随着科技革命和跨国公司的加速发展，促使全球分工从垂直分工向水平分工转变，越来越多的产业间分工正面临向产业内、产品内分工深化的进程。但如果按照传统比较优势进行垂直国际分工，有可能使我国陷入劳动密集型产业低端生产的分工锁定的“陷阱”中。新分工模式下一国产业结构调整的方向主要表现为产业链条或产品工序所处地位及增值能力的提升。加快产业结构调整，沿着全球水平分工链条的节点向产业内、产品内分工延伸可使我国避免陷入比较优势低端锁定的“陷阱”中。

（二）我国产业结构提升的方向由二产独大向二三产均衡发展

根据经典的产业经济理论和配第、克拉克、钱纳里、库兹涅茨等人对发达国家产业结构变迁事实的归纳总结，提出随着人均国民收入上升，产业结构会出现逐渐由第一产业向第二产业、第二产业向第三产业转移的“软化”趋势。王岳平等也认为我国产业结构不合理，第二产业比重过大，第三产业比重不足，为实现中等收入国家向高收入国家迈进，我国第三产业比重应在60%以上。与此同时，提高第三产业占国民经济中的比重，并不意味着第二产业的萎缩，工业特别是制造业是国民经济的基础和支柱，对于我国现阶段经济增长和产业发展来说，制造业的主导地位和基础作用仍非常重要，要进一步加快工业化步伐，促进向发达工业经济转变，同时较大幅度地提升第三产业占国民经济中的比重，适当提高服务要素和产出价格，促进工业品和服务比价关系趋向合理和产业结构的均衡化发展。

（三）制造业内部结构逐渐由劳动密集型向资本、技术密集型转变

“十二五”规划纲要明确指出，要根据科技进步的新趋势，发挥我国产业在全球经济中的比较优势，推进重点产业结构调整，促进制造业转型升级和大力培育战略性新兴产业。其着力点是增强我国产业的研发水平、装备制造能力、资本密集程度和国际竞争能力。这些结构调整政策看起来似乎与我国劳动力比较优势的比较优势因素现状不符，但实际上是培育资本、技术、研发等新的比较优势的过程。事实上，经过改革开放多年来的资本积累和技术创新，我国制造业内部比较优势结构已经发生部分变化，前文数据分析也表明，我国最有比较优势的行业已经从劳动密集型产业转为中度技术劳动密集型产业和中度技术资本密集型产业，技术进步和资本积累对我国比较优势形成的作用越来越明显。

（四）贸易品与非贸易品的结构变动

出口对经济增长的拉动作用广受重视。出口占 GDP 的比重的上升，一方面固然是一国参与全球分工和大力实施外向型经济导向战略的结果；另一方面，商品由非贸易品向贸易品转变为出口增长和比较优势的形成与经济增长奠定重要基础。遵循前人的研究思路，笔者以各行业出口交货值占分行业总产值的比重作为划分贸易品和非贸易品的标准。界定标准为 10%，即如果该产品出口大于其总产出的 10%，则属于贸易品，反之，属于非贸易品。

根据计算，我国工业制造业总体出口占制造业总产值的比重大于 10%，属可贸易品，且其数值从 1993 年的 18.24% 上升到 2007 年的 23.53，可贸易化程度大大提升，2009 年由于金融危机冲击，比重有所下降。总体来说，我国制造业产出中可贸易的比重增加，可贸易品与非贸易品结构发生重要变化。分行业看，我国纺织业、服装及其他纤维制品制造、皮革毛皮羽（绒）及其制品业、家具制造业、文教体育用品制造业、塑料制品业、金属制品业、普通机械制造业、电气机械及器材制造业、电子及通信设备制造业和仪器仪表及文化办公用机械等产业出口占总产出比重较大，表明我国贸易品的行业特征既体现我国劳动密集的比较优势，又反映我国机械、电子等高新技术产品出口逐渐增多、动

态比较优势逐渐累积的贸易结构特征。从贸易品与非贸易品的结构转换特征看，石油和天然气开采、非金属矿采选业等行业产品由可贸易品转化为非贸易品，专用设备制造、交通运输机械等行业产品由非贸易品转化为可贸易品，表明我国贸易品与非贸易品相对结构有所改善，石油、天然气在国民经济中的战略作用增加，出口减少；而专用设备制造、交通运输机械等产品国际竞争力提升，出口增加。此外，我国运输、通信和信息服务等主要服务产品的可贸易化率也逐渐提升，大大优化了我国贸易品与非贸易品的相对出口结构。

（五）我国三大产业部门的相对产品价格变化

前文的理论分析表明，国际商品交换中的不等价交换成为影响比较优势的重要因素。一国内部各种要素价格的比价关系，或产品价格的扭曲也成为诱发价格回归或结构调整的动因。因此，可以通过对我国不同产业价格的相对变化的分析得出我国产业结构调整和比较优势变化的若干启示。通过对我国三大产业价格指数的分析，可以发现我国三大产业价格变动趋势较为一致，但仔细分析，仍可发现一些细微的变动特征，比如农业和工业制成品的价格相对服务产品的价格变动幅度更为明显，总体来说，农业和工业产品价格上升快于服务产品价格。经过多年的累积，农业相对工业、农业相对服务业、工业相对服务业，特别是工业相对服务业的价格上升幅度比较大，也就是说相比于农产品和工业制成品，我国服务产品的价格被低估，这也造成我国产业结构中工业比较被高估，而服务业比重上升缓慢，甚至未能完成“十一五”规划设定的目标。

四 简要结论与政策建议

本章研究表明，比较优势具有较强动态性并逐渐发生变化，改革开放以来我国产业结构调整也是比较优势因素变化引致比较优势行业变化的结果，同时，我国产业结构调整的方向和途径也对动态比较优势的形成和塑造产生重要影响。但当前我国产业结构调整升级仍面临着中间部门培育不足、本地市场规模限制、要素价格扭曲、关键技术缺失、贸易成本偏高等比较优势因素不足的制约。应通过大力培育动态比较优势促进产业结构优化升级。其主要措施在于：一是大力培育中间部门，促进资本和技术要素集聚，塑造动态比较优势，实现比较优势动态升级；二是促进服务产品可贸易化，发展生产性服务业；三是降低贸易成本，提升在全球贸易中的话语权；四是提升本地市场效应，促进需求结构和产业结构协同；五是优化资源配置，理顺要素价格关系；六是提升关键环节和技术，促进国际分工地位提升、附加值提高。

（一）培育中间部门，实现比较优势动态升级

中间部门的培育可以是要素积累方面，比如通过“干中学”积累人力资本，促进技术进步和生产经验的积累。然而由于“干中学”具有边际效应递减的特征，必须不断地引入新产品，采用新技术，持续地增加产品的创新能力，提高工人的动态“干中学”能力，降低了企业采用新技术的门槛，促进产品结构不断升级，并通过持续的产业升级避免了“干中学”积累的枯竭。也可以是产业部门的培育，需要注意的是要培育一国具有潜在比较优势的产业或部门，而不是当下具有比较优势的部门，比如韩国和日本政府在 20 世纪 50—60 年代分别培育的钢铁产业和汽车产业等。在我国当下，要选取具有中度技术劳动密集型的通用设备制造业、专用设备制造业、交通运输设备制造业、电气机械及器材制造业、通信设备、计算机及其他电子设备制造业、仪器仪表文化办公用机械、橡胶制品业和中度技术资本密集型的化学原料及化学制品制造业、化学纤维制造业、黑色金属冶炼及压延加工业等产业作为我国产业比较优势培育的中间部门。

（二）促进服务产品可贸易化，发展生产性服务业

我国制造业出口的快速增长，不仅拉动了我国国民经济的快速增长，更塑造了我国制造业比较优势的基石。但相比制造业而言，我国服务业的可贸易性不强，在国际分工中的地位较为低下，与发达国家发达的服务贸易相比差距还比较大。若想提高我国产业的综合比较优势，服务和制造必须双轮驱动，就目前而言，必须补足服务贸易和服务产品比较优势不足的短板，大力促进服务服务产品可贸易化，大力发展生产性

服务业，提高我国服务业的综合竞争能力。

（三）降低贸易成本，提升在全球贸易中的话语权

降低贸易成本是提升我国产业比较优势的一个重要途径。要努力提高我国产业发展对全球产业链的响应速度和需求反馈能力，最大限度节约信息、产品生产过程中可能的时滞造成贸易成本的增加。加快推进全球贸易自由化步伐，降低各种贸易壁垒，减少贸易摩擦，提高贸易效率。推动物流运输技术和信息技术的进步，以先进流通技术扩大国际贸易的范围，降低贸易成本，努力提升我国在全球贸易中的话语权。

（四）提升本地市场效应，促进需求结构和产业结构协同

根据克鲁格曼的新贸易理论，我国制造业比较优势的提升不仅是技术进步和劳动生产率不断提高的结果，同时与国内市场、内需的强劲增长息息相关。在规模经济存在的情况下，内需与出口可能不一定是相互替代的，反而可能是相互促进的。根据“本地市场效应”，内需大的国家往往可以在出口贸易中具有优势，成为净出口国，庞大的国内市场可能成为国际贸易优势的来源。因此，一些具有规模经济特征的资本密集型的机电产品正逐渐成为我国对外贸易的主体，这显然与我们传统的劳动密集型比较优势不符，但是符合“本地市场效应”下的新比较优势产业形成理论。因此，在培育我国产业比较优势的同时，不能只盯着出口增长单一指标，要兼顾国际需求和国内需求，重点把握全球制造业继续向中国转移和集聚，以及我国国内市场的日益扩大的双重契机，重点培育一批国内市场需求旺盛、市场发育良好的规模经济明显的产业部门，形成新的比较优势产业，提高我国产业的动态比较优势，促进需求结构和产业结构的协同。

（五）优化资源配置，理顺要素价格关系

根据比较优势理论，一个国家的比较优势要得到发挥，需要有一个能够反映生产要素相对稀缺程度的要素价格结构，即熊贤良（1995）所说，比较优势已经充分反映到产品价格上。然而在现实中，各种要素价格的扭曲导致比较优势形成基础的异化，不能准确地反映我国比较优

势的真实情况和参与国际分工的序列与结构，如我国服务产品比价长期被低估，导致我国相应行业潜在比较优势难以发挥，结构升级难以实现。与此同时，一些组成生产力的要素，如科学技术、高素质的人、高性能的设备和高质量的原材料等由于缺乏合理的配置，也难以形成现实的生产力和比较优势。由此可知，组织方式、组织结构也是生产力，是催生比较优势的重要力量。因此，要理顺各种要素价格的比价关系，矫正要素价格扭曲，使要素价格真实反映要素禀赋情况和经济技术条件。同时，要加快提高资源配置能力，发挥各种要素和资源的组合效率，促进比较优势的形成和优化。

（六）提升关键环节和技术，促进国际分工地位提升、附加值提高

在发展中国家产业结构产业升级的攀升过程中，技术创新尤其是原发性核心技术创新能大幅度拓展产业活动的空间，推动原有产业结构的优化升级、绩效提升和新产业的诞生、发展，而产业尤其是主导产业活动空间的增大和结构的优化升级又加大了对技术创新的需求，从而促进技术的不断创新变革，产生了技术创新与产业发展之间的“互补互促效应”。提升关键环节和技术能提升一国或地区经济发展层次，改变其产业发展运行轨迹，促使其在更合理、更优质化的路径上运行。因此，需要通过核心能力的培育，提升研发设计、采购网络、运输网络、销售网络、原料等关键环节或技术的水平和实力，提升关键控制环节的比较优势和分工收益，促进国际分工地位的提升和产品附加值的提高。

参考文献

［1］夏先良：《论国际贸易成本》，《财贸经济》2011 年第 9 期。

［2］林毅夫、蔡昉、李周：《比较优势与发展战略——对“东亚奇迹”的再解释》，《中国社会科学》1999 年第 43 期。

［3］王岳平：《“十二五”时期我国产业结构调整战略与对策研究》，《经济研究参考》2010 年第 43 期。

［4］林发勤、唐宜红：《比较优势、本地市场效应与中国制成品出口》，《国际贸易问题》2010 年第 1 期。

［5］林发彬：《比较优势和商品贸易结构在我国的动态变化及合理

性》，《经济论坛》2011 年第 4 期。

[6] Balassa, The Changing Pattern of Comparative Advantage in Manufactured Goods, *Review of Economics and Statistics*, 1979, (61): 259 – 266.

[7] Andrew B. Bernard, Stephen J. Redding, Peter K. Schott, Comparative Advantage and Heterogeneous Firms. *Review of Economic Studies*, 2006.

[8] Krugman, P. Trade, Accumulation and Uneven Development, *Journal of Development Economics*, 1981, (8): 149 – 61.

第十三章　构建现代产业体系的思路与方略

改革开放以来，特别是中国加入WTO以来，中国制造以比较优势切入全球价值链，推动全球产业链与价值链形成了分工相对确定的均衡态势，基本形成了美国、德国、日本占据全球价值链高端，主要从事研发设计、高端制造和分销，通过技术研发、品牌和营销渠道控制先进制造业中的核心技术与关键环节，获得高额收益和附加值；中国等新兴国家主要从事中低端产品的生产制造，通过批量加工和成本优势进行大规模生产，缺乏核心技术，生产的附加值低、收益也低；俄罗斯、中东、南美、澳大利亚等国家和地区依托资源优势，提供能源和原材料，根据供求状态获得相应收益的全球制造业“大分工”格局。由此可见，美国是现行全球产业体系的缔造者、掌控者和高端价值的受益者。但是，由于美国逐步认识到制造业对于国家繁荣和综合实力的极端重要性，在美国制造业增加值占全球比重下降的背景下义无反顾地升级了中美经贸摩擦，分三个批次对自中国进口的多类总价值2500亿美元的产品加征关税，其目的就是促进制造业回流，重新构建由其绝对主导的全球制造业产业体系，确保美国制造业的领先优势。对此，应有清醒的认识和应对方略！

要按照党的十九大关于加快建设实体经济、科技创新、现代金融、人力资源协同发展的产业体系的要求，坚持“稳转新集”的四字方针，从体制机制、要素培育、企业主体和产业发展四个层面构建现代产业体系，倒逼企业加速转型升级，促进产业和要素资源配置更加协同，加快构建“创新引领、要素协同、链条完整、竞争力强”的现代产业体系，实现从现行产业体系到现代产业体系跃升。

一 全球产业格局调整对我国产业体系的影响

近年来，以美国为代表的发达国家纷纷提出再工业化，部分新兴经济体不断加大制造业发展力度，引发全球产业和经贸格局发生深刻调整。

（一）发达国家再工业化进展及影响

自2008年国际金融危机之后，欧美等发达国家的“再工业化”战略与东南亚国家等新兴经济体工业化进程加快使得国际引资竞争日趋激烈。各国竞相减税以促进制造业发展，可能会引致国际资金流向与全球制造业发展的重新洗牌。

（1）美国、英国近两年FDI净流入迅速增加，中国自2014年起连续三年呈下降态势。图13－1分别呈现了近10年发达国家和发展中国家的FDI净流入情况，从图中可以看出，2008年的国际金融危机对多个国家的外资引入都具有较大的冲击作用，随后外资引入逐步复苏。美国与英国在2009年之后外资净流入增大但增长较为缓慢，但分别于

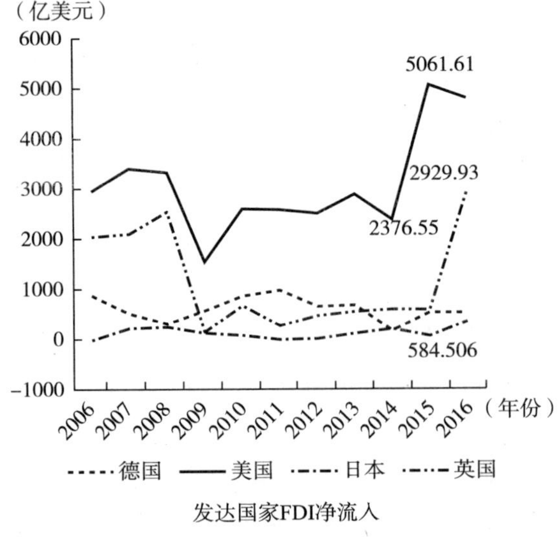

发达国家FDI净流入

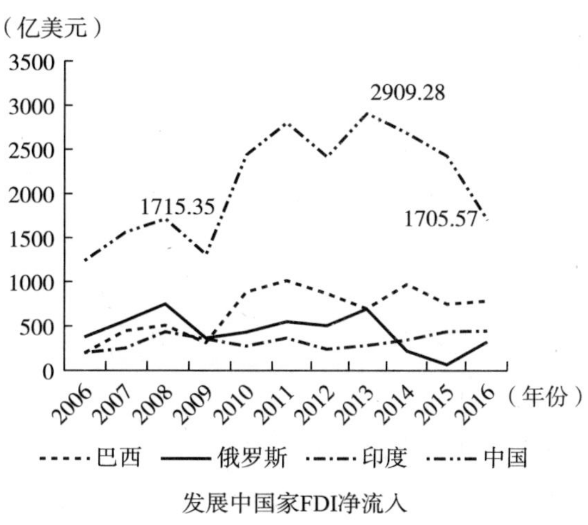

图 13－1　代表性国家 FDI 净流入

2015 年与 2016 年外资净流入迅速增大，对于中国而言，2009 年之后中国外资引入增加幅度较大，但外资净流入自 2014 年开始已连续三年呈下降态势，由 2013 年的 2909. 28 亿美元降至 2016 年的 1705. 57 亿美元，三年下降了 41. 4%，2016 年的外资净流入约已降至 2008 年的外资净流入水平。

（2）发达国家 FDI 净流入占本国 GDP 的比重相对稳定，发展中国家 FDI 净流入占本国 GDP 的比重浮动中呈下跌趋势，中国 FDI 净流入占本国 GDP 的比重下跌趋势明显。由图 13－2 可知，发达国家的 FDI 净流入占本国 GDP 的比重自金融危机之后相对较为稳定（英国除外），但在近两年具有一个平缓的提高，英国的 FDI 净流入占本国 GDP 的比重在 2016 年激增，可能的原因与英国脱欧事件有关。与发达国家不同的是，发展中国家的 FDI 净流入占 GDP 的比重波动相对较大，但整体均呈现下降趋势（巴西除外），就中国而言，中国 FDI 净流入占 GDP 的比重具有一个十分明显的下降趋势，该比重由 2010 年的 3. 99% 下降至 2016 年的 1. 52%，下降了 2. 47 个百分点。

（3）中美制造业增加值增长趋势明显，各国制造业增加值年增长率波动较大且金融危机之后呈整体下降趋势，2016 年开始回升，发达国家制造业增加值占本国 GDP 的比重相对稳定，发展中国家该比重呈

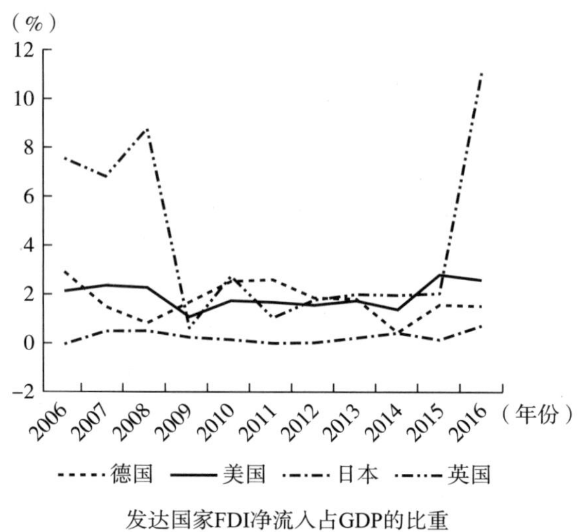

发达国家FDI净流入占GDP的比重

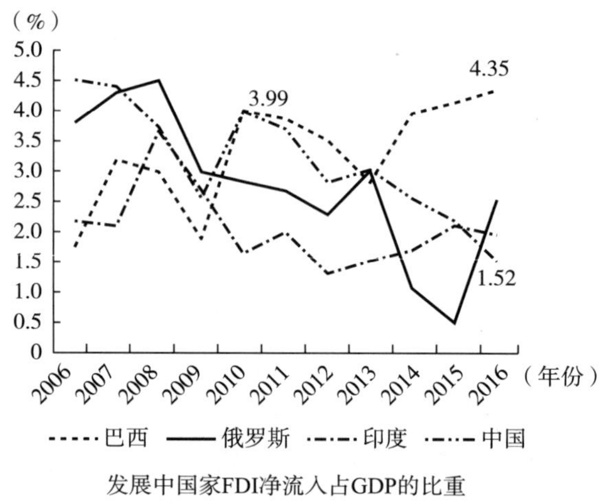

发展中国家FDI净流入占GDP的比重

图 13－2　代表性国家 FDI 净流入占 GDP 的比重

缓慢下降趋势。图 13－3 分别呈现了发达国家和发展中国家的制造业增加值情况，从图中可以看出，美国与中国的制造业增加值增大趋势较为明显，尤其是中国，从 2006 年至 2016 年的 11 年时间，中国制造业增加值约增长为原来的 3. 64 倍，其他国家的制造业增加值随时间相对较为稳定。图 13－4 中各国制造业增加值年增长率的图示显示，各国制造业增加值年增长率随时间的变动幅度较大，美国与中国的制造业增加值

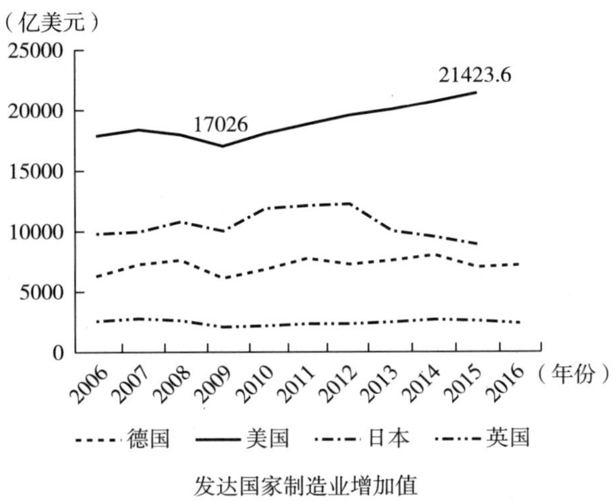

发达国家制造业增加值

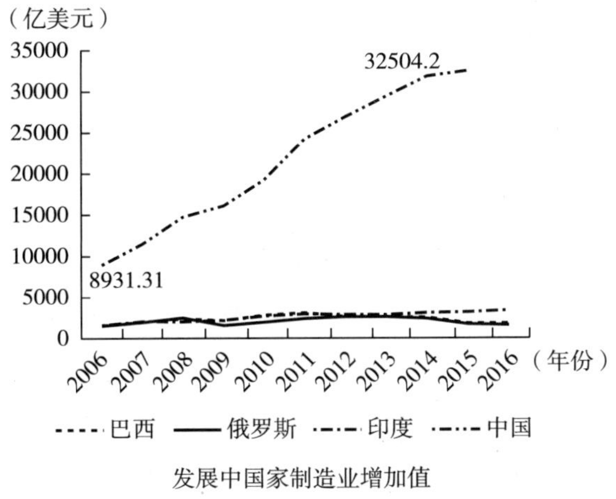

发展中国家制造业增加值

图 13－3　代表性国家制造业增加值

年增长率变动趋势较为稳定，美国的制造业增加值年增长率自 2010 年开始基本保持稳定增长，增长率基本在 2.5%—4% 波动，中国的制造业增加值年增长率自 2011 年至 2015 年逐年下降，制造业增加值年增长率由 2011 年的 25.83% 下降至 2015 年的 2.08%；从图 13－5 的制造业增加值占本国 GDP 的比重的图示可得，发达国家的制造业增加值占 GDP 的比重相对比较稳定，而发展中国家的制造业增加值占 GDP 的比重具有较为明显的下降趋势。

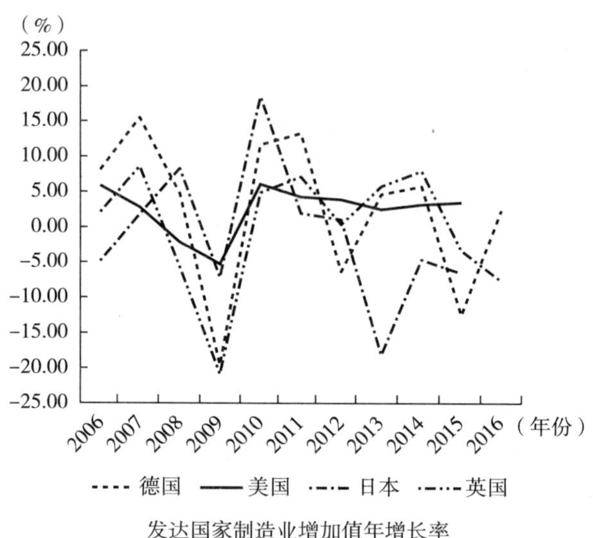

发达国家制造业增加值年增长率

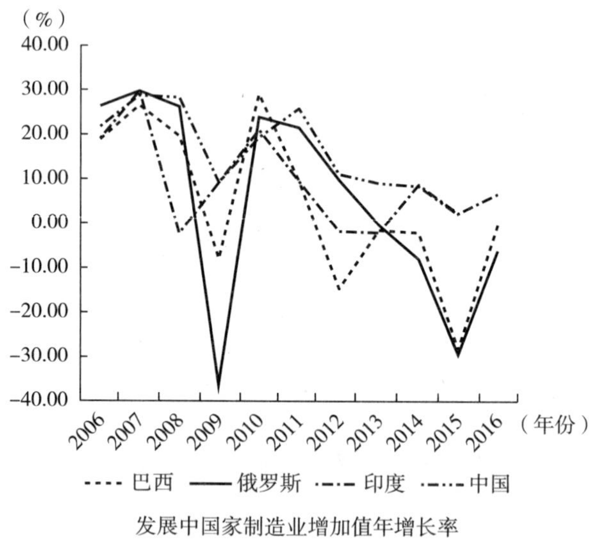

发展中国家制造业增加值年增长率

图 13-4 代表性国家制造业增加值年增长率

(4) 美国制造业增加值占全球制造业增加值的比重企稳回升，日本比重开始下跌，中国比重快速稳步上升，2010 年中国比重超越美国并一直保持领先地位。图 13-6 呈现了代表性国家制造业增加值占全球制造业增加值的比重情况，从发达国家的图示可知，美国制造业增加值

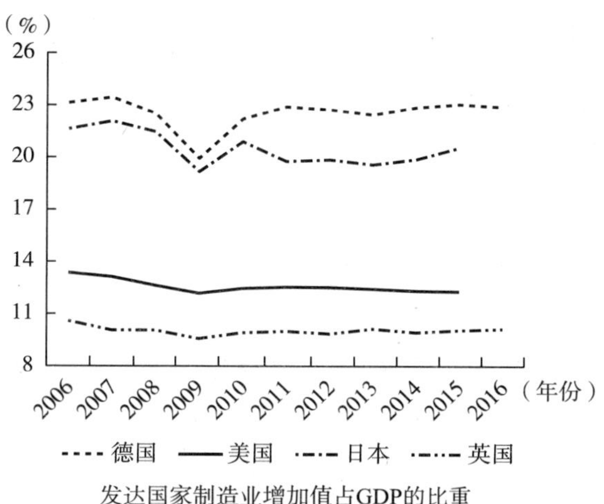

发达国家制造业增加值占GDP的比重

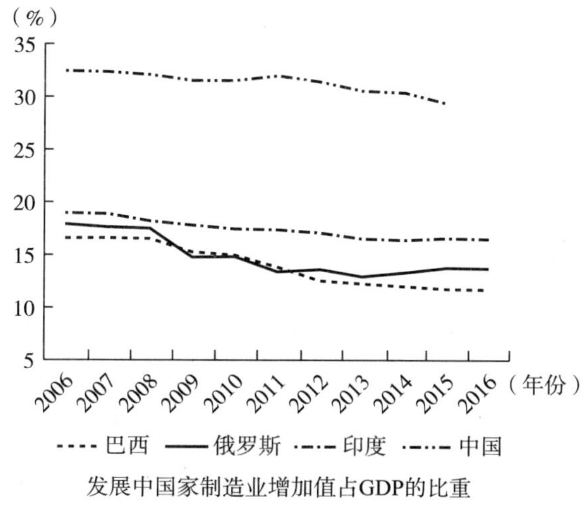

发展中国家制造业增加值占GDP的比重

图 13－5　代表性国家制造业增加值占 GDP 比重

全球占比仍然最高，随后依次是日本、德国与英国，发达国家在2006—2015 年的制造业增加值全球占比总体呈现降低趋势，美国与日本较为突出，不同的是，美国制造业增加值全球占比自 2011 年起相对较为稳定且在 2015 年有上扬趋势，而日本自 2011 年起其制造业增加值全球占比持续下跌。就发展中国家而言，除中国外，巴西、印度和俄罗斯的制造业增加值全球占比的水平在此期间较为稳定且水平相当，基本保持在 1. 5%—3%；中国的制造业增加值全球占比在过去 10 年间保持强势增长，占比由 2006 年的 10. 8% 上扬至 2015 年的 26. 7%；通过比

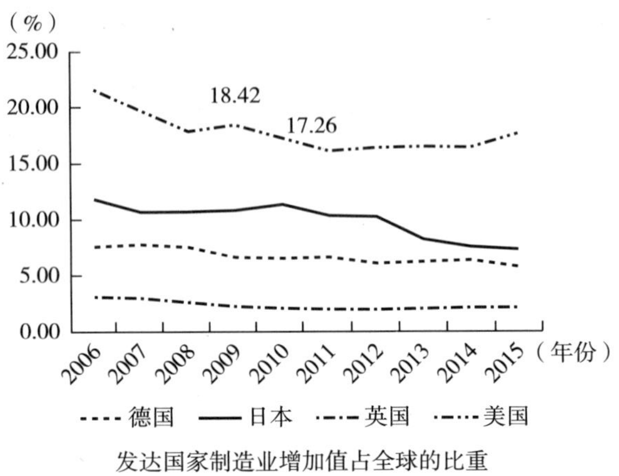

发达国家制造业增加值占全球的比重

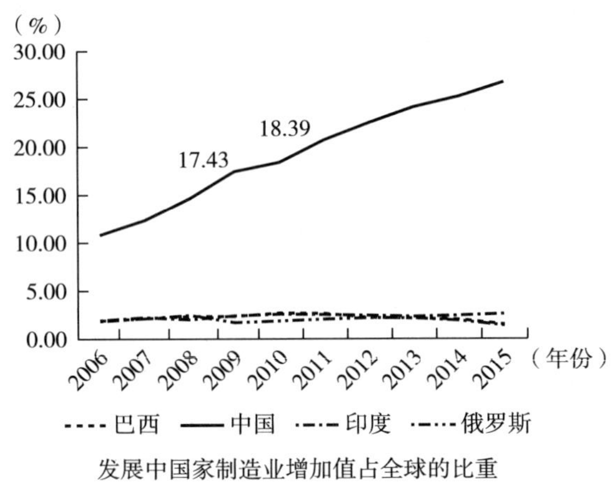

发展中国家制造业增加值占全球的比重

图 13－6 代表性国家制造业增加值占全球的比重

较发达国家与发展中国家的制造业增加值全球占比发现，英国制造业增加值全球占比与巴西、印度和俄罗斯各国的占比十分接近，中国于2010年开始制造业增加值全球占比（18.39%）超越美国制造业增加值全球占比（17.26%）并一直保持领先地位。

（5）美国制造业就业占总就业比重最低，各国制造业就业占比普遍缓慢下降，中国与印度制造业就业占比上升后趋于稳定。如图13－7所示，发达国家的制造业就业占总就业的比重均具有较为明显的下降趋势，美国制造业就业占总就业的比重最低，具体来看，美国的制造业就业占总就业的比重从2006年的20.3%下降至2016年的17.2%，下降了3.1个百分点。对于发展中国家而言，印度的制造业就业占总就业的比重增长幅度最为明显，制造业就业占总就业的比重从2006年的19.8%增长为2016年的24.3%；中国的制造业就业占总就业的比重有微幅的提高，从2006年的22.5%提高至2016年的23.9%，巴西在此期间的整体波动较小，俄罗斯在四个发展中国家中其制造业就业占总就业的比重最大，但近10年该比重整体下降了2个百分点，从2006年的29.3%下降为2016年的27.3%。

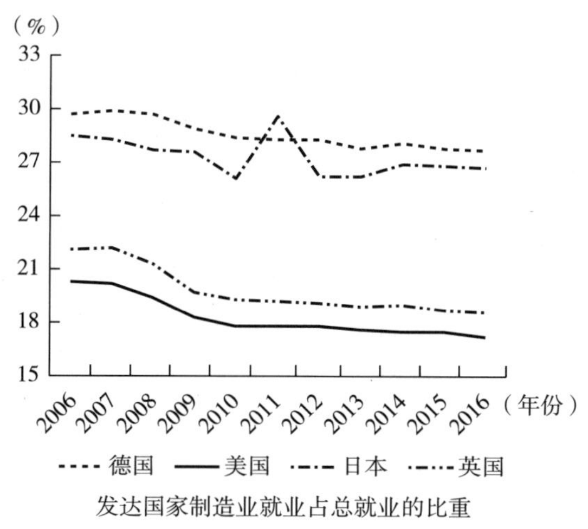

发达国家制造业就业占总就业的比重

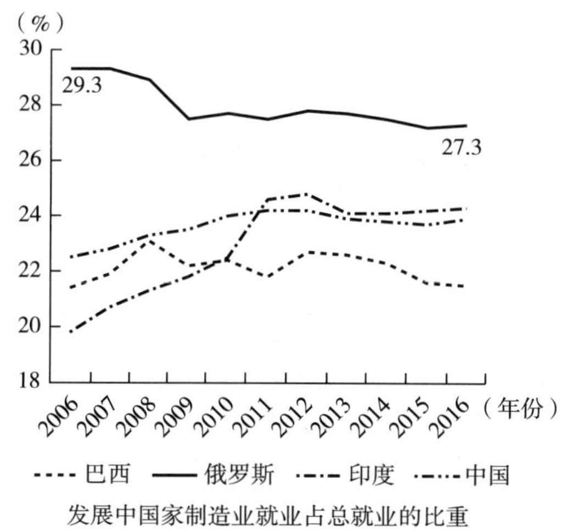

发展中国家制造业就业占总就业的比重

图13-7　代表性国家制造业就业占总就业的比重

（6）发达国家制造业劳动生产率远远高于发展中国家制造业劳动生产率，中美劳动生产率持续上升，中国相对于美国的相对劳动生产率保持稳定上升趋势。制造业劳动生产率一般采用制造业增加值与制造业从业人员人数的比值来表示。图 13－8 显示了代表性国家制造业劳动生产率及基于美国制造业劳动生产率得到的各国相对劳动生产率，从"制造业劳动生产率"图可知，发达国家的劳动生产率远远高于发展中国家的劳动生产率，对于发达国家而言，美国、德国和日本的劳动生产率较为接近，不同的是，美国的劳动生产率保持持续提高的趋势，年劳动生产率由 2006 年的 57183 美元提高至 2015 年的 76147 美元，提高了 33.2%；而日本的劳动生产率自 2013 年开始下降较为明显，2015 年已降至 2006 年的水平以下；德国的劳动生产率整体在波动中有小幅提高；英国的劳动生产率相对较低且较为稳定。从发展中国家来看，中国的劳动生产率大幅提高，年劳动生产率由 2006 年的 5153 美元提高至 2015 年的 17424 美元，提高了 238%；印度的劳动生产率在此期间具有小幅的提高，巴西和俄罗斯的劳动生产率虽然在 2006—2012 年具有较大的提高，但从 2013 年起逐渐降低。

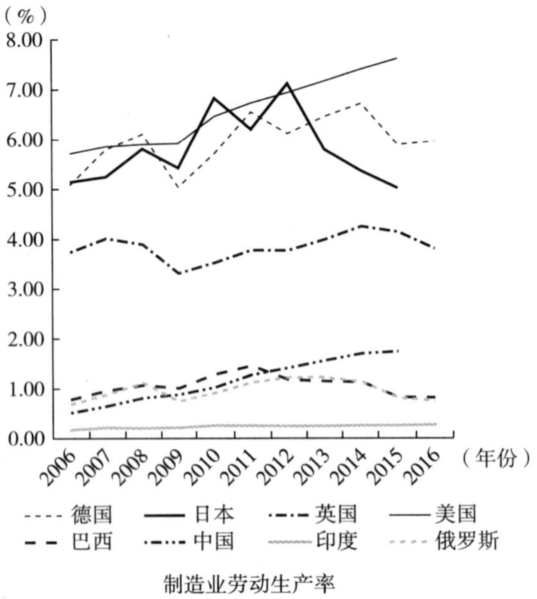

制造业劳动生产率

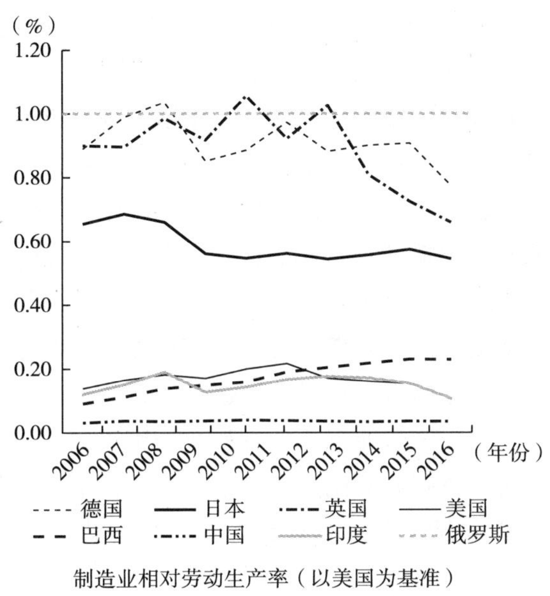

图 13 – 8 代表性国家制造业相对劳动生产率

图 13 – 8“制造业相对劳动生产率”图显示的是各代表性国家的制造业劳动生产率相对于美国得到的相对劳动生产率，根据图示可知，德国、日本与英国相对于美国的相对劳动生产率均有所下降，日本尤为明显。巴西和俄罗斯相对于美国的相对劳动生产率先增大并于 2012 年开始逐步减小，中国相对于美国的相对劳动生产率始终保持提升趋势，数据显示，2006 年美国制造业相对劳动生产率是中国制造业相对劳动生产率的 11. 11 倍，而 2015 年美国制造业相对劳动生产率是中国制造业相对劳动生产率的 4. 37 倍，毋庸置疑，中国制造业相对劳动生产率在过去 10 年间得到了极大的提升。

综上可知，自 2008 年国际金融危机之后，发达国家实行再工业化战略与新兴经济体的工业化进程加快，使得国际资金流向发生重要变化，不可否认的是，从金融危机之后的经济复苏来看，美国无疑是在危机之后经济复苏最为强劲的发达国家之一，而其中制造业的复苏表现尤为突出，这使得美国实施的一系列制造业支持政策引起广泛关注。根据上述图示分析，我们主要从美国与中国角度出发进行比较，可以得到如下结论：第一，美国的制造业回流政策使得美国的 FDI 净流入大幅提高，同时使中国的 FDI 净流入下降明显；第二，尽管中国制造业增加值增长趋势仍然明显，但中国制造业增加值年增长率在不断降低，而美国制造业增加值以一个较为稳定的增长率在不断增长；第三，以中国为代表的发展中国家的制造业增加值占 GDP 的比重呈下降趋势，而以美国为代表的发达国家的制造业增加值占 GDP 的比重较为稳定；第四，美国制造业增加值全球占比近年来趋于稳定并有上升的趋势，中国制造业增加值全球占比持续提高的趋势暂时没有受到各国制造业回流政策的影响；第五，美国制造业回流政策对其制造业的就业作用暂时还没有呈现很好的政策效果，美国制造业就业占总就业的比重仍然呈递减趋势，而中国的制造业就业占总就业的比重仍有小幅提升；第六，美国与中国的制造业劳动生产率均有提高，中国制造业相对劳动生产率增长势头强劲，相对于美国的相对劳动生产率仍明显提升。

（二）中美经贸摩擦对我国产业体系的影响

目前，中美经贸摩擦对我国产业体系的影响已经开始显现，主要表现在以下几个方面。

（1）出口萎缩。贸易不平衡是中美经贸摩擦的首要诱因，出口萎缩也是加征关税最直接的影响。但是，受订单周期（一般 3—6 个月）和部分美国企业预期加税突击进口等因素影响，部分产品短期出口影响不大，对出口的冲击在 2018 年第四季度和 2019 年上半年集中显现。需要指出的是，目前国内有关中美经贸摩擦对出口和经济增长的影响都是运用 MCHUGE 动态 CGE 模型进行模拟测算，假设世界经济形势保持稳定，特朗普减税导致美国国内要素成本降低，并使我国资本收益率下降、出口需求弹性先升后降等得出的结论，只具备宏观参考意义，不具备现实指导性。因为，这些测算一般根据关税加征的幅度，如 10%—25% 来测算对美出口产品的影响，结果是影响零点几乃至几个百分点，总体影响不大。而实际微观企业调研得出的结论是：加征关税后，企业成本大幅上升，如果不能转移税收成本，企业继续生产将会亏损，大部分企业的理性选择是拒接订单、暂停生产。

（2）进口成本上升。为维护世界公平贸易规则和国家核心利益，我国对美国发起的经贸摩擦予以坚决回击，分别对相应类型自美进口产品开展数量型和质量型相结合的反制措施。这些举措有理有力有节，精准打击美国票仓和全球产业体系关键环节，取得初步成效。但由于我国对美进口产品绝大部分是卡脖子的高技术产品和部分对外依存度畸高的农产品和资源能源类产品，进口替代的可能性非常小或价高质次，因此，很多企业不得不承受成本上升的压力。

（3）订单转移和生产布局调整。由于中美之间中间品贸易占主体的特征和事实，大量外商投资企业和跨国公司是我国对美贸易的主体，特别是汽车、电子信息和机电类产品生产企业大多全球化布局，正积极通过订单转移和生产布局调整对冲中美经贸摩擦的影响。也有部分企业在将国内订单转移至国外后，将部分国际订单转移至国内生产以实现全球生产资源重新配置。这种模式能够有效对冲加征关税对企业经营的绝大部分影响，但仍有几点负面影响：一是增加物流成本；二是增加供应链转换成本和管理成本；三是切断了中美之间的产业和贸易关联；四是降低了部分产品品质和生产技术水平。由于对美出口产品质量要求较为严苛，可以带动国内生产工艺和技术水平提升，对美订单全部转移后部分产品质量管控水平和质量有所下降。

（4）利润汇回。通过资本项下的观察，中美经贸摩擦导致部分外商投资企业战略布局调整，如美国某制药企业向总部汇出利润 5.55 亿美元，而历史年度大部分留存中国境内或再投资。

（5）投资调整。中美经贸摩擦造成国际贸易不确定性增加，导致外商和国内民营企业投资的观望情绪增加，造成 FDI 和民间投资下滑。部分生产经营企业利用城市更新改造契机，退二进三，或者持币观望。部分企业为化解经贸摩擦的不利影响，通过跨境投资开拓国际市场，增加全球化产业布局，充分利用国际资源等方式寻求新的竞争优势，这种产业链调整也带来境外投资的上升。FDI 下降和 ODI 上升并存将会导致我国资本净流出。

二　构建现代产业体系的定位与目标

由于我国与全球生产体系深度融入，密切相关，特别是中美之间中间品贸易特征显著，产业关联度高，全球产业分工格局调整一方面推高了我国产业体系的运行成本；另一方面压缩了我国产业体系的市场空间，将会导致我国制造业发展面临“低端转移”和“高端封锁”双重夹击，对整个制造业向中高端调整升级产生负面影响，导致整个产业体系面临的风险加大。同时，也应该看到，全球产业分工格局调整危中有机遇，一方面给我国产业体系平稳运行带来冲击和阵痛；另一方面也为打破现有产业体系，改变我国制造业国际分工低端锁定地位、加快构建新型现代产业体系提供契机。因此，必须从产业体系构建和完善的角度采取有效措施。

在“破与立”的过程中，要深刻认识全球产业分工格局变化对我国产业体系发展带来的影响。按照党的十九大关于加快建设实体经济、科技创新、现代金融、人力资源协同发展的产业体系的要求，坚持“稳转新集”的四字方针，从体制机制、要素培育、企业主体和产业发展四个层面构建现代产业体系，倒逼企业加速转型升级，促进产业和要素资源配置更加协同，加快构建“创新引领、要素协同、链条完整、竞争力强”的现代产业体系，实现从现行产业体系到现代产业体系跃升。

（1）创新引领。发展核心技术，进行价值链升级是构建现代产业体系的关键，只有人力资本雄厚、创新能力强大才能通过自主创新实现产业核心技术掌控，推动产品与服务的品质升级，实现产业链、价值链位置的高端化。其目标是掌握一大批核心关键技术，拥有强大的技术研发平台和产业合作网络，技术和产业创新资源整合能力强，一批成果在全球处于领先地位；产学研合作紧密，创新成果转化渠道顺畅，辐射效益强，推动新兴产业不断诞生成长，成为新一轮科技革命和产业变革的引领者；创新动力强大，创新驱动真正成为引领发展的第一动力。

（2）要素协同。根据罗默的内生增长模型，人力资本是知识积累和技术进步的源泉，技术积累及其外部性引起的规模收益递增是经济长期持续增长的主要动力。此外，金融发展对现代产业体系的构建也不可或缺。通过发挥现代金融的资本媒介功能、跨期风险配置、财富管理、并购重组和高效支付服务等功能能够降低信息和交易成本，促进各类生产要素优化配置，分散科技创新和创业风险，从而促进科技创新和实体经济发展。因此，现代产业体系要求拥有数量庞大、质量优良、结构合理、配置有效的科技、金融、人才等优质要素，并且建立起要素之间的协同机制，优化要素配置，提升要素效率，能够源源不断地吸引全球各类精英投身到实体经济发展，促进现代金融发展与实体经济紧密结合，成为全球重要的科技、产业、金融中心。

（3）链条完整。从产业链角度看，我国产业体系的突出问题是加工制造能力强，而核心零部件、高端研发和市场营销等环节受制于人，产业链不完整，上下游合作不紧密，协同创新少，缺乏产业链的合作和整体布局。日本则不同，日本供应链体系完整、合作紧密，即使是对外转移加工制造环节，与之配套的供应商大部分是日资企业，从而形成日本制造的整体优势。而我国加工贸易中使用的核心零部件以及高附加值的技术密集型中间产品高度依赖进口，属于"无根型"制造，附加值极低且容易转移至成本更低的国家和地区，造成"产业空心化"。为此，需要构建链条完整的产业体系，推动制造业发展从主要依靠加工制造环节向研发设计、中高端制造、市场营销等价值链高端环节延伸，并主要由国内企业提供与加工组装相配套的大部分核心部件，不断增强产业链控制与主导能力。在高端芯片、核心零部件、高端基础件和材料、高端装备等环节不再受制于人。

（4）竞争力强。竞争力强是从现行产业体系转变到现代产业体系的最终结果，主要表现为拥有一批实力强大的世界级企业，全球产业链主导能力强；拥有先进的生产技术能力，劳动生产率高、全要素生产率高、产品质量高、比较优势强；拥有足够的市场规模、强大的营销网络和主导全球市场的能力，品牌知名度高，产品附加值高。应将提升全球制造业分工地位、增强产业国际竞争力，作为国家重大战略和长远目标，超前谋划，综合施策，加快制造业转型升级，抢占全球制造业制高点。

三　具体路径和策略

一个行动胜过一打纲领。必须采取有力措施，从体制机制、要素培育、企业主体和产业发展四个层面构建现代产业体系，才能在日益激烈的全球制造业竞争中获得主动地位，最终重构现代产业体系，获得持久竞争优势。

（1）从产业链角度构建现代产业体系。从产业链角度看，我国产业体系的突出问题是加工制造能力强，而核心零部件、高端研发和市场营销等环节受制于人，产业链不完整，上下游合作不紧密。此外，由于进口的中间产品价值量高，占总成本比重大，如高端伺服电机和减速器占整个机器人生产成本的50%以上，这就导致我国制造业利润非常微薄，仅靠消耗资源和要素投入获得最低水平的加工费，附加值极低。因此，突破这一困境的关键在于高附加值零部件环节的进口替代和本地化的产业链配套。要加大研发投入，特别是核心技术和关键环节的提升，促进我国制造业从简单组装、辅助零部件制造、一般和重要零部件制造向高级组装和核心零部件制造的分工阶梯攀升，实现生产环节和技术含量的提升，提高产业全球话语权、定价权和产品国内增值率。此外，也要积极构建全球营销网络和流通体系，逐步打造自有品牌，塑造中国制造高质量和高端形象。

需要指出的是，构建现代产业体系，不是另起炉灶，而是依托现有产业基础和优势资源要素，稳定具有比较优势行业，对受损严重的企业进行补贴和救助；继续大力推动供给侧结构性改革，推进企业技术改造和智能化绿色化循环化发展，延伸产业链，转型升级传统行业；对集成电路、航空发动机、关键电子元器件、生物技术、新能源汽车与智能网联汽车等产业核心链条开展集中攻关，新建扩建一批国家级创新平台和重大科技基础设施，力争解决一批“卡脖子”问题，突破发展新兴行业；鼓励地方以园区为载体推进产业集群优质发展，提升产业集聚效应，发挥长江经济带、京津冀经济圈和粤港澳大湾区等协同作用，构建若干世界级产业集群，“稳转新集”形成合力，建设链条完整、竞争力强的现代产业体系。

（2）从要素协同角度构建现代产业体系。加快优质要素培育，夯实现代产业体系构建的基础。一是加大科技创新要素培育，推动一批事关国计民生、产业安全和未来发展的重大技术尽快涌现。发挥企业在技术研发中的主体地位，增加企业在重大技术攻关课题立项、技术路线选择方面的话语权，提高国家研发资金投向企业主导的市场化研发机构的比例。减少或取消对一般专利申请和持有的奖励或补贴，加大对三方同族专利、PCT 专利等专利申请导航、专利预警地图等方面的投入和支持力度。二是加大现代金融要素培育，积极发展科技银行、民营银行和外资金融机构，鼓励国有银行开展中小微企业服务，形成大中小组合、国有民营外资多元的银行体系，扭转信贷资源在大企业和中小企业之间的错配现象，促进金融机构和实体企业需求衔接匹配。大力发展创业投资，放宽对创业投资地域、行业和收益率等方面的限制，提高创投机构、基金经理投资自主权，加大对高技术产业、战略性新兴产业和新经济领域高成长性行业的投资力度，鼓励创业投资机构通过资本纽带构建产业链上下游协作互动的产业生态圈。通过引入有效竞争、推动金融智能化转型等方式提升金融体系效率，加大金融改革力度，切实提升现代金融企业风险防范与管理水平。三是实施人力资本优先发展战略，着重解决教育脱离经济发展和高技能人才等短缺问题。通过改革传统人才评价、考核和激励机制、加大高层次创新人才培养支持力度、完善海外高层次人才引进方式，吸引一大批有经验和影响力的复合型创新创业领军人才和团队投身实体经济发展。把促进高中阶段教育的普及作为提升人力资本的主要任务，持续加大对高中阶段教育投入，对低收入家庭子女实行免费普及高中教育。适应新一轮科技革命和产业变革生产自动化、人工智能等发展带来的工作技能需求变化，通过调整教学模式，避免单一职业技能教育模式，增加通用技能和综合能力培养，推动中职教育复合化和多元化，大幅度提升中职教育水平，培养更多学习型、复合型、创新型、社会型的劳动者。

在加快提升要素质量的同时，着力加快体制机制改革，重塑产学研合作机制，改革不合理的金融体制和教育体制，破除制约要素流动的不合理障碍，优化要素配置，提升要素效率，增强人力资本提升与产业发展的协同性，提升金融服务实体经济效能，形成实体经济与高端要素协同发展的有效机制。

（3）从夯实微观主体角度构建现代产业体系。国内外现代产业体系构建的经验表明，从现行产业体系到现代产业体系的转变过程中，创新型企业是关键的主体。特别是世界级创新型企业具有强大的资源整合能力和持续投入能力，对产业创新、新兴产业成长与发展起到重要的促进作用。如微软、谷歌、苹果、华为等都十分注重技术研发与产业创新，聚集了一大批来自全球的各类创新人才，将大量创新资源持续投入企业的创新活动，产生了一批又一批影响世界和改变人们生活方式的科技创新产品，塑造着产业竞争优势。我国现代产业体系的构建，也应重视企业微观主体的培育，借助全球产业体系重构契机，推动企业在研发设计、技术创新、生产管理、品牌建设等方面取得突破，加快提升本土企业竞争力，培育以我国企业为主导的国家价值链，并促进优势企业利用创新、标准、专利等优势开展对外直接投资和海外并购，有效整合全球资源，形成全球生产网络的治理能力，加快向具有国际竞争力的跨国公司转变，积极构建全球价值链。

（4）完善体制机制，助力现代产业体系构建。构建现代产业体系，不仅需要推动生产要素质量变革、优化各种要素资源的配置，更需要深化改革，推动政府服务和体制机制的深层次变革，激发实体经济和要素发展活力，营造良好实体经济发展环境。要深化金融、土地、能源等要素市场改革，建立公平竞争的市场环境和有效的市场机制，让市场成为资源配置的决定性力量，促进产业资源的合理配置与绩效优化。加快放宽重点领域不合理管制，深化垄断行业改革，打破行政性垄断，积极推动混合所有制改革，不断提高国有资本运营效益。放宽教育、医疗、金融等现代服务业和大数据、“互联网＋”等新兴产业领域的进入管制，吸引更多社会资源通过创新对冲成本上升压力，提升实体经济发展层次和水平。要优化政府服务，推动政府转型做实体经济发展的“店小二”和“服务员”，在行政审批、投资审批、商事制度、职业资格管理、扩大高校和科研院所自主权等方面深入推进简政放权，大力推进“互联网＋政务服务”，优化政府服务流程，提高公共服务供给效率，加快形成更具吸引力的国际化、法制化、便利化营商环境。

同时，进一步深化对外开放与体制机制改革，实施更大力度的对外开放战略，不断降低产业进入壁垒，积极引导外资投向高端制造领域，鼓励在我国设立全球研发机构，开展全球创新与产业合作，充分利用全球资源助力现代产业体系构建。探索建设中国特色自由贸易港，在上海、海南、粤港澳大湾区、雄安新区等地打造高起点对外开放平台，实行高水平的贸易和投资自由化便利化政策。完善制造业“走出去”的顶层设计，创新"走出去"服务保障机制，以"一带一路"建设为重点促进国际技术和产能合作，建设一批境外合作区。加强政策指导和公共服务，支持发展一批跨国公司，通过产业链整合、资本运作等方式，更好融入全球创新和产业分工体系，提升我国产业的全球价值链地位。

参考文献

[1] 崔日明等:《美国"再工业化"战略与中国制造业转型研究》,《经济社会体制比较》2013 年第 6 期。

[2] 丛亮:《前所未有的发展奇迹　经济史册的壮丽篇章——改革开放 40 年来我国经济社会发展成就》,《宏观经济管理》2018 年第 11 期。

[3] 费洪平等:《着力振兴实体经济、壮大制造业政策措施研究》,宏观院研究报告，2017 年 11 月。

[4] 冯华、黄晨:《创新引领发展和支撑现代化经济体系建设的作用分析》,《国家行政学院学报》2017 年第 6 期。

[5] 付保宗等:《中国工业发展的阶段性变化》，中国财经出版传媒集团 2017 年版。

[6] 傅丽芬:《现代化经济体系的基础：四者协同产业体系的构建》,《北华大学学报》2018 年第 1 期。

[7] 龚绍东:《产业体系结构形态的历史演进与现代创新》,《产经评论》2010 年第 1 期。

[8] 贺俊、吕铁:《从产业结构到现代产业体系：继承、批判与拓展》,《中国人民大学学报》2015 年第 2 期。

[9] 黄汉权:《建设支撑高质量发展的现代产业体系》,《经济日报》2018 年 5 月 10 日。

[10] 黄汉权、盛朝迅:《提升我国制造业的全球分工》,《宏观经济管理》2014 年第 1 期。

[11] 林淼等:《技术链、产业链和技术创新链：理论分析与政策含义》,《科学学研究》2001 年第 12 期。

[12] 凌峰等:《战略性新兴产业创新要素供给体系与协同机制》,《科技进步与对策》2016 年第 11 期。

［13］吕越、陈帅、盛斌：《嵌入全球价值链会导致中国制造的“低端锁定”吗?》《管理世界》2018 年第 8 期。

［14］任旺兵：《论我国产业服务化的战略问题》，《宏观经济管理》2018 年第 10 期。

［15］芮明杰：《构建现代产业体系的战略思路、目标与路径》，《中国工业经济》2018 年第 9 期。

［16］芮明杰：《如何走出产业体系的“结构性陷阱”》，《社会科学报》2018 年 5 月 31 日。

［17］盛朝迅：《比较优势动态化与我国产业结构调整——兼论中国产业升级的方向与路径》，《当代经济研究》2012 年第 9 期。

［18］盛朝迅、蒋灵多：《制造业回流政策对我国制造业发展的影响分析》，国务院发展研究中心研究报告，2018 年 10 月。

［19］盛朝迅：《构建国家创新网络的国际经验与中国路径》，《宏观经济研究》2017 年第 1 期。

［20］盛朝迅：《现代化经济体系视野的“创新创业升级版”路径找寻》，《改革》2017 年第 12 期。

［21］石建勋、张凯文、李兆玉：《现代化经济体系的科学内涵及建设着力点》，《财经问题研究》2018 年第 2 期。

［22］王昌林、盛朝迅：《特朗普“制造业回流”政策对我国产业的影响及应对》，《全球化》2017 年第 8 期。

［23］王耀辉：《扩大科技领域对外开放时不我待》，《北京青年报》2018 年 7 月 22 日。

［24］张富禄：《中国协同发展的产业体系建设方向与战略举措》，《区域经济评论》2018 年第 2 期。

［25］张杰、刘志彪、郑江淮：《产业链定位、分工与集聚如何影响企业创新》，《中国工业经济》2007 年第 7 期。

［26］张其仔：《比较优势的演化与中国产业升级路径的选择》，《中国工业经济》2008 年第 9 期。

第四篇

国际经验篇

他山之石，可以攻玉。

——《诗经·小雅·鹤鸣》

第十四章　主要发达国家发展新经济、培育新动能的战略举措研究

——以美国、德国、日本和韩国为例

培育新经济新动能，加快新旧动能转换是新时期我国推进供给侧结构性改革的重要着力点，也是全球范围内抢占新一轮科技革命和产业变革制高点、把握全球产业竞争主导权的必然选择。美国、德国、日本和韩国等纷纷发布新经济发展战略和有关政策措施，加速新技术新经济新动能发展，其主要做法和发展逻辑值得我们深入学习探究：一是创新驱动是发展新经济、培育新动能的发动机，二是制度创新是新经济发展的助推器，三是必须以全球视野找准我国新经济发展的定位和重点，四是要高度重视企业在新经济发展中的主体作用。

一　美国："新经济"的鼻祖，创新创业的天堂

"新经济"（New Economy）一词，最早出现于美国《商业周刊》1996 年发表的一组文章中，主要是描述以美国为首的发达国家以信息产业为基础、经济全球化为背景的高速经济增长现象。如今，美国虽然遭遇了 2008 年国际金融危机的冲击，但仍是全球创新的引领者和风向标。为了重振经济，促进可持续增长和高质量就业，保障经济增长和持续繁荣，美国于 2009 年、2011 年、2015 年连续出台三个版本的创新战略和《重振美国制造业框架》（2009 年）、《制造业促进法案》（2010 年）、《确保美国在先进制造业中的领先地位》（2011 年）、《先进制造业国家战略计划（AMP，2012 年）和《加速美国先进制造业》

（AMP2.0，2014 年）等新经济发展战略，通过创新和制造业战略的双轮驱动，完成了面向未来的新经济和新动能发展的整体战略布局。

（一）“黄金十年”：“新经济”开辟第三条道路

1991 年至 2000 年被认为是美国“新经济”的“黄金十年”，这一时期，美国以信息产业为龙头的国民经济呈现出全面而稳定的持续增长，高技术产业快速发展，GDP 增速保持在 3.5% 以上，失业率从 6% 下降至 4%，通胀率也处在历史低位，出现了“两低一高”的新现象。这种现象与之前美国滞胀、高失业率和巨额财政赤字等情况明显不同，被称为“新经济”。有人将其归功于克林顿政府的经济政策，即不同于凯恩斯主义和里根经济学，走“介于自由放任资本主义和福利国家之间的第三条道路”，其主要政策措施包括三个方面：一是有增有减的结构性财政政策，通过增加投资，经济转型和增长战略来增加财政收入，通过削减国防经费和联邦经费和非生产性开支、裁减政府雇员，使财政赤字从克林顿上台之初的 3000 亿美元降至 1997 年的 200 亿美元。二是强有力的前瞻性科技和产业政策，这是美国“新经济”成功的关键因素，克林顿政府明确提出大力发展信息技术产业，通过强有力的研发支持政策、产业化应用、军民融合和信息高速公路等基础设施建设来确立美国在信息技术领域的领先和全球霸主地位，并通过高科技发展促进经济增长，提高劳动生产率。三是重视政府在贸易政策中的积极作用，加强与亚太国家和地区的合作，开拓美国产品和服务的全球市场，不断维护和提升美国在世界经济中的主导地位，推动经济振兴计划目标的实现。

除此之外，新科技革命的蓬勃兴起和制度因素也被认为是“新经济”出现的重要原因。新科技革命是“新经济”产生最直接、最关键的因素，特别是信息技术的发展孕育了“新经济”成长的基因，成为新的经济体系的物质基础和新产品、新业态涌现的重要源泉。2000 年 6 月 5 日美国商务部发表的《数字经济 2000 年度报告》中指出：1995—1999 年美国实际 GDP 的 30% 来自科技革新和 IT 产业。此外，美国政府在制度供给上扮演了重要角色，为“新经济”的产生与发展营造了良好的制度环境，比如鼓励创新的竞争政策推动技术创新成果持续涌现，企业产权制度的创新强化了市场主体的创新能力，网络经济条件下的自主择业和股权激励等劳动力和收入分配方面的制度变革为新经济发展提供了重要的人才后备资源等。

（二）向制造业回归：通过制造业创新重构新的国家竞争优势

美国"新经济"在互联网泡沫破灭后渐渐褪去光环，新一轮全球金融危机的爆发则进一步拷问着美国的竞争优势和国家实力，美国开始意识到推动制造业繁荣是其重新塑造国家优势和推动新经济发展的关键，明确提出"再工业化战略"，把重振制造业作为重新树立美国领先地位、确保国民经济持续稳定健康发展的优先战略选项。2009 年 9 月，美国政府公布《美国创新战略：促进可持续增长和提供优良工作机会》，提出了美国发展创新型经济的完整框架。2009 年 12 月，美国总统执行办公室公布《重振美国制造业框架》，详细分析了重振制造业的理论基础及优势与挑战，并提出 7 个方面的政策措施。2010 年 8 月，美国公布《2010 制造业促进法案》等。这其中，最关键的政策有三项。一是促进制造业回流。主要做法有包括着力改善软环境，持续加大对制造业发展重要性的宣传，改变美国人对制造业的传统观念，让更多的人愿意从事制造业工作，营造适合制造业发展的投资环境和社会氛围；直接降低土地、电力、水、税收等成本，增强美国制造的竞争力，比如推行国内优先采购计划并提供相应的税务减免政策，暂时取消或削减制造业原材料的进口关税，对回流企业给予 20% 的税收抵扣，为海外回迁职位的企业提供两年工资税减免等。二是构建制造业创新网络。2012 年 3 月，美国奥巴马政府宣布启动国家制造业创新网络计划，随后，2013 年 1 月美国总统执行办公室、国家科学技术委员会和先进制造业国家项目办公室联合发布《国家制造业创新网络初步设计》方案，计划到 2020 年建设 15 家美国制造业创新研究院，并最终建成 45 家制造业创新机构组建美国制造业创新网络（NNMI），推动高校、企业和政府部门形成合力，通过缩小科研与商业之间的差距，打造一批具有先进制造业能力的创新集群。目前，已建成增材制造、数字制造与设计创新、轻量合金、下一代电力电子、先进复合材料、集成光子、柔性混合电子等 7 家创新研究院，美国对此进行了持续跟踪研究和计划落实。

2016 年 2 月 19 日，美国商务部、总统执行办公室、国家科学与技术委员会、先进制造国家项目办公室，向国会提交了首份国家制造创新网络计划年度报告和战略计划，其中，《国家制造创新网络计划年度报告》重点介绍了制造业创新中心的详细建设进展，《国家制造业创新网络战略计划》重点对未来三年的战略目标进行了阐释。三是推动重点领域突破发展。美国认为重点领域的突破发展，对于制造业创新发展至关重要，政府可以通过引领创新潮流的尖端科学技术抢占科技发展的制高点，确立在未来经济发展中的领先地位。为此在 2009 年、2011 年和 2015 年分别发布的三个版本的美国创新战略中都把发展先进制造业、生物技术、清洁能源等作为美国国家优先突破的领域，位于美国创新金字塔的顶层，持续推进上述领域的技术突破和产业发展，确保美国的领先地位。2015 年，根据新的形势变化，美国拓宽了重点领域的范围，将精准医学、大脑计划和智慧城市等也列入重点支持的领域。此外，面对德国工业 4.0 的强大攻势，美国还积极推动工业互联网战略，其核心就是构建工业信息高速公路，保持其制造业的领先地位。

（三）持续推动创新创业：美国新经济新动能蓬勃发展的根本原因

新经济可以表现为经济的持续增长、低通胀和相对低失业率，但这些只是表象，技术创新、基础科学、高新科技的研究开发及其迅速产业化和创新创业的蓬勃兴起，才是美国新经济的真正灵魂和本质特征。从创新创业的角度看，美国新经济新动能蓬勃发展的主要原因归结于以下三个方面。一是持之以恒夯实创新的基础。美国认为创新的基石是政府投资为创新过程提供基础性投入的领域。为此，大量投资于基础研究，增加人民获得高质量科学、技术、工程和数学（STEM）方面教育的机会，建设领先的 21 世纪物质基础设施和下一代数字基础设施，为创新创业提供源源不断的人力资本和物质基础设施。二是着力营造开放包容的创新文化与生态。美国是一个移民国家，这些移民本身就具有强烈的冒险和创新精神，形成了美国既赞美成功，也宽容失败的开放包容的社会氛围。美国的开放文化和创新体制的伟大力量，造成美国英雄层出不穷，各领风骚几十年，哪怕三五年，但他们那种风起云涌、叱咤风云的创业精神，却构成了美国的宏观力量和综合国力。政府在这方面也是积极予以鼓励和支持，非常重视人才引进，吸引了成千上万乃至数百万来自世界各地、怀有抱负和梦想的高素质移民为美国的创新注入了源源不断的活力和动力。三是开展“创客运动”，推动形成新一波创新创业浪潮。全球最早的创客运动始于美国。在新一轮信息技术、众筹机制、创客文化的共同合力下，创客空间运动成为一股全球化浪潮。美国政府启动“Start up America”计划，通过奖励措施激发美国人民的创造力，并更多采取众包等方式挖掘创新者的才智。2012 年，奥巴马推动美国联邦政府出台了《促进创业企业融资法》和《就业法》，旨在推动更多众筹平台的出现，为创新、创业和创意提供资金支持。2014 年，奥巴马宣布将每年 6 月 18 日定为美国“国家创客日”，以示对创客及创客运动的支持。目前，美国草根创新蔚然成风，“创客运动”被视为美国重振制造业和经济创新的重要载体。

二　德国：制造业强国和工业 4.0 的先驱

（一）制造强国为新经济提供坚实支撑

与英法等国相比，德国工业革命起步较晚，但德国高度重视制造业发展，迅速崛起为制造业大国，并超过英法等国，成为重要的世界制造业强国，尤其是经历第二次世界大战的洗礼后，德国仍能够迅速崛起，在此次国际金融危机中德国依托强大的实体经济和制造业，表现也相当稳健，而且成为英美等国实施“再工业化”战略直接的“灵感来源”，表明德国经济发展背后强大的制造基因。目前德国人均制造业增加值与美国相当，代表了全球工业化的最高水平，是全球重要的装备制造业生产国和出口国，在机械制造业领域存在着大量的“隐形冠军”，“德国制造”凭借其强大的科技创新能力和实力，已成为世界市场上“质量和信誉”的代名词，也树立了德国科技和经济大国的重要地位。这些都为德国高新技术产业发展和新技术、新产业、新产品的蓬勃涌现奠定了坚实的基础。

进入 21 世纪以来，德国又陆续发布两个版本的《国家高技术战略》［分别为《国家高技术战略》（2006）和《国家高技术战略

2020》]，通过推行创新驱动发展战略，重点培育和发展若干重大技术，推动重点制造领域的突破发展，这事实上也是与德国强大的制造业基础分不开的。特别是相比于国际金融危机之后美国重点促进制造业投资的政策，德国的产业政策显然更加重视高层次的产业创新发展，即以技术创新和推广收获技术革命的成果，在生产方式和商业模式创新上走在世界前列。除此之外，德国以《国家高技术战略》为代表的新经济战略还有如下几个鲜明特征。一是聚焦全球挑战性的战略性新兴产业。比如，德国《国家高技术战略2020》选择了面向未来社会的气候和能源、健康和营养、交通、安全及信息通信五大重点领域，展开优先示范项目，并对各领域的重点工作进行了规划部署。经济界和科技界还协商推出“基础研究——能源2020+”计划。二是重视中小企业培育和发展。德国认为大量中小企业“隐性冠军”是德国产业竞争的“软实力”，为此大力推进中小企业创新能力建设，优化创办企业的基础条件，重点资助中小企业相互之间和企业与科学界之间的可持续联合研发项目，为“发明”和“创新”提供足够的“自由空间”。三是重视全流程创新环境优化。德国在高等院校和科研院所营造创业文化，鼓励学生创业，在初等教育、职业学校和高等院校课程大纲中增设创业教育，同时，重视对高新技术企业的金融支持和产业标准体系建设，着力打造卓越的“欧洲尖端集群”，等等。

（二）工业4.0掀起新经济发展热潮

2013年4月，为应对全球新一轮科技革命和产业变革的挑战，德国依托自身制造业精湛的优势，发布了《德国工业4.0未来项目实施建议》，提出了“工业4.0计划”的愿景，努力推动制造业智能化、网络化、自动化发展，进一步增强德国在未来全球制造业版图中的地位，凸显德国制造的优势，开辟德国新经济发展的蓝图。随后德国分别于2015年3月和4月发布了《智能服务世界未来项目实施建议》和《德国工业4.0实施战略报告》，明确了德国工业4.0和智能服务两大未来项目的愿景和实施路线图，构建了完整的面向未来的工业4.0概念和体系，被称为工业4.0三部曲。

德国工业4.0概念和方案的提出，很快在全球范围内得到广泛认同，掀起了一轮以智能制造和无人工厂为主要标志的新经济发展热潮。分析其成功原因，主要有三点。一是重视企业和工商界主体作用，最大限度达成共识。工业 4.0 方案由德国机械设备制造联合会等牵头成立的“工业 4.0 工作组”制定和发布，为政府、企业和公众描绘一个清晰的战略愿景和路线图，很快获得德国有关党派、政府、企业、协会和科研机构的普遍认同，从一个来自民间的概念迅速演变为国家产业战略，正从一个产业政策上升为国家法律。二是明确区分政府和企业的边界，整合多方资源共同实现战略目标。在工业 4.0 战略实施上，德国注重区分政府和企业的边界，整合多方资源共同实现战略目标。工业 4.0 计划明确提出政府层面的职责，包括顶层设计、统一专业术语、标准化工作、开展技能培训和评估、构建模拟实验平台、宽带基础设施建设等，加强与制造业伙伴国合作等工作。同时，计划也明确了企业层面的部署，如创新商业模型，加强网络系统的营销，制定安全防范措施等，并对现有工厂和新兴工厂提出了不同要求，便于规划最终落实。此外，德国人工智能研究中心、国家科学与工程院、弗朗霍夫研究所和部分大学也积极参与到工业 4.0 技术开发、标准制定和人才培养体系中，开展前瞻性的研发和人才培养，成为工业 4.0 战略实施重要力量。三是成立工业 4.0 平台，明晰了优先行动领域和具体抓手，加快推广工业 4.0 计划。德国把工业 4.0 平台（Platform - i4.0）作为实施工业 4.0 的优先抓手，着手开展规则制定、标准化和先行示范等，提出标准化、网络设施、信息安全、流程再造、人才培训、法律政策等系列行动计划，使得整个工业 4.0 计划变得切实可行、富有操作性。

三　日本和韩国：信息经济战略再升级

面对新经济蓬勃发展的浪潮，日韩等亚洲领先国家也纷纷立足自身产业和科技发展优势，纷纷推出新的发展战略企图分享新经济发展红利，带动制造业升级和经济发展。和美国、德国等创新型战略相比，日韩的特色是更加关注持续改进带来的竞争优势，特别是借助日韩等国在电子信息技术和产业领域的已有优势来发展新技术、新产业，从本质上来说是信息经济战略的再升级。

（一）韩国从信息经济到未来创造经济

韩国在新经济发展过程中比较重视基于自身信息产业发展优势大力发展信息经济，根据国际数据公司（IDC）2015 年度信息社会指数（Information Society Index，ISI）评估报告，韩国在全球 53 个样本国家中排名第 8 位，是亚洲唯一进入前十的国家，在计算机和互联网普及、利用信息技术创新的能力等方面都居领先水平。2013 年朴槿惠政府上台后为继续提升韩国在信息技术方面的竞争力，创造幸福生活，给科技赋予重担，新组建了韩国科技的"控制塔"——未来创造科学部，提出了实施"创造经济"的创新战略发展思路，要将科技、信息通信技术（ICT）应用到全部产业上，促进信息技术和其他产业以及文化之间的融合，并以此推动新产业发展、创造新的就业机会，全力打造"未来创造经济"。

为此，韩国政府推出了相应的措施，出台了包括创新管理政府部门的结构、以塑造"创造经济"生态环境为方针，从国家科技研发和创新实力、推动软件和内容产业化、加强国际合作和全球化、发展造福国民的科技和信息通信技术产业等五个方面构建"未来创造经济"的五大战略支柱，构建只要有别出心裁的构想和热情就可挑战创业的生态系统，塑造从富有创意的人才培养到创业、成长等阶段投资、回收、再挑战的循环结构，发展并保护中小企业，使其成为"创造经济"的主力军等。

除此之外，韩国还发布了《制造业革新 3.0 战略》（2014 年），强调制造业与信息技术的融合，促进智能革命，提高制造业的智能化程度，从根本上提升制造业整体能力和水平，计划到 2020 年建设超过 1 万家智能工厂，推动电子、汽车、机械等行业个别企业成为创造经济的支柱，同时，发展一批具有成长性的智能融合产品，推动相关智能型材料和零部件产业发展。

（二）日本从信息经济到人工智能和绿色发展

日本近年来经济增长缓慢，一直在低位徘徊。但面对全球范围内正在兴起的新一轮科技和产业革命浪潮，日本也不甘示弱，积极出台各种科技创新和新经济新产业发展相关的战略规划，逐步形成了具有日本特色的新经济发展战略。

1. 不断更替新成长战略，着力发展信息和环境健康产业

为应对人口老龄化、信息化社会和可持续发展三大挑战，日本在2006年就开始着手制定面向未来的新成长战略和创新计划，2007年明确提出了《日本创新战略2025》，通过科技和服务创造新价值，促进经济的持续增长，到2025年把日本建成终身健康的社会、安全放心的社会、人生丰富多彩的社会、为解决世界性困难作出贡献的社会和向世界开放的社会。同年，日本中央政府也开始明文推出经济增长战略，第一份是小泉内阁的《经济增长战略大纲》，此后日本历届内阁都会制定推出自己的经济增长战略。截至2014年，日本政府推出经济增长战略总计已达8次之多。

2014年6月24日，日本公布其最新版本的“新成长战略”，“新成长战略”在原经济成长战略基础上进行修订，提出了促进产业振兴、增强人才培养、设立战略特区、推动科技创新、拓展国际市场等举措，旨在振兴日本企业，带领日本经济走出20年的萎靡不振。其主要政策方向仍是环境、健康、农业、旅游等领域，并表示要向有着“坚如磐石般监管准则”的农业、医疗和就业等领域“开刀”，推动相关领域的产业发展和经济成长。

分析其主要政策举措，主要特点表现在以下三个方面。一是高度重视创新的作用。2007年6月，为了根据《创新25战略》这一战略指针长期推进各项创新政策，日本内阁决定在政府内部设立“创新推进本部”，由首相担任本部长，从而最大限度地发挥“创新司令塔”的指挥作用，促进科技创新创业的一体化进程。二是重视技术革新与社会体制变革的协调。日本认为其重点发展的健康、环保等领域，不仅需要技术革新，也需要相关社会领域的改革，放松管制，激发活力。为此，日本重新审查促进服务创新的法规政策，清除了一系列制约产业发展的障碍，包括建立以预防和增进健康为主的保健医疗体系、推动环境相关的产业政策调整、促进生物质等可再生能源的灵活利用等，力图构建有利于新经济新产业发展的制度环境。三是高度重视人才的作用。为了抢夺全球以及亚洲创新人才，日本提出“亚洲人才资金构想”，设立“外国

人特别研究员计划"，吸引以中韩为主的亚洲留学生。

2. 积极发展机器人产业应对工业4.0大潮

日本把进一步做大做强机器人产业作为应对工业4.0时代全球创新的重要抓手。2015年1月23日，日本政府公布了《机器人新战略》，提出了"世界机器人创新基地""世界第一的机器人应用国家""迈向世界领先的机器人新时代"三大核心目标，并制订了5年实施计划，确保日本机器人领域的世界领先地位。其中，建设"世界机器人创新基地"的重点是成立"机器人革命促进会"负责统筹机器人相关的官产学研用对接，相关信息的采集与发布，起草国际标准，制定管理制度改革提案、数据安全规则，推进相关示范项目的共享与普及等，共同推进机器人新战略。同时，加强机器人系统集成、软件等信息技术人才培育，推进下一代技术的开发，通过技术的开发与实用化，提升机器人功能。"世界第一的机器人应用国家"的主要任务是及时调整政府管理和社会制度（如安保、医疗、健康等领域），扩大各类企业的参与度，制定并落实机器人在各领域应用的定量目标，营造应用机器人所需的环境，加速机器人应用普及，使机器人随处可见。"迈向领先世界的机器人新时代"重点聚焦物联网技术对机器人产业发展的影响，通过设立由三菱电机、日立、富士通、NEC等IT企业，三菱重工、川崎重工、IHI、日立造船、丰田汽车、日产汽车、本田汽车等70多家工业企业、智库和相关商业协会等参与的"物联网升级制造模式工作组"，负责跟踪全球制造业发展趋势的科技情报，梳理物联网升级新制造模式的示范案例，推动物联网和信息物理系统（CPS）在智能工厂中的应用。

四 几点启示与结论

（一）创新驱动是发展新经济、培育新动能的发动机

进入21世纪以来，新一轮科技革命和产业变革孕育兴起，全球科技创新呈现出交叉融合、蓬勃兴起的发展态势和特征，创新驱动发展已成为各国政府的共识，被认为是加快发展新经济、培育新动能的发动机。如美国于2009年、2011年和2015年陆续出台了三个版本的《美

国创新战略》，连续不断调整和完善其创新政策；欧盟在整合三大研发计划的基础上推出《地平线 2020》计划；德国政府实施“创新德国”高技术战略，全力推动实施《工业 4.0》计划；英国发布《我们的增长计划：科学与创新》战略；丹麦政府发布《国家创新解决方案》；日本、韩国等国家也相继出台符合本国需求和实际的“创新战略”或“新成长战略”。

这些经验事实表明，若想发展新经济必须依赖创新驱动。如美国认为创新驱动能够激发美国人民的内在创造力，增强私营部门的活力，以确保未来发展更稳固、更广泛、更有力。同时，良好的创新环境和活力也是新经济蓬勃发展的重要条件。美国创新体系较为完整，政府、研究机构、公司和大学实现良性互动和协作，从而吸引了各个国家的一流人才源源不断地进入美国，为新经济的发展提供重要支撑。此外，创新驱动的战略方向和新经济发展的主要领域也是高度重合的。如美国创新战略提出，在部分重点领域的创新至关重要，如果放任市场配置资源有可能会阻碍进步，因而需要政府帮助推动创新和技术进步，这些领域包括发展替代能源，通过医疗健康等技术降低成本和提高护理效果，促进教育技术大突破和确保美国走在生物和纳米技术革命的前沿等，这些领域也是美国新经济蓬勃发展的重点领域。

（二）制度创新是新经济发展的助推器

良好的制度环境是新经济蓬勃发展的重要条件。比如，美国相对成熟和完善的市场制度、信用制度和专业化的服务体系，可以不断进行创新实验的风险投资机制，灵活的人才流动机制、吸引人才的激励机制和相对完整的资本市场等，能够把技术创新和市场的需要有效地沟通起来，推动新技术成果快速转化为新产品、新产业，从而促进新经济的发展。在我国新经济的发展过程中，良好的制度条件也是新经济发展的重要因素。一是新经济的诞生需要打破传统制度的枷锁，需要政府采取底线监管思路，简化行政审批程序，及时清理阻碍发展的不合理规章制度，营造开放包容、鼓励创新的发展环境。目前，我国新经济发展还处于起步阶段，要补齐这一短板，必须以推进供给侧结构性改革为主线，进一步优化创新发展环境，特别是加快探索推行负面清单或产业准入的审管分离制度，推进政府和公共信息资源的开放共享，破除限制新经济发展的不合理准入障碍。二是新经济的发展需要完善的法律法规塑造良好的创新创业制度环境。很多国家会根据创新发展的要求，在法律无具体规定或者法律落后于现实发展要求时，通过出台新的法规或修订现有法规来支持创新创业和中小企业的发展。美国2000年颁布的“教育公务员特例法”，为国立、公立学术机构研究人员参与科技创业创造了必要条件；2010年和2012年奥巴马总统分别签发《小企业就业法案》（Small Business Jobs Act，SBJA）和《初创企业扶助法案》（Jumpstart Our Business Startups Act，JOBS），进一步优化大众创新法律与政策环境，便于新创企业获得各类资本的资助，减轻了新创企业的各类成本开支和负担，加速推进了美国大众的创业行动。三是新经济发展所需的良好社会环境和开放包容文化也需要制度创新。为此，要进一步营造“鼓励创新、宽容失败”的社会氛围，塑造强大的包容性和创新创业基因，激励敢于创新创业的企业家精神，为新经济发展注入开放、包容、多元的核心文化和灵魂，进而吸引更多的技术达人和创新创业者会聚到新经济领域，形成强大的发展动能。

（三）必须以全球视野找准我国新经济发展的定位和重点

从美国三个版本的创新战略，德国两个版本的国家高技术战略和工业4.0计划，到日本和韩国多个版本的“新成长动力计划”，分析这些发展战略的出台背景和主要内容不难发现，这些国家都是围绕自身在全球科技和产业变革中的定位和优势条件推进符合自身发展定位的新技术、新产业发展。对我国而言亦是如此，新经济的发展必须紧密结合我国发展阶段和现实国情，加强新经济发展的顶层设计，并持之以恒地发展。特别是，我国是发展中大国，工业化、信息化、城镇化和农业现代化并联发展，发展基础和产业优势与其他大国有很大不同。面对新一轮科技革命和产业变革迅猛发展的浪潮，我国新经济发展的定位和重点除了要紧跟全球科技发展方向外，也不能盲目跟风，更不能盲目炒作和制造泡沫，而必须扎扎实实地从实际出发，考虑中国国情、发展阶段和比较优势，体现国家发展目标和战略需求，坚持有所为有所不为。做到五个面向：（1）面向新一轮科技革命的战略需求和发展方向，进一步增强危机意识、创新意识和超越意识，统筹谋划，超前布局，明确主攻方向，着力攻克一批核心关键技术，切实提升自主创新能力，努力在新一轮科技革命和产业变革中占领制高点；（2）面向国内经济结构战略性升级和打造“双引擎”、迈向“双中高”的现实需求，积极应用先进技术改造提升传统产业，加快发展新型制造和服务型制造新模式，提高国民经济的发展水平和质量；（3）面向全面建设小康社会和新的需求结构，加快推出新产品、新业态和新商业模式，探索符合中国实际的新经济发展道路；（4）面向国际国内两个市场，积极参与国际分工与合作，加快新一代电子信息、新能源、高端装备、生物等新兴产业发展，努力在抢占国际竞争制高点的同时提升全球产业分工地位；（5）面向新经济发展需求，夯实科技人才资金和信息基础设施等新经济发展基础，重视体制机制和制度创新，为新经济发展创造良好、透明、公平的外部条件。

（四）要高度重视企业在新经济发展中的主体作用

新经济的发展壮大是众多新经济领域企业不断发展壮大的过程，政府的主要作用是营造良好的发展环境和制度条件，同时，尊重产业发展规律，充分发挥企业主体作用，才能推动新经济的蓬勃发展。纵观主要发达国家新经济发展的实践，无不是遵循这一重要规律才得以成功的。如美国比较强调企业自由选择和自我发展的重要性，政府尽可能少干预企业研究和开发活动，在很多政府研发计划和方案确定阶段就引入企业参与。美国创新战略也强调推动私营部门的创新，重点通过扩大研发和试验税收抵免等政策激励美国企业创新。部分国家还重视将某些大企业的战略上升为国家战略，整合多方资源共同实现新经济发展目标，如美国将 IBM 公司于 2008 年提出的“智慧地球”和 GE 公司于 2012 年提出并倡导的“工业互联网”等迅速上升为国家战略，并在全球范围内大力推广。德国工业 4.0 计划也是从一个民间提议最终上升为国家战略，德国西门子公司也积极倡导并实践工业 4.0，构建了“数字化企业平台”，实现从车间到公司管理层的双向信息流和数据协调优化，促进不同生产阶段的无缝衔接，显著提高生产效率和灵活性。我国在新经济发展过程中，也要充分认识到企业主体的重要性，政府要切实承担起营造企业创新发展环境的任务，以保障企业的主要资源和精力能够最大限度地聚焦于创新的核心环节，推动企业瞄准新技术、新产业、新业态、新模式等“四新”来寻找突破口，不断提升技术水平，提高产品的附加值和含金量，积极发展新业态和新模式，促进新经济的持续较快发展。

参考文献

［1］刘鹤：《新经济的挑战：内涵、环境和改革选择》，《经济与信息》1998 年第 8 期。

［2］《美国经济启示录：“新经济”崛起背后的逻辑》，新华网，2015 年 2 月 17 日。

［3］田涛、吴春波：《下一个倒下的会不会是华为：故事、哲学和华为的兴衰逻辑》，中信出版社 2015 年版。

［4］张茉楠：《国际创新创业发展战略新趋势及启示》，《宏观经济管理》2016 年第 1 期。

［5］黄群慧、贺俊：《真实的产业政策》，经济管理出版社 2015 年版。

［6］盛朝迅、姜江：《德国的“工业 4.0 计划”》，《宏观经济管理》2015 年第 5 期。

［7］盛朝迅：《韩国培育产业新增长点的启示》，《宏观经济管理》2016 年第 3 期。

［8］王喜文：《日本发布〈机器人新战略〉》，《中国电子报》2015 年 4 月 2 日。

［9］李文军：《应从供给侧发力释放经济增长新动能》，《经济纵横》2016 年第 6 期。

［10］Executive Office of the President National Science and Technology Council, Advanced Manufacturing National Program Office: National Network for Manufacturing Innovation: A Preliminary Design, January 2013.

［11］National Economic Council and Office of Science and Technology Policy, A Strategy for American Innovation, October 2015.

第十五章　创新驱动产业升级的国际经验及启示

创新驱动产业升级是发达国家成功实现产业升级的重要经验，也是我国产业升级的必由之路。当前，我国正处于由要素驱动向创新驱动转变的关键时期，创新驱动在促进产业结构升级、技术升级、主体升级和向产业链高端攀升等方面作用日益显著，但离全面、整体进入创新驱动阶段还有很大差距。本章从创新驱动产业升级的内涵、机理分析入手，在梳理发达国家创新驱动产业升级经验的基础上，分析对我国创新驱动发展的启示。

一　创新驱动产业升级的内涵、机理及主要表现

（一）内涵与特征

“创新”一词最早由熊彼特（1912）引入经济学领域，按照他的定义，“创新”是指把生产要素和生产条件的新组合引入生产体系，即“建立一种新的生产函数”，其目的是获取潜在的利润，包括产品创新、生产方式创新、开辟新的市场、新的供应来源、组织创新等方面[①]。自熊彼特

---

① ［美］熊彼特（Schumpeter，J. A.）：《经济发展理论》，何畏等译，商务印书馆1990年版。熊彼特关于创新的原话是这样的：“……这个概念包括下列五种情况：（1）采用一种新的产品，也就是消费者还不熟悉的产品或一种产品的一种新特征；（2）采用一种新的生产方式，也就是在有关的制造部门中尚未通过经验检定的方法，这种新的方法绝不需要建立在科学的新的发现的基础上，并且，也可以存在于商业上处理一种产品的新的方式之中；（3）开辟一个新的市场，也就是有关国家的某一制造部门以前不曾进入的市场，不管这个市场以前是否存在过；（4）掠夺或控制原材料或半制成品的一种新的供应来源，也不问这种来源是已经存在的，还是第一次创造出来的；（5）实现任何一种工业的新的组织，比如造成一种垄断地位，例如通过托拉斯化，或者打破一种垄断地位。”

开山鼻祖式的研究之后，创新的概念与理论得到不断的发展，学术界先后提出了“科技创新说”（罗斯托，1960；伊诺思，1962；S. myers & D. G. Marquis，1969；J. M. UMerback，1974；等等）、“管理创新说”（德鲁克，1977；傅家骥、彭玉冰、白国红，1998；等等）、“制度创新说”（诺斯，1970；等等）和“创新过程说”（Hansen & Birkinshaw，2007；等等）。可见，创新的内涵十分丰富，不仅包括新技术的商业化应用，也包括管理创新、组织创新、商业模式创新和制度创新等方面[①]。创新驱动产业升级是指主要通过技术进步、劳动者素质提高、管理创新等创新因素大幅度提高企业自主创新能力和劳动生产率，促进产业发展和转型升级的过程。尽管其技术属性十分突出，但本质上仍然是一个经济行为。

（二）主要评价指标

一般而言，判断是否进入创新驱动阶段的主要指标有：（1）经济发展阶段，从英国、美国、德国、日本、韩国等已经进入创新驱动国家的工业化历程看，创新驱动与工业化进程息息相关，即由要素驱动向创新驱动转变始于工业化中后期（人均 GDP 5000—6000 美元），并向后期延续，在后工业化时期（人均 GDP 超过一万美元）正式进入创新驱动阶段；（2）科技进步贡献率，一般在 70% 以上；（3）创新投入，研发投入占 GDP 的比重一般在 2% 以上，研发投资的较大部分投向产业领域；（4）对外技术依存度，一般不高于 30%，大量创新活动是原始创新；（5）发明专利比重，一般在 40% 以上；（6）创新型产业发展，形成能代表未来一个时期产业发展方向并有竞争力的产业集群；（7）创新的经济社会作用，创新驱动的作用不仅体现在经济增长上，而且扩散到社会发展、环境改善、体制优化等多个领域。

（三）创新驱动产业升级的机理

从创新驱动产业升级的机理看，我们可以把创新驱动分解为两个方面。一是创新因素变化，包括技术进步、劳动者素质提高、市场、品

---

① 王昌林等：《创新驱动经济发展的思路与对策研究》，国家发改委内部研究报告，2013 年。

牌、制度等因素变化促进产业升级。比如，就技术进步而言，技术创新会对产业部门中的生产技术结构、生产工艺过程、生产率、生产方式、生产规模、市场竞争状况、市场需求状况等产生影响，从而提供新的有效触发产业扩张的机制，对产业结构的变动产生深刻的影响。同时，由于新技术的出现，会诞生新的产业，改造和淘汰落后产业，导致产业结构发生质的演进①。市场和品牌方面的因素也会使相应产业的需求状况、市场竞争等发生变化，从而引致产业结构的相应变动。二是创新主体升级②，包括企业、科研机构、政府、中介机构、人才等创新主体创新能力的提升促进产业升级。两者各有侧重又相辅相成，通过这两个方面的变化可以促进产业升级。其中，创新驱动因素变化是创新驱动的本体，是指能引致创新能力和水平提升的各种因素，主体升级是创新驱动各种因素发生作用的结果和外在表现，反过来又会促进创新驱动因素的提升，并在这种相互促进的过程中共同促进产业升级（见图 15－1）。

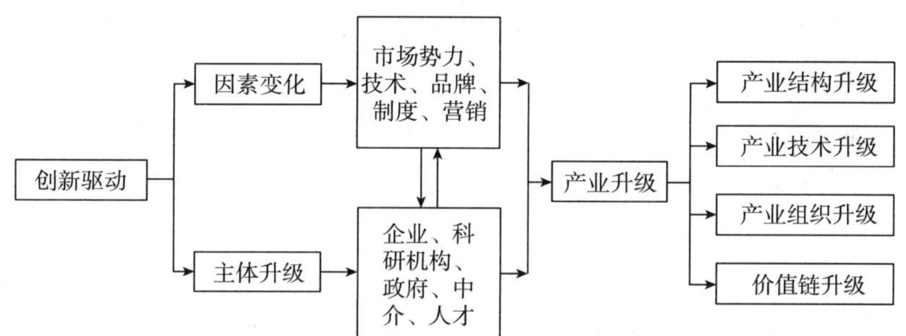

图 15－1　创新驱动促进产业升级分析框架

资料来源：作者根据相关文献整理。

（四）主要表现

创新驱动产业升级具体表现为产业结构升级、产业技术升级、产业主体升级和价值链升级。

---

① 吴进红、王丽萍：《产业结构升级的动力机制分析》，《学习与探索》2005 年第 3 期。

② 一般而言，企业是创新主体，本章“创新主体”并不特指企业，而是采用较为宽泛的含义，是指与创新相关的各参与主体，包括企业、科研机构、政府、中介机构等，下同。

（1）推动产业结构升级和主导产业部门的更替。熊彼特研究了工业革命的三个长波周期：18 世纪 70 年代的产业革命时期的纺织工业创新；1842—1897 年的蒸汽和钢铁时代；1897—1950 年的电气、化学、汽车工业时代。在这三个长波周期中，由于创新活动的此起彼伏而导致主导产业部门更替变换。从发达国家实践看，主要是由以劳动密集型行业为主转向以技术知识密集型行业为主，构建了具有竞争力的现代产业体系。如德国于 20 世纪 70 年代通过创新驱动使当时传统的采矿业、纺织业、食品工业、钢铁工业等比重下降，而与当时先进科技密切联系的机械制造、石油加工、汽车与航空、电气工业等快速发展，所占比重不断上升，建立了现代产业体系，发展成为科技先进、生产力发达和现代化的经济大国。日本二战后大力推进创新驱动，其主导产业群则经历了纺织业—钢铁—化工、造船、电子—汽车—高科技电子产业的更替。

（2）推动产业技术升级和创新能力不断增强。反映技术进步最重要的指标有两个：一是研发活动的情况，二是全要素生产率的变化情况。通过创新驱动产业升级能够在这两方面显著提高一个国家产业的发展水平，包括知识和技术密集度、研发投入占 GDP（或销售收入）的比重、劳动生产率和技术进步贡献率的提高等。如表 15 - 1 数据显示，主要发达国家进入创新驱动阶段后，研发投入占 GDP 的比重都超过 2%，日本、美国、德国等甚至接近 3%。从全要素生产率和劳动生产率的提高看，在 20 世纪 60 年代至 1973 年前后，美国、日本、德国等发达国家全要素生产率均处于历史较高水平，显示出创新驱动产业升级对产业技术升级和创新能力提升等方面的巨大作用（见表 15 - 2）。

（3）推动产业主体高级化，一批创新型企业涌现，成为创新的主体和活力的源泉。企业是创新的主体，创新驱动产业升级的另一个重要表现是创新型大产业多，一批创新型企业涌现，成为创新的主体和活力的源泉。比如韩国在其每一个重点发展的领域都有一个世界级领先企业，如电子信息领域的三星、汽车制造的现代等，日本的三菱、日立、索尼、丰田等也蜚声世界，美国的 IBM、微软、苹果、GOOGLE、脸谱等更是引领产业发展潮流的著名领先企业。这些企业的特征是创新活力强，研发投入占销售收入比重高，人才集聚，在全球范围内拥有较高市场份额和领先地位，能够代表未来产业发展方向，是创新的主体和活力的源泉。

表 15－1　　主要发达国家研发经费情况比较（1989 年）

	日本	美国	德国	法国	英国
R&D 占 GDP 的比重（%）	2.69	2.73	2.89	2.33	2.19
政府资助占总研发经费的比重（%）	17.1	46.4	33.2	49.3	36.7

注：日本和英国研发经费不包括人文和社会科学领域，其他国家则包含。德国指联邦德国。

资料来源：Science and Technology Agency（1991）。

表 15－2　　主要发达国家全要素生产率和劳动生产率变化

		OECD 平均	美国	日本	德国	法国	英国
20 世纪 60 年代至 1973 年	TFP	2.8	1.5	6.1	2.8	4.3	2.0
	劳动生产率	4.1	2.2	8.6	4.9	5.9	3.3
1973—1979 年	TFP	0.7	－0.1	1.8	1.8	2.1	0.2
	劳动生产率	1.6	0.3	3.2	3.4	3.5	1.3
1979—1986 年	TFP	0.6	0.0*	1.7	0.8	1.3	1.1
	劳动生产率	1.4	0.6	2.8	2.0	2.5	1.9

注：一般情况下，单一年份 TFP 值不会为零，此处为 1979—1986 年算术平均值。

资料来源：Steven Englander（1988）. "Total Factor Productivity：Macroeconomic and Structural Aspects of the Slowdown." *OECD Economics Studies*, No. 10, Spring。

（4）推动产业链高端化，由生产加工为主转向研发设计、品牌、供应链管理为主，在国际产业分工中处于高端。创新驱动产业升级的本质特征是创新替代要素投入成为产业发展的核心动力，产业知识和技术密集度高、产品附加值高、劳动生产率高、技术进步贡献率高，同时在国际产业分工中处于高端。主要发达国家创新驱动的直接目的也是获取产业链中的高额收益，为此，通过一系列的政策安排促进企业控制产业链中附加值比较高的研发设计、品牌和供应链管理等环节，提升产业发展在国际分工中的竞争优势，获得全球分工的主要收益。

二 主要国家和地区创新驱动产业升级的政策选择

美国、德国（见表15－3）、日本、韩国等主要发达国家和创新型国家在进入创新驱动阶段后非常重视夯实创新基础，通过加强技术创新和研发方面的投入、推动关键领域率先突破、鼓励产业向价值链两端延伸等加快创新因素培育，同时，通过加速创新型企业培育、营造良好创新生态，促进创新主体升级。

表15－3 德国促进技术创新的政策体系

创新机制	理念	具体政策
在各方面营造有利于技术创新的宏观环境；促进创新主体间的紧密联系	加强专利制度建设	改善公共资助的研究成果的专利申请与应用；建立专业化的专利申请和利用基础设施；促进中小企业申请专利；改善专利服务；加强专利教育和研究以及法规和制度建设
	加强国际合作	促进资源和禀赋互补；充分利用国家间研究溢出；吸引国际研发资源；促进欧洲层次上创建工业产权体系；通过产品和技术的本土化刺激技术创新
	改善政策、行政和法律环境	使法律跟上技术发展；加强对技术的管制和引导；国内以及欧盟两个层次的政策协调；行政简化和优化，加强创新服务
	改革研发投入方式	加强研发，资助竞争、导向和评估；增加人员流动性
	加强技术预测、引导和社会控制	加强安全技术决策思维的多元化；加强技术决策的公开和民主化；加强技术评估和预测
	建设创新社会	培育创新意识、创新文化和创业精神

资料来源：根据相关资料整理搜集。

（一）加快创新因素培育

（1）加强技术创新和知识产权保护、应用，促进技术升级。技术创新是创新驱动的基础动力和重要源头。主要发达国家在创新驱动产业升级过程中都非常重视鼓励和促进技术创新。美国制定了完备的科技法律制度来鼓励创新，通过专利保护（1790 年第一部专利法，1980 年《拜—杜法案》等）、改革税法、颁布新的振兴法（二战后）以及健全行政管理法等多项措施促进科技创新，强化对发明和专利的保护，鼓励企业和社会部门增加研发投入。美国政府还直接加强对基础研究的投入，大幅增加美国国家科学基金会、能源部及国家标准与技术研究院等三大基础研究机构的经费，强化对技术创新的支持（《美国创新战略》，2009 年和 2011 年）。德国则通过包括专利制度、国际合作、法律、政策和加大投入等一整套的政策体系促进技术创新。日本和韩国也通过专项经费支持、研发税收抵免、加强知识产权保护等措施鼓励企业技术创新。

（2）推动关键领域率先突破，促进产业结构升级。产业升级的过程实质上是产业创新与产业替代的过程，也是新技术不断突破，新产业不断涌现、发展和形成竞争力并实现对传统产业替代的过程。因此，主要发达国家都非常重视加大对未来产业升级的可能方向和领域的技术研究和产业化支持，推动关键领域率先突破，促进产业结构优化升级。美国制定《美国创新战略》，将清洁能源、生物技术、纳米技术、先进制造业、太空技术以及医疗和教育技术列为国家优先领域，提出要推动这些领域的突破，并制定了《未来能源安全蓝图》《国家预防和健康促进战略》《2011NNI 战略规划》《确保美国在先进制造领域的领导地位》《国家航空航天局 2011 战略规划》《联邦云计算战略》《网络空间国际战略》等战略、规划，加快培育新的增长点，以确保美国的领先地位。德国提出《工业 4.0》，促进制造业向智能化、信息化、网络化和服务化发展。日本政府大力推进产业结构从“重化工业化”向“知识密集化”转化，促进节能环保、计算机、新材料、商业航天、信息技术、新型汽车、低碳产业、医疗与护理、新能源等“知识密集产业”成为日本的主导产业，加快“工业化型结构”向“后工业化型结构”转换。韩国也根据产业发展阶段制定有针对性的产业结构调整政策。比如对那些在发达国家正处于成长期，而在韩国尚处于引进、吸收阶段的产业（如精密化学、精密仪器、计算机、产业用电子机械、航空航天等），作为本国的“战略产业”，予以重点扶持。对那些在发达国家处于开发阶段，而在韩国则处于萌芽阶段的新兴产业（如信息、新材料、生物工程等），作为积极发展的“未来产业”。

（3）加强市场、营销和品牌培育，努力提升产品附加价值。发达国家通过创新驱动构筑起强大的技术和资金实力主导研发、市场和销售网络，形成了一整套有利于新兴产业发展和价值链提升的制度安排和政策体系。比如美国虽然比较强调通过市场竞争培育品牌，但也采取包括军事采购、政府采购、支持出口等在内的市场支持政策。美国是较早建立政府采购制度的国家之一，1933 年，美国制定了《购买美国产品法》，规定联邦政府在采购货物或签订公共工程委托合同时，原产地制造比例必须超过 50%，而且只有在美国产品报价价格高于外国价格 25% 的情况下，才能向国外采购。美国还成立了供应链管理协会（ISM）、运营管理协会（APICS）、供应链管理专业协会（CSCMP）等专业供应链管理组织，促进供应链高效协同发展，构建起连接全球的高效供应链管理网络。韩国也积极推行国产化政策，通过立法的强制力对高新技术产品实施政府采购制度。1983 年，韩国公立学校率先购买当时价格昂贵的 5000 台国产计算机，由此成为推动韩国计算机产业发展的原动力。

（二）促进创新主体升级

（1）加速创新型企业培育，促进企业主体升级。企业是产业发展的主体，也是各国迈入创新驱动阶段政策支持的重点。美国非常重视鼓励企业技术创新，采取了包括税收减免、加速折旧，提供融资支持、技术支持和创业辅导、市场支持等措施扶持一批创新能力强的龙头企业。日本主要通过加强企业研发人才培训和研发设施建设等手段支持企业技术创新和主体升级，特别是 20 世纪 80 年代中期以后，其政策支持重点开始从竞争政策向创新政策倾斜，日本先后出台了《中小企业技术开发促进临时措施法》（技术法）、《不同领域中小企业者的知识融会、促进新领域开拓的临时措施法》（融合化法）、《促进中小企业创造性事业活动临时措施法》（创造法）、《新事业创造促进法》（新事业法）、《中小企业经营支援法》（革新法）等，全面支持中小企业创业、创新，敏捷应对经济社会环境变化①。

（2）促进产学研等其他主体升级，营造良好创新生态。企业是创新的主体，但创新的主体并不局限于企业本身，需要产学研等多个主体的共同参与，营造良好的创新生态，才能发挥创新的合力。比如美国的创新联盟涵盖了基础研究、应用研究、技术转移、初创企业、投融资、政府、中介组织等各个方面的创新主体。日本则鼓励技术研究组合、产业技术创新联盟等发展，给予30%—50%的经费补助，并在国家科技计划与项目方面对产业技术创新联盟倾斜。韩国则致力于建设一个均衡发展的国家创新体系，鼓励企业、大学和公共研究机构三方的积极参与，特别是注重企业在技术开发和创新活动中的作用。1972年，韩国政府制定了《技术发展促进法》，其宗旨是支持各种私营产业研究组织，如企业研究所、产业研发中心、产业技术研究协会、产业研究集群等。2002年，韩国科技部出台了《产业研究集群支持计划》，其目的是支持将中小企业研究所划分为10个研究集群，以便发现共同的技术，并开展合作开发。这些措施密切了生产与科研的关系，加强了研究成果向实际生产力的转化，形成了企业发展和产品竞争的技术支撑力量，大大促进了科技进步和经济发展。韩国还建立了完善的服务体系，促进产学研合作。先后设立“产学合同委员会”，对产学研之间人、物的交流和科技联合攻关等活动进行支援，设置“产业技术情报综合中心”和“产学研交流中心”，为企业提供技术指导和技术信息；设立“基础科学研究支援中心”，负责向政府研究机构、大学和有关企业提供科研信息和实验设备等②。

三　经验总结和启示

（一）由要素驱动向创新驱动转变是发达国家产业升级的必经之路

和经济发展方式转变一样，产业升级的动力一般也要经过要素驱

---

① 吴松：《日本支持中小企业技术创新的政策与措施研究》，《科技创新与生产力》2010年第10期。

② 郭合作：《韩国产业共性技术研发的策略及启示》，《学习时报》2011年5月8日。

动、投资驱动、创新驱动、消费驱动等阶段。从发达国家创新驱动产业升级的历程看，实现产业升级驱动力由要素驱动向创新驱动转变是一个渐进式的过程，必须结合一个国家（地区）经济发展阶段、产业发展特征等，制定创新驱动产业升级的战略、重点，并采取有针对性的政策措施。

改革开放以来，我国发挥市场规模大、需求层次多、加工能力强、工业体系完整、人力资源丰富等比较优势，积极参与全球产业分工，促进了我国产业的快速发展。进入发展新阶段，我国在国际上的低成本优势逐渐消失，资源要素约束日益趋紧，实施创新驱动发展战略，加快实现由低成本优势向创新优势的转换，并由此形成国际竞争新优势、增强发展的长期动力，成为我国经济和产业发展的必然战略选择。

（二）向创新驱动转变一般包括转折期和实现期两个阶段

国际经验表明，由要素驱动向创新驱动转变需要经过转折期和实现期两大阶段。转折期政策目标以完善政策环境、加强技术创新、培育创新型企业为核心，主要依靠科技政策、加强企业研发和部分创新平台建设，形成点状支撑；实现期的政策目标以培育有竞争力的企业和产业为导向，政策种类开始增多、力度加大、范围得到拓展，包括科技政策、需求政策、产业组织政策和产业链提升政策等，形成全方面政策。

（三）创新驱动产业升级是内因和外因共同作用的结果

归纳而言，创新驱动产业升级因素可以分为外部驱动因素和内部驱动因素两大类。外部驱动因素主要包括消费需求、市场竞争、创新环境、激励政策、区域创新集群的衍化等；内部驱动因素主要包括创新投入、创新人才、企业家精神、企业文化、知识积累等。从内因看，企业通过创新驱动获得产品差异性来追求利润最大化是创新驱动的根本动因。从外因看，创新驱动很大程度上是被市场竞争和要素约束等逼出来的（王昌林，2012）。

（四）创新驱动产业升级离不开政府强有力的扶持

从发达国家创新驱动的历程看，日益增加的创新经费投入和人力资本投资是决定创新能力高低的决定因素，虽然仅从投入角度比较不能反映创新水平的全貌，但也是影响创新驱动产业升级效果的关键因素。美国、日本、欧盟等发达国家都把研发投入和大力支持创新能力提升作为迈向创新驱动的关键举措。如美国创新战略提出要使研发投入占 GDP 的比重达到 3%，日本给予创新联盟 30%—50% 的经费支持，韩国对于创新型企业给予 50% 的税收优惠，对于重点支持的产业更给予 1∶1 配套的研发资金支持。

（五）重视自主产品开发与企业创新能力培育是实现创新驱动产业升级的关键

从主要发达国家的科技创新政策看，重点是通过财税金融等政策，鼓励企业自主产品开发和创新能力培育，扶持一批创新能力强的龙头企业。美国、法国等通过税收补贴或政府采购等方式鼓励企业研发投入，韩国、德国、英国等采取直接奖励和补贴的方式支持企业创新，日本通过政府出面组织企业研发合作攻克平台技术等方式支持产业技术的大幅提升，特别是在其汽车产业赶超过程中一直重视自主开发，建立自己的品牌。20 世纪 50—60 年代美国政府科技投入的一半以上投给了企业，日本、韩国、德国企业的研发人才、研发设施，甚至基础研究力量要比高校和科研院所强很多。大幅提升企业的创新能力是各国实现创新驱动产业升级的重要手段。

（六）实现创新驱动产业升级需要具备一些必要的基础条件

从成功实现产业发展动力由要素驱动向创新驱动转变的国家看，一般具备以下条件：一是拥有比较健全的国民教育体系，国民教育普及，人口素质较高，具备较好的科技基础和人才基础；二是拥有一批具有强烈创新意识和创新能力的高水平大学、研究机构和创新型企业，具有较好的科技基础；三是形成了一整套从基础研究、应用研究、工程研究、产品开发到规模化的财税、金融、政府采购等政策制度安排①。

---

① 王昌林等：《创新驱动经济发展的思路与对策研究》，国家发改委内部研究报告，2013 年。

参考文献

[1] OECD:《以知识为基础的经济》，机械工业出版社 1997 年版。

[2] 安同良、施浩、Alcorta Ludovico:《中国制造业企业 R&D 行为模式的观测与实证——基于江苏省制造业企业问卷调查的实证分析》，《经济研究》2006 年第 2 期。

[3] 安同良、周绍东、皮建才:《R&D 补贴对中国企业自主创新的激励效应》，《经济研究》2009 年第 10 期。

[4] 陈劲:《从技术引进到自主创新的学习模式》，《科研管理》1994 年第 2 期。

[5] 冯飞:《企业技术创新活动中影响 R&D 行为的几个基本因素》，《中国软科学》1995 年第 10 期。

[6] 弗里曼、索耶特:《工业创新经济学》，北京大学出版社 1997 年版。

[7] 傅家骥:《技术创新学》，清华大学出版社 1998 年版。

[8] 付宏、毛蕴诗、宋来胜:《创新对产业结构高级化影响的实证研究——基于 2000—2011 年的省际面板数据》，《中国工业经济》2013 年第 9 期。

[9] 高建:《中国企业技术创新分析》，清华大学出版社 1997 年版。

[10] 郭志仪、杨琦玮:《制造业区域创新模式与对策研究——以东莞、苏州、温州制造业为例》，《科技进步与对策》2010 年第 1 期。

[11] 国家统计局中国国情研究会:《中国企业自主创新能力分析报告》，《经济日报》2005 年 11 月 7 日。

[12] 国务院发展研究中心课题组:《新一轮改革的战略和路径》，《中国改革》2013 年第 10 期。

[13] 洪银兴:《创新型经济转型：经济发展的新阶段》，经济科学出版社 2010 年版。

[14] 胡卫:《政府资助企业 R&D 的政策工具及其效果研究》，《自然辩证法通讯》2007 年第 6 期。

[15] 金麟洙:《从模仿到创新》，新华出版社 1998 年版。

[16] 金碚：《稳中求进的中国工业经济》，《中国工业经济》2013年第8期。

[17] 柯立平：《增强创新驱动发展新动力系列谈（之一至之五）》，《科技日报》2012年12月25—29日。

[18] 科学技术部专题研究组：《我国产业自主创新能力调研报告》，科学出版社2006年版。

[19] 李习保：《2008年42城市制造业企业跟踪调查结果——技术创新活动调查》，《技术经济》2010年第2期。

[20] 刘小玄：《中国工业企业的所有制结构对效率差异的影响——1995年全国工业企业普查数据的实证分析》，《经济研究》2000年第2期。

[21] 柳卸林：《企业技术创新管理》，社会科学文献出版社1997年版。

[22] 罗德里克：《相同的经济学，不同的政策处方》，中信出版社2009年版。

[23] 迈克尔·波特：《竞争论》，中信出版社2003年版。

[24] 人民日报编辑部：《形成经济全球化条件下参与国际经济合作和竞争新优势》，《人民日报》2007年12月13日。

[25] 斯蒂格利茨：《社会主义向何处去——经济体制转型的理论与证据》，吉林人民出版社1998年版。

[26] 孙早、宋炜：《中国工业的创新模式与绩效——基于2003—2011年间行业面板数据的经验分析》，《中国工业经济》2013年第6期。

[27] 王昌林等：《创新驱动发展的思路与对策研究》，国家发改委内部研究报告，2013年1月。

[28] 王昌林：《产业转型升级核心是要深化改革开放》，中国产业改革发展年会发言报告，2013年6月6日。

[29] 王燕梅、简泽：《参与产品内国际分工模式对技术进步效应的影响——基于中国4个制造业行业的微观检验》，《中国工业经济》2013年第10期。

[30] 王岳平：《开放条件下的工业结构升级》，经济管理出版社

2004 年版。

[31] 王岳平:《促进我国产业结构优化升级的着力点》,《宏观经济研究》2008 年第 11 期。

[32] 吴丰华、刘瑞明:《产业升级与自主创新能力构建——基于中国省际面板数据的实证研究》,《中国工业经济》2013 年第 5 期。

[33] 吴贵生、刘建新:《对自主创新的理解》,《创新与创业管理》(论文集),第 2 辑,自主创新专辑,清华大学出版社 2006 年版。

[34] 吴松:《日本支持中小企业技术创新的政策与措施研究》,《科技创新与生产力》,2010 (10)

[35] 徐凌:《德国技术创新的宏观机制》,《昆明理工大学学报》(社会科学版) 2006 年第 1 期。

[36] 学习日报编辑部:《如何增强创新驱动发展新动力学习时报》,《学习日报》2013 年 10 月 28 日。

[37] 余泳泽、刘大勇:《我国区域创新效率的空间外溢效应与价值链外溢效应》,《管理世界》2013 年第 7 期。

[38] 张春霖、曾志华、威廉·马科等:《中国:促进以企业为主体的创新》,中信出版社 2009 年版。

[39] 中国创新型企业发展报告编委会:《中国创新型企业发展报告 2009》,经济管理出版社 2009 年版。

[40] 中国企业家调查系统:《企业创新:现状、问题及对策——2001 年中国企业经营者成长与发展专题调查报告》,《管理世界》2001 年第 4 期。

[41] 周寄中:《关于自主创新与知识产权之间的联动》,《管理评论》2005 年第 11 期。

[42] Abernathy, W. J., Clark, K. B., Innovation: Mapping the Winds of Creative Destruction. *Research Policy*, Vol. 14 (1), 1985, pp. 3–22.

[43] Dosi, G., Freeman, C., Nelson, R., et al., *Technical Change and Economic Theory*. Pinter Publishers, 1988.

[44] Hall, B. H., Rosenberg, N., Handbook of the Economics of Innovation. Elsevier, Vol. 2, 2010.

[45] Lerner, J., Watson, B., The Public Venture Capital Chal-

lenge：The Australian Case. *Venture Capital*, Vol. 10 (1), 2008.

[46] OECD. *Frascati Manual* 2002：*Proposed Standard Practice for Surveys on Research and Experimental Development*. OECD Publishing, 2003.

[47] OECD. *Oslo Manual*：*Guidelines for Collecting and Interpreting Innovation Data*, 3rd Edition. OECD Publishing, 2005.

[48] Stoneman, P., *Handbook of the Economics of Innovation and Technological Change*. Blackwell Publishers Ltd., 1995.

第十六章　德国创新驱动发展经验与启示

德国是实力雄厚的世界科技创新大国，也是欧洲大陆国家中实现创新驱动发展的典范。在基础研究领域，德国大师云集，各种发明创造不断涌现，诺贝尔奖获得者人数一直保持在获奖总数的10%—20%，迄今已有超过81位德国人获得诺贝尔奖。在应用研究领域，德国机械制造、生物技术、医疗技术、环境科学、车辆制造、纳米技术、光学技术和工程技术等均居全球之首[①]。2000—2013年，德国研发投入从500亿欧元增长到近800亿欧元，增幅为60%，研发投入占GDP的比重从2.47%增长到2.98%。不仅在创新的源头上德国遥遥领先于全球绝大部分国家，德国创新驱动与经济发展的联系也非常紧密，最为突出的表现就是德国制造的产品享誉全球，成为世界市场上“质量”和“信誉”的代名词。即使在全球深陷金融危机泥沼的困难时期，德国也因为在创新驱动发展方面的突出表现而率先走出危机。

通过对德国建国以来140余年经济发展史的梳理，不难发现，德国的经济增长与创新驱动紧密相连。特别是在1950—1973年，德国经济快速增长，人均GDP快速增加，大量科技成果不断涌现，全要素生产率和劳动生产率增长率也达到历史的最高点，德国制造走向世界。所有这些成果的取得，离不开德国政府对科技教育和创新的高度重视与投入、完善的法律法规、健全的国家创新体系、各创新主体的有机合作以

① 德国科技创新态势分析报告课题组：《德国科技创新态势分析报告》，科学出版社2014年版。

及对产业发展的合理引导等政策的有效支撑。

我国是制造业大国，近年来对创新的重视和投入大大增加，但也面临着科技进步与经济发展联系不紧密，全要素生产率对经济增长贡献率下降，创新驱动尚没有真正成为经济发展的主要动力等问题，亟待学习借鉴主要发达国家创新驱动发展的经验，切实破解制约我国创新驱动发展的主要障碍。要学习借鉴德国创新驱动经济发展的主要经验，加大科技和教育方面的投入、厚植创新的文化、打通科技创新到成果产业化转化的通道、加强知识产权保护、发挥多方合力构筑完善的国家创新体系、加强对产业发展的合理引导、营造有利于创新创业的制度条件和创新文化，推动我国增长动力加快向创新驱动转变，促进新常态下经济社会持续健康发展。

一　德国发展不同阶段中技术进步和创新对经济增长的影响

德国自 1871 年建国，彼时正是第二次工业革命兴起之时，德国抓住了第二次工业革命的契机，涌现出一大批发明创造和产业化成果，迅速成为全球重要的科技创新中心之一，并崛起为世界性的经济大国，1913 年德国经济总量已超过英国位列世界第二。之后，经过两次世界大战的洗礼，德国一度遭受重创，但在二战后的“黄金 30 年”德国经济再次飞速增长，并于 1973 年正式进入创新驱动发展阶段[①]。根据这些重要的历史事件，考虑数据可获得性和权威性（表 16－1—表 16－4，图 16－1）以及德国政府激励创新的若干重要标志性事件，我们可以将德国创新驱动经济发展划分为 1871—1913 年、1913—1950 年、1950—1973 年以及 1974 年至今等四个关键时间段，描述德国经济增长的实绩、技术进步和创新的贡献以及德国政府促进科技进步和创新的重要举措。

---

① 按照世界经济论坛定义，一个国家人均 GDP 超过 1.7 万美元，就进入创新驱动发展阶段，美国、德国、日本、韩国分别在 1962 年、1973 年、1976 年和 1995 年进入创新驱动发展阶段。

表 16－1　　9 个国家样本按 1990 年国际元计算的人均 GDP 单位：国际元

国别 \ 年份	1820	1870	1900	1913	1950	1973	1992
德国	1112	1913	3134	3833	4281	13152	19351
美国	1287	2457	4096	5307	9573	16607	21558
法国	1218	1858	2849	3452	5221	12940	17959
荷兰	1561	2640	3533	3950	5850	12763	16898
英国	1756	3263	4593	5032	6847	11992	15738
日本	704	741	1135	1334	1873	11017	19425
中国	523	523	652	688	614	1186	3098
韩国	—	—	850	948	876	2840	10010
苏联	751	1023	1218	1488	2834	6058	4671

资料来源：麦迪森：《世界经济二百年回顾》，李德伟、盖建玲译，改革出版社 1997 年版，第 4—5 页。

表 16－2　　不同历史时期 9 个样本国家 GDP 年均复合增长率（CAGR） 单位:%

国别 \ 年度	1820—1870	1870—1900	1900—1913	1913—1950	1950—1973	1973—1992
美国	4. 22	3. 93	2. 22	2. 84	3. 91	2. 39
法国	1. 27	1. 62	0. 93	1. 15	5. 02	2. 26
德国	2. 00	2. 74	1. 66	1. 06	5. 99	2. 30
荷兰	1. 93	2. 17	1. 28	2. 43	4. 74	2. 14
英国	2. 04	2. 06	0. 85	1. 29	2. 96	1. 59
日本	0. 31	2. 27	1. 40	2. 24	9. 25	3. 76
中国	-0. 12	1. 11	0. 63	0. 29	5. 07	6. 75
韩国	—	—	1. 17	1. 67	7. 57	8. 27
苏联	1. 60	2. 06	1. 80	2. 15	4. 84	-0. 54

资料来源：根据麦迪森《世界经济二百年回顾》，李德伟、盖建玲译，改革出版社 1997 年版，第 124—133 页数据计算。

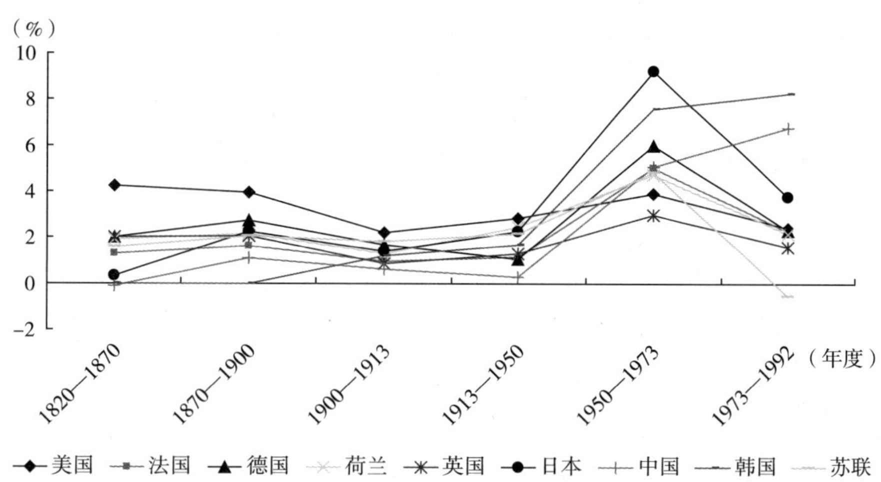

图 16－1　不同历史时期 9 个样本国家 GDP 年均复合增长率（CAGR）比较

资料来源：根据麦迪森《世界经济二百年回顾》，李德伟、盖建玲译，改革出版社 1997 年版，第 124—133 页数据计算。

表 16－3　1870—1992 年 9 个样本国家劳动生产率年均增长率　　单位:%

年度 国别	1870—1913	1913—1950	1950—1973	1973—1992
德国	1. 87	0. 60	5. 99	2. 69
美国	1. 92	2. 48	2. 72	1. 14
法国	1. 74	1. 87	5. 11	2. 73
荷兰	1. 27	1. 31	4. 78	2. 21
英国	1. 22	1. 58	3. 12	2. 18
日本	1. 89	1. 85	7. 69	3. 13
中国	—	—	2. 06	4. 06
韩国	—	—	4. 09	5. 23
苏联	—	—	3. 38	－0. 80

资料来源：麦迪森：《世界经济二百年回顾》，李德伟、盖建玲译，改革出版社 1997 年版，第 170 页，劳动生产率为每工作小时 GDP（1990 年美元），经计算。

表 16－4 不同历史时期主要发达国家全要素生产率年平均复合增长率比较 单位:%

年度＼国别	美国	法国	德国	荷兰	英国	日本
1820—1970	-0.15	n. a.	n. a.	n. a.	0.15	n. a.
1870—1913	0.33	n. a.	n. a.	n. a.	0.31	-0.31
1913—1950	1.50	n. a.	n. a.	n. a.	0.81	0.36
1950—1973	1.72	3.22	4.05	2.71	1.48	5.08
1973—1992	0.18	0.73	1.54	0.77	0.69	1.04

资料来源：麦迪森：《世界经济二百年回顾》，李德伟、盖建玲译，改革出版社 1997 年版，第 19 页。

（一）1871—1913 年：在电气革命时代中崛起

德意志联邦共和国，这个在 20 世纪历史上扮演重要角色的国家，却是欧洲大陆民族国家中的姗姗来迟者，直到 1871 年才建国。尽管姗姗来迟，但统一后的德国在极短的时间里爆发出巨大的能量，德国牢牢地抓住以电力、内燃机、汽车和合成化学等为标志的第二次工业革命的机遇，加快发展钢铁、机床、电力、电气、汽车等制造业，迅速站在了第二次工业革命的前沿，德国经济出现了跨跃式发展，用了 30 多年的时间就超过英国，成为欧洲第一、世界第二大经济强国。根据麦迪森数据，这一时期德国 GDP 年均复合增长率也非常快，1870—1900 年与 1900—1913 年分别为 2.74% 和 1.66%，人均 GDP 则翻了一番。20 世纪初，德国在总人口、国民生产总值、钢铁产量、煤产量、铁路里程等方面都超过英国。德国制造的产品也风靡世界，19 世纪末 20 世纪初，德国的酸、碱等基本化学品产量均为世界第一，世界所用燃料 4/5 出自德国。1913 年，德国的电气产品占全世界的 34%，居各国之首，超过头号工业强国美国 5 个百分点。

究其原因，国家的统一为德国的崛起提供了基础和前提，但是德国经济能够在短时间快速增长，则得益于科技创新因素的长期积累。自查理曼大帝时代起，德国就非常重视教育和文化发展，在德意志的土壤中播下了文明的种子，甚至对欧洲文化复苏产生了积极的影响。

到腓特烈大帝时代，德国开始倡导义务教育，确立了6—13岁儿童必须人人接受教育的基本原则，成立柏林科学院，设立科学奖学金，对各种发明进行奖励，对教育和创新的重视达到异乎寻常的程度，并被德意志民族牢牢地继承下来。1850年，普鲁士颁布《学校法草案》，将义务教育制度以法律形式予以保障，规定教师享有公职人员的一切权利与义务。1818年至1846年，普鲁士国民学校学生增加近1倍，适龄儿童入学率达82%，到19世纪60年代提高到97.5%，国民素质空前提高。出色的基础教育支撑起高质量的大学教育，1810年，德国创立了柏林大学（现洪堡大学），成为真正意义上现代大学的鼻祖。由此开启的德意志大学教育在短短数十年间就超过英法等国，被全世界所尊敬和效仿。

德国由此站在了世界科学技术发展的前沿，1864—1869年，世界生理学100项重大发现，德国占89项。1855—1870年，德国取得136项电学、光学、热力学重大发明，英法两国合计为91项。世界第一台大功率直流发电机、第一台电动机、第一台四冲程煤气内燃机、第一台汽车等发明创造也诞生于德国人之手，先后涌现出一大批科学家和发明家，如蔡斯、西门子、科赫、伦琴、雅可比、欧姆、李比希、爱因斯坦、普朗克、玻恩等，一时间，德国的天空闪耀着科技、创新和文化的光芒，让全世界为之瞩目。

（二）1913—1950年：两次世界大战中的技术创新与经济增长

由于两次世界大战影响，德国经济增速总体不高，1913—1950年年均复合增长率仅为1.06%，不但是1871年至今四个历史分期中增长速度最低的，在同时期国际比较中也远远低于美国、日本、荷兰、法国、苏联等国，在9个样本国家中仅高于饱受战火摧残的中国。人均GDP的增速也非常缓慢，1913—1950年年均复合增长率仅为0.29%，如果没有战后几年的恢复性增长，将会表现为负增长。特别是第一次世界大战的失败彻底打乱了德国的经济发展进程，德国在海外的资产和市场直接被竞争对手接管，在世界市场上的领先地位完全丧失。20世纪20年代，在“道威斯计划”和美国援助下，德国制造业得到短暂恢复和发展。这一时期，德国的技术创新特别是军工技术创新的支撑作用得到体现，德国在钢铁、机器设备、化学品和药品、电气技术、精密仪器和光学等领域再度赢得行业领导地位。但好景不长，30 年代始于美国的“经济大萧条”，使德国经济也深陷其中。随后在纳粹统治时期，德国经济发展的正常发展轨迹被扭曲，制造业的诸多领域都打上了战时计划经济的印记，被绑到纳粹战车上的许多产业和企业都或多或少地卷入了战时生产的行列。不过以战争为目的而发展的设备运输业，客观上为德国战后汽车工业的发展奠定了一定的基础，更没有料想到的是，战前成立的大众汽车公司，在二战后居然发展成为欧洲最大的汽车生产商。因此，尽管这一时期德国的技术创新作用仍较为显著，但离创新驱动发展阶段尚有一段距离。

（三）1950—1973 年：德国制造走向世界，德国进入创新驱动发展阶段

二战后，在美国支持下，德国（主要是西德）走上“和平工业化”道路，主要发展各种消费品等民用制造业。在面对日本厂商钢铁、汽车、照相机和家用电器在标准化和大批量生产等方面的激烈竞争时，西德制造业依赖其灵活的产品设计传统，开辟了小批量定制模式，主要关注于工艺技巧密集产品的制造，并及时调整产业结构，把生产重点转移到对技术和投资要求更高的机械工具的模具设计、大型工业设备、精密机床和高级光学仪器等领域，尽可能制造出在质量、性能、用途和规格等方面独一无二的产品。在规模生产方面，“德国制造”则突出其在技术、产能、品质、安全和舒适性等方面的特色，大力发展汽车制造等产业。小规模定制和特色化规模生产，使“德国制造”找到了新的发展方向。从 20 世纪 50 年代起开始了疯狂的扩张，“德国制造”仿佛回到 1914 年之前的发展状态，在世界市场上占据重要地位。其中在化学塑料品、化纤、矿物油加工、车辆制造、电气和电子工业等领域都处于世界领先位置。汽车制造业的发展更为突出，1970 年，大众汽车在美国市场的销售量超过 30 万辆，占市场销售量的 6% 以上，几乎打破福特 T 形车的销售纪录。这一时期，德国经济也快速增长，年均复合增长率达到 5.99%，为德国历史之最。德国的技术创新能力和制造业发展能力也快速攀升，战后的德国政府鼓励科研部门与经济部门的合作，促进技术创新，使国家技术的发展与创新由企业根据市场的需要进行，并得到了国家的经济援助和享受优惠的税收政策。为了加快科技发展，德国还特别注意引进外国先进技术。1950—1973 年，德国在进口的专利和许可费方面的支出从 2200 万马克上升到 165400 万马克，增长了 74 倍以上。与此同时，德国还采取加强科技立法、恢复和重建教育及科研体制、加大科研投入、重点发展技术密集型产业、加强科研规划和战略导向、建立技术园区、鼓励风险投资、给予中小企业技术进步资助和税收优惠等一系列措施，促进科技进步和成果转化，不断创造新的生产力，加快经济的发展和德国的崛起。由于重视科技，德国的劳动生产率不断提高。据统计，1950—1960 年，德国国民经济劳动生产率年平均增长 5.3%，工业生产年平均增长率高达 11.4%，工业总产值从 487 亿马克增加到 1647 亿马克，增长 2.4 倍，国民生产总值从 233 亿美元增加到 726 亿美元，增长 2.1 倍，并先后于 1959 年和 1960 年超过法国和英国，成为世界第二经济大国。德国的人均 GDP 也从 1950 年的 4281 美元上升到 1973 年的 13152 美元，德国一举进入创新驱动发展阶段。

（四）1974 年至今：进入创新驱动发展阶段后的质量优化和可持续发展之路

1974 年之后，德国经济增速明显下降，其中，1974—1992 年德国国民生产总值年均增长率为 2.30%，比 1950—1973 年年均复合增长率低 3.69 个百分点。这一时期德国的全要素生产率增长率相较 1950—1973 年也大幅下降，从年均 4.05% 下降至年均 1.54%，但在主要发达国家中仍属于较高水平，分别比美国、英国、日本高 1.36 个、0.85 个和 0.5 个百分点。劳动生产率增长率也呈现出类似的特征，这一时期年均增长率为 2.69%，比 1950—1973 年的 5.99% 大幅下降，但相比美、英等国则分别高出 1.55 个和 0.51 个百分点。表明，德国进入创新驱动发展阶段后，经济快速发展的势头有所放缓，但技术创新的作用仍然非常显著，在整个 20 世纪 70—80 年代，德国的机床、汽车、照相机等机械产品大量出口，“德国制造”的机械设备、化学制品、电气和电子工程设备等大量出口到美国、中国、印度和巴西等主要市场，所生产的汽车在世界汽车市场的份额达到 17%。直到目前，德国机械设备仍占全球贸易份额第一位，平均在 16%—20%（见图 16－2）。根据德国机械设备制造业协会（VDMA）数据，2011 年德国机械设备制造业最大的 10 个部门的产品销售额在全球出口市场中比例均超过 11%，其中，动力传动工程、食品加工和包装机械制造业占比达到 23%，机械处理技术设备占比达到 21%，机床、农业机械和精密工具占比均超过 18%（图 16－3）。“德国制造”凭借其强大的科技创新能力和实力，已成为

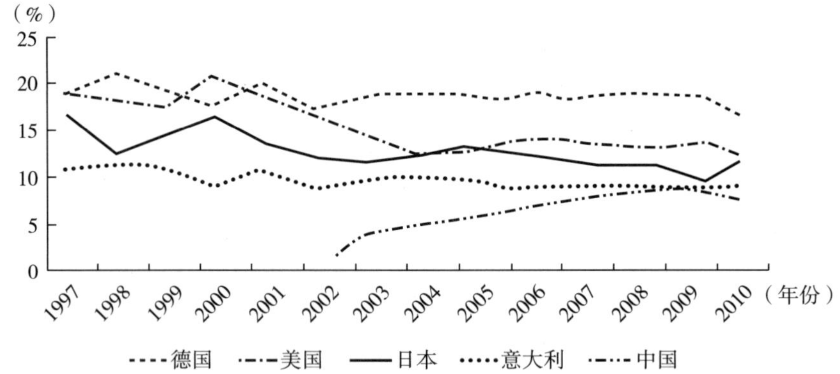

图 16－2　主要国家机械设备出口占世界贸易份额情况

资料来源：German Trade and Invest，*The Machinery and Equipment Industry in Germany*，Issue2013/2014，p. 6。

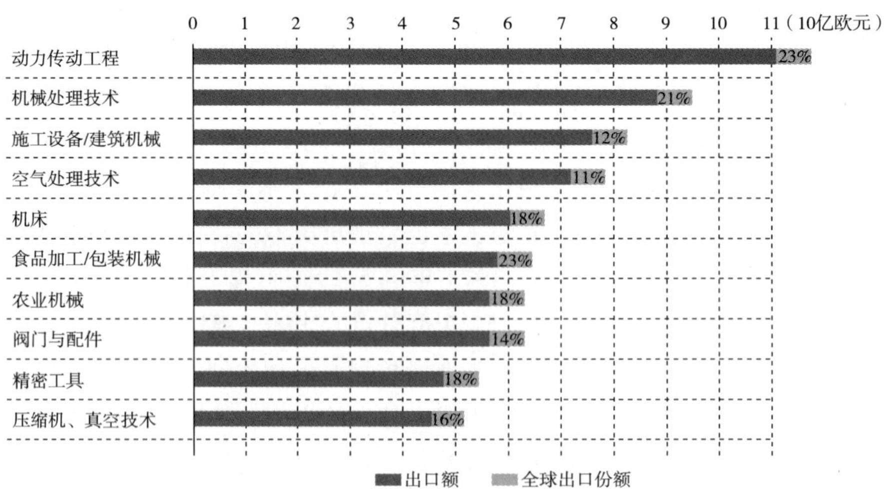

图 16－3　2011 年德国机器设备各部门在全球出口市场中所占比例

资料来源：German Trade and Invest，*The Machinery and Equipment Industry in Germany*，Issue2013/2014，p. 7。

世界市场上“质量和信誉”的代名词，也树立了德国科技和经济大国的重要地位。2008 年金融危机发生以后，“德国制造”率先走出衰退，引领德国经济逆势复苏，再一次成为德国经济的世界名片。

在企业层面，德国企业的创新能力也显著提升。根据波士顿咨询集团在对 1500 名企业高管实施的问卷调查基础上发布的 2014 年度《全球最具创新力企业 50 强报告》（表 16－5），其中德国的西门子（第 15 位）、宝马（第 18 位）、大众（第 21 位）、奔驰（第 25）、奥迪（第 28 位）、拜尔（第 45 位）、巴斯夫（第 48 位）等 7 家企业榜上有名，入围企业数量仅次于全球科技创新头号强国美国，位列全球第二，且大部分企业排在前 30 名以内，表明德国制造业企业强大的创新能力和可持续发展能力。

表 16－5　　2014 年度全球最具创新力企业 50 强

排名	企业名称	国家	排名	企业名称	国家	排名	企业名称	国家
1	苹果	美国	18	宝马	德国	35	小米科技	中国
2	谷歌	美国	19	福特汽车	美国	36	雅虎	美国
3	三星	韩国	20	戴尔	美国	37	日立	日本
4	微软	美国	21	大众汽车	德国	38	麦当劳	美国
5	IBM	美国	22	3M	美国	39	甲骨文	美国
6	亚马逊	美国	23	联想	中国	40	软营	美国
7	特斯拉汽车	美国	24	耐克	美国	41	优衣库	日本
8	丰田汽车	日本	25	奔驰汽车	德国	42	沃尔玛	美国
9	脸书	美国	26	通用汽车公司	美国	43	印度塔塔咨询公司	印度
10	索尼	日本	27	皇家荷兰壳牌	荷兰	44	雀巢咖啡	瑞士
11	惠普	美国	28	奥迪	德国	45	拜尔	德国
12	通用电气	美国	29	飞利浦	荷兰	46	星巴克	美国
13	英特尔	美国	30	软银	日本	47	腾讯控股	中国
14	思科	美国	31	宝洁	美国	48	巴斯夫	德国
15	西门子	德国	32	菲亚特	意大利	49	联合利华	英・荷
16	可口可乐	美国	33	空中客车	法国	50	华为技术	中国
17	LG 电子	韩国	34	波音	美国			

资料来源：Boston Consulting Group，“The Most Innovative Companies 2014：Breaking Through is Hard to Do,” 2014 年 10 月 29 日制作。

二 德国实现创新驱动经济发展的经验

综上所述，德国在经历了漫长的分裂与战争痛苦之后，一旦统一后便爆发出惊人的力量，这其中科技创新因素起到至关重要的作用。虽然从经济发展阶段和增长动力转换的角度来看，德国主要于1950—1973年进入创新驱动发展阶段，但无论是之前在电气革命时代的崛起和两次世界大战期间为战略而发展的军工制造技术，还是进入创新驱动阶段之后，德国持续创新的经济增长表现和德国制造的不断发展壮大，都能发现技术进步和创新驱动对德国经济增长所起的重要作用。可以看出，德国实现创新驱动经济发展的主要做法和影响因素有很多，既有高度重视教育、科技、文化、哲学和思考等文化方面的因素，也有德国人“专注”“执着”“认真”的敬业精神，还有德国制造“品质”“信誉”的世界声誉的影响，以及德国政府对创新的巨大投入、高效健全的国家创新体系的作用和坚实的法律基础、政府对创新的保护以及产业发展的合理引导等。这些做法构成了德国实现创新驱动的源泉，值得我国学习借鉴。

（一）高度重视教育产生的长期累积效应

在发达国家中，德国被认为是最重视教育和人力资本投资的国家之一。如前所述，在国民教育方面，早在18世纪末，德国就确立了6—13岁儿童必须人人接受教育的基本原则。1818年至1846年，普鲁士国民学校学生增加近1倍，适龄儿童入学率达82%，到19世纪60年代提高到97.5%，国民素质空前提高。出色的基础教育支撑起高质量的大学教育，1810年，德国创立了柏林大学（现洪堡大学），这是世界上第一所现代意义上的大学，坚持学术自由、教研并重，使德国在19世纪站在了世界科学技术发展的前沿，被全世界尊敬和效仿。出色的教育培育出一大批优秀的科学家和发明家，如蔡斯、西门子、科赫、伦琴、雅可比、欧姆、李比希、爱因斯坦、普朗克、玻恩等，这些发明家紧密联系实际，发明创造出一批又一批对人类历史进程有重要影响的科技创新成果，如世界第一台大功率直流发电机、第一台电动机、第一台四冲程煤气内燃机、第一台汽车等，对世界工业和科技革命走向和全人类的发展产生了重大而又深远的影响。

与此同时，德国从事数学、科学、信息和工程专业学生的比例也大大高于主要发达国家（见图 16－4），例如，2011 年其比例为 32.1%，是美国（15.8%）的两倍多。这为德国工程、科技、制造等领域的科技研发和产业优势奠定重要基础。此外，德国拥有稳定的职业教育体系和“学徒制”技工培训体系，为德国制造提供源源不断的高素质的熟练劳动力。无论是机械修理工、瓦匠，还是电工，要想在德国找到工作，除了学校的毕业证之外，还必须拥有一张合格的职业培训资格证书。完善的职业教育和培训制度，为“德国制造”培养出世界上最好的技术工人队伍。

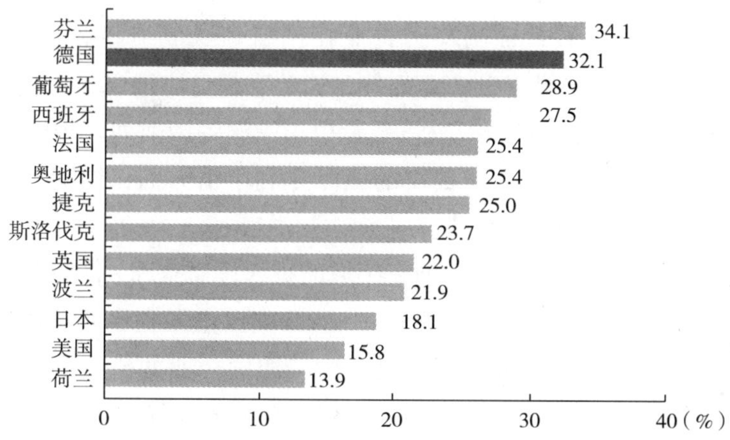

图 16－4　主要发达国家数学、科学、信息和工程专业在校大学生比例

资料来源：German Trade and Invest, *The Plastics Industry in Germany*, Issue 2013/2014, p. 7。

这些强大的教育和智力支持成为德意志最大的资本，对人力资本的形成具有长期效应，是“德国制造”获得世界声誉、产品质量优良，富有整体竞争优势的保证，也是德国成为世界科技创新强国的重要因素。德国前总理科尔也曾说，德国人对大学教授的尊重远远超过对商业巨子、银行家和内阁部长，这就是德国的希望之所在。

（二）对创新的专注和巨大的创新投入

德国是全球创新的先导，无数影响人类发展进程的重大发明被德国人创造出来。例如，1876 年德国工程师奥托发明了四冲程煤气内燃机，1883 年戴姆勒发明了汽油机和汽车，1897 年狄塞尔发明了柴油机。1886 年，卡尔·本茨发明了汽车，由此诞生了现代汽车制造业。德国化学制造业的发明创造更是达到了辉煌的境界，合成染料、燃料和材料，以及化学药物的发明，使德国数十位化学科学家获得了诺贝尔奖。

根据欧盟委员会“欧洲创新记分牌”2013 年统计数据，德国的发展速度雄踞欧洲创新大国榜首。德国属于四大欧盟创新领先国家之一，创新绩效水平高于欧盟 27 国其他成员以及欧洲其他国家。此外，“欧洲创新记分牌”还显示德国在知识产权和中小企业创新领域拥有强劲实力。庞大的专利数量证明德国企业在创新领域成绩斐然：2013 年，德国在欧洲专利局申请专利 32022 件，该数字超过法国、瑞士和英国等国之和。此外，德国的三方专利①数量也居欧洲各国前列。2014 年，在通过《专利合作条约》途径提交的国际专利申请方面，德国也领先欧洲各国，在世界上排名第 4 位。

与之相关联的是，德国在创新领域的投入位居全球领先地位。2012 年德国研发总投入达到 790 亿欧元②，研发支出占国内生产总值比例也达到 2.98%，是欧洲最大的研发投入国。德国企业的研发创新参与度排名在欧洲名列前茅，研发领域从业者近 60 万人，仅在 2005 年到 2012 年间，该领域就创造了 11.4 万个就业岗位。

更为重要的是，这些发明创造也带来德国产业的繁荣。德国研究密集型产品的出口份额占全球比重约为 12%，超过美国和日本，是法国、英国和意大利三国之和的两倍多。欧洲科研最强的企业有半数在德国。德国大众、奥迪、宝马、戴姆勒、奔驰、保时捷和欧宝等汽车制造商，每年申请的技术专利都是数以千计。而西门子、博世、英飞凌和巴斯夫

---

① 三方专利是指在全球三大专利局——欧洲专利局、美国专利商标局、日本专利局注册的专利。

② 德国联邦教研部：《2014 年德国研究与创新报告》，2014 年 5 月。

公司位居全世界 12 个国际专利申请最多的公司之列。这些公司也是德国竞争力最强的企业。

（三）不断构筑健全的国家创新体系

德国创新驱动的经济绩效较为明显还源于企业、高校、科研院所和有关协会密切协作，构筑了健全的国家创新体系，促进创新成果源源不断地涌现，并迅速转化为产品和企业的竞争力。比如，德国高校在国家科研与创新体系中的地位举足轻重，其科研经费约占国家研发投入的 18%，其中 80% 以上投入技术工程、自然科学、医学等领域。为了促进科研成果转化，德国大学的科研活动十分注重与企业的合作，通过设立技术转让处、合作创建科技园等方式，加速技术由实验室走向市场，促进科技成果转化。企业作为创新的主体也非常重视研发和创新，在以 R&D 投资排名的全球前 1000 家企业中，德国处于第三位，许多公司的研发投入都超过其营业收入的 5%。在全球前 25 名研发投资最多的企业中，德国大众汽车公司、西门子公司、戴姆勒·奔驰公司和保时捷公司等 4 家企业榜上有名。此外，德国还有为数众多的“小而精”的企业，特别是在国际市场上处于领先地位的中小企业，被称为“隐形冠军”，这些企业主要集中在机器设备制造业、信息和通信产业，科技含量和单位产值较高，贴近客户需求，具有极强的创造力。此外，德国有关协会在科技创新、标准制定、推动成果转化和产学研合作等方面的贡献也非常突出。如德国弗朗霍夫应用研究促进协会致力于为不同行业和公共部门开发新型和尖端技术，下设逾 80 个研究机构，拥有 2 万名员工，业务遍布德国各地，通过和产业界密切合作，打造了一批弗朗霍夫创新集群。德国标准化协会（DIN）、德国电气、电子和信息工程协会（VDE）、德国机械制造标准委员会（NAM）、德国机床标准委员会（NWM）、德国电工委员会（DKE）、德国机械设备制造业协会（VD-MA）、德国汽车制造业行业协会（VDA）、德国电气和电器制造领域行业协会（ZVEI）、德国化学制造行业协会（CVI）等标准化和行业协会组织，在德国标准化的制度设计、有关经济政策制定、行业服务等方面发挥重要作用，推动德国制造业不断发展壮大。

（四）政府对产业发展的合理引导和必要干预

德国经济学家李斯特最早提出“幼稚工业保护论”，对于德国经济和产业发展产生深远的影响。从19世纪中期至20世纪中期，政府直接干预了很多经济发展计划，产业政策对于德国产业发展和创新能力提升的作用不可忽视。在建立市场经济制度之后，政府发挥的作用是间接的，主要通过专利保护、知识产权制度以及环保等标准的制定，为企业创新提供激励和必要的约束。但在基础研究领域，政府是直接介入的，建立了包括国立科学院、研究所和国家扶植的各种学术团体等从基础理论到应用研究的一体化科研体系，并为企业的技术创新提供知识产品，以及大量的研发资金或补贴，据统计，联邦政府和地方政府对企业的研发补贴占企业研发资金比例高达1/3。政府还对大学以外的科研机构如亥姆霍兹联合会、马克斯普朗克学会、弗朗霍夫协会和莱布尼茨科学联合会等提供科研资金。同时允许学者在学术上自由发表意见，注意保护学术自由，使科研和学术探讨完全独立于政治和宗教之外，不受党派和意识形态的干扰。德国还通过包括专利制度、国际合作、法律、政策和加大投入等一整套的制度保障和政策措施促进技术创新①。

近年来，德国政府还适时地制定了产业发展战略，引导企业的生产和经营活动。比如德国支持西门子、大众汽车、戴姆勒·奔驰、宝马、蒂森工业、纽伦堡机器公司等资本雄厚、具有强烈创新意愿和强大研发能力企业集团发展，不断加强精密机械、汽车与航空、电气工业发展，促进新产品创造能力、新工艺开发能力、生产设备研制和维修能力的培育发展，使德国在高端制造领域始终保持世界领先地位。同时，德国积极推动欧盟大力推行碳税计划，强调“绿色”消费、生产、投资和创新，大力发展低碳经济，力争用5年左右时间（2009—2013年）来打造具有国际水准和全球竞争力的“绿色产业”，以开启下一轮增长的新亮点。2009年德国还制定了面向2020年的《高技术发展战略》，为高科技和环保型制造业的发展奠定了方向。2013年，德国为应对全球新

---

① 徐凌：《德国技术创新的宏观机制》，《昆明理工大学学报》（社会科学版）2006年第1期。

一轮科技革命和产业变革的挑战，依托自身制造业精湛的优势，提出了“工业 4.0 计划”，推动制造业智能化、网络化、自动化发展，进一步增强德国在未来全球制造业版图中的地位，凸显德国制造的优势。

三　德国创新驱动发展的几点启示

德国是世界经济大国也是世界经济强国，在长期的发展过程中高度重视创新和制造业发展，并且与美国、英国等国家进入创新驱动发展阶段后快速转入服务经济发展模式所不同的是，德国是发达国家中迈入创新驱动发展阶段后唯一仍坚持发展制造业的国家，这也是德国在金融危机后快速恢复的法宝。与德国相似，我国也是制造业大国，并将长期坚持发展制造业，因此，德国创新驱动发展经验更值得我国学习借鉴。目前，我国正处于向创新驱动转变的关键时期，中国制造的产品虽然在数量上和市场份额上在全球知名，但在质量和全球贸易分工格局中的位次还不高，创新驱动对经济增长的拉动作用还不显著。要学习借鉴德国创新驱动经济发展的主要经验，加大科技和教育方面的投入、厚植创新的文化、打通科技创新到成果产业化转化的通道、加强知识产权保护、发挥多方合力构筑完善的国家创新体系、加强对产业发展的合理引导、营造有利于创新创业的制度条件和创新文化，推动我国增长动力加快向创新驱动转变，促进新常态下经济社会持续健康发展。

（一）创新驱动经济发展比较容易发生在科技、教育和创新氛围比较浓厚的国家，并且浓厚的创新氛围会为创新驱动提供持续的动力

一个民族的文化深刻反映着这个民族的文明传统和趋同心理，并且能够克服时空乃至社会制度的局限，主导该民族的行为准则和行为方式。德意志民族所具有的深厚的创新文化底蕴，以及思维严谨、注重效率、办事认真、遵守纪律、尊重个性、崇尚科学与创新的优良传统，共同为建立创新型国家奠定坚实而长久的基础。这个道理同样被美国、日本等国家创新驱动经济发展历程证明。同时，一个国家持续的创新能力也受到创新氛围的影响，如果一个国家创新文化和氛围不强的话，即使在短时期内驱动很快的技术进步，也由于创新的基石并不牢固，很容易

被其他国家反超。而拥有雄厚人才和科技储备、具有较强创新能力和创新精神的国家，比较容易进入创新驱动型国家行列，并且具有很强的持续发展能力，不会因为短期的战争或其他因素而衰败，具有很强的自我恢复能力，能够再次崛起，持续引领风骚。我国学习借鉴德国创新驱动经济发展的经验，首要的就是要厚植创新的土壤，强化创新驱动的教育和人才基础，营造浓厚的创新文化氛围，完善适应创新驱动发展的教育体制和人才培养环境。强化以知识为本、弱化以人为本的教育理念和人才培养方式，全面实施素质教育，立足于学生的接受能力和需求，以启发式、讨论式、互动式的灵活教育方式为主，促进学生求知欲、创造性、创新性、理解力和分析力的提高。加快完善人才的评价使用机制，建立有利于创造型、创新型人才脱颖而出的人才选拔机制，强化新兴领域的专业技术人才队伍建设，加快形成支持创新创业的社会氛围和宽容失败的评价体系，形成全社会尊重创新、尊重人才的良好创新氛围。

（二）创新驱动经济发展需要一定的经济和产业基础、科技积累、人才储备和制度保障

按照熊波特的“经济发展四阶段论”，随着人均GDP的提升，经济发展一般会遵循“要素驱动—投资驱动—创新驱动—财富驱动”四个发展阶段，创新驱动是经济发展在经历要素驱动——投资驱动阶段之后，向财富驱动阶段迈进的中间环节。不同的发展阶段对应的经济和产业基础不同。创新驱动经济发展阶段作为经济发展过程中相对较高层次的发展阶段，对于经济和产业基础、科技积累、人才储备和制度保障等要求也相对较高。德国创新驱动经济发展的历程也告诉我们，创新驱动不是凭空而来的，是有着特定条件的，正是由于德国在电气革命时代崛起打下的坚实经济、产业、科技、人才和制度保障基础，德国沿袭了重视教育、鼓励创新、精于制造的优良传统，在第二次世界大战后经济快速发展，并且德国制造向世界市场不断扩张，德国的科学发展、技术进步和产业竞争力大大提升，所有这些因素都为德国在经济发展阶段上整体步入创新驱动发展阶段奠定坚实的基础。我国与德国相比，尚未进入创新驱动发展阶段，从根本上来看，也是由于创新驱动发展所需要的经

济、产业、科技、人才和制度保障条件还不完善，需要在加快经济发展过程中，逐步转换经济增长动力，调整和优化产业结构，夯实产业发展的科技和人才基础，逐步改革制约创新驱动的制度环境和体制机制束缚，才能激发创新创业的活力，推动中国经济步入创新驱动阶段，实现可持续发展和发展方式的转变。

（三）政府的大力支持和合理引导是创新驱动经济发展的必要支撑

从德国创新驱动经济发展的历程看，在德国创新驱动发展的每一个关键节点都有着政府强有力的支持。比如，第二次世界大战后德国政府鼓励科研部门与经济部门的合作，促进技术创新，使国家技术的发展与创新由企业根据市场的需要得以展开。政府还在税收政策方面给予创新企业一定的经济援助和税收优惠。为了加快科技发展，政府还通过鼓励引进国外先进技术，加强科技立法，鼓励引导发展技术密集型产业，制定科研战略规划、推动中小企业发展、构建国家研究机构和体系等政策措施，推动德国创新发展水平的提升。这些措施使德国科技创新与产业发展的关联更为紧密，成为推动德国经济长盛不衰的重要支撑。我国经济发展已经步入“新常态”，正面临着结构转换和动力调整的关键时期，创新驱动经济发展还面临一些突出的瓶颈和问题，比如知识产权保护力度不足，现实中“执法成本高、违法成本低”的矛盾导致部分企业不依赖创新，只要“模仿”和“剽窃”就能挣大钱，而创新企业的应有权益很难得到保护。资本市场和风险投资对于鼓励创新创业的作用没有应有的发挥，创新企业融资难、融资贵的问题比较突出。政府对科技创新和新兴产业发展的管理仍存在“越位”和“缺位”问题。该放的没放活，该管的没管住。主要采取“事前管理、选运动员”的方式，使大量新企业不能进入，产业发展缺乏活力，不能适应移动互联网、“互联网＋”等新技术新业态迅速发展的需要。“事前选择性支持”的财政科技投入方式，导致科技投入分散、重复、碎片化和低效率，难以实现集成创新和协同创新等，这些都更加需要通过政府的大力支持和合理引导提升经济发展的质量和效益，促进创新驱动发展战略的落地生根。

为此，一要坚持市场导向，综合运用各类经济政策手段最大限度激发企业创新活力。从德国的经验看，坚持市场导向、保障企业创新主体地位的关键是营造一个公平竞争的市场环境，既有利于以需求引领创新的方向，确保科技成果及时转化为经济效益，又有利于促进领先企业时刻以强烈的危机意识和责任感持续创新，还有利于激发后进企业敢于不断挑战权威，以创新技术和服务赢得市场机会。为此，我们一方面要通过推进垄断性行业改革、打破地区封锁、完善市场准入和退出机制、建立合理的资源价格形成机制等手段保护和强化市场竞争，促使企业由过去依靠垄断关系或要素资源、低成本、低价格竞争向依靠创新、差异化竞争转变；另一方面，要综合使用税收、政府采购、金融扶持等经济政策手段进一步激发企业创新的活力，包括：坚持结构性减税方向，逐步将国家对企业技术创新的投入方式转变为以普惠性财税政策为主，加快建立技术创新市场导向机制；政府采购清单不以企业为单位，更加注重技术标准、知识产权、产品节能环保等指标的引导；将政策性金融体系的功能从支持政府性投资转向提供中小企业融资、支持技术创新等市场失灵领域，建立全国和地方性的政策性中小企业银行、投资引导基金和担保机构，形成全面支持中小企业的金融体系，大力支持天使投资、创业风险投资等发展，加快营造激励创新的公平竞争环境。

二要积极构建国家创新体系。240 多家科研院所改制以后，我国基础性综合性研究机构缺位，创新驱动发展所需的现代国家创新体系亟待重构。而德国国家创新研究机构则非常多，也发挥了非常重要的作用，如弗朗霍夫、马普学会等密切与产业界合作，催生了一大批科研成果，构建了一大批技术密集型产业集群。我国要发挥科学技术研究对创新驱动的引领和支撑作用，围绕前沿重大问题，加快组建一批国家级科研机构，优化对基础研究的财政投入，加大对科研工作的绩效激励力度，激发科研人员热爱科研、安心研究的热情，组建一批产业技术研究院，对行业共性技术研究和市场经营活动进行分类管理、分类考核。构建完善顺畅的技术转移转化机制，提高科研人员成果转化收益比例，激发全社会创新活力。

三要切实加强知识产权保护，促进创新资源科学合理的创造、运用、转化和管理。德国是世界上知识产权成果最多的国家之一，也是知识产权保护制度最完备的国家之一。1874 年德国引入《商标保护法》，1876 年德国第一部《版权法》正式出台，1936 年出台《专利法》等。

此外，德国经常根据变化的形势及时修改和补充完善知识产权相关法律，使得历史悠久的法律能够延续适用至今，并一直发挥着威力。当前，我国已发展成为知识产权大国，随着全球科技经济一体化进程的持续推进，我国企业在技术引进输出、国际市场扩张等过程中面临的知识产权障碍和纠纷越来越多，进入必须强化知识产权创造、保护、管理和运用的阶段。为此，要加强知识产权的司法保护，在北京、上海、广州等知识产权法院的基础上，加大巡回审理力度，参考国际惯例，简化知识产权诉讼流程，加强司法解释，在试点地区和重点领域大幅提高惩罚力度，确保执法落实到位。强化企业为主体、产学研结合的知识产权创造体系建设，鼓励产学研联合共建专利池，建立责权利明晰的知识产权利益分享机制。加快落实《关于深化体制机制改革加快实施创新驱动发展战略的若干意见》中有关知识产权保护和科研激励、成果转化的改革措施与办法，强化知识产权保护，构建顺畅的知识产权成果转移转化机制。强化行业协会、专利联盟、事务所等知识产权服务机构对企业的支撑作用，促进知识产权服务与需求的衔接，全面提升知识产权服务业发展水平。健全知识产权统计制度和信息发布机制，加强知识产权国际合作，促进知识产权涉外信息交流与沟通协作，大幅提高专利审查国际业务承接能力，完善多双边执法合作机制，为提升我国产业知识国际竞争能力营造良好环境。

参考文献

［1］［美］哈罗德·埃文斯、盖尔·巴克兰、戴维·列菲：《美国创新史》，倪波、蒲定东、高华斌、玉书译，中信出版社 2011 年版。

［2］安筱鹏：《工业 4.0：为什么？是什么？怎么干?》，中国两化融合咨询服务平台研究报告，2014 年。

［3］国际货币基金组织：《2014 年世界经济展望》，http：//www.imf. org/external/pubs/ft/weo/2014/01/weodata/download. aspx。

［4］姜江：《培育和发展战略性新兴产业：理论与实践》，中国财政经济出版社 2014 年版。

［5］姜均露主编：《经济增长中科技进步作用测算——理论与实践》，中国计划出版社 1998 年版。

[6] [美] 迈克尔·波特：《国家竞争优势》，李明轩等译，华夏出版社 2006 年版。

[7] 麦迪森：《世界经济千年统计》，伍晓鹰、施发启译，北京大学出版社 2009 年版。

[8] 麦迪森：《世界经济二百年回顾》，李德伟、盖建玲译，改革出版社 1997 年版。

[9] 夏天：《创新驱动经济发展的显著特征及其最新启示》，《中国软科学》2009 年第 2 期。

[10] 陈劲：《从技术引进到自主创新的学习模式》，《科研管理》1994 年第 2 期。

[11] 冯飞：《企业技术创新活动中影响 R&D 行为的几个基本因素》，《中国软科学》1995 年第 10 期。

[12] 弗里曼、索耶特：《工业创新经济学》，北京大学出版社 1997 年版。

[13] 傅家骥：《技术创新学》，清华大学出版社 1998 年版。

[14] 洪银兴：《创新型经济转型：经济发展的新阶段》，经济科学出版社 2010 年版。

[15] 金麟洙：《从模仿到创新》，新华出版社 1998 年版。

[16] 罗德里克：《相同的经济学，不同的政策处方》，中信出版社 2009 年版。

[17] 王昌林等：《创新驱动发展的思路与对策研究》，国家发改委内部研究报告，2013 年 1 月。

[18] 徐凌：《德国技术创新的宏观机制》，《昆明理工大学学报》（社会科学版）2006 年第 1 期。

[19] Securing the Future of German Manufacturing Industry: Recommendations for Implementing the Strategic Initiative INDUSTRIE 4.0, Final report of the Industrie 4.0 Working Group, April 2013.

[20] Bureau of Labor Statistics U.S. Department of Labor, Multifactor Productivity Trends—2012, April 3, 2014, page3. http://www.bls.gov/news.release/pdf/prod3.pdf.

[21] European Commission, Innovation Union Scoreboard, 2014.

[22] INSEAD，WIPO，The Global Innovation Index 2013：the Local Dynamics of Innovation.

[23] Mark Harrison，"Resource Mobilization for World War Ⅱ：The U. S. A.，U. K.，U. S. S. R.，and Germany，1938 - 1945，" *Economic History Review*，1988（41）：172.

[24] National Science Foundation，2014 National Science Board Science & Engineering Indicators.

[25] Solow R. W.，"A Contribution to the Theory of Economic Growth"，*The Quarterly Journal of Economics*，1956（70）：65 -94.

[26] Solow R. W.，"Technical Change and Aggregate Production Function"，*The Review of Economics and Statistics*，1957（39）：312 -20.

第十七章　韩国创新驱动产业升级历程与经验

——兼论与中国创新驱动产业升级的比较

从20世纪60年代开始，韩国在经济、科技、文化等方面取得了较大的进展，迅速跻身为OECD国家行列和人均GDP一万美元俱乐部，成为“亚洲四小龙”之一和全球第十三大经济体，取得了突出的成绩。在此期间，韩国的汽车、电子、信息通信、造船、钢铁等主导产业在全球也占有了一定的市场份额，在主要领域都涌现出若干在全球具有重要影响力的世界级领先企业，在机器人研制和应用、互联网、宽带、移动通信等科技领域处于世界领先水平。从某种意义上来说，韩国式的成功，是“儒家社会+市场经济+政府干预”的结果，韩国具备的30年高储蓄率、高投资率，勤劳工作，社会长期相对稳定等特征与中国也较为类似，研究韩国案例对于中国创新驱动经济发展具有重要的意义。因此，本章重点介绍韩国创新驱动产业升级的历程、发展水平与阶段、主要做法和经验，同时，加入中国案例的对比分析，提出对中国创新驱动产业升级的启示与政策建议。

一　韩国创新驱动产业升级的历程与主要做法

（一）发展历程与判断依据

为了更加全面地了解韩国创新驱动产业升级的情况，我们尝试从更广阔的视野，比如韩国经济、文化、产业结构和产业政策变迁等历史的角度，以及韩国与美国、德国、日本等 OECD 国家，以及中国、印度、俄罗斯等新兴经济体的横向比较，比较立体地反映韩国创新驱动产业升级的背景、主要做法、经验和若干启示。

1. 韩国进入创新驱动发展阶段的判断依据

根据迈克尔·波特“经济发展四阶段论”的研究，随着人均 GDP 的提升，经济发展一般会遵循“要素驱动—投资驱动—创新驱动—财富驱动”四个发展阶段，创新驱动是经济发展在经历要素驱动—投资驱动阶段之后，向财富驱动阶段迈进的中间环节。但是他并没有提出区分不同的发展阶段的具体指标。后续研究人员分别从人均 GDP、劳动生产率、全要素生产率等以及科技和人才积累情况等方面寻求指标对创新驱动经济发展阶段的特征进行归纳和刻画。比如世界经济论坛就提出，一个国家人均 GDP 超过 1.7 万美元，就进入创新驱动发展阶段，美国、德国、日本、韩国分别在 1962 年、1973 年、1976 年和 1995 年进入创新驱动发展阶段。因此，我们首先从历史数据的比较中来找准韩国进入创新驱动发展阶段的历史进程，考虑到数据的连续性、权威性和可获得性，我们主要运用麦迪森著《世界经济二百年回顾》的历史数据及图 17－1—图 17－2 描述韩国经济增长的实绩、技术进步和创新的贡献以及韩国政府促进科技进步和创新的重要举措。

根据麦迪森的数据，1900—1950 年，韩国人均 GDP 长期停滞不前，从 1900 年的 850 美元/人增长到 1913 年的人均 948 美元，二战后又下降至 876 美元。这一时期韩国 GDP 也缓慢增长，1900—1913 年复合增长率仅为 1.17%，1913—1950 年仅为 1.67%。劳动生产率和全要素生产率由于没有历史数据，我们无从得知，但根据历史知识可以判断，这一时期韩国仍然是个农业国，又遭受战争的洗礼，技术创新对经济增长的贡献是微乎其微的。而 1950—1992 年，韩国人均 GDP 则快速攀升，从 1950 年的 876 美元提升到 1973 年的 2840 美元后，又于 1992 年突破一万美元大关，达到 10010 美元，GDP 也呈现高速增长态势，1950—1973 年复合增长率为 7.57%，1973—1992 年为 8.27%，是韩国历史上增长速度最快的时期，劳动生产率也快速攀升，1950—1973 年复合增长率为 4.09%，1973—1992 年为 5.23%，韩国在经济总量和人均发展

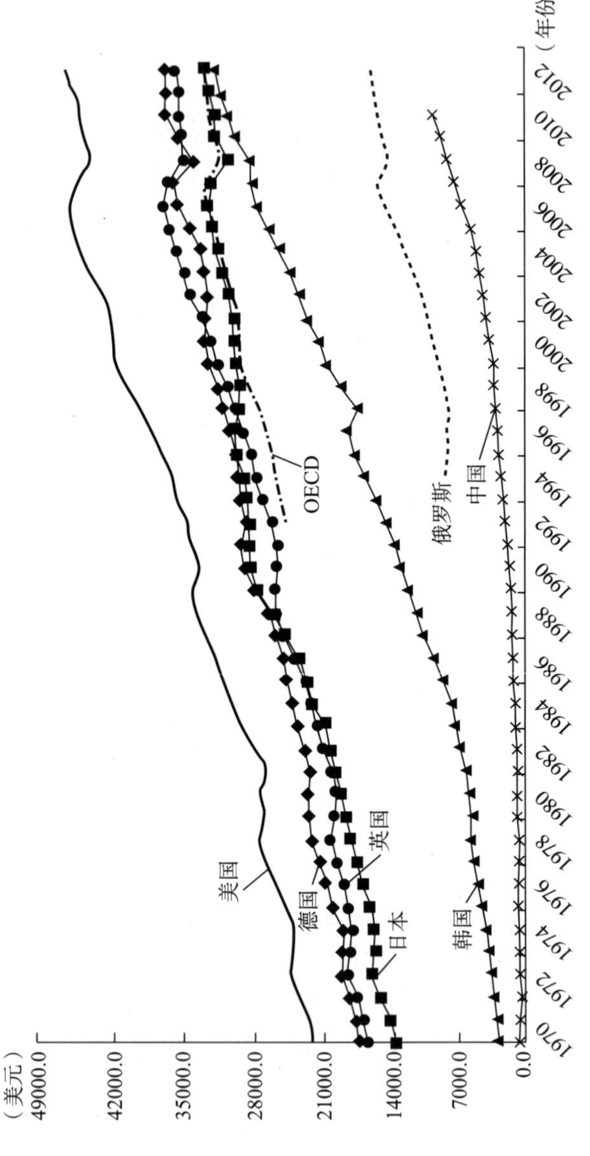

图 17－1　若干重要年份主要国家和地区人均 GDP 比较（1970—2013 年）

资料来源：OECD Statistic，Growth in multifactor productivity。

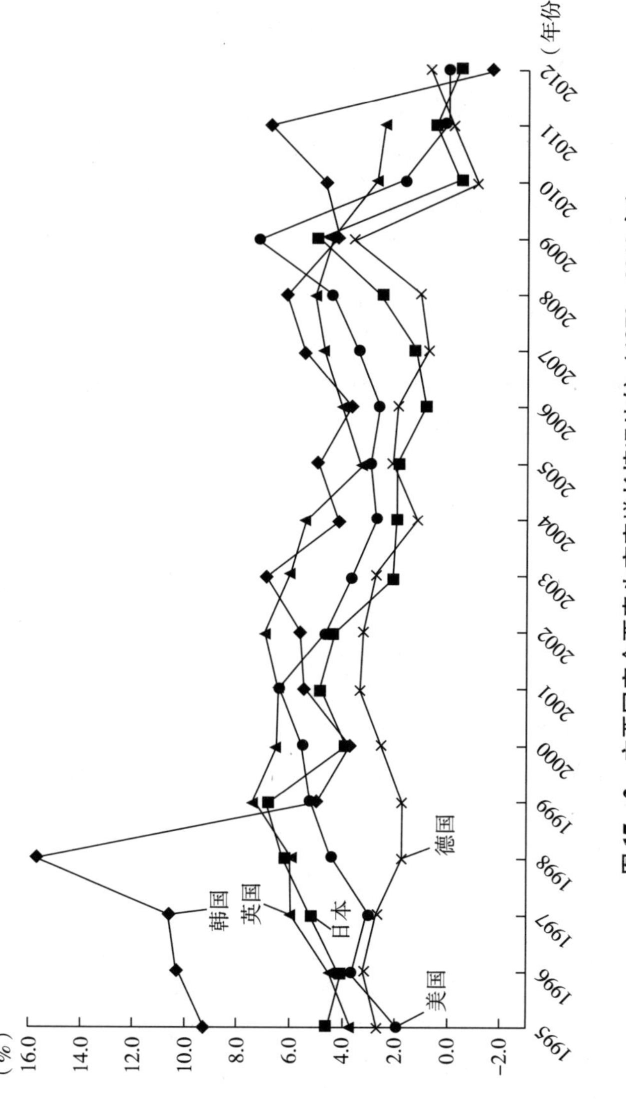

图 17－2　主要国家全要素生产率增长情况比较（1970—2012 年）

资料来源：OECD Statistic，Growth in multifactor productivity。

水平快速提升的同时，技术进步和创新在经济和产业发展中的作用日益凸显，基本进入创新驱动发展阶段。

从韩国自身发展的历史数据来看（图 17－3），我们可以得到更为直观的认识。韩国从 1962 年朴正熙政府开始实施第一个五年计划，用了 35 年的时间，从一个一穷二白，没有任何工业甚至电力的国家，发展到 1996 年人均国民收入达到 12197 美元（按 2006 年的可比价格），并在 1996 年成功加入 OECD 这个发达国家经济组织，韩国不仅在经济上，而且在社会进步的各个方面，比如教育、社会医疗保障等方面，都按 OECD 的标准要求自己，某种意义进入了中等发达国家行列，完成了经济现代化的进程。在此之后，虽然韩国经济增速下降至 3%—5% 的运行区间，但人均 GNI 持续攀升（图 17－4），2001—2013 年，除了 2008—2009 年因金融危机影响下降外，其他年份均正增长，2013 年相比 2001 年翻了一番多，达到 26205 万美元/人，相当于美国的一半，中国的 4 倍。

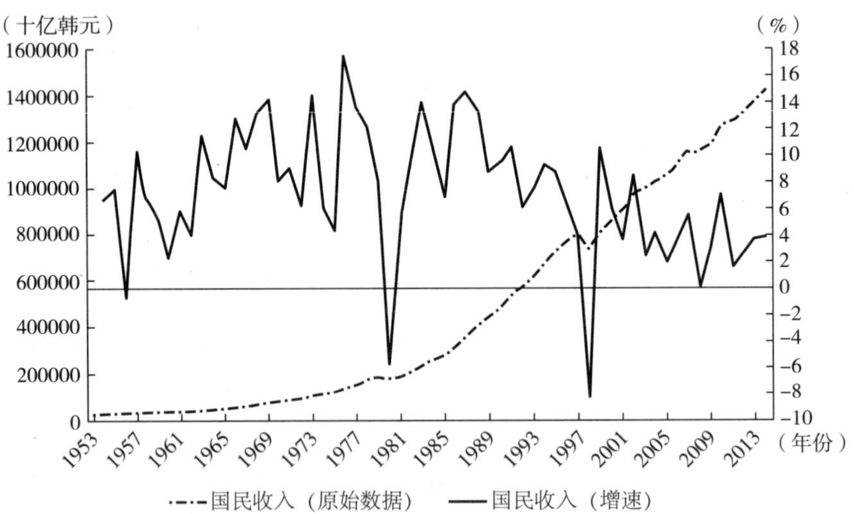

图 17－3　1953—2014 年韩国国民收入总量与增长情况

资料来源：韩国中央银行 http：//eng. bok. or. kr，经整理。

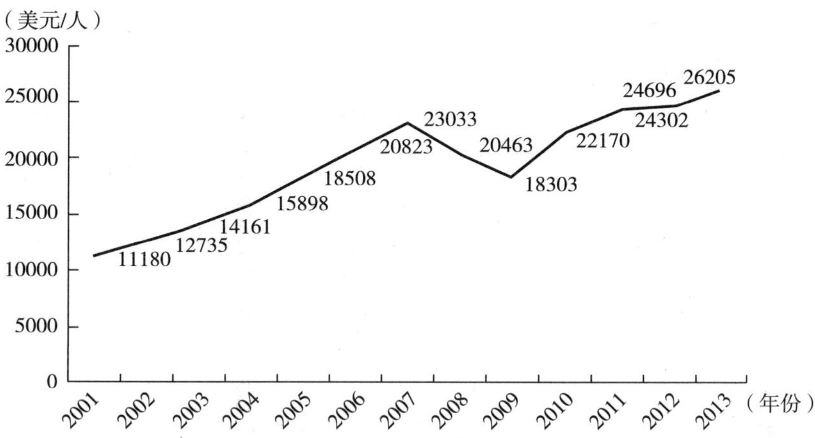

图 17－4　韩国进入创新驱动阶段后人均 GNI 增长态势（当年价）

资料来源：KIET，Principal Economic Indicators 201503。

2. 韩国进入创新驱动发展阶段产业结构变动趋势

1953 年以来，随着制造业①和服务业的快速发展，韩国产业结构发生了剧烈的变化（图 17－5）。1953 年，韩国还是一个农业国，农业占 GDP 的比重为 48.2%，是韩国的第一大产业，采矿和制造业仅占 8.9%，服务业占 40.3%，主要是传统批发、零售和物流等生活服务业。

1953—1962 年，韩国战后重建和经济复苏步伐加快，制造业稳步发展，占 GDP 的比重提升到 14.7%，农业和服务业比重经历几次波动，有时候农业比重超过服务业，有时候服务业比重超过农业，1962 年农业比重下降至 39.1%，服务业比重提升 41.9%。

1963—1971 年，是韩国第一个五年计划和第二个五年计划时期，这一时期韩国经济快速增长，人均 GNI 也从 1962 年的 87 美元增长到 1971 年的 290 美元，制造业和服务业比重快速上升，制造业占 GDP 的比重 19.5%，服务业自 1966 年起一直是韩国第一大产业，到 1971 年占

① 韩国主要产业门类分为五大部门，包括农业、林业和渔业，采掘和制造业（由于韩国矿产资源缺乏，主要是指制造业），电力、燃气和水供应业，建筑业和服务业。其中采掘和制造业、电力、燃气和水供应业和建筑业相当于中国的第二产业。

GDP 的比重上升至 45.4%。1972—1981 年，韩国重化工业快速发展，人均 GNI 增长了 3.8 倍，从 1971 年的 290 美元，增长到 1676 美元。制造业和服务业比重继续上升，服务业比重达到 48.8%，制造业超过农业成为第二大产业，比重上升为 25.6%，农业比重则下降至 16.7%，韩国完成了一个农业国向工业国的转变。

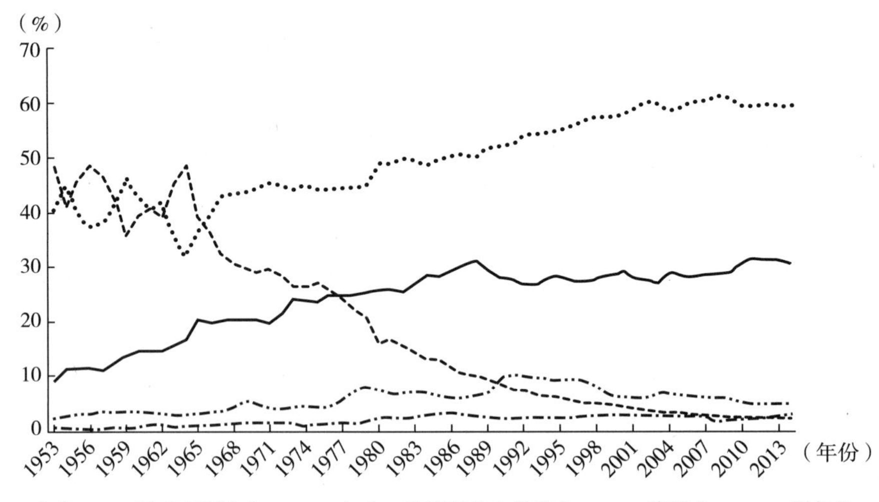

图 17-5 韩国 1953—2014 年产业结构变动趋势

资料来源：韩国中央银行 http://eng.bok.or.kr，经整理。

1982—1991 年，韩国经济在经历 1977—1981 年石油危机的短暂影响后，恢复高速增长，产业结构继续优化，1990 年农业占 GDP 的比重被建筑业超过，变成韩国第四大产业，制造业比重则在经历了 1988 年的最高点（31%）之后开始缓慢下降，1991 年降至 27.9%，服务业比重继续提高，1986 年已超过 50%，1991 年提升至 52.3%。值得一提的是，由于 1988 年韩国举办奥运会，这一时期，韩国建筑业占 GDP 的比重明显提升，1991 年达到 10.2% 的峰值。

1992—2002 年，是韩国七五计划和八五计划实施时期，这一时期韩国发生了一系列标志性的事件。1996 年韩国加入 OECD，人均 GNI 达到 12197 美元，步入中等发达国家行列。1997 年韩国遭遇亚洲金融危机，股市暴跌、房价腰斩，到2000年逐渐恢复。2002年韩国服务业占GDP的比重达到59.9%，基本迈入服务经济时代。制造业比重基本保持不变，建筑业占GDP的比重逐步下降，2002年下降至6.1%，基本回落到汉城奥运会举办前的水平。农业占GDP的比重持续下降，从1992年的7.3%下降至2002年的3.8%。

2002年以来，韩国产业结构基本保持稳定，服务业占GDP的比重稳定保持在60%左右，制造业占GDP的比重基本保持在30%左右，2014年为30.5%，相比2002年仅提升3个百分点。建筑业占GDP的比重小幅下降，从2002年的6.1%下降至2014年的4.9%。农业比重进一步下降，2014年仅为2.3%，首次低于电力、燃气和水供应业，成为韩国五大产业门类中占GDP的比重最低的产业。

纵观1953—2014年韩国产业结构变动趋势，可以发现，韩国产业结构发生了根本性的变化，农业从国民经济第一大产业下降至比重最小的产业，从最高峰的48.3%下降至2014年的2.3%，可谓是断崖式的下降。制造业占GDP的比重稳步提升，由不足10%提升到30%左右，之后30多年的时间基本稳定维持在这一水平。服务业占GDP的比重从40%上升到60%左右，成为国民经济的主导产业，服务业内部结构也发生了根本性的变化。电力、燃气与水供应业作为基础性行业，占国民经济的比重变化不大，由于矿产资源匮乏，韩国采掘业占GDP的比重一直比较小，不到1%且变化不大，建筑业伴随着工业化、城镇化步伐的推进有逐步上升趋势，但在达到10%的峰值后逐步下滑，占GDP的比例目前稳定在5%左右。

（二）韩国目前的创新驱动水平与主要指标

1. 创新投入与发展水平

从创新投入看（图17-6—图17-8），进入21世纪以来，韩国政府的科技投入和研发人员数量每年都以约10%的速度增长，2013年，其总研发投入达到59.3万亿韩元，占国内生产总值的比重达到4.15%，其中2012年高达4.36%。该比重已居世界领先国家行列，高于OECD国家平均值（2.4%），也高于当今世界头号创新大国美国（2.79%）。

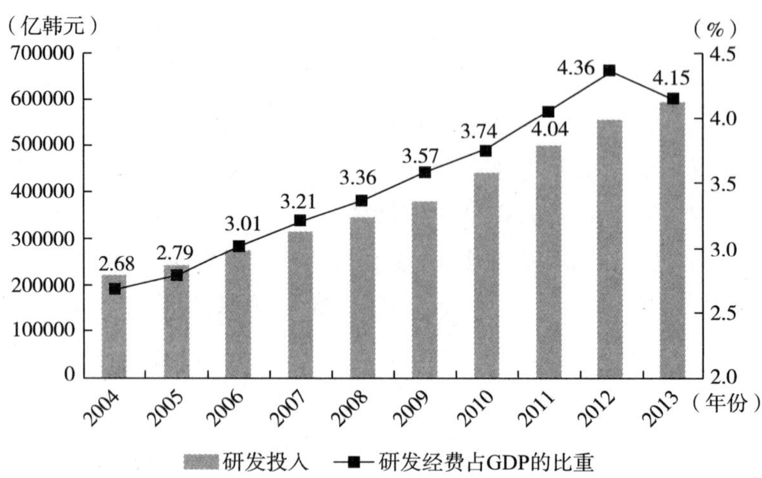

图 17－6 2004—2013 年韩国研发总投入及占 GDP 的比重

资料来源：Korea National Science & Technology Commission，Survey of Research and Development Report。

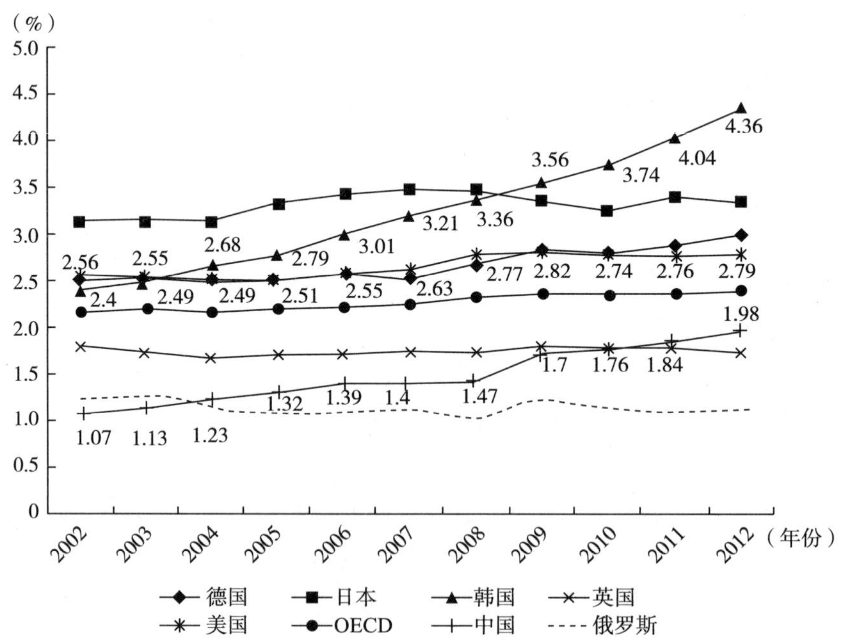

图 17－7 韩国研发投入占 GDP 的比重的国际比较

资料来源：OECD Statistic。

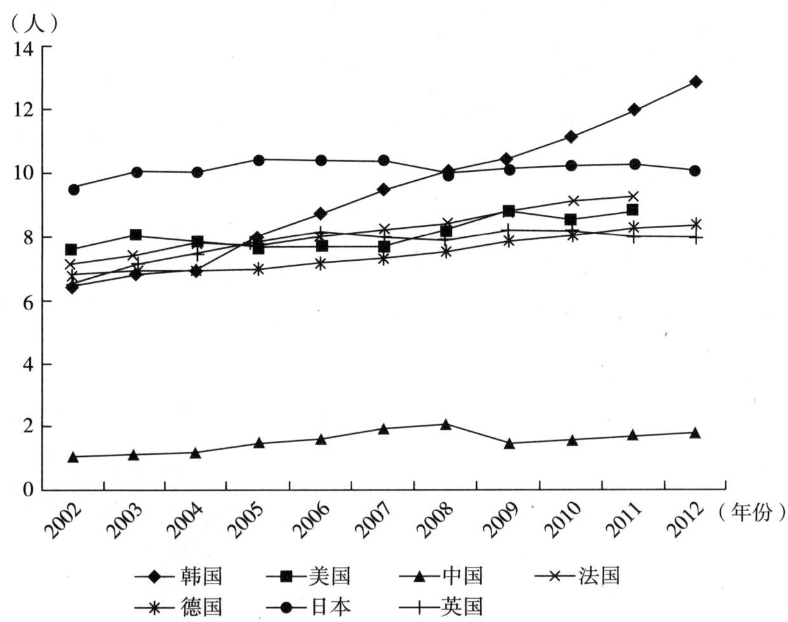

图 17－8　韩国每千名经济活动人口全时当量研发人员数量国际比较

资料来源：OECD Statistic。

韩国全时当量研发人员数量增长得也非常快，2002 年还低于美国、日本、法国、德国等主要发达国家，但随后表现出惊人的快速增长，年均增长率达到 8%—9%，而其他国家仅为 1%—2%，韩国每千名经济活动人口全时当量研发人员数量于 2009 年超过美国成为世界上单位人口研发密度最高的国家，2012 年这一数字达到 12.79 人。

专利申请量从 1948 年的 169 件增加到 2013 年的 204589 件（图 17－9）。从反映一个国家专利国际竞争力核心指标三方专利授予量来看，韩国三方专利授予量也大幅增加（图 17－10），从 2008 年的 1828 件上升到 2012 年的 2878 件，占全部三方专利的比重从 2008 年的 3.68% 提升到 2012 年的 5.62%。而同期中国三方专利授权量从 823 件上升到 1851 件，占比从 1.66% 上升到 3.62%。

分技术领域看，2013 年韩国人（韩国国内申请人）申请专利最多的十大技术领域分别是：电子元器件和半导体、测量/光学、运输/包装、电子/通信、计算机、建筑、照明、医疗/休闲、家庭用品、金属加工，占全部专利的比重分别为 12.24%、9.21%、8.20%、7.83%、7.54%、6.42%、4.59%、4.18%、3.85%和2.97%，这些领域也代表着韩国的技术领先领域，与韩国产业升级的方向高度吻合。

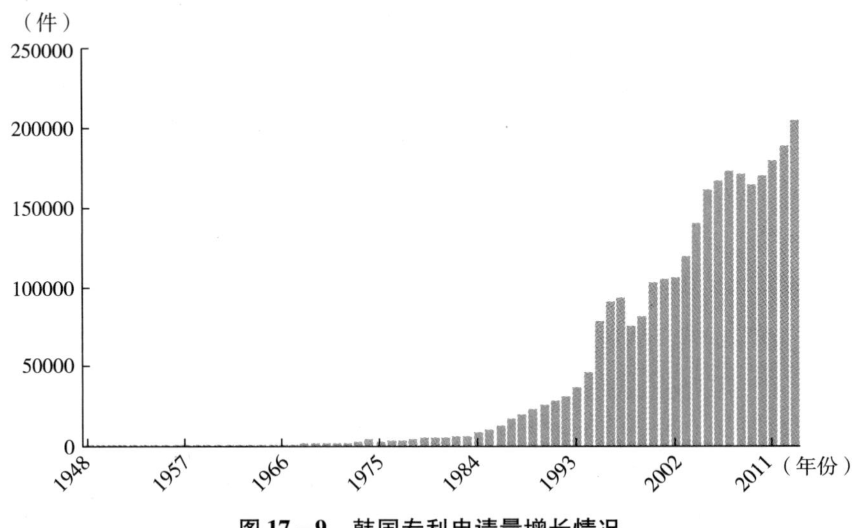

图 17－9 韩国专利申请量增长情况

资料来源：历年韩国《专利申请知识产权统计年报》。

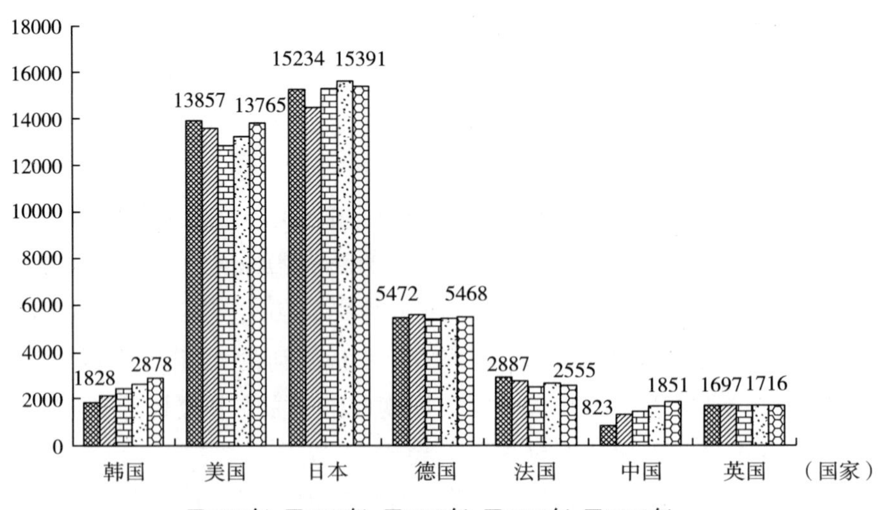

图 17－10 韩国与主要国家三方专利授权量比较

资料来源：Main Science and Technology Indicators，2014。

从科技论文（SCI）发表数量看（图 17－11），韩国 SCI 论文发表数快速攀升，从 1995 年的 5872 篇快速增加到 2013 年的 51051 篇，占世界总论文数的比重也从不到 1% 上升至 3. 64%，世界排名从第 22 位上升到第 12 位，2012 年一度位居第 10 位。

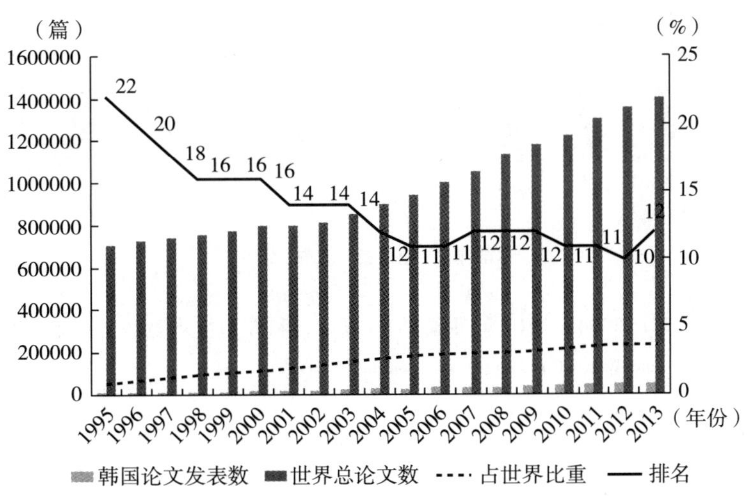

图 17－11　1995—2013 年韩国论文发表数及世界排名情况

资料来源：韩国未来创造科学部、科技论文（SCI）分析研究，http：//sts. ntis. go. kr/lo14/retrieve. jsp？ icode = DT_ RSTH001。

2. 国际评价指数

根据国际权威评价机构瑞士洛桑国际管理学院（IMD）数据（图 17－12—图 17－15），2014 年，韩国的国家竞争力在 55 个评比对象中排名 26 位，比 1999 年的 41 位上升了 15 位。中国 2014 年的国家竞争力相比 1997 年则没有太大变化，虽然 2007 年升至最高的 15 位，但 2014 年下降至 23 位，仅比 1997 年提升了 4 位，相比 1998 年还下降了 2 位。从科学竞争力指数看，韩国科学竞争力指数排名上升更快，从 1999 年的第 26 名上升至 2014 年的第 6 名，跻身科研强国之列，中国的科学竞争力也快速上升，从 1997 年的第 28 位上升至 2014 年的第 7 位。技术竞争力指数也显示相似的特征，韩国技术竞争力排名从 1997 年的第 28 位上升至 2014 年的第 8 位，中国技术竞争力排名则从 1997 年的

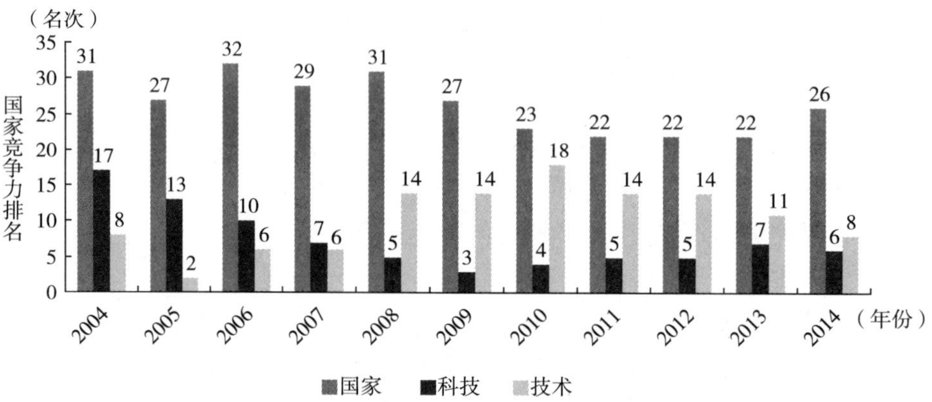

图 17－12 2004—2014 年韩国 IMD 国家、科技和技术竞争力排名变化

资料来源：Imd World Competitiveness Yearbook。

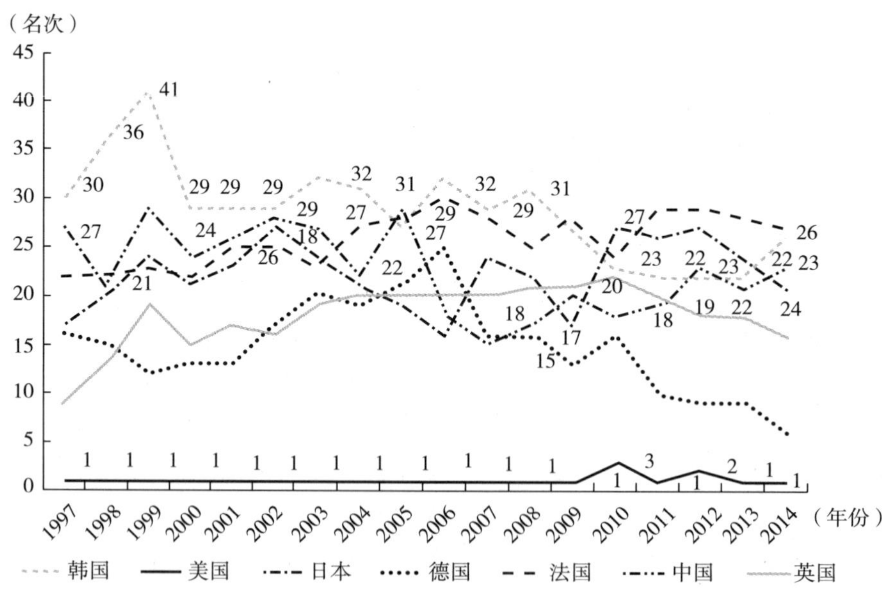

图 17－13 IMD 主要国家国际竞争力指数排名

资料来源：Imd World Competitiveness Yearbook。

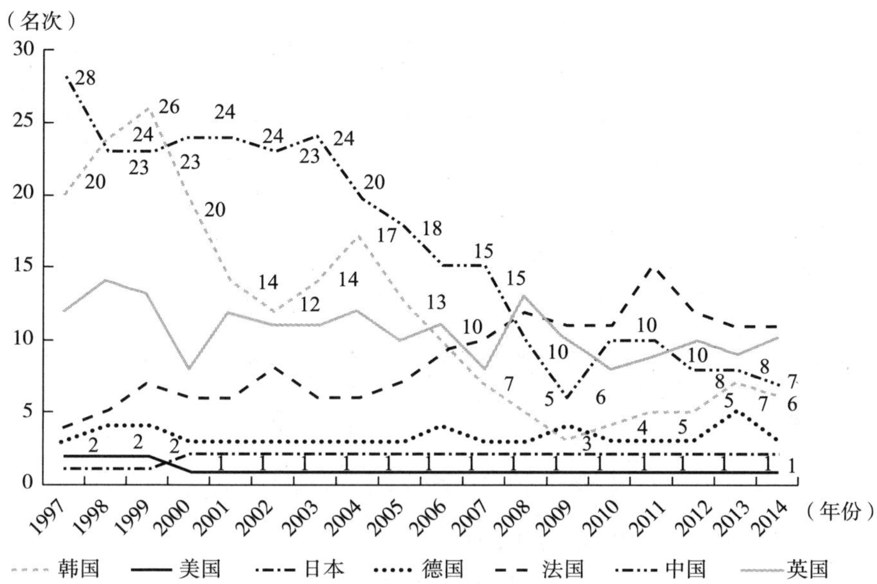

图 17－14　IMD 主要国家科学竞争力指数排名

资料来源：Imd World Competitiveness Yearbook。

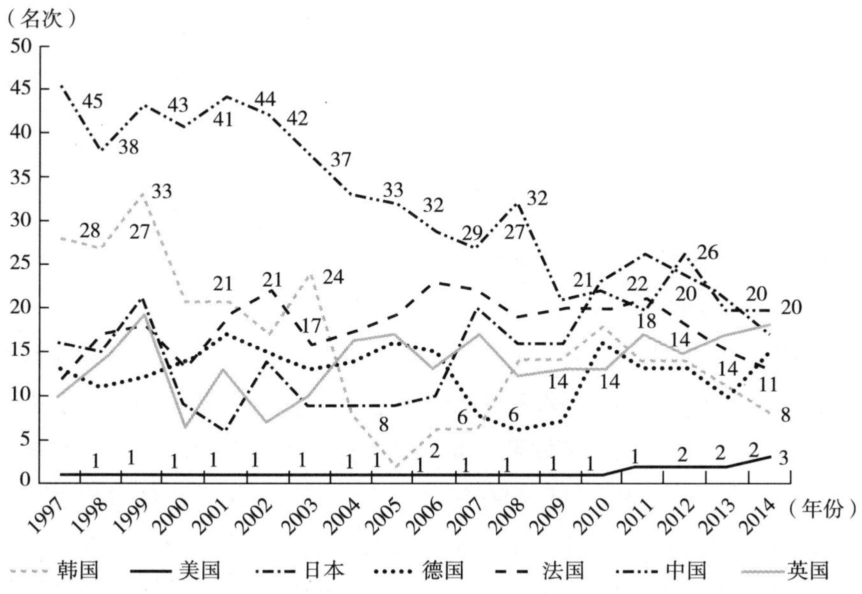

图 17－15　IMD 主要国家技术竞争力指数排名

资料来源：Imd World Competitiveness Yearbook。

第45位上升到2014年的第20位。

3. 优势产业

从重点领域看，我们可以从比较优势和产业技术密集度角度来分析韩国产业技术升级的情况（表17－1）。不难发现，1990—2012年韩国造船、汽车、石油化工、半导体、电子等技术密集型产业世界市场占有率大幅提升，成为韩国在全球范围内最具竞争优势的产业。

表17－1　韩国主要产业在世界市场的占有率和排名　单位:%

行业＼年份	1990	1995	2000	2006	2012
造船	23.8（2）	30.4（2）	35.1（1）	40.4（1）	35（2）
汽车	2.7（10）	5.0（5）	5.3（5）	5.5（5）	5.4（5）
钢铁	3.0（7）	4.9（6）	5.1（6）	4.2（5）	
石油化工	1.8（14）	5.0（5）	5.2（4）	6.2（5）	
半导体	3.1（3）	10.4（3）	7.4（3）	10.2（3）	51.9（1）
电子	3.4（6）	4.5（4）	5.6（4）	5.8（4）	

注：括号内为世界排名。

资料来源：韩国国家科学技术委员会：《新增长动力实施现状与未来日程》，2013年数据根据调研获得。

（三）韩国成功背后的原因

1. 从模仿到创新

从韩国的产业技术升级的历程和路径来看（图17－16），韩国是模仿式创新的典型，特别是在韩国发展的初期，主要靠从美国、日本和其他OECD国家吸收和引进技术，并加以改造，推动韩国的产业技术进步与结构升级，在进入20世纪80年代以后，韩国重视自身技术能力的升级和提升，加大了对产业关键技术、公共和福利技术的研究，在部分领域成为世界的领先者。进入21世纪以后，韩国努力向科技大国目标迈进，同时也转变自身研发路径和模式，更多通过前沿和基础技术领域的发展来促进自身核心竞争力的提升。

OECD 对此也做过专门研究，2009 年 7 月，OECD 公布了其国家创新政策评估系列之“韩国创新政策评估①”报告，提出韩国式的赶超是由其强有力的国家领导、由国家控制的银行系统以及大型家族企业塑造出来的，其主要路径是以大规模战略技术开发为中心，政府所属研究机构和全球大型企业集团发挥主导作用。加上韩国从失败中学习和向他人学习的强烈意愿，以及将快速变化的市场机遇与快速的技术变革相结合的能力，韩国从模仿式创新中获得了巨大的进步。

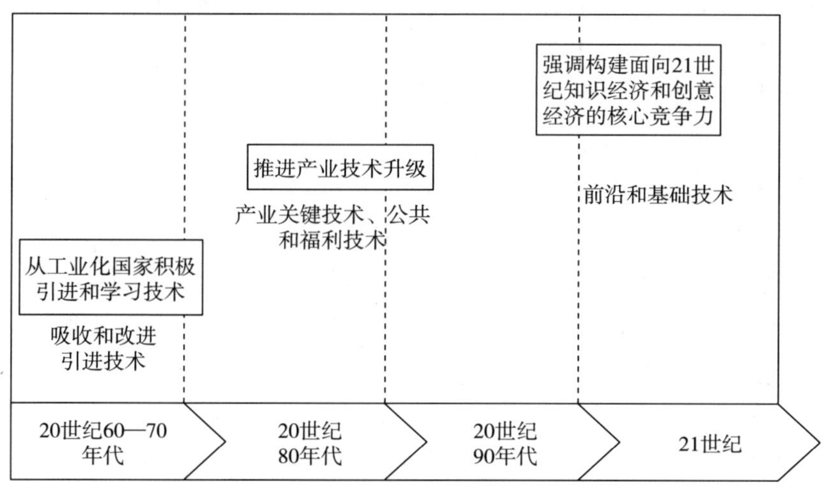

图 17－16　韩国的技术开发模式与产业技术升级

正是因为对引进技术的大量需求，韩国对于创新的国际合作非常重视，积极实施“国外优秀研究机构引进计划”（2004）、“韩国—全球创新网络计划”（Korea－Global Innovation Network，简称 K－GIN 计划，2005）和“全球实验室计划”（Global Research Lab，GRL，2009），并鼓励 KIST 和主要企业在国外设立研究机构，充分学习和引进世界先进科学技术成果。

2. *高度重视科技创新，大幅度增加科技创新投入*

如前所述，韩国的研发投入和人员投入水平都已经位居全球前列，

---

① OECD，2009－10－20. OECD Reviews of Innovation Policy：Korea 2009. http：//puck. source oecd. org/vl＝3551085/cl＝12/nw＝1/rpsv/cgi－bin/fulltextew. pl？prpsv＝/ij/oecdthemes/99980134/v2009n14/s1/p1l. idx.

其中，研发投入占GDP的比重和以色列一样超过4%，属于全球最高水平国家，人员投入水平则高达每千名经济活动人口中有12名科研人员。此外，韩国还非常重视创新基础设施建设，加大对前沿科学和基础科学领域的科研仪器设施的投入力度，还通过立法保障科研仪器向社会开放共享，建设了诸如韩国基础科学支援研究院（Korea Basic Science，KBSI）、韩国科学技术信息研究院（Korea Institute of Science and Technology Information，KISTI）、国家电子图书馆、甚长基线测量观测网（KVN）、中微子探测装置、高温等离子发生装置、浦项加速器实验室（Pohang Accelerator Laboratory，PAL）、南极科考基地等一批研究基地。现代科技研发越来越依赖于强大的信息网络基础设施的建设，在这方面韩国的表现也非常突出，根据韩国未来科学部数据，韩国互联网网速、渗透率和移动接入率排名位居全球第一位，是世界上宽带普及率最高的国家，这在造就国内需求的同时，也推动了新兴产业和技术的发展。而根据国际电信联盟（ITU）的评估，中国的宽带排名在80名以后，加大信息基础设施建设、提高网络宽带，发展“互联网+”，促进大众创业、万众创新的潜力和空间还很大。

3. *按照创新的路径和规律构建完善的国家创新体系*

韩国自从确立了“技术立国”的战略，就开始按照西方国家的经验和创新的路径与规律积极构建完善的国家创新体系，形成了“技术创新→产业技术转移→产业化”的较为完善的发展路径，促进了科学技术的进步和创新驱动经济增长的发展。首先是通过完备的科技立法，建立了比较健全的科技法律体系，并在税收、贷款、人才培养等方面制定了一系列相配套的制度，支持和鼓励科研制度①。在宪法中就确立了“国家必须通过科学技术的革新、情报以及人力开发为国民经济发展做出努力”的任务，以及“用法律保护作者、发明家和科学技术工作人员的权利”。同时，颁布了《技术开发促进法》（1972）、《基础科学研究振兴法》（1989）、《科学技术特别法》（1997）、《科学技术基本法》（2001），1999年还设立了国家科学技术委员会（National Science and Technology Council，NSTC）加强对科技研发的总体规划、政策和综合

① 金忠植:《韩国的科技立法》,《科技与法律》1996年第4期，第115—117页。

协调。韩国还于 1967 年成立科学技术部，后经多次调整，分别经历教育科学技术部、知识经济部等，目前由未来科学创造部主管科技创造。在国家创新系统方面，韩国建立了由公共研究机构、大学和企业共同组成的国家创新系统，其中，政府资助的公共研究机构如韩国科学技术研究院（Korea Institute of Science and Technology，KIST）、韩国生命工学研究院（Korea Research Institute of Bioscience and Biotechnology，KRIBB）、韩国电子通信研究院（Electronic Telecommunication Research Institute，ETRI）等不仅接受政府的资金，也以独立法人形式运行，与企业界有广泛的联系与合作，在科技研发领域起着重要作用。高校方面，首尔国立大学（Seoul National University，SNU）是韩国最早的综合型大学，每年研发经费占韩国所有大学研发经费的比重高达 10% 以上，韩国高等科学技术研究院（Korea Advanced Institute of Science and Technology，KAIST）是以研发为主、最大的理工科大学，占韩国所有大学研发经费的比重约 5%。三星综合技术研究院（SAIT）等企业研究机构也在应用技术领域扮演着重要的角色。各创新单元密切合作，构建了完善的具有韩国特色的国家创新体系（图 17 – 17）。

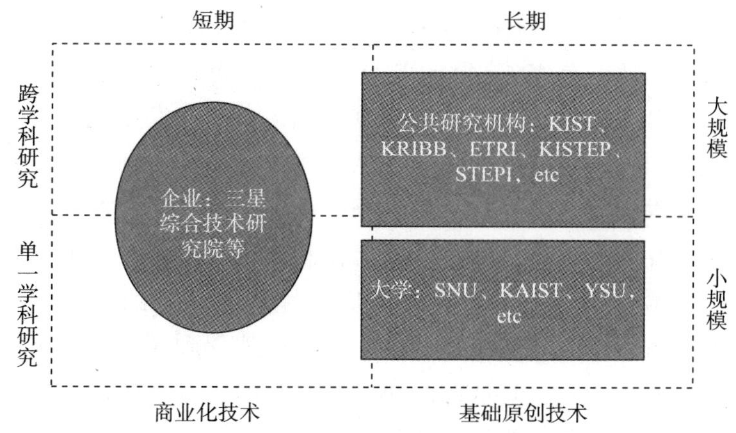

图 17 – 17　韩国各创新单元的研发重点示意

在成果转化方面，韩国实施了“连接韩国”（Connect Korea）项目（主要由 KIST 通过其下属的技术转移办公室推进，建立了完备的优秀技术挖掘机制），帮助大学、研究院等公共机构实现技术转移和商业化，并先后出台了3次技术转移和产业化促进计划（2001—2005年，2006—2008年，2009—2011年），设立并运营韩国技术交易所（Korea Technology Transfer Center，KTTC），建设大德研究开发特区（通过创业哺育室、孵化器等促进风险投资和创业项目发展）等措施促进研究开发和成果转化。从2008年开始还实施了“专利信托管理制度”，通过非营利公共机构帮助技术或专利的转化。

4. 注重产业政策与科技政策的密切结合

韩国政府十分注重从宏观层次上把握和调控科技的系统化发展，通过制定科技规划、采取集中协调型科技管理体制，努力保持科技发展的连续性和速度，自上而下和自上而下相结合的方式，较好地主导了科技发展方向，并按照政府规划的蓝图实现了科技创新的支持，有效地发挥了国家在科技创新中的主导作用，这是韩国创新系统建设中比较显著的特点。不仅如此，韩国的科技创新政策与产业政策紧密相连，及时根据国际形势、产业政策支持重点调整科技发展战略，使得创新驱动经济发展的效果十分明显。比如，在20世纪60—70年代，是韩国要素驱动经济发展阶段，韩国缺乏工业化的技术能力，其科技基础薄弱，科技发展目标不得不依赖引进技术和设备。20世纪70年代，韩国将钢铁、石化、造船、电子、机械等重化工业作为国民经济的支柱产业打造，相应的科技战略重点就集中在开发重化工业战略技术，并扩大国外先进技术的引进，加强相关科研院所的建设，开展私营企业的技术开发活动等。20世纪80年代，韩国进入投资驱动发展阶段，经济发展的战略目标是发展机械和电子等技术密集型、智力密集型的高技术产业，工业结构向以比较优势为基础的方向转变。此时，国家创新系统的内涵实现了由引进转向消化和学习，韩国建立以原科学技术部为中心、其他部门协同的综合科研管理体制，开始实施以提高产业竞争力和主要机械产品国产化为目的的核心战略技术开发和尖端技术开发。20世纪90年代至21世纪，韩国进入创新驱动发展阶段，韩国政府提出向“知识经济”转型和“创造经济”转型的方针，此时科技发展战略目标是全面增强国家竞争力，政府推行以建立具有比较优势的国家技术创新体系为核心内容的产业政策，通过调整产业结构、促进技术创新、改造信息网络、有效利用人力资源等增强产业竞争力。韩国国家创新体系的内涵再次转变，即由引进消化转向自主创新与消化吸收并举（图 17 – 18）。

（四）仍然存在的一些问题

1. 实用技术而非原创技术

韩国的技术研发，特别是大企业主导的技术研发主要以实用技术为主，基础研究能力较为落后。根据 OECD 的报告，基础研究是韩国相对薄弱的方面，特别是大学基础研究能力有待加强。据了解，韩国的大学中聘用了 70% 的韩国博士，但大学占国家研发支出的比重仅为 10%。此外，韩国各创新系统之间的联系仍有待加强，特别是政府研究机构和大学之间需要加强合作。

2. 相对薄弱的中小企业

韩国的经济增长一直由大企业所主导，这一产业组织结构在快速赶超时期发挥了重要作用，但导致了中小企业的相对薄弱。众所周知，美国硅谷的成功，并不在于它有多少知名的大企业，而在于其创新的土壤，可以源源不断地催生一批创新型中小企业。而韩国的产业组织结构和创新投入方式并不利于创新型企业的设立、技术转让和构建基础研究能力，因此，韩国需要转向创新型国家，努力提高中小企业的创新能力。

3. 过度专业化

韩国的研发和创新活动高度集中在少数几个经济部门，特别是信息和通信技术部门，造成韩国经济的二元化，可能无法提供足够广泛的基础达到最发达国家的水平。此外，近年来韩国国家竞争力长期徘徊不前，劳动生产率只相当于美国的一半，为此，韩国需要加速创新系统的转变，从赶超型向更具创造性模式转变，需要加强各部门之间的政策协调，重新界定研究机构的角色定位，加强对基础研究的支持，促进企业界的创新，拓宽专业化领域，提升高等教育对创新的贡献，准确把握新一轮科技革命浪潮，力争突破上述瓶颈障碍。

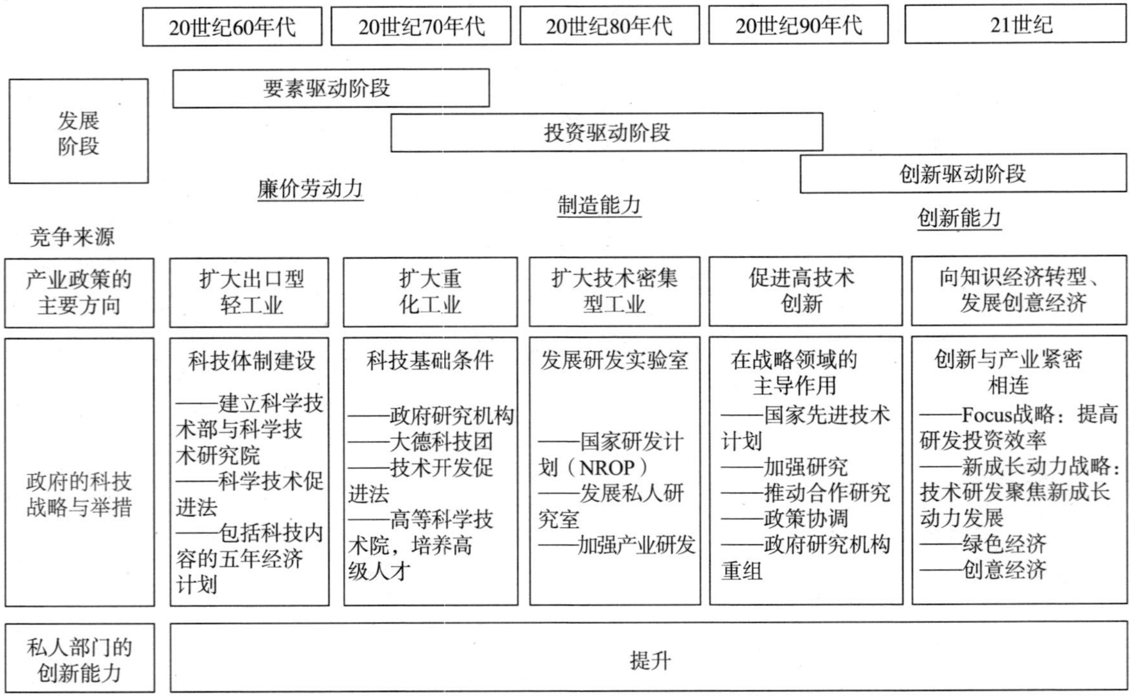

	20世纪60年代	20世纪70年代	20世纪80年代	20世纪90年代	21世纪
发展阶段	要素驱动阶段	要素驱动阶段；投资驱动阶段	投资驱动阶段	投资驱动阶段；创新驱动阶段	创新驱动阶段
竞争来源	廉价劳动力	廉价劳动力	制造能力	制造能力	创新能力
产业政策的主要方向	扩大出口型轻工业	扩大重化工业	扩大技术密集型工业	促进高技术创新	向知识经济转型、发展创意经济
政府的科技战略与举措	科技体制建设 ——建立科学技术部与科学技术研究院 ——科学技术促进法 ——包括科技内容的五年经济计划	科技基础条件 ——政府研究机构 ——大德科技团 ——技术开发促进法 ——高等科学技术院，培养高级人才	发展研发实验室 ——国家研发计划（NROP） ——发展私人研究室 ——加强产业研发	在战略领域的主导作用 ——国家先进技术计划 ——加强研究 ——推动合作研究 ——政策协调 ——政府研究机构重组	创新与产业紧密相连 ——Focus战略：提高研发投资效率 ——新成长动力战略：技术研发聚焦新成长动力发展 ——绿色经济 ——创意经济
私人部门的创新能力	提升				

图 17－18　韩国科技战略与产业政策的紧密相连

二　中国案例比较：中国创新驱动产业升级的新情况与新特征

2014 年，中国人均 GDP 已突破 7000 美元大关，按照世界经济论坛标准，正处于由要素驱动向创新驱动转变的关键时期。这一时期，中国创新驱动发展水平显著提升，一大批创新型企业和新技术、新产品、新业态、新兴商业模式加快涌现，中国创新驱动发展水平的全球排名也显著提升，但仍存在一些制约创新驱动发展的因素与障碍。中国政府正积极行动，努力营造有利于创新创业的制度环境和市场条件。

（一）中国正进入由要素驱动向创新驱动转变的关键阶段

我们主要从工业化发展阶段、创新要素、创新成果、市场需求和创新生态等五个方面分析中国创新驱动发展的基本情况。

从工业化发展阶段看，中国目前正处于工业化中后期向后工业化时期过渡的关键期，随着人均 GDP 的上升，制造业比重在达到峰值后将会下降，产业发展驱动力逐渐由要素驱动向创新驱动转变。

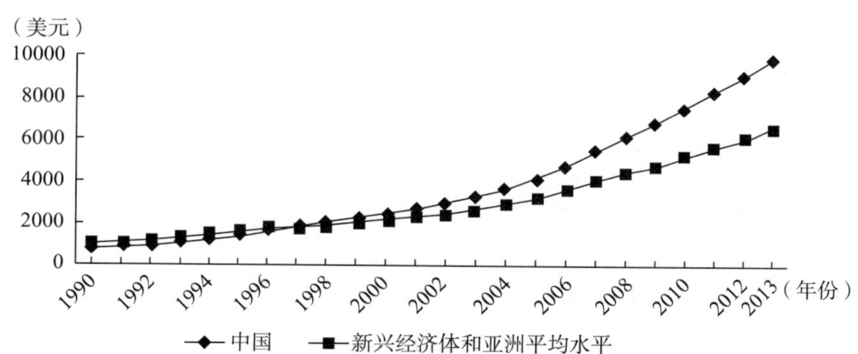

图 17－19　中国人均 GDP 的增长态势（1990—2013 年）

资料来源：WEF，Global Competitiveness Report_ 2014－15，p. 154。

从创新要素看，中国创新基础设施与发达国家差距不大。2014 年，中国研发投入在上年突破一万亿元大关的基础上继续快速增长，达到

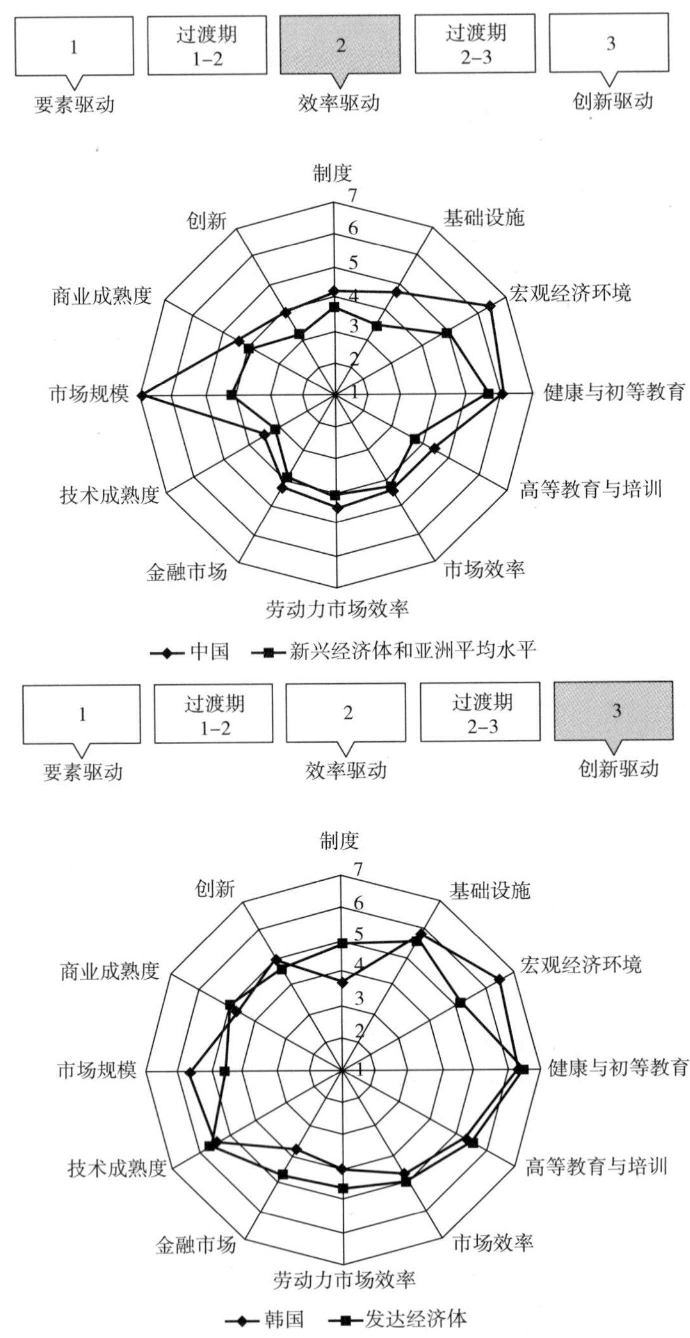

图 17－20　中韩创新驱动发展阶段比较

资料来源：WEF，Global Competitiveness Report_ 2014－15，p. 154，p. 234。

13312 亿元，比上年增长 12.4%，占 GDP 的比重上升至 2.09%，但总量仅为美国的一半左右，占 GDP 的比重与韩国、以色列等国家 4% 的水平相比仍有一定差距。就研发人员而言，目前中国研发人员比重约为每百万人 1300 人，低于多数发达国家 20 世纪 90 年代中期的水平，仅为主要发达国家目前研发人员比重的 1/4—1/3，韩国的 1/9（见表 17 - 2）。

表 17 - 2　　中国与主要发达国家研发人员比重比较

国家	研发人员比重（人/百万人）	我国/其他国家
中国	1300	—
美国	4000—5000	1/4—1/3
德国	3700	约 1/3
日本	5000	约 1/4
韩国	11000—13000	1/10—1/9

资料来源：世界银行世界发展指标（WDI）数据库，经整理，韩国研发人员包含科研辅助人员。

从创新成果看，中国科技产出总量在国际领先。根据世界知识产权组织（WIPO）数据（图 17 - 21），从 2011 年开始中国国内专利申请数跃居全球第一，自 2013 年开始中国 PCT 专利申请量超过德国位居世界第三，2014 年已达到 25539 件，占全球的比重为 11.9%，总体已进入专利领先国家行列。中国的华为技术公司和中兴通讯都两度成为申请全球专利最多的企业，2014 年华为再次成为全球国际专利最大申请企业，美国的高通公司居全球第二，中国的中兴通讯公司位居全球第三。从反映科学研究成果的论文发表数量看，中国论文发表数量自 2000 年以来迅速增长，自 2008 年以来一直居全球第二位。但从考察论文质量的论文被引用指标看，2011 年中国仅排在全球第七位，与论文数量的排位还有较大差距。

从市场需求和成果转化来看，中国知识产权收入支出比和成果转化率偏低，与发达国家差距较大。以知识产权收入支出比为例，目前中国知识产权收入支出比仍小于 1，明显落后于发达国家，其中美国知识产权收入支出比一度高达 10，目前为 3 左右，日本、英国和德国也大致

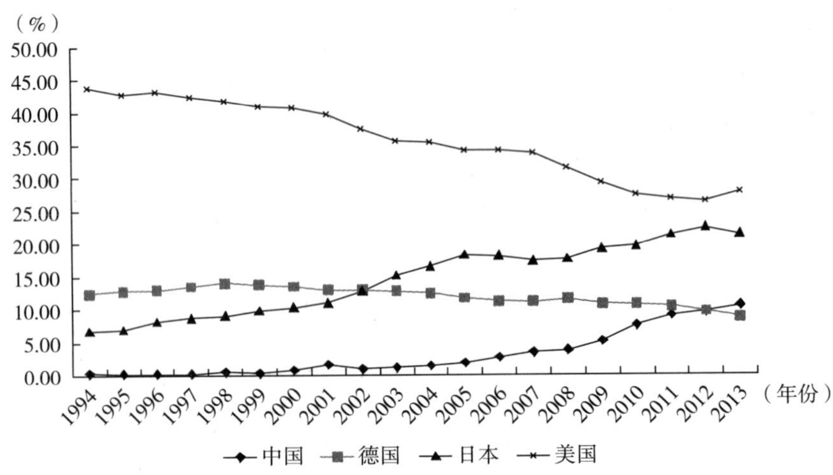

图 17－21 中国国际专利申请数量的全球份额变化

资料来源：世界知识产权组织（WIPO）数据库。

在 2—3。成果转化方面也存在诸多障碍，导致成果转移转化率低。

从创新生态和体制机制环境看，目前中国相关体制机制和环境对创新驱动的束缚和约束还比较多。包括缺乏激励大众创新和草根创新的体制机制、政策环境以及包容失败、平等宽容的社会氛围等。

（二）中国创新驱动发展水平显著提升

毋庸置疑，近些年来，中国的整体创新驱动发展水平显著提升。根据有关机构的评价，中国无论在整体水平，还是在产业发展、企业创新能力等方面都有较大水平的提高。根据美国康奈尔大学、法国 INSEAD 商学院与世界知识产权组织（WIPO）联合发布的《全球创新指数2014》，中国在 143 个国家和地区中排在第 29 位，排在中国前面的所有国家（瑞士第 1 位、英国第 2 位、瑞典第 3 位、美国第 6 位、德国第 13 位、韩国第 16 位，日本第 21 位等）多为高收入国家。中国在新兴国家中排名第一，且大幅领先于其他新兴国家（俄罗斯第 49 位、南非第 53 位、巴西第 61 位、印度第 76 位）。

在产业层面，中国制造正在逐步摆脱过去主要从事组装加工、依靠大批量价格优势出口、在全球价值链中处于低端的形象，努力向创新驱动转型。根据美国福布斯杂志列举的中国领先于世界的 8 个产业，在移动支付、电子商务、快递、互联网金融、廉价智能手机、高铁、水电、DNA测序等领域中国正展现出蓬勃发展的势头，并且在商业模式、市场应用、业态创新等方面领先全球。

在企业层面，根据波士顿咨询集团对1500名企业高管实施的问卷调查发布的结果，2014年度《全球最具创新力企业50强报告》中中国上榜企业达到4家，上榜企业数目位列美国（25家）、德国（7家）、日本（5家）之后，位居全球第4。

（三）不可否认的困难与障碍

尽管中国创新驱动发展水平已显著提高，但仍有一些障碍和困难不容忽视。首先，知识产权保护力度不足。中国已经建立了较为完备的知识产权管理体系和法律规章制度，但是，在现实中“执法成本高、违法成本低”的矛盾导致部分企业不依赖创新，只是“模仿”和“剽窃”就能挣大钱，而创新企业的应有权益很难得到保护。

其次，融资难、融资贵的问题比较突出。一项新技术或新创意要转换为新业态、新产业，创业投资、资本市场、信贷等资金的支持是关键。但是，目前中国原本应该鼓励创业创新的风险投资没有发挥应有的作用。如部分中国企业家认为“中国风险投资不是风险投资，而是保险投资”，目前创业投资主要投资于创业企业的中后期，而对初创期企业投入不足。另外，资本市场对于创新驱动的支撑作用也不足。

最后，政府对科技创新和新兴产业发展的管理仍存在“越位”和“缺位”问题。该放的没放活，该管的没管住。主要采取“事前管理、选运动员”的方式，使大量新企业不能进入，产业发展缺乏活力，不能适应移动互联网、“互联网+”等新技术新业态迅速发展的需要。“事前选择性支持”的财政科技投入方式，导致科技投入分散、重复、碎片化和低效率，难以实现集成创新和协同创新。240多家科研院所改制以后，基础性综合性研究机构缺位，创新驱动发展所需的现代国家创新体系亟待重构。

（四）中国政府积极行动

中国经济已经步入“新常态”，正面临着结构转换和动力调整的关键时期，中国政府也下定决心，更加注重提高经济发展的质量和效益，提出了中国经济发展的新思路和新举措。例如，在 2015 年的“两会”上，中国明确提出了“四个全面”的战略布局，即“全面建成小康社会、全面深化改革、全面推进依法治国、全面从严治党”，为创新驱动发展营造了良好的制度环境。李克强总理也在政府工作报告中明确提出了“三个双”，即“中国经济要着眼于保持中高速增长和迈向中高端水平的双目标，坚持稳政策、稳预期和促改革、调结构的双结合，打造大众创业、万众创新和增加公共产品、公共服务供给的双引擎”。事实上，在 2014 年 8 月 18 日中央财经领导小组第七次会议上就已经确立了加快实施创新驱动发展战略的总体设想，提出了要加强创新驱动的顶层设计，制定体制机制创新和建立一批全面创新改革试验区的想法，目前这些总体设想和安排正在逐步实施，例如 2015 年 3 月 13 日发布的《关于深化体制机制改革加快实施创新驱动发展战略的若干意见》就从营造激励创新的公平竞争环境、建立技术创新市场导向机制、强化金融创新、促进成果转化、构建科研体系、创新人才培养吸引使用机制、推动国际化和加强政策统筹等八个方面提出了 30 大条、100 多小条具体的改革措施。这些政策的实施将有助于形成“需求导向、全面创新、以人为本”的创新发展格局，使创新驱动发展战略能够真正落地，将会营造有利于大众创业、万众创新的政策环境和制度环境，增强科技进步对经济发展的贡献度，构筑中国参与国际竞争的新优势，改变低附加值加工制造的形象，提升中国制造的附加值和品牌形象，形成可持续发展的新格局，促进经济发展方式的转变。

三　研究结论与主要启示

（一）韩国采取模仿式创新的道路迅速实现了赶超，成为世界重要科技强国，其成功经验值得借鉴

韩国从一个原本落后的农业国发展成为新兴的工业化国家，与韩国积极发展科学技术提升本国制造业发展水平，进而提高其产品的国际竞争力息息相关。其采取的包括模仿式创新、高度重视科技创新、大幅提

高研发经费和人员投入、构建完善的法律法规、按照创新的路径和规律建设创新体系、促进成果转化、促进产业政策与科技政策的衔接等做法，值得中国学习借鉴。

（二）要注意避免韩国创新驱动过程实用技术多、原创技术少，中小企业发育不足和近年来产业竞争力徘徊不前等问题，发挥我国市场潜力大、改革红利多等独特优势，实现创新驱动

韩国在短短 30 年的时间里迅速崛起，取得了“汉江奇迹”，固然值得学习，但是，韩国创新体系存在的问题也值得我们警惕和防范。近年来，韩国产业竞争力徘徊不前，与最发达国家之间的差距仍然较大，并没有明显缩小，其人均 GDP 指相当于美国的一半，德国的 60%，韩国要向最高水平迈进仍面临一些障碍和瓶颈问题。其中，最主要的就是政府主导的科技研发模式在赶超型阶段往往能快速取得成功，但在创新型、原创型发展阶段，往往很难有大的进展。创新驱动不能仅仅依靠政府主导和推动，更多地依赖厚植创新的土壤，培育鼓励创新创业的环境，比如硅谷和中国最近提倡的“大众创业、万众创新”。因此，我们要避免走韩国过多依赖政府主导产业技术发展的模式，更多地运用市场手段，培育创新创业的土壤，发挥中国市场潜力大、改革红利多等独特优势实现创新驱动发展。

（三）下一步中韩创新驱动产业升级合作潜力巨大，建议在电子信息、文化创意等领域加强科技研发、人才交流和贸易投资等合作

中国和韩国产业发展在不同的领域有着不同的优势，韩国的优势领域主要在电子信息、文化创意等领域，中国的优势主要在电子信息、装备制造、互联网金融、快递等领域，既有相同的领域，也有不同的特征，双方合作潜力很大。比如，根据韩国内容振兴院数据，中国在韩国游戏产业出口市场中所占份额不断上升，从 2008 年的 26.7% 上升到 2012 年的 38.6%，中国的游戏市场销售额也在迅猛增长，2013 年同比增长 38.0%，其中移动游戏行业同比增长 246.9%。从技术发展特征看，韩国主要创新在实用技术创新，部分领域生产制造能力强，而中国的产业创新主要是商业模式创新，在细分领域有竞争力，尚没有形成强

大的系统创新能力，创新的基石还不稳固，同时，在高等院校、科研院所等基础研究方面实力雄厚，但成果转移转化不足。因此，两国可以取长补短，加强创新驱动产业升级合作，共同设立研究基金来研究双方感兴趣的话题，学习借鉴韩国促进科技成果转化的经验，促进中国高校和科研院所成果在中韩两方进行转化等。同时，积极推进双方科技和人才交流合作力度，构建东亚和国际化研究网络，促进贸易和投资合作等。

参考文献

［1］［英］麦迪森：《世界经济二百年回顾》，李德伟、盖建玲译，改革出版社 1997 年版。

［2］盛朝迅：《发达国家创新驱动产业升级的经验与启示》，《中国经贸导刊》2014 年第 2 期

［3］盛朝迅：《创新驱动产业升级的因素分析与政策建议》，《全球化》2014 年第 8 期。

［4］OECD：《以知识为基础的经济》，机械工业出版社 1997 年版。

［5］金麟洙：《从模仿到创新》，新华出版社 1998 年版。

［6］柯立平：《增强创新驱动发展新动力系列谈（之一至之五）》，《科技日报》2012 年 12 月 25 日至 12 月 29 日。

［7］科学技术部专题研究组：《我国产业自主创新能力调研报告》，科学出版社 2006 年版。

［8］［美］迈克尔·波特：《竞争论》，中信出版社 2003 年版。

［9］王昌林等：《创新驱动发展的思路与对策研究》，国家发改委内部研究报告，2013 年 1 月。

［10］张于喆：《韩国促进自主创新的特点和基本经验》，《中国经贸导刊》2015 年第 3 期。

［11］Abernathy, W. J., Clark, K. B., "Innovation: Mapping the Winds of Creative Destruction." *Research Policy*, Vol. 14 (1), 1985, pp. 3 – 22.

［12］Arrow, K. J., "The Economic Implications of Learning by Doing." *Reviews of Economic Studies*, Vol. 29, 1962, pp. 155 – 173.

［13］Dosi, G., Freeman, C., Nelson, R., et al., *Technical*

Change and Economic Theory. Pinter Publishers, 1988.

[14] Fagerberg, J., Mowery, D. C., Nelson, R. R., *The Oxford Handbook of Innovation*. Oxford University Press, 2006.

[15] Hall, B. H., Rosenberg, N., *Handbook of the Economics of Innovation*. Elsevier, 2010.

[16] Hobday, M., "East Asian Latecomer Firms: Learning the Technology of Electronics." *World Development*, Vol. 23 (7), 1995, pp. 1171 - 1193.

[17] Hobday, M., East versus Southeast Asian Innovation Systems: Comparing OEM and TNC Led Growth in Electronics. *in Technology, Learning and Innovation: Experiences of Newly Industrializing*, Cambridge University Press, 2000.

[18] Kleinknecht, A. H., Mohnen, P. A., *Innovation and Firm Performance: Econometric Explorations of Survey Data*. Palgrave, 2002.

[19] Klepper, S., "Entry, Exit, Growth, and Innovation over the Product Life Cycle." *The American Economic Review*, Vol. 86 (3), 1996, pp. 562 - 583.

[20] Lall, S., *Learning to Industrialize: The Acquisition of Technological Capability by India*. Macmillan Press, 1987.

[21] Lerner, J., Watson, B., "The Public Venture Capital Challenge: The Australian Case." *Venture Capital*, Vol. 10 (1), 2008.

[22] OECD. *Frascati Manual* 2002: *Proposed Standard Practice for Surveys on Research and Experimental Development*. OECD Publishing, 2003.

[23] OECD. *Oslo Manual: Guidelines for Collecting and Interpreting Innovation Data*, 3rd Edition. OECD Publishing, 2005.

[24] Romer, P. M., "Growth Based on Increasing Returns due to Specialization." *The American Economic Review*, Vol. 77 (2), 1987, pp. 56 - 62.

[25] Schmalensee, R., Willig, R., *Handbook of Industrial Organization*. Elsevier, 1989.

[26] Schumpeter, J. A., *Capitalism, Socialism and Democracy*. Har-

per, 1942.

[27] Stoneman, P., *Handbook of the Economics of Innovation and Technological Change*. Blackwell Publishers Ltd., 1995.

[28] Utterback, J. M. *Mastering the Dynamics of Innovation: How Companies Can Seize Opportunities in the Face of Technological Change*. Harvard Business School Press, 1994.

[29] KIET, Principal Economic Indicators, 2015.

[30] NTIS, Main Science and Technology Indicators, 2014.

第五篇

产业政策篇

为政以德，譬如北辰，居其所而众星拱之。

——《论语·第二章·为政篇》

第十八章　产业政策是舶来品：不同类型国家产业政策实施的经验与启示

目前，关于我国产业政策问题的争议较大，争议的焦点在于产业政策的实施效果以及新常态下产业政策如何转型等问题。党的十八届五中全会也明确提出“产业政策要准”的要求，但是，这个“准”字到底要定位在哪，目前尚未达成共识。在此背景下，研究主要发达国家产业政策实施的主要举措及其转型背后的逻辑思路尤为重要，以便为新常态下我国产业政策转型提供理论依据和实践借鉴。

由于我国产业发展兼具赶超型和部分领域领跑、并跑并存等特征，为此，本章将主要发达国家分成两类来研究。第一类是具有先行优势的发达国家，以美国、德国为代表。美国的主要特点是通过创新和制造业战略的双轮驱动，着力构建适应美国市场经济特点的以创新为核心的新式产业政策，德国的主要特点是持续推动制造业转型和应用升级，不断增强德国制造的核心竞争力。第二类是以日本、韩国为代表的追赶型国家。在通过选择性产业政策获得巨大成功后，于工业化中后期转型发展阶段顺应市场经济发展规律，实现了从选择性产业政策向功能性产业政策的转变，在政策定位、政策内容和实施手段上都经历了巨大的转变。通过这两方面经验的梳理，可以为我国推进产业政策转型提供以下有益启示和借鉴。一是推进产业政策转型要厘清政府与市场关系，不断适应市场经济发展的需要，及时调适产业政策支持理念和方式，将以往直接干预产业发展的产业政策支持方式，改为依靠市场主导、政府通过发布产业政策研究报告等方式引导产业发展的做法，推动政府与市场关系由政府主导向市场主导转变。二是推进产业政策转型要明确新时期转型的方向与重点，我国产业政策转型的基本功能定位应由目前的选择性产业政策向功能性产业政策转型，通过激发创新与营造环境催生产业转型升级的内生动力。三是推进产业政策转型要改善产业政策扶持方式，大幅减少甚至取消直接干预型的做法，逐步转向依靠间接引导型的政策手段对产业发展进行引导。

一 领先型国家产业政策实施的经验与特点

（一）美国产业政策实施的主要举措和特点

美国虽然被认为是市场经济发展的模板，但美国产业政策的实践由来已久。在工业化初期，美国政府基本上是沿袭亚历山大·汉密尔顿（Alexander Hamilton）的政策思路，主要利用基础设施建设和关税保护等手段培育有国际竞争力的产业。在工业化中后期，美国政府开始重视技术创新的作用，综合采用研发资助、低息贷款、贷款担保、政府采购等政策措施，巩固提升其综合竞争优势。到20世纪70年代末，面对日本和欧洲的竞争挑战，特别是日本的产业政策概念被正式提出之后，里根政府采取了放松经济规制和减税等措施，营造产业创新的氛围。进入20世纪90年代，在经济全球化和新技术革命的影响下，克林顿政府签署总统令成立国家科学技术委员会（NSTC），在宏观上制定美国科技与产业发展战略，并明确提出了《为了21世纪的科学》（2004年）、《美国竞争力计划》（2006年）等国家战略，持续构筑美国的创新能力。奥巴马政府上台之后，更加重视创新战略的引领作用，分别于2009年、2011年、2015年连续出台三个版本的创新战略和一系列重振制造业战略，通过创新和制造业战略的双轮驱动，着力构建适应美国市场经济特点的以创新为核心的新式产业政策。金乐琴（2009）将其称为新式产业政策，并认为新式产业政策以创新能力建设为核心，对提升产业的国际竞争力起着重要的推动作用[①]。拉尔（Lall）称之为功能型产业政策（functional policy）[②]，萨波尔（Sable）称之为实用型产业政策（pragmatic policy）[③]。与传统的产业政策相比，美国的新式产业政策有以下几个特点。

1. 聚焦创新和先进技术研发而非特定产业

美国对产业政策的定位是对市场功能的补充和拓展，是一个通过政府与私人部门密切合作、共同克服信息不对称和协调问题的过程。因此，美国产业政策的对象不是针对某些特定产业，而是聚焦于产业创新能力的建设，通过对技术、市场信息、金融资本、基础设施、人力资本等要素的协调，分担创新活动的风险和成本，以增强企业"自我发展"的能力，而促进产业创新活动[④]。在技术选择上，美国也侧重关键共性技术的支持，选择带有基础研究或普适性技术进行资助，而不是选择特

表 18－1　　美国政府近期出台"促进制造业"相关文件

年份	相关政策文件
2009	《美国制造业振兴框架》（*A Framework for Revitalizing American Manufacturing*）
2010	《2010 制造业促进法案》（*U. S. Manufacturing Enhancement Act*）
2011	《先进制造业伙伴计划》（*The Advanced Manufacturing Partnership*）
2011	《美国制造》（*Make It in America*）
2012	《先进制造业国家战略计划》（*A National Strategic Plan for Advanced Manufacturing*）
2012	《制造业创新国家网络》（*National Network for Manufacturing Innovation*）
2014	《加速美国先进制造业》（*Accelerating U. S. Advanced Manufacturing*）（AMP2. 0）

资料来源：作者整理。

① 金乐琴：《美国的新式产业政策：诠释与启示》，《经济理论与经济管理》2009 年第 5 期。

② Sanjaya Lall, Reinventing Industrial Strategy: The Role of Government Policy in Building Industrial Competitiveness, the IMF and the World Bank at Sixty. *London*: *Anthem Press*, 2005, 197－233.

③ Charles Sable, New Industrial Policy: Solving Economic Development Problems without Picking Winners. http: // in fro: worldbank. org, 2009－01－15.

④ 金乐琴：《美国的新式产业政策：诠释与启示》，《经济理论与经济管理》2009 年第 5 期。

定技术研发，从而建立一个技术平台，为其他技术研究与开发奠定基础，发挥技术溢出效应，如 1991 年《国家关键技术》报告、1993 年《促进经济增长的技术》报告以及近期倡议设立的制造业创新网络等，支持重点均为关键共性技术。

2. 重视制造业伙伴关系营造

美国认为，制造业的发展离不开协作高效的伙伴关系营造。因此，奥巴马政府于 2011 年启动先进制造伙伴关系计划，通过利用政府、高校和企业的各类资源，集中力量扶持先进制造业发展。其主要战略举措有：推动先进制造技术开发、增加就业和吸引投资、促进“官产学研”合作等。为推动美国先进制造业伙伴关系计划实施，美国政府在商务部设立了先进制造国家计划办公室，负责先进制造伙伴关系计划的跨部门协调。2014 年 10 月，根据总统科技顾问委员会的建议，奥巴马政府又推出了新颁布的先进制造业伙伴计划，着力促进先进制造业发展。

3. 重视采用立法手段

美国注重通过立法而不是行政命令的形式调整产业政策，如《农业调整法》《农业信贷法》《塞勒—凯弗维尔法（Cell – Kefauver)》《国防航空和宇宙航行法》《国家技术创新法》《史蒂文森—维德勒技术创新法》《拜杜法案》《联邦技术转让法》《综合贸易与竞争法》《国家竞争力技术转让法》《计算机软件保护法》《半导体芯片保护法》《国防部授权法》《国家技术转让促进法》《技术转让商业化法》《能源法》等。即使美国以政府报告和咨询报告形式发布的具有产业政策内容，也需国会批准和审核，或以基本法律为依据，如 1987 年年底 12591 和 12618 号总统令，是以 1986 年的《联邦技术转让法》为依据，促进科学技术的产业化。因此，美国产业政策严格受到国会和预算法的限制，包括总统行政命令的签署，也要得到国会的同意。

4. 注重贸易政策的协调配套

通过贸易保护政策提升国内产业发展能力是美国的一贯做法。近年来，美国这一战略有所升级，主要表现为通过构建自由贸易区的形式拓展和巩固其在国际经贸规则制定上的话语权和其对国际市场的主导权。2008 年 9 月，美国总统奥巴马决定参与“跨太平洋伙伴关系计划”

（TPP）谈判，并于 2009 年 11 月提出扩大跨太平洋伙伴关系计划，全方位主导 TPP 谈判；2013 年 2 月，美国和欧盟发表联合声明，决定启动内部相关程序，以期开展“跨大西洋贸易与投资伙伴”（TTIP）协议谈判，覆盖的议题比 TPP 更为广泛。通过这些贸易政策的实施和国际规则的议定，美国着力降低其产品跨境经营成本，提高产品竞争力，促进出口，增强产品国际市场主导权。

（二）德国产业政策实施的主要特点

与英法等国相比，德国工业革命起步较晚，但德国高度重视制造业发展，迅速崛起为制造业大国，并超过英法等国，成为重要的世界制造业强国。目前德国人均制造业增加值与美国相当，代表了全球工业化的最高水平，是全球重要的装备制造业生产国和出口国，在机械制造业领域存在着大量的“隐形冠军”，“德国制造”凭借其强大的科技创新能力和实力，已成为世界市场上“质量和信誉”的代名词，也树立了德国科技和经济大国的重要地位。这些都是德国高度重视制造业发展结出的硕果。

进入 21 世纪以来，德国持续推动制造业领域新产业发展，分别于 2006 年、2010 年和 2014 年出台 3 个版本的国家高技术战略，分别为《国家高技术战略》（2006）、《国家高技术战略 2020》和《新的高技术战略——创新为德国》，通过推行创新驱动发展战略，重点培育和发展若干重大技术，推动重点制造领域的突破发展，这事实上也是与德国强大的制造业基础是分不开的。特别是相比于金融危机之后美国重点促进制造业投资的政策，德国的产业政策显然更加重视高层次的产业创新发展，即以技术创新和推广收获技术革命的成果，在生产方式和商业模式创新上走在世界前列。据此可以看出，德国制造业产业政策具有如下几个方面的鲜明特征。

（1）聚焦全球挑战性的战略性新兴产业。《国家高技术战略》（2006）面向 2010 年的发展提出了产学研联合攻关的安全研究、健康与医学、环境技术、信息与通信、航空航天、车辆交通与技术、微系统技术、纳米技术、生物技术和材料技术等 17 个重点领域的发展任务。《国家高技术战略 2020》则面向 2020 年的市场需求提出了对气候和能源、健康和营养、交通、安全及信息通信等五大领域的规划和部署。2014 年最新版的《新的高技术战略——创新为德国》确定了数字化经济和社会、可持续发展及能源、创新的工作天地、健康生活、智能交通、民生安全等六个方面科研和创新的优先主题。

（2）重视传统制造业信息化应用升级。2013 年，为应对全球新一轮科技革命和产业变革的挑战，德国依托自身制造业精湛的优势，提出了“工业 4.0 计划”，努力推动信息技术和传统技术深度融合，促进制造业智能化、网络化、自动化发展，进一步提升德国在未来全球制造业版图中的地位，凸显德国制造的优势，开辟德国新兴产业发展的蓝图。但是，在工业 4.0 的背景下，德国并不是一味地追求高端制造，也高度重视传统产业转型升级，如德国制定了 futureTEX 等纺织业长远振兴计划，侧重纺织技术和新材料、能源、信息、汽车、军工等领域的交叉融合技术创新，推动纺织行业转型升级。

3. 重视全流程创新环境优化。德国在高等院校和科研院所营造创业文化，鼓励学术创业，在初等教育、职业学校和高等院校课程大纲中增设创业教育；加大对高新技术企业的金融支持，积极促进风险投资发展，发展多层次的融资工具；强化产业标准体系建设，促进企业间合作创新和产品质量持续提升；积极参与全球创新网络建设，着力打造卓越、能辐射全球的“欧洲尖端集群”；加速创新成果产业化，继续实施“领先集群竞争”和创新联盟等行之有效的政策等。

二 赶超型国家产业政策转型的经验与特点

（一）日本产业政策转型的主要经验与特点

日本是产业政策的发祥地。二战后，通过实施产业政策，日本经济实现了奇迹般的增长，一跃成为当时世界第二大经济大国，并通过产业政策的调整推动产业结构的持续优化升级，使得产业政策备受世人瞩目。但随着经济社会发展阶段和内外部环境的变化（表 18－2），日本的产业政策也随之发生重大变化，日本放弃了选择性产业政策模式，转为实施以功能型产业政策为主体的产业政策模式（江飞涛、李晓萍，2015）①。1970 年 5 月，日本产业结构审议会公布的《70 年代的通商产业政策》，提出将产业政策转为采取最大限度地利用市场机制的（功能型）产业政策模式，这被视为日本产业政策转型的开端。日本开始实

表 18－2　　　　日本产业政策调整的过程

时期	经济复兴时期（1945—1960 年）	高速增长时期（1960—1973 年）	稳定增长时期（1973—1985 年）	经济结构调整时期（1985—1990 年）	20 世纪 90 年代以后
主要政策	《机械工业振兴临时措施法》《企业合理化促进法》和钢铁、煤炭、造船等工业合理化计划	《关于产业结构的长期展望》《中小企业基本法》《石油工业法》《电气事业法》等	《70 年代展望》《产业结构的长期展望》《80 年代通产政策展望》《特定萧条产业稳定临时措施法》等	《80 年代通商产业政策展望》《面向 21 世纪产业社会长期设想》	《面向 21 世纪的日本经济结构改革思路》《经济结构改革行动计划》《产业再生法》
产业政策重点	注重制造业整体的生产合理化以及钢铁、化学、电力等重化工业发展	应对贸易和资本自由化、确立能源综合对策、强化国际产业竞争力	产业政策开始转型，充分利用市场机制，提出衰退产业扶持、控制公害、中小企业扶持政策	重视对经济和能源安全的保障，走技术立国之路，提高生活品质与产业相互依存等方面	更加注重知识技术密集型产业发展，着力培育新的经济增长点
实施手段	倾斜生产，政府直接在原材料、金融贷款、补助金、进口物资等方面进行分配	通过“官民协调”等方式推进企业兼并重组等产业政策实施	实施手段开始转型，由资源集中分配给基干产业转为技术研发补贴和特定产业税收、金融优惠措施，展望手段等	以产业发展展望、立法等手段为主	以信息指导为主

资料来源：根据有关资料整理。

① 江飞涛、李晓萍：《当前中国产业政策转型的基本逻辑》，《南京大学学报》（哲学、人文科学、社会科学版）2015 年第 3 期。

施基于新发展目标的新式产业政策，更加注重从追求增长向产业社会化转型，从单一产业政策向全局产业政策转型，实施手段也开始多样化，并注重与贸易政策等协调，主要呈现以下几个方面的特点。

1. 从追求增长向产业社会化转型

石油危机之后，日本产业政策目标发生了重大变化。第一，从过去的追求增长型的经济转向利用增长型的经济，即充分利用日本经济的增长能力去改善劳动环境、充实社会基础设施、创造良好的社会环境、增加教育和研究开发投资、扩大国际合作支出等，表明日本产业政策的着力点已经从单纯产业发展本身转向产业发展的经济社会环境营造。第二，从针对具体产业的政策干预和市场保护措施转向最大限度地利用市场机制，针对市场失灵领域，提供社会基础设施和公共服务，扶持新兴产业和推动衰退产业转型等，表明日本产业政策的指导方针和理念发生了重要变化。第三，顺应产业结构从资本密集型重化工业为中心向知识密集度高的新兴产业发展转变的要求，将产业政策的着力点聚焦为推动形成知识密集型产业结构。

2. 从单一产业政策转向全局性产业政策

植草益（1986）将石油危机（1973 年）以后的日本产业政策分为单一产业政策和全局性产业政策，认为日本在产业发展奠定基础后，开始重视市场机制作用，从干预供给转向干预需求，重视促进产业技术水平的提升和产业核心竞争力的塑造，更加重视实施全局性的产业政策。这实际上是日本产业政策内容的转型。他认为，单一产业政策也可称为“纵向政策”，其重点是根据产业结构变化的目标对重点产业进行保护、扶持和加强的政策，以及对长期萧条和衰退产业的调整援助政策。而全局性产业政策也可称为“横向政策”，包括污染治理、节能减排、企业选址、中小企业、国际关系、资源能源和消费者对策等多种内容，不针对具体产业，而是根据环境变化而制定的适应多种产业发展要求的产业政策①。

3. 实施手段多样化，多以间接性、诱导性手段为主

从 20 世纪 50 年代到 60 年代，日本的产业政策手段主要是将资源

---

① ［日］植草益：《石油危机以后的日本产业政策》，摘自［日］小宫隆太郎、奥野正宽等编《日本的产业政策》，国际文化出版公司 1988 年版。

集中分配给主导产业，并设置关税与非关税壁垒对本国产业予以保护。在20世纪70年代之后，这种产业政策实施手段发生了根本性的变化，日本产业政策实施的方式调整为政策引导，主要通过审议会、文件及其他方法，向产业界提供产业发展规划和引导①。如日本在20世纪70—80年代陆续公布了《70年代展望》《产业结构的长期展望（1975年展望)》《80年代的通产政策展望》《面向21世纪的日本经济结构改革思路》等。

（二）韩国产业政策转型的主要经验与特点

与日本类似，韩国也是推行产业政策较为成功的国家。自20世纪60年代以来，韩国开始实施五年计划，运用产业政策成功实现了经济起飞与快速发展，推动了汽车、电子、信息通信、造船、钢铁等支柱产业的快速崛起，顺利进入高收入国家行列。然而，随着韩国市场经济成熟度的提高，韩国产业政策的效果趋于减弱，韩国政府也及时调整了以往直接干预产业发展的产业政策支持方式，改为主要依靠市场主导、政府通过发布产业政策研究报告等方式引导产业发展。特别是，韩国于1985年颁布《产业发展法》确立了市场在产业发展与经济运行中的主导作用，之后加快转变政府职能，大大减少对经济的直接干预，主要通过自由竞争，诱导产业结构升级和资源的有效配置。其产业政策转型的主要特点有以下几点。

1. 政策定位由支持单一产业向支持创新转变

韩国最初的产业政策是有着明确的产业发展导向的，例如20世纪60年代在韩国经济起飞之初，韩国的产业结构调整政策集中在以纤维工业为中心的劳动密集型轻纺工业，并把它作为出口工业的核心，1973年提出“重化工业宣言”，产业政策重心转向化学、钢铁、机械等重化工业；之后又转向电子信息等高技术产业。但是，到了20世纪80年代中期以后，面对韩国产业竞争力下滑局面，韩国开始调整其产业政策的思路和定位，将产业发展方向从制定扶持战略产业优惠政策，转向支持创新活动，并废除了所有的个别产业法，通过市场竞争激发产业内在的

---

① ［日］小宫隆太郎、奥野正宽等：《日本的产业政策》，国际文化出版公司1988年版。

创新能力。为了促进创新，韩国的投资方向从轻工业和成熟的产业向技术密集型的高技术产业转变，在进入后工业化时代之后，韩国又确立了技术立国的宗旨，鼓励企业对知识经济、信息产业等“最高附加值产业”投资。由此可见，其政策支持方向已经由原来的产业结构调整和特定产业发展，转向创新能力培育和中小企业发展。

表 18 – 3　　　　韩国产业结构和产业政策演变过程

时期	20 世纪 50 年代初期	20 世纪 60 年代初期	20 世纪 70 年代初期	20 世纪 80 年代	20 世纪 90 年代	21 世纪以来
发展阶段	要素驱动	要素驱动	要素驱动向投资驱动过渡阶段	投资驱动阶段	投资驱动向创新驱动过渡阶段	创新驱动阶段
结构类型	一三二	一三二	三二一	三二一	三二一	三二一
产业政策	以内向型经济发展为主	进口替代型轻工业化产业政策	以重化学工业为核心的产业政策	以产业结构调整与促进国际化为目标的产业政策	以产业结构高级化为重点的产业政策	向知识经济、未来创造经济等转型

资料来源：根据有关资料整理。

2. *高度重视产业新增长点培育和未来创造经济发展*

为了顺应韩国产业政策定位变化的要求，转型之后韩国产业政策的重点也发生了很大的变化（表 18 – 4）。其一，就是高度重视产业新增长点培育，经历了亚洲金融危机和 2008 年国际金融危机，韩国充分认识到寻找新的产业增长点的重要性，分别于 2003 年、2009 年和 2015 年陆续出台了 3 个版本的《新成长动力规划》，明确提出能够引领未来一个时期科技和产业发展方向的新增长点，着力引导产业发展和社会投资的方向。其二，全力打造“未来创造经济”。2013 年韩国政府提出了“未来创造经济”发展思路，着力从国家科技研发和创新实力、推动软件和内容产业化、加强国际合作和全球化、发展造福国民的科技和信息通信技术产业等方面构建“未来创造经济”的五大战略支柱，促进信息技术和其他产业以及文化之间的融合。除此之外，韩国还发布了《制造业革新3.0战略》(2014年)，强调制造业与信息技术的融合，发展一批具有成长性的智能融合产品，推动相关智能型材料和零部件产业发展，从根本上提升制造业整体能力和水平。

3. 注重产业政策与科技政策的互动

在政策的具体实施上，韩国非常注重产业政策与科技政策的互动(表18-4)，一方面通过制定科技规划、采取集中协调型科技管理体制，努力保持科技发展的速度和连续性，较好地主导了科技发展方向；另一方面，及时根据国际形势、产业政策支持重点调整科技发展战略，通过调整产业结构、促进技术创新、改造信息网络、有效利用人力资源等增强产业竞争力，使得韩国的科技创新政策与产业政策的联动性较强。

表18-4　　　韩国科技政策与产业政策的互动发展

	产业政策方向	科技政策重点
20世纪60年代	扩大出口型，重点发展轻工业	以引进为主
20世纪70年代	支持重化工业发展	以引进为主，注重消化吸收
20世纪80年代	促进技术密集型工业发展	设立国家研发计划，鼓励核心战略技术开发
20世纪90年代	促进高技术产业发展	实施国家先进技术计划，努力攀升技术制高点
21世纪以来	向知识经济、创造经济转型	集中化战略，技术研发聚焦新成长动力

资料来源：作者根据有关资料整理。

三　对我国产业政策转型的启示与建议

（一）推进产业政策转型要厘清政府与市场关系

日本和韩国都是推行产业政策较多并成功推动产业升级、顺利迈入高收入水平的国家，它们的经验告诉我们，产业转型升级成功的原因不是单纯地抛弃政府有形之手，奉行“市场至上”，而是处理好政府与市场关系，通过不断适应市场经济发展的需要，及时调适产业政策理念和方式，将以往直接干预的产业政策支持方式，改为主要依靠市场主导的做法，推动政府与市场关系由政府主导向市场主导转变。如日本政府从20世纪70年代开始，将产业政策支持重点从特定产业发展本身转向产业发展的环境营造，扶持措施从针对具体产业的政策干预和市场保护措施转向最大限度地利用市场机制，在市场失灵领域提供基础设施和公共服务扶持。韩国政府在20世纪80年代中期以后，逐步减少对产业发展的直接干预，主要通过发布研究报告、规划等方式引导产业发展。我国正处于产业转型升级的关键阶段，可以学习借鉴日韩的做法，调适产业政策支持理念和方法，着力构建市场友好型或增进型政府，充分调动市场主体发展新兴产业和推动产业转型升级的积极性、主动性和创造性。

（二）推进产业政策转型要明确新时期转型的目标与方向

目前，美国、日本、韩国等发达国家主要采用功能性产业政策激发科技研发（江飞涛和李晓萍，2010）[①]。这种“市场友好的”产业政策重点是给产业发展营造良好的外部环境，通过放宽企业准入，让更多的企业都能公平地进入市场，并在激烈的市场竞争中获取市场份额，从而为充分竞争和创新提供了广阔的空间，众多市场主体在市场机制的作用下会产生创新意愿和动力，谋求技术进步和产品升级，增强创新能力，提高创新质量，获得竞争优势。同时，政府的主要作用是为企业提供科技投入、基础设施建设、人才培育等“前期支持”[②]，为企业技术创新提供有利的物质、资源、知识、技术和智力条件，营造良好的环境，帮助企业克服各种不确定性的影响，激发企业进行高质量的实质性创新[③]。而选择性产业政策具有鲜明的政府选择替代市场机制的干预性和限制竞争的管制特征（江飞涛、李晓萍，2010），会导致企业追求简单创新或数量创新以获得政府补贴，体现的是一种策略性创新。

---

① 江飞涛、李晓萍：《直接干预市场与限制竞争：中国产业政策的取向与根本缺陷》，《中国工业经济》2010年第9期。

② 黄先海、陈勇：《论功能性产业政策——从WTO“绿箱”政策看我国的产业政策取向》，《浙江社会科学》2003年第3期。

③ 黎文婧、郑曼妮：《实质性创新还是策略性创新？——宏观产业政策对微观企业创新的影响》，《经济研究》2016年第4期。

当前，我国经济发展进入速度变化、结构转型、动能转型的新时期，产业发展向形态更高级、分工更优化、结构更合理阶段演化的趋势更加明显，迫切需要产业政策由目前的以选择性产业政策为主向以功能性产业政策为主转变。要认识到选择性产业政策和功能性产业政策的根本区别，虽然通过选择性的产业政策鼓励、限制或淘汰的方式配置资源，引导企业生产、投资、重组等举措，能在短时间内加快产业结构调整，但在转型时期要主动放弃这种能“立竿见影”的政策措施，转而支持激发创新和营造环境的功能性产业政策，这种激发创新的过程虽然不会立竿见影，但可以改变企业生产方式，实现突破与发展，能够催生产业转型升级的内生动力。

（三）推进产业政策转型要改善产业政策扶持方式和手段

按照政府干预的方式划分，产业政策的实施手段一般可以分为直接干预型和间接引导型。分析日本、韩国等国产业政策转型的主要做法，实施手段的变化是日本、韩国等国产业政策转型的重要方面，即从较多运用行政指令、“决定”、管制等直接干预性手段向立法、环境营造、差别税率等间接引导手段转变。如日本产业政策的实施方式已调整为所谓的“展望”政策，即通过审议会、文件及其他方法，在部分市场机制失灵领域提供政策性金融、财税激励等“抛砖引玉”式的弥补政策。韩国也通过发布 3 个不同版本的新增长动力规划和产业政策研究报告等引导产业发展。

我国产业政策转型在实施手段上应借鉴日韩等国的做法，创新政策工具，用活政策手段，大幅减少甚至取消直接干预的做法，逐步转向间接引导型政策手段。加快产业政策制定程序从行政批文向行政立法转变，推动更多依靠法制化市场化手段促进产业发展。创新政策工具箱，完善实施手段，更多采用专项建设基金、重大项目工程包、产业发展引导基金等新的政策工具，充分发挥政策资金的引导作用，引导和带动更多社会资本特别是民间资本参与产业发展重大工程建设。积极探索政府资金与信贷、债券、基金、保险等相结合的多种融资组合，有效扩大交通、能源、水利、信息等基础设施和人力资本培育、关键共性技术研发等领域投资，为产业发展提供有效支撑。

参考文献

［1］［日］大野健一：《学会工业化——从给予式增长到价值创造》，中信出版社 2015 年版。

［2］Charles Sable. New Industrial Policy：Solving Economic Development Problems without Picking Winners. http：// in fro：worldbank. org，2009 - 01 - 15。

［3］Sanjaya Lall. *Reinventing Industrial Strategy*：*The Role of Government Policy in Building Industrial Competitiveness*，*the IMF and the World Bank at Sixty*. London：Anthem Press，2005：197 - 233。

［4］黄群慧、贺俊：《真实的产业政策——发达国家促进工业发展的历史经验与最新实践》，经济管理出版社 2015 年版。

［5］黄先海、陈勇：《论功能性产业政策——从 WTO“绿箱”政策看我国的产业政策取向》，《浙江社会科学》2003 年第 3 期。

［6］江飞涛、李晓萍：《当前中国产业政策转型的基本逻辑》，《南京大学学报》（哲学、人文科学、社会科学版）2015 年第 3 期。

［7］江飞涛、李晓萍：《直接干预市场与限制竞争：中国产业政策的取向与根本缺陷》，《中国工业经济》2010 年第 9 期。

［8］江小涓：《经济转轨时期的产业政策——对中国经验的实证分析与前景展望》，格致出版社、上海三联出版社、上海人民出版社 2014 年版。

［9］金乐琴：《美国的新式产业政策：诠释与启示》，《经济理论与经济管理》2009 年第 5 期。

［10］黎文婧、郑曼妮：《实质性创新还是策略性创新？——宏观产业政策对微观企业创新的影响》，《经济研究》2016 年第 4 期。

［11］刘鹤：《结构转换研究》，中国财政经济出版社 2002 年版。

［12］［日］小宫隆太郎、奥野正宽等：《日本的产业政策》，国际文化出版公司 1988 年版。

［13］［日］植草益：《石油危机以后的日本产业政策》，摘自小宫隆太郎、奥野正宽等编《日本的产业政策》，国际文化出版公司 1988 年版。

第十九章　产业政策将走向何方？

——新时期产业政策转型的思考与建议

改革开放以来我国实施的以主导产业选择和培育为重点的产业政策对促进经济增长与结构调整发挥了积极作用，但这种过多地以政府选择代替市场选择，甚至政府既当裁判员又当运动员的做法存在明显弊端，在某种程度上刺激了过度投资，带来资源配置扭曲、产能过剩加剧、市场公平竞争受损等问题。与此同时，我国产业政策的一个突出特点是政策制定主体的多元化和表现形式的多样化。除政策文件外，还有法令、条例、措施、规划、计划、指导意见、纲要、指南、目录、管理办法、通知等多种形式，名目繁多，包罗万象。此外，我国产业政策制定和实施过程中还存在重制定轻执行监督、产业政策与其他政策缺乏协调甚至打架等现象，造成产业政策落地难、实施效果不明显，加大了产业政策失败的风险。为此，有必要对现有产业政策进行梳理，按照“让市场在资源配置中起决定性作用和更好发挥政府作用”的要求，围绕产业迈向中高端、构建现代产业新体系的目标，加快推进产业政策理念、目标、手段及制定评估等全方位转型。

新时期推进产业政策转型的目标与方向是从以选择性产业政策为主向以功能性产业政策为主转变的。第一要务是正确处理政府和市场关系，着力构建市场友好型和市场增进型政府。重点是相机抉择，打好选择性产业政策和功能性产业政策组合拳。要重视从政策制定到退出的全流程治理，推动形成“政策制定—实施—监管—评估—政策反馈—修改完善—退出”闭环。同时，调整产业政策实施方式和手段，创新政策工具，大幅减少甚至取消直接干预型的做法，逐步转向依靠间接引导型和法制化市场化手段促进产业发展。

一 推动产业政策转型的核心是正确处理政府和市场关系，构建市场友好型（增进型）政府

政府和市场关系，是产业政策必须面对的问题。其中，政府的作用主要在于：一是在供给侧，弥补市场不足，减少市场失灵，如关键核心技术领域的投入，有助于减少企业早期风险；二是在需求侧，通过政府采购和首台套等政策为新技术、新产品培育市场。但政府有形之手往往会伸得过长、过细，甚至直接干预企业运营，会妨碍市场竞争、扭曲资源配置。这也是市场原教旨主义者批评产业政策的根源。但这是否就意味着最好的“产业政策”就是政府无为而治呢？答案却是否定的。

日本和韩国都是推行产业政策较多并成功推动产业升级、顺利迈入高收入水平的国家，它们的经验告诉我们，产业转型升级成功的原因不是单纯地抛弃政府有形之手，奉行“市场至上”，而是处理好政府与市场关系，通过不断适应市场经济发展的需要，及时调适产业政策理念和方式，将以往直接干预的产业政策支持方式，改为主要依靠市场主导的做法，推动政府与市场关系由政府主导向市场主导转变。如日本政府从20世纪70年代开始，将产业政策支持重点从特定产业发展本身转向产业发展的环境营造，扶持措施从针对具体产业的政策干预和市场保护措施转向最大限度地利用市场机制，在市场失灵领域提供基础设施和公共服务扶持。韩国政府在20世纪80年代中期以后，逐步减少对产业发展的直接干预，主要通过发布研究报告、规划等方式引导产业发展。

我国深圳、合肥等地的探索也值得借鉴。如深圳市积极探索在市场起决定作用背景下如何更好发挥政府作用的新途径，积极改善营商环境，主动做好配套服务，着力营造有利于新兴产业发展的生态环境和人才创新创业的宜居城市，“顺势而为、顺水推舟、顺其自然”，让企业成为市场的主体，做有为有效有限的“三有”政府。合肥市从2013年开始推动产业政策转型，将原来以五大行业为主的选择性产业政策调整为以营造良好政府发展环境为主的功能性产业政策，着力推动扶持资金

分散向集中转变、事后奖补向事中事前补助转变、无偿补贴向有偿基金转变、直接补贴企业向营造外部环境转变等“四个转变”，让“政府离市场远一点，企业离市场近一点”。

我国正处于产业转型升级的关键阶段，可以学习借鉴日韩和深圳等地的做法，调适产业政策支持理念和方法，着力构建市场友好型或增进型政府，充分调动市场主体发展新兴产业和推动产业转型升级的积极性、主动性和创造性。

二　推进产业政策转型的重点是相机抉择，打好选择性产业政策和功能性产业政策的组合拳

产业政策主要有两种类型：一种是选择性产业政策，主要是根据一定的标准识别选择主导产业或战略产业，采用市场准入、财税优惠、资金补贴等各项措施加以倾斜式扶持，以期在短期内促进被扶持产业快速发展，具有鲜明的直接干预微观经济活动的特征；另一种被称为功能性产业政策，主要是通过加强各种“基础设施”建设（包括产业发展所需的软硬环境），促进技术创新和人力资本投资，维护公平竞争，降低社会交易成本，创造有效率的市场环境，使市场功能得到有效发挥。功能性产业政策也可以采取补贴、税收优惠等政策手段，但必须不妨碍市场公平竞争，主要用于基础性研究开发、信息服务、人力资本投资等（表 19－1）。

表 19－1　　选择性产业政策与功能性产业政策比较

	政策取向	理论基础	主要特征	适用范围
选择性产业政策	识别主导和战略产业，加以倾斜性扶持，缩短产业结构的演进过程，以实现经济赶超目标	赶超理论	直接干预，“选冠军”	主导产业扶持、新兴产业培育
功能性产业政策	通过加强各种软硬“基础设施”建设，促进技术创新和人力资本投资，维护公平竞争，降低社会交易成本，创造有效率的市场环境，使市场功能得到有效发挥	市场失灵	无特定指向性，“造环境”	所有行业

资料来源：作者根据有关文献整理。

目前，美国、德国、日本等发达国家主要采用功能性产业政策激励科技研发。这种“市场友好型”产业政策重点是为产业发展营造良好的外部环境，通过放宽准入，让更多的企业都能公平地进入市场，并在激烈的市场竞争中获取市场份额，从而为充分竞争和创新提供广阔的空间。众多市场主体在市场机制的作用下会产生创新意愿和动力，谋求技术进步和产品升级，增强创新能力，获得竞争优势。同时，通过对企业提供科技投入、基础设施建设、人才培育等“前期支持”，为企业技术创新提供有力的物质、资源、知识、技术和智力条件，帮助企业克服各种不确定性的影响，激发企业进行高质量的实质性创新。而选择性产业政策具有鲜明的政府选择替代市场机制的干预性和限制竞争的管制特征，会导致企业追求简单创新或数量创新以获得政府补贴，体现的是一种策略性创新。

当前，我国经济发展进入速度变化、结构转型、动能转型的新时期，产业发展向形态更高级、分工更优化、结构更合理阶段衍化的趋势更加明显，迫切需要产业政策由目前的以选择性产业政策为主向以功能性产业政策为主转变。要认识到选择性产业政策和功能性产业政策的根本区别，虽然通过选择性产业政策鼓励、限制或淘汰的方式配置资源，引导企业生产、投资、重组等，能在短时间内加快产业结构调整，但在转型时期要主动放弃这种能“立竿见影”的政策措施，转而支持激发创新和营造环境的功能性产业政策，这种激发创新的过程虽然不会立竿见影，但可以改变企业生产方式，催生产业转型升级的内生动力。

同时，也要认识到，选择性产业政策和功能性产业政策相辅相成，本身并不存在谁好谁坏的问题，要根据产业发展的不同阶段和时代背景灵活地加以运用。当前我国产业政策转型的基本定位是从以选择性产业政策为主向以功能性产业政策为主转变，但这并不意味着全面抛弃选择性产业政策。我国产业发展正面临“追赶、并跑和领跑”等多重任务叠加，选择性产业政策仍然具有较大的发挥作用空间，如关系国家战略的前沿共性技术和新兴产业发展等领域。这也是发达国家的通行做法，如《美国创新战略》就明确提出大数据、可再生能源、生物、新一代太空交通工具等重点领域发展任务，并通过建设制造业创新网络推动3D 打印、数字制造与设计创新、轻合金、下一代电力电子、先进复合材料等关键共性技术研发。

因此，我国产业政策转型的重点是相机抉择，打好选择性产业政策和功能性产业政策组合拳。在一般竞争领域和大部分行业，要加快实施功能性产业政策，夯实产业升级发展所需的人力资本、技术、制度等基础，营造良好的产业发展环境，充分鼓励市场竞争，强化市场造血机制和竞争活力。在涉及国家战略、维护经济安全和部分高端前沿技术领域，可适当保留选择性产业政策，充分发挥新型举国体制集中力量办大事和市场化创新点多面广灵活高效的双重优势，一方面聚焦重点、集中力量攻克；另一方面汇聚众智、促进众创，激发市场主体的创造力和活力。

三　推进产业政策转型要创新实施工具和手段

按照政府干预的方式划分，产业政策的实施手段一般可以分为直接干预型和间接引导型。分析日本、韩国等国产业政策转型的主要做法，实施手段的变化是日本、韩国等国产业政策转型的重要方面，即从较多运用行政指令、“决定”、管制等直接干预性手段向立法、环境营造、差别税率等间接引导手段转变。如日本产业政策的实施方式已调整为所谓的“展望”政策，即通过审议会、文件及其他方法，在部分市场机制失灵领域提供政策性金融、财税激励等“抛砖引玉”式的弥补政策。韩国也通过发布 3 个不同版本的新增长动力规划和产业政策研究报告等引导产业发展。

我国产业政策转型在实施手段上应借鉴日韩等国的做法，创新政策工具，用活政策手段，大幅减少甚至取消直接干预的做法，逐步转向间接引导型政策手段。加快产业政策制定程序从行政批文向行政立法转变，推动主要依靠法制化市场化手段促进产业发展。创新政策工具箱，完善实施手段，更多采用专项建设基金、重大项目工程包、产业发展引导基金等新的政策工具，充分发挥政策资金的引导作用，引导和带动更多社会资本特别是民间资本参与产业发展重大工程建设。积极探索政府资金与信贷、债券、基金、保险等相结合的多种融资组合，有效扩大交通、能源、水利、信息等基础设施和人力资本培育、关键共性技术研发等领域投资，为产业发展提供有效支撑。

四 推动产业政策转型要打破政策制定“黑箱”，完善从政策制定到退出全流程治理

产业政策是一个包括政策制定、实施、评估、反馈、退出等全过程的完整体系。但在实践过程中，我国产业政策出现了重制定轻执行监督的问题，导致部分政策落地难、效果不明显。事实上，产业政策的评估和监督是产业政策体系中的重要一环，是保障产业政策能否落到实处的重要手段。通过对产业政策实施情况的评估和监督，一方面可以推进政策实施和落地；另一方面也可以通过评估总结经验和教训，动态调整产业政策，实现产业政策制定与实施的互动。为此，应加强产业政策实施效果评估，推动形成“政策制定—实施—监管—评估—政策反馈—修改完善—退出”全流程治理机制，确保产业政策取得预期效果。

一是建立各归其位、多元共治的产业政策制定机制。打破产业政策制定“黑箱”，更多引入市场主体和体制外的行业协会、研究机构和专业人士参与产业政策制定，构建由中央政府（部门）、地方政府、行业协会和企业等共同参与的产业政策制定机制，使产业政策制定能充分反映利益相关者的诉求。

二是建立健全产业政策监督评估机制。引入第三方机构对产业政策实施效果进行独立评估，根据评估结果进行动态调整，提高产业政策实施的精准性。加快构建行之有效的督察和奖惩机制，根据督察结果对政策实施主体进行奖励或惩处。

三是建立完善产业政策动态调整机制。加快对现行产业政策进行清理，及时废止不适应产业发展需要甚至阻碍新经济新业态发展的“绊脚石政策”，以及相互打架的“扯皮政策”和过时无用的“僵尸政策”，完善产业政策的退出机制。

第二十章　战略性新兴产业政策如何转型：BOM 框架与对策建议

当前，围绕产业政策的争论成为学术界、企业界和政府部门关注的焦点。战略性新兴产业作为产业政策支持的重点也受到广泛关注。目前，政府支持战略性新兴产业发展的方式主要有两种：一种是项目导向，主要通过设立专项让地方政府和企业竞争性申报，以此促进新兴产业发展，带动产业结构向预先设定的方向发展，形成具有中国特色的“项目体制”；另一种是能力导向，主要通过加大研发、教育和产业发展公共平台及基础设施投入，营造良好的产业发展环境和生态，把发现和强化战略性新兴产业能力作为新的政策导向，鼓励通过市场竞争、优胜劣汰形成优势企业、增强产业核心竞争力。目前，我国战略性新兴产业政策总体仍属于项目导向，这种产业扶持方式能够较快地聚焦产业发展重点，汇聚产业发展资源，推动产业较快发展。但是，这种项目导向的产业政策也会带来恶性竞争、寻租、扭曲资源配置等问题，造成产业发展效率低下、低水平粗放发展等问题。在我国经济发展由高速增长阶段转向高质量发展的新阶段，贯彻落实新发展理念，建设现代化经济体系的重要任务要求我们必须适应新兴产业发展规律，转变政府作用方式，推动新兴产业政策由项目导向转为能力导向，促进战略性新兴产业持续健康发展，在中高端消费、创新引领、绿色低碳等领域培育形成新动能。

为适应战略性新兴产业发展阶段、产业发展规律和体制机制背景等要求，我国战略性新兴产业政策亟须转型。要从“政策制定依据—政策作用对象—政策实施机制”（BOM 框架）出发，明确项目导向产业政策向能力导向产业政策转变的重点和难点，推动政策制定依据由幼稚产业扶持论调整为市场失灵理论，政策作用对象由单一企业转变为产业发展平台，政策实施机制由以项目为主的政府—市场单项线性关系调整为政府—市场和参与各方多元互动调整的新机制。在具体工作层面，要加快构建多方参与的新兴产业政策制定实施机制、完善适应新兴产业发展规律的管理方式创新、不断创新和完善政策工具手段。

一 我国战略性新兴产业政策转型的必要性分析

当前，我国战略性新兴产业发展面临的发展环境、目标任务和制度背景等发生深刻变化，要求产业政策目标、功能定位、作用方式、工具手段等进行相应调整。与此同时，战略性新兴产业发展具有外部性、技术路线不确定性等特征，适应战略性新兴产业发展自身规律要求也需要战略性新兴产业政策作出相应调整。

（一）战略性新兴产业发展阶段变化要求产业政策转型

我国高度重视战略性新兴产业发展，自2010年国务院出台了《关于培育和发展战略性新兴产业的决定》以来，全国各地掀起一轮发展战略性新兴产业的热潮，推动了战略性新兴产业快速发展。“十二五”期间，我国战略性新兴产业增加值保持两位数以上快速增长，增速是同期国内生产总值增速两倍以上，战略性新兴产业占国内生产总值的比重也从“十二五”初期的不足4%提升到8%，2017年有望提升至10%。根据产业发展周期理论，我国战略性新兴产业已从幼稚期进入成长期，在这一阶段，原有幼稚产业扶持特征明显的项目导向的选择性产业政策已经不能适应战略性新兴产业创新发展和支撑新动能的使命要求，必须调整为与战略性新兴产业成长、壮大相适应的能力导向型产业政策（见图20－1）。

由于在追赶模仿阶段，选择性产业政策方向比较明确，标准比较清晰，集中资源投入也比较容易，因此国家介入导致的产业政策基本是有

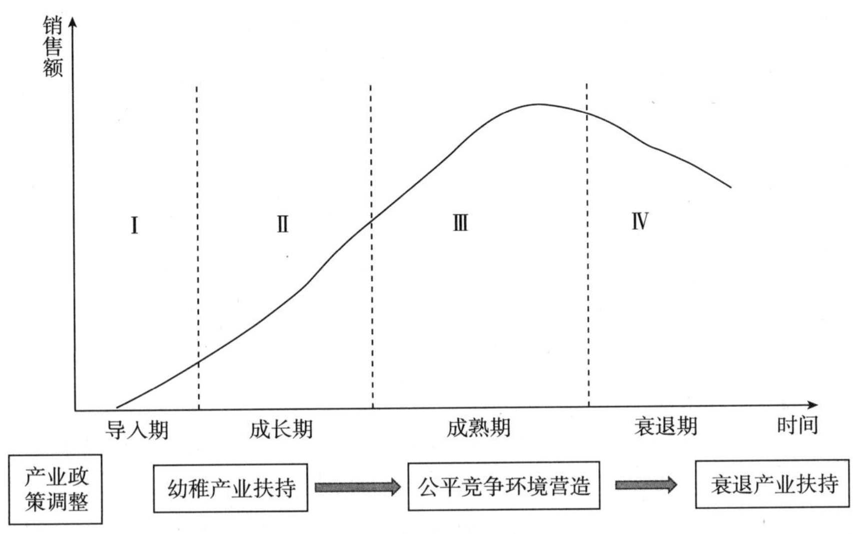

图20-1　产业生命周期理论与产业政策导向

效的①，但随着我国进入工业化中后期，我国与发达国家的技术差距不断缩小，并逐渐从跟跑阶段进入并跑和领跑阶段，特别是党的十八大以来，我国在诸多战略领域取得突破性进展，航天、深海、高铁、生物、超算、5G通信、互联网、新能源等技术跻身世界前列，仅靠学习和模仿已不能满足我国战略性新兴产业走向引领和壮大发展阶段的需要。因此，在引领和壮大阶段，我国战略性新兴产业技术创新和产业发展重点应逐渐从后发追赶向培育壮大产业和探索未知技术领域等转变。在这一阶段，产业发展方向不明晰，技术路线不确定，研发和创新投入的风险较大，选择性产业政策的效果大打折扣，必须代之以能力导向的功能性产业政策，加大对创新的支持和激励，营造良好的创新生态，形成创新驱动产业升级的强大动力。适应这一发展阶段变化要求，我国战略性新兴产业政策导向也在进行调整优化，国家战略性新兴产业专项转移支付预算额大幅压缩，已从2014年的80亿元调低至2017年的12.55亿元，支持的项目数也明显减少（见表20-1）。

---

① 这类观点可以追溯到早期的发展经济学家格申克龙的观点，他认为落后国家在工业化发展过程中可以通过模仿先进国家而缩短追赶进程，这其实就是所谓的“后发优势”（格申克龙，2009）。

表 20－1 2013—2017 年战略性新兴产业专项转移支付情况

	2013 年	2014 年	2015 年	2016 年	2017 年
预算数（亿元）	—	80	80	30	12.55
执行数（亿元）	59.73	52.45	59.75	23.81	—
预算执行率（%）		65.56	74.69	79.37	

资料来源：中华人民共和国财政部，2013—2017 年中央对地方税收返还和转移支付预算表，经计算得到。

（二）更加尊重战略性新兴产业自身技术经济特征的产业政策转型

外部性和不确定性是战略性新兴产业发展区别于传统产业的显著特征（吕铁等，2013）。外部性主要表现为研发的外部性和产业化的外部性。一方面，从研发外部性看，基础研究通常具有公共物品的性质，具有非排他性和非竞争性，研发的私人收益和社会收益严重不匹配，遏制了企业研发投入的积极性，因此需要政府加大对研发环节的投入和补贴；另一方面，从产业化外部性看，本土企业的技术突破和产业发展，往往会突破国际巨头的技术垄断和高额收益，迫使跨国公司大幅降低产品、关键零部件价格或加大向国内产业技术转移的速度，从而提升整个国家的福利水平。

不确定性主要表现为技术和市场方面的不确定性。战略性新兴产业具有技术密集等特征，产业发展必须依靠创新对现有资源要素进行重新组合，这就要求打破现有发展模式或技术创新范式，具有很强的不确定性。而更具革命性的“颠覆性创新”的重大技术的突破则具有明显的“创造性毁灭”特征，面临的不确定性更高。这个时候如果由政府先验地选择技术路线和方向则有可能因为错选了技术方向而贻误产业发展时机，如日本在高清电视技术路线选择上失误等①。因此，政府应该尽可能地从选择性产业政策上退出来，更多通过科技研发、人才培养、环境营造等功能性产业政策助推新兴产业发展。总的来看，外部性为实施战

① 日本在高清电视技术路线上迷信其高超的模拟技术，而对美国的数码技术嗤之以鼻，结果导致日本彩电产业发展优势的丧失。

略性新兴产业政策提供依据，不确定性则要求政府对作用方式进行调整和转型。

当前，我国战略性新兴产业发展的主要任务已经从加快培育转向“创新、壮大、引领”，必须更加尊重战略性新兴产业自身技术经济规律，加大对产业发展外部性和不确定性的纠偏，才能引领产业更好发展。但是，现有扶持政策已明显不适应这一转变的要求，很多新兴领域的新技术、新产业、新产品，往往不是政府项目培育和辅导的结果，而是市场竞争的结果。迫切需要加快政策扶持方式调整，着力营造更加适宜的创新生态，用更加高效率的服务构建与战略性新兴产业发展阶段要求相适应的普惠性功能性政策扶持体系。

（三）更好发挥市场决定作用要求战略性新兴产业政策转型

党的十八大以来，随着市场化改革的不断推进，我国市场化程度进一步提高，市场配置资源作用稳步增强，与之相对应，政府配置资源的能力有所削弱。党的十九大再次重申，要使市场在配置资源中起决定性作用。在这一背景下，现有选择性产业政策既失去广泛干预市场的必要性，也失去广泛干预市场的必要能力，必须收缩政策范围、调整政策作用方式（黄汉权等，2017）。此外，在开放条件下，我国与全球经济发展的联系日益紧密，世贸规则和各种区域性贸易制度安排对我国产业发展的约束加大，要求我国战略性新兴产业政策必须加快调整。

与此同时，传统以项目导向为重点的产业政策也有许多与发挥市场决定作用不相适应的地方，必须加快调整转型。一是政策的干预性过强，影响市场机制发挥作用。以项目导向为主导的战略性新兴产业政策实施方式主要采取市场准入、项目审批与核准、强制性清理等直接干预措施，具有较强的政府干预特征，这导致产业政策的制定和执行超越了遵循市场规律的边界，影响市场功能的正常发挥。二是政策效果大打折扣，产业核心竞争力提升效果不明显。受地方政府官员和国企管理者任期行为等影响，战略性新兴产业发展过程中往往倾向于发展一些短期内能够见成效的项目。这些项目主要依靠投资快速形成产能，对技术进步、品牌培育和管理创新等促进作用较小，导致我国战略性新兴产业技术升级和向全球价值链高端攀升进展缓慢。三是地方产业政策高度重叠容易引发重复投资和产能过剩。这一情况在战略性新兴产业发展之初就已出现苗头，至今仍未有明显改观。如2010年中央颁布七大战略性新兴产业之后，各地区制定的新兴产业发展重点大多与之雷同。2016年国家出台《“十三五”国家战略性新兴产业发展规划》，明确了网络经济、高端制造、生物经济、绿色低碳和数字创意等五大产业发展重点，为了对接政策资源的便利，很多地方又把这五大产业作为本地区“十三五”战略性新兴产业发展的重点。四是项目导向产业政策有违公平竞争原则，容易导致寻租和腐败等问题。项目导向的产业政策实际上是选冠军，大多数项目的受益者是大型企业或国有企业，而最需要得到政策扶持的中小微企业和初创企业获得的支持有限，由此导致大型企业和中小微企业、国有企业和民营企业之间发展环境上的事实不平等①。

二 战略性新兴产业政策由项目导向转变为能力导向

在我国社会主义市场经济体制逐步完善的背景下，应该逐步压缩项目导向产业政策的空间，代之以增强市场发现能力和企业创新能力的能力导向产业政策。政府政策的重点也应由倾斜性识别并扶持战略产业和重大项目，转变为通过完善产业发展环境，加大产业共性技术平台和公共基础设施建设，促进技术创新和人力资本投资，创造更有效率的市场环境，使市场功能得到有效发挥，从而为充分竞争和广泛创新提供了广阔的空间，增强产业持续发展能力，形成以能力导向为主的政府扶持方式。

（一）理解产业政策转型的三个维度

要把握和探索产业政策的一般原理和基本原则，就必须进行科学的

① 聂辉华（2017）对以国企为微观基础的产业政策和以民营企业为微观基础的产业政策进行了区分和比较，建议产业政策要逐步与民企对接，逐步减少软预算约束和腐败问题。详见聂辉华《产业政策的有效边界和微观基础》，《学习与探索》2017年第8期。

理论抽象，构建一个基本的分析框架。本章尝试从“政策制定依据—政策作用对象—政策实施机制”三个维度构建分析产业政策的基本框架。

政策制定依据（Policy Basis）主要解决“为什么需要产业政策”的问题，主要可以分为赶超理论和市场失灵两大类：赶超理论包括幼稚产业保护论、主导产业支持论和国家产业安全论等，认为需要对关乎国家安全、有望成为主导产业但目前处于幼稚成长期的战略性新兴产业进行针对性的扶持，推动产业快速赶超发展；市场失灵理论主要从战略性新兴产业研发和创新活动外部性角度，提出政府扶持企业研发和战略性新兴产业发展，以较早地矫正研发活动带来的外部性（江小涓，1996；斯蒂格利茨，2009；吕铁等，2013），更好地激励战略性新兴产业发展。政策制定依据还能够解决“需要什么样的产业政策”的问题，根据不同的政策制定依据，产业政策的目标任务导向会有很大的差异，进而决定着产业政策类型的不同。广义的政策制定依据还包括政策制定和实施背景与条件，如经济发展环境、体制模式等。

政策作用对象（Policy Role Object）是指产业政策所要解决问题和所要对其产生作用和影响的客体，包括具体的产业和企业等。选择性产业政策作用对象一般为微观企业主体，按照不同的分类标准，可以分为大中小企业，国有、集体、民营和外资企业等。功能性产业政策的作用对象较为广泛，既可以是产业发展的主体企业，也可以是服务产业发展的平台，或者从事产业技术研发的科研机构等。

政策实施机制（Policy Implementation Mechanism）是连接政策制定依据和政策作用对象之间的政策落地机制，包括政策制定机制、政策作用方式、政策实施手段、政策协调机制、监督评估机制等，是推动产业政策目标实现和确保政策活力的关键。其中，政策制定机制包括政府单一主体、多方共同参与等，政策实施手段包括财政补贴、税收优惠、信贷支持、立项审批、土地支持、政府购买、绩效考核、关税或出口补贴、信息发布等。

简而言之，从“政策制定依据—政策作用对象—政策实施机制”三个维度的分析框架，涵盖了产业政策“为什么”（WHY）、“为了谁”（WHO）和“怎么实施”（HOW）等问题，涵盖了产业政策分析的主要内容，是我们分析产业政策转型的基本工具。笔者分别取“依据”（Basis）、“对象”（Object）和“机制”（Mechanism）三个英文单词的首字母，可以将其称为产业政策分析的“BOM 框架”。

（二）我国战略性新兴产业政策转型的重点

基于产业政策分析“BOM 框架”，推动我国战略性新兴产业政策由“项目导向”向“能力导向”转变的重点主要包括以下三个方面。

1. 政策制定依据转型

从政策制定依据看，项目导向的产业政策主要是选择性产业政策，其政策依据主要是幼稚产业保护论和主导产业扶持论，即根据一定的标准选择主导产业或战略产业，采用项目资金补贴、市场准入等方式予以扶持，通过被扶持项目的发展壮大带动被扶持产业的快速发展。能力导向的产业政策主要是功能性产业政策，其政策依据主要是市场失灵理论，主要通过放宽准入，弥补创新活动的外部性，促进技术创新和人力资本投资，培育产业发展所需要素，完善产业发展平台，维护公平竞争，创造有效率的市场环境，推动产业内各类市场主体通过公平竞争发展壮大并获得竞争能力，主要采用基础性研究开发、人力资本投资、企业家精神培育、公共平台建设、税收优惠、市场培育等措施推动产业发展。

2. 政策作用对象转型

从政策作用对象看，项目导向的产业政策对象主要是通过一定“选择基准”遴选出来的企业或科研院所等项目主体，由于其“选冠军”的政策特性，一般被遴选项目为国有企业或行业龙头企业，有利于发挥政策优势集中力量攻关。能力导向的产业政策对象不针对具体企业，而是以整个行业为作用对象，为整个行业提供普惠性的支持，涵盖行业内所有类型的企业，既包括国有企业，也包括民营企业和外资企业，既包括大企业，也包括中小微企业和初创企业。

3. 政策实施机制转型

从政策实施机制看，项目导向的产业政策制定主体一般为政府，能力导向的产业政策制定主体更加强调政府、企业、行业协会以及有关研究机构等广泛参与。项目导向的产业政策中政府与企业关系简单地表现为“企业申请项目”和“政府审批项目”的线性关系，而在能力导向的产业政策中政府企业关系存在多轮互动，从政策制定开始，到政策的实施、评估、反馈调整都能有效发挥企业主体的作用。更强调从产业发展全局的角度，推动产业生态内各有关利益主体产生横向或纵向联系，形成更为紧密的利益共同体，构建包括企业与企业之间、企业与用户之间、企业与大学科研机构之间、企业与政府之间等形成横向和纵向产业管理网络，从而增强产业发展的系统集成和核心竞争能力。从政策评估机制看，能力导向的产业政策强调发挥评估机制的作用，通过对产业政策事前、事中和事后完整的政策评估，并通过法律形式予以规范，让产业政策能够根据产业发展阶段要求动态调整，保障了政策的客观性、动态性和有效性（图 20－2）。

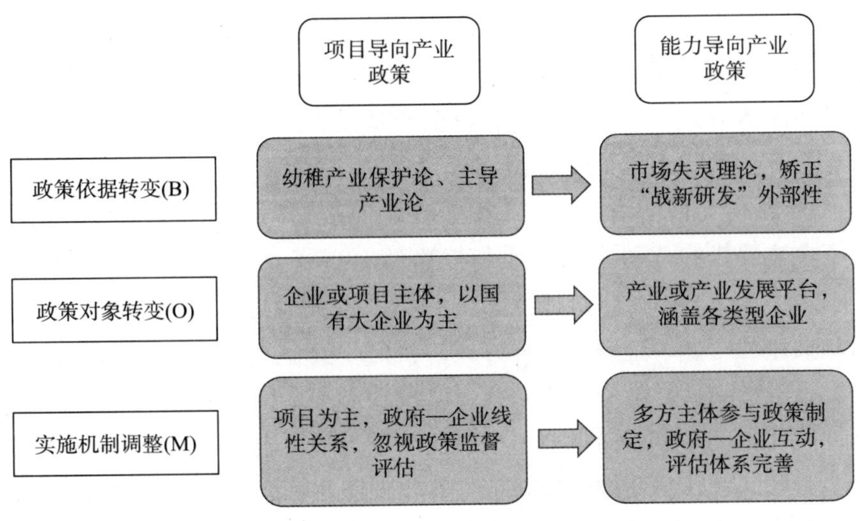

图 20－2　从 BOM 框架看战略性新兴产业政策转变

（三）我国战略性新兴产业政策转型的实践枚举

在实践中，一些地方适应新时期产业发展和政府管理方式变革的要求，积极探索政府产业管理方式和体制变革，不断推动产业政策转型和调整优化。

1. 广东推动政府补贴方式“三个转变”

广东省在支持战略性新兴产业发展方面，不断创新体制机制，积极探索资金支持的“三个转变”：一是由支持单个企业向支持公共服务平台转变，提高财政资金受益面；二是财政支持资金由无偿向有偿转变，推行股权投资、政府投资基金等形式，实现财政资金滚动使用；三是由“事前立项”向“事后奖补”转变，给企业一个明确预期，提高财政资金普惠性及可预见性。

在推动“三个转变”的同时，广东省还积极创新支持方式，从简单的无偿补助、贴息向股权投资、风险补偿、基金、担保、保险等方式创新，通过更加市场化的方式对战略性新兴产业发展予以支持。

2. 合肥产业扶持政策实现“四个转变”

合肥市针对政府产业扶持资金过于分散、项目选择机制不完善、寻租现象时有发生等问题，出台了扶持产业发展“1 + 3 + 5”政策体系，该政策体系明确了基金、“借转补”、财政金融产品和事后奖补四种政府扶持投入方式，并明确政府投资引导基金和天使投资基金等基金投入占整个产业政策资金的比例不小于50%，成为产业扶持的主导方式。这就推动了产业扶持资金“四个转变”。一是分散向集中转变。把有限的资金主要投向优势主导产业和战略性新兴产业，确保政策资金不撒“胡椒面”。二是无偿向有偿转变。主要通过市场化运作，将原先的项目划拨改为基金、金融产品等方式，将财政资金与信贷、担保、信托等各类金融产品、社会资本相结合，实现政策资金优化配置、放大使用和良性循环。三是事后向事前事中转变。重点解决企业在发展初期面临的资金紧张问题，将绩效管理融合到具体的条款和合同约定之中。四是直补企业向营造外部环境转变。重点搭建公共服务平台、拓宽融资渠道、降低企业成本，助力企业核心竞争力提升。

3. 武汉“政策众筹”

为推动文化科技产业发展，武汉东湖高新区在对2017年光谷文化与科技融合产业政策修订过程中，借用互联网和新媒体，以问卷调查、征集建言等形式，面向全国发起国内首个“政策众筹”，积极向社会各界征集产业政策“金点子”，具体包括：（1）未来文化与科技融合的产业发展方向是什么？（2）光谷应该重点扶持哪些文化与科技融合的产业领域？（3）光谷文化、创意、科技及相关企业到底需要什么样的政策支持？（4）政策支持到底依据什么标准，采用什么方式才更科学有效？

这种“政策众筹”的形式强化了社会各界，特别是企业参与政策制定的热情，是政府借用互联网众筹的理念广泛吸纳社会建言建策与互动参与，也是政府在公共决策与政策制定层面的一次改革探索，在政策服务领域的一次创新实践，有利于创新产业服务方式，提高企业的参与感与获得感。

三　战略性新兴产业政策由项目导向转变为能力导向的主要难点

战略性新兴产业政策由项目导向转变为能力导向是大势所趋。同时，战略性新兴产业政策转型也是涵盖政策依据转变、政策对象转变和实施机制调整的系统工程，还面临如下现实难点和制约。

（一）传统发展方式路径依赖

主要表现为，能力导向的产业政策更加注重产业长期核心能力的培育、产业生态系统的完善和产业发展所需核心要素的提升，所需周期长，短期见效慢，地方政府在执行能力导向产业政策的同时如果遇到较大的经济下行压力，出于政绩考核等需要，会自觉不自觉地转向依靠项目带动经济增长的传统模式。

（二）体制机制和监管模式制约

战略性新兴产业政策由项目导向转变为能力导向将会对现行产业管理体制和监管模式带来不可避免的冲击，因此，也面临着传统管理制度的巨大制约。刘鹤（1995）就非常明确地提出，应当用功能性产业政策来逐步替代差别化的产业政策（选择性产业政策），但是要做到这一点非常困难。距刘鹤提出这一设想已经过去 20 多年，我国产业政策转型仍较为缓慢，究其原因，很大程度上和这一转变涉及的有关机构权力和利益有关[①]。如现有行业管理部门习惯于垂直行业管理，将产业政策转变为能力导向将会大大削弱行业管理部门和相关业务司局的管理权限，实施推进面临较大阻力。从监管模式看，以项目为导向的产业政策主要采取事前监管，以能力为导向的产业政策强调事中事后监管，将对会现有监管模式带来冲击和调整。

（三）政策手段和工具不足

战略性新兴产业政策由项目导向转变为能力导向将会给政府、企业和科研机构等产业政策参与方都带来一定的挑战，中央政府在产业政策制定实施上的要求提高，对于政府学习能力的提升提出客观要求，地方政府习惯于项目导向的数量扩张模式，对于提升产业发展能力方面缺乏有效举措，还存在产业政策手段和工具方面不足等问题。企业和科研机构参与政策制定和评估，也会存在准备不足等问题。事先立项向事后奖补转变，存在奖补标准如何确立等问题。从监管角度看，现有机构设置主要适应以前置审批为主的项目发展模式，转为事中事后监管模式将面临巨大的监管机构和人员缺口。

（四）如何避免政府失灵难度较大

能力导向产业政策的理论依据是市场失灵，因此需要政府干预，但往往为了弥补市场失灵而采取干预措施对市场机制造成的损害比市场失灵本身还要巨大（江小涓，1996；李敬辉，2004；吴敬琏，2017）。公共选择理论认为，如同市场失灵一样，政府也会失灵，政府在弥补市场缺陷过程中所采取的各种经济政策手段，最终会导致政府干预经济的效率低下和社会福利损失，如何在弥补市场失灵的同时避免政府失灵是产业政策转型需要重点解决的问题。

---

① 这种转变在日本也是非常困难，日本在1973年石油危机以后产业政策指导思想就开始转变，但遇到很大阻力，即使到了20世纪90年代，日本选择性产业政策已经转向功能性产业政策，以产业政策为主让位于竞争政策，日本四任首相都致力于消除旧体制和产业政策的负面影响，但选择性产业政策的遗产仍然在日本经济中起作用。

四　推动战略性新兴产业政策转型的建议

综上所述，实施重大工程或重大示范项目，集中力量办大事，对于推动我国产业发展特别是战略性新兴产业发展在初创发展阶段的非常重要的途径，对于促进成果转化，促进创新驱动发展也有很大助益，但随着发展阶段和环境的改变，项目导向产业政策的弊端逐渐显现。应适应产业发展阶段的变化，应将我国战略性新兴产业政策的指导思想从项目导向转变为能力导向，通过构筑产业发展软硬基础设施，加大研发和技术投入，营造产业发展环境，推动产业持续健康发展。根据产业政策 BOM 框架，我们提出以下几点建议。

（一）构建多方参与的战略性新兴产业政策制定实施机制

构建能力导向的产业政策需要与之相匹配的战略性新兴产业政策制定实施机制，要转变过去重制定轻实施、产业政策效果欠佳等问题，着力完善包括制定机制、实施机制、评估机制、调整机制、协调机制等在内的战略性新兴产业政策治理机制。

一是建立各归其位、多元共治的战略性新兴产业政策制定机制。打破产业政策制定“黑箱”，更多引入市场主体和体制外的行业协会、研究机构和专业人士参与产业政策制定，构建由政府、平台、行业组织、劳动者、消费者共同参与的战略性新兴产业政策制定机制，在制定过程中广泛听取社会各界的意见和建议，使战略性新兴产业政策制定能充分反映利益相关者的诉求①。

二是建立健全战略性新兴产业政策监督评估和动态调整机制。引入第三方机构对战略性新兴产业政策实施效果进行独立评估，根据评估结果对政策条款进行动态调整，及时废止不适应产业发展需要甚至阻碍新经济新业态发展的“绊脚石政策”，以及相互打架的“扯皮政策”和过时无用的“僵尸政策”，提高产业政策实施的精准性。加快构建行之有

① 目前国务院已形成工作机制，在中国政府网开设《部委出政策，请你提意见》专栏，定期向全社会征集包括产业政策在内的各项政策的意见和建议。

效的督察和奖惩机制，根据督察结果对政策实施主体进行奖励或惩处。

三是完善战略性新兴产业政策协调机制。加强了战略性新兴产业政策与其他经济政策的协调，完善相应机制设计和组织保障，更好发挥各部门政策合力。通过交互机制创新提升政策的动态适应性，建立完善技术和市场相互促进的交互机制，形成两者之间有效的互动循环，将用户创新、用户基础的培育作为产业政策的内容。

（二）完善适应战略性新兴产业发展规律的管理方式创新

当前制约新兴产业发展和能力提升的主要障碍在体制机制和政策环境上，因此，必须聚焦能力导向的产业政策构建，推进完善适应新兴产业发展规律的管理方式创新。

一是推动产业规制的改革。对战略性新兴产业新技术、新产业、新业态、新模式采取包容创新的审慎监管制度，根据交通出行、教育培训、健康医疗等新领域新业态发展特征，及时调整优化行业准入标准，防止用“老办法管理新产业”。

二是创新管理优化政府服务。聚焦制约新兴产业发展的瓶颈制约，及时调整相关不合理制度障碍，做好新技术、新产业、新企业、新要素四个方面的管理服务“四个优化”，推动新技术快速突破、新企业蓬勃涌现、新要素加快汇聚、新产业发展壮大。要根据产业发展实际不断调整产业治理体系和相关机构，如深圳市为贯通产品研发设计、生产和贸易全过程管理，采取大部制的做法，成立深圳市科技工贸和信息化委员会。2012 年，适应战略性新兴产业和科技创新中心建设需要，将科工贸委一分为二，新成立科技创新委、经济贸易和信息化委员会，并由科技创新委重点推进战略性新兴产业科技研发和创新发展。

三是构建大监管、强监管和动态监管的机构和队伍。配合“放管服”改革，按照事前审批向事中事后监管转变的要求，加大工商、质检、环保、安全、知识产权、税务等执法和监督机构与人员扩充配备力度，积极构建适应现代市场体系发展要求的大监管和强监管机构体系。扩充后的监管机构要切实履行好企业监管和服务职责，开展点对点上门服务支持，争取让企业少跑腿，让部门多服务。创新监管与调控方式，加快构建以信息信用监管为核心的监管制度，打破质量、环保、安全、工商、金融、税务等监管部门间“信息孤岛”，构建统一联动机制，完善守信激励和失信惩戒机制，推动形成诚实守信的浓厚氛围。推动事中事后监管方式创新，利用大数据、云计算、物联网等现代信息技术，推广“互联网+监管”模式。

（三）创新和完善政策工具手段

项目导向产业政策在实施上的主要特点是实施手段单一，以行政干预、项目财政补贴为主，因而受到广泛的批评和质疑。构建以能力导向为主的产业政策，要不断创新和完善政策工具手段，更多采取普惠性的税收优惠政策、产业发展公共平台与基础设施建设、构建创新生态系统、政府采购及消费补贴等需求创造政策，促进战略性新兴产业发展能力和产业绩效的提升。

一是完善战略性新兴产业发展的各类基础设施。与传统产业对水电路气等基础设施需求所不同的是，战略性新兴产业对大型科研、信息等基础设施的要求更高。政府投入的主要着力点也应聚焦于产业发展所需的各类基础设施、产业配套能力、新技术发展等，要适应战略性新兴产业能力培育的需要，加大对有利于新技术、新产品、新服务、新模式兴起和拓展应用的基础设施投资。比如，数据搜集存储、开放互通等新一代信息基础设施，智能电网、充电网络等绿色经济基础设施，基因检测中心、基因库等生物技术基础设施，通用航空、民用空间基础设施等。

二是强化环保、质量、技术等标准在产业政策手段中的应用。执行标准过低是我国战略性新兴产业能力培育滞缓和低端恶性竞争的根源。要切实改变我国既往标准“宽、松、软”状态，立足提高产品和服务质量、推动战略性新兴产业能力提升，必须强化能耗、环保、质量、安全等标准在产业准入、环保督察中的约束力，限制或淘汰不符合标准的项目或企业。同时，鼓励企业做标准的领跑者，在追求高标准中创造更多优质供给，持续推动标准升级，加快建设质量强国和制造强国。加强与国际标准化组织合作，学习借鉴世界各国先进标准制定理念和方法，推动各国技术标准协调与互认，促进产业链上下游标准对接，提高国际国内标准一致性，以先进标准为国际产能合作和优质产品“走出去”“保驾护航”。

三是大力培育战略性新兴产业发展所需的企业家队伍和各类创新人才。产业政策的实现有赖于具有较高素质的企业家与政府经济管理人员队伍的形成。聚焦企业家、科学家、工程师和政府积极管理人员四类重点群体，完善有利于人力资源供给的体制机制，更好地适应战略性新兴产业发展对人才的需要。遵循企业家成长规律，拓宽培养渠道，建立有利于企业家参与创新决策、整合创新资源的新机制。依法保护企业家财产权和创新收益，形成一流人才去企业创新创业的社会价值和薪酬导向。根据工匠人才培养的规律和特点，加快建立产教融合、校企合作的职业技术人才培养新模式，大力培养支撑创新驱动发展、制造强国和"互联网+"等战略实施的各类创新人才。

参考文献

[1] 中国工程科技发展战略研究院：《中国战略性新兴产业发展报告（2016）》，科学出版社 2015 年版。

[2] 万钢：《我国科技创新发生整体性格局性深刻变化　进入"三跑并存"阶段》，央广网，2017 年，http：//finance. cnr. cn/jjgd/20170624/t20170624_ 523817293. shtml。

[3] 贺俊：《新经济与结构性产业政策的精细化调整》，《新华文摘》2017 年第 9 期。

[4] 吕铁等：《技术经济协同转变与战略性新兴产业政策重构》，《学术月刊》2013 年第 7 期。

[5] 王昌林、姜江：《"创新、壮大、引领"：新时期赋予战略性新兴产业新使命》，国家发改委高技术司政策解读，2017 年，http：//gjss. ndrc. gov. cn/gjsgz/201703/t20170316_ 841121. html。

[6] 习近平：《2014 年中央经济工作会议上的讲话》，2014 年 12 月 9 日。

[7] 黄汉权、任继球：《新时期我国产业政策转型的依据与方向》，《经济纵横》2017 年第 2 期。

[8] 王钦等：《"十三五"战略性新兴产业发展的政策选择——能力导向与机制创新》，《新华文摘》2017 年第 13 期。

[9] 江小涓：《经济转轨时期的产业政策》，上海人民出版社 2014

年版。

[10] 王雯：《新经济背景下产业政策的演进：能力导向》，《学习与探索》2017年第4期。

[11] 刘鹤：《走向大国开放经济条件下我国产业政策的依据和特征》，《结构转换研究》，中国财政经济出版社2002年版。

[12] 盛朝迅、黄汉权、王云平：《新时期产业政策转型思考》，《中国发展观察》2016年第18期。

[13] 刘志彪：《经济发展新常态下产业政策功能的转型》，《南京社会科学》2015年第9期。

[14] 陈家建：《项目制与基层政府动员》，《中国社会科学》2013年第2期。